Peter von Zahn
Stimme der ersten Stunde

Peter von Zahn

Stimme der ersten Stunde

Erinnerungen 1913–1951

Deutsche Verlags-Anstalt
Stuttgart

Die in dem Band enthaltenen Abbildungen
stammen aus dem Archiv des Autors.

CIP-Titelaufnahme der Deutschen Bibliothek

Zahn, Peter von:
Stimme der ersten Stunde : Erinnerungen 1913–1951
Peter von Zahn. –
Stuttgart : Deutsche Verlags-Anstalt, 1991
ISBN 3-421-06593-4

Lektorat: Dieter Luippold
Typographische Gestaltung: Christine Wegener
Satz: Setzerei Lihs, Ludwigsburg
Druck und Bindearbeit:
Mohndruck Graphische Betriebe GmbH, Gütersloh
Printed in Germany

Inhalt

Vorwort

Warum schreibt man ein Vorwort? Um Dank abzustatten. Zum Beispiel der Gefährtin, die so aufopferungsvoll in der Bibliothek nach der richtigen Schreibweise für ein obskures russisches Dorf gesucht hat. Oder dem Lektor, der die abenteuerliche Interpunktion des Manuskripts korrigieren mußte.

Aber fängt man erst einmal damit an, ist des Dankens kein Ende. Es geht dann zu wie bei der öffentlichen Verleihung von Fernsehpreisen. Der Empfänger steht verlegen da und muß die kostbare Sendezeit mit der Danksagung an immer noch einen Redakteur oder Programmdirektor vergeuden.

Ich belasse es deshalb bei der Versicherung, daß ich unzähligen Menschen Dank schulde, darunter einigen, die davon gar nichts wissen können. Damit wende ich mich dem anderen Zweck eines Vorworts zu.

Es soll dem Leser den Mund wäßrig machen und ihn gleichzeitig vor Enttäuschungen bewahren.

Enttäuscht werden die sein, welche sich meiner Fernsehsendungen aus Amerika erinnern und in diesem Bande nichts darüber zu lesen bekommen. Das erklärt sich einfach: Bevor ich zum Thema Fernsehen, Amerika und »Reporter der Windrose« komme, ist das vorliegende Buch zu Ende. Die mir zugestandene Zeilenzahl ist geschrieben, punktum. Weiteres im zweiten Band.

Wodurch kann ich nun dem Leser den Mund wäßrig machen? Vielleicht durch die Mitteilung, daß die geschichtliche Epoche vor Einführung des Fernsehens auch nicht ohne war. Man wartete allerdings mit den Knalleffekten nicht, bis eine Kamera zugegen war. Auch so gab es schreckliche und komische Situationen genug. Aber ich will nichts vorwegnehmen.

Höchstens für frustrierte Kollegen und verzweifelte Kolleginnen im journalistischen Gewerbe den Hinweis, daß mir auch vor sechzig Jahren schon das Schreiben schwerfiel. Davon zu lesen, macht vielleicht Mut. Die Gabe, Beobachtungen in Worte zu fassen, ist mir nicht zugeflogen. Schreiben habe ich mir mit viel Mühe beigebracht. Erst als ich sprach, was ich geschrieben hatte, stellte sich Erfolg ein. Das lag an meiner Stimme. Ohne diese Stimme mit ihrer sächsischen Verbindlichkeit wäre ich in der ersten Stunde weiter nicht aufgefallen. Einbilden kann ich mir darauf nichts. Die, welche meine Stimme mochten, haben mich gemacht. Dafür bin ich ihnen Dank schuldig.

Hamburg, am 1. Januar 1991 Peter von Zahn

Sächsische Revolution

Die Räuber hausten in unserer Wohnung am Ende eines dämmrigen Flures. Nur an der Hand meiner Mutter wagte ich mich dorthin. Eines Tages lief sie ganz allein den Flur hinab bis zur Küche und rief lauthals: »Schert euch weg, ihr Räuber!« Und tatsächlich, sie ließen sich nicht mehr blicken. Ich bewunderte meiner Mutter Mut.

Unter gewöhnlichen Umständen ist die Verjagung der Räuber Sache des männlichen Familienoberhauptes. Das aber war anderweitig beschäftigt. Als ich anderthalb Jahre alt war, brach der Erste Weltkrieg aus, und mein Vater, ein Hauptmann im Sächsischen Infanterieregiment 104, zog an der Spitze seiner Kompanie ins Feld. Als er eines Tages auf Urlaub zu uns nach Chemnitz kam, war er mir fremd. Ich sehe ihn, nicht im Feldgrau, sondern in seiner dunkelblauen Friedensuniform straff aufgerichtet hinter einem Lehnstuhl stehen. Darin saß meine Mutter. Sie schluchzte. Ich höre ihn fragen: »Willst du nun wieder gut sein?«

Diese Frage eines finster dreinblickenden Eindringlings machte mich wütend. Meine Mutter war gut und konnte nichts Böses getan haben. Wie es nur natürlich ist, hatte sie sich während der jahrelangen Trennung daran gewöhnt, Entscheidungen in Haushalt und Erziehung selbständig zu treffen. Darüber prallte sie mit meinem Vater während seines Urlaubs zusammen.

Es hat diesen Konflikt in unserem Jahrhundert unzählige Male gegeben. Die Männerwelt hat ihn später ins Harmlose umgedeutet; als Teil eines unvermeidlichen Emanzipationsprozesses. Aber was ist das für ein Mann, der keinen Räuber verjagen kann und seiner Frau die impertinente Frage stellt: »Willst du nun wieder gut sein?« Der kleine Ödipus in mir empfand das als persönliche Demütigung. Ich war so empört, als ich meine Mutter weinen sah, daß ich es meinem Vater bis zur offenen Rebellion nachtrug. Die Rebellion nannte man in früheren Zeiten zu Recht eine Empörung.

Keineswegs war meine Mutter auf Emanzipation aus. Der Verdacht könnte aufkommen, weil sie nämlich Zigarren rauchte, während sie mir die Brust gab. Das war im Jahre 1913 ungebräuchlich. Es sollte aber kein Zeichen des Protestes oder gar eine provokative Geste sein. Meine Mutter tat ihr Lebtag nichts, um Aufsehen zu erregen. Sie war weder Lebedame noch Blaustrumpf. Sie las abends die Losungen der Herrnhuter Brüdergemeine und ging am Sonntag gern in die Kirche, wenn der Pastor nicht zu schwülstig daherredete.

Nun findet sich unter den Zehn Geboten und im Großen oder Kleinen Katechismus kein Wort, welches Müttern das Rauchen von Zigarren beim Stillen des jüngsten Sprößlings untersagt. Deshalb, und auch, weil mein Vater nichts dagegen hatte, tat es meine Mutter guten Gewissens. Sie nahm keine Spreewälder Amme für mich, sondern stillte mich besonders lange. Als sie mich entwöhnte, gab sie die Zigarre auf. Das fiel etwa mit dem Ausbruch des Krieges zusammen.

Von da an lag meine Erziehung in ihren Händen. Ich konnte glauben, meiner Mutter Herz allein zu besitzen. Sie hatte die Gabe, dieses glückliche Gefühl einem jeden zu vermitteln, der ihr nahestand. Welches ihrer fünf Kinder sie am meisten liebte, blieb ihr Geheimnis. Ich bilde mir ein, daß ich es war: der Jüngste, der Spätgeborene, das bunte Kind. Für diese Theorie spricht, daß mich meine älteren Geschwister einen verwöhnten Balg nannten. Wenn sie ihr Mütchen an mir kühlten und mich eine Weile lang mit dem Kopf nach unten zappeln ließen, schoben sie pädagogische Gründe vor. Eine Strafe verdiente ich ihrer Meinung nach immer, gleichgültig, ob der Frevel, den ich gerade begangen haben mochte, bereits ans Licht gekommen war oder noch nicht.

Anlässe, die Nachsicht meiner Mutter durch brüderliche Erziehungsmaßnahmen zu korrigieren, boten sich in Hülle und Fülle. Fast alle meiner Schandtaten habe ich vergessen. Unvergeßlich bleibt mir aber das Gesicht meiner Mutter, als meine Freundin Marianne und ich an den Händen eines riesigen Polizisten zu Hause abgeliefert wurden. Wir waren drei oder vier Jahre alt, als wir uns heimlich wegstahlen, um auf der Zwickauer Straße Abenteuer zu erleben. Zwischen älteren Wohnhäusern und Fabrikmauern fuhr dort eine Straßenbahn, die es uns angetan hatte. Wir erwarteten sie an einer Haltestelle und schwangen uns bei ihrem Anfahren auf das eiserne Gestell, das der Ankoppelung von Anhängern diente.

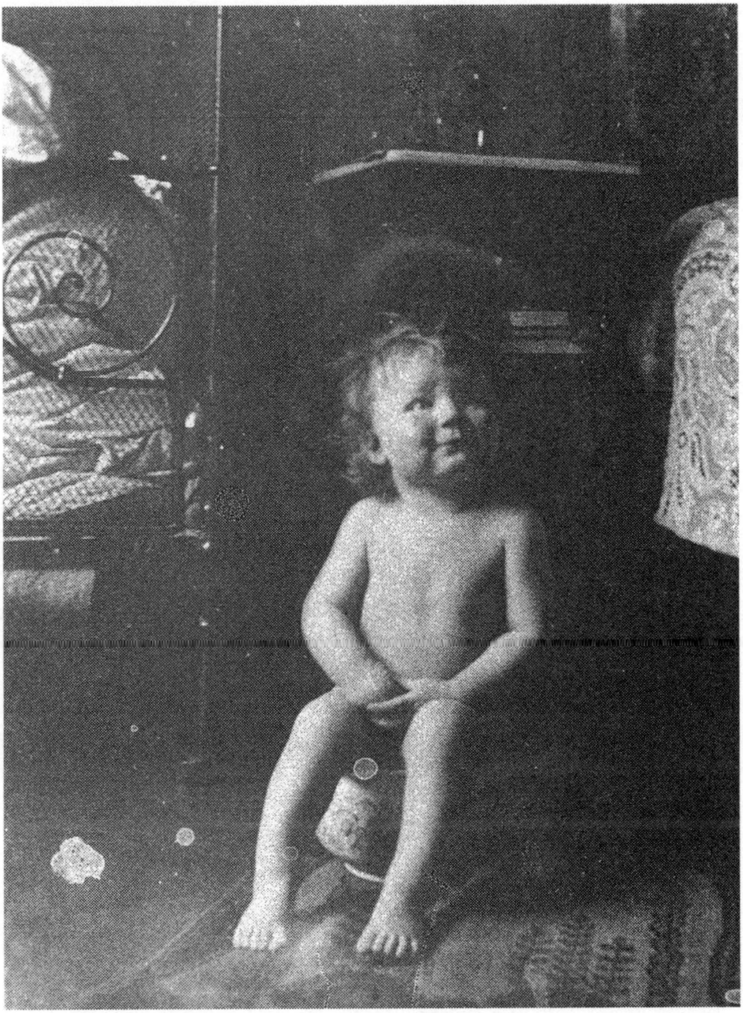

Peter von Zahn als Zweijähriger auf dem Töpfchen (Chemnitz 1915).

Mit Mutter und Geschwistern (etwa 1916); das war wohl ein Foto, das dem Vater ins Feld geschickt wurde. Blaugestreifte Matrosenanzüge waren damals, was Bluejeans heute sind.

Wir klammerten uns an das rüttelnde Eisen und ahnten nicht, in welcher Gefahr wir schwebten. Schließlich wurden über dem Geländer der Plattform die Gesichter von Passagieren sichtbar. Sie gestikulierten zwar entsetzt, hatten aber Verstand genug, nicht die Notbremse zu ziehen – sonst wären wir unweigerlich herabgeschleudert worden. Die Straßenbahn hielt an der nächsten Station sanft an. Ein Schwarm von Erwachsenen stürzte sich auf uns. Wir konnten gar nicht begreifen, warum sich der dickste Herr im Rudel so fürchterlich aufregte und die allerstrengste Bestrafung unserer Untat forderte. Mit dieser Anregung wurden wir dem Polizisten übergeben. Er faßte unsere kleinen Hände und wandelte gravitätisch die Steigung zu unserem Haus am Kaßberg hinauf.

Dort nahmen uns unsere Mütter in Empfang. Marianne wurde ihrer gerechten Strafe zugeführt. Ich bekam weder Schelte noch Haue, sondern wurde mit Küssen begrüßt und mit einem Lächeln, in dem ein geheimes Einverständnis zu erkennen war. Entweder freute sich meine Mutter über meinen Tatendurst oder sie hatte Verständnis für die männliche Schwäche gegenüber den Verlockungen eines Weibes vom Schlage Mariannes. Das Ausbleiben jeglicher Strafe gab mir den aberwitzigen Gedanken ein, von nun an immer artig zu bleiben.

Es blieb, wie sich voraussehen ließ, beim Vorsatz. Und bei gedanklichen Vorbehalten. Ein Beispiel: Vor und nach Tisch wurde bei uns gebetet. Mir als dem Jüngsten fiel häufig das Gebet vor der Mahlzeit zu. Ich faltete dann heuchlerisch die Hände und betete ein »Gott segne unsere Speisekammer«. Anfangs verbissen sich die Älteren am Tisch ihr Lachen. Angesichts der Brot- und Kartoffelknappheit im dritten Kriegswinter war meine Version nicht unsinnig. Als ich den Beifall spürte, wiederholte ich den Scherz, bis er allen zum Halse heraushing. Meine Mutter verwies ihn mir mit der Mahnung, den Namen Gottes nicht unnütz im Munde zu führen. Sie war der einzige wirklich gottesfürchtige Mensch, den ich in meinem Leben gekannt habe. Ich jedoch vermochte an keinen Gott zu glauben und leierte abends im Bett mein Gebet nur herunter, um mir damit den Gutenachtkuß meiner Mutter zu verdienen. Dergestalt geriet ich allmählich in den Zustand des verkappten Heiden, wenn nicht gar des Gotteslästerers.

Mein Vater war nicht zur Stelle, wenn es Räuber zu verjagen galt, und wenn er zur Stelle war, schalt er meine Mutter – vielleicht dafür, daß sie aus eigenem Entschluß die hintere und düstere Hälfte des Flures von Räubern gesäubert hatte. So sah ich die Dinge und wußte nicht, daß mein Vater ohne die heitere Frömmigkeit meiner Mutter mit dem Leben nicht fertig geworden wäre.

Es spielte ihm in den frühen Jahren meiner Kindheit übel mit. Ich war noch nicht geboren, da hatte er schon als Offizier den Abschied nehmen wollen, weil seine Augen den Dienst versagten. Dann kam der August 1914. Während der ersten Begeisterung über den Einfall in Belgien erlitt das Bataillon in einem nächtlichen Gefecht an der Maas schwere Verluste. Bei seiner Nachtblindheit verlor mein Vater die Übersicht und mußte sich – und damit seine Truppe – von seinem Burschen führen lassen. In einem Anfall von Panik verließ er seine Kompanie. Daraufhin wurde er abgelöst und bekam schmähliche Kommandos in der Etappe. Für einen aktiven Offizier mit Ausbildung in der Kriegsakademie grenzte das an Schimpf und Schande.

Mochten in einem Verwaltungsposten seine Fähigkeiten auch besser zur Geltung kommen als in einem lehmigen Schützengraben – so waren nun einmal die Ehrbegriffe damals, daß ein Offizier wegen einer durchaus vernünftigen Versetzung hinter die Front in tiefe Depressionen geraten konnte.

1916 fiel mein ältester Bruder an der Somme. Er war der jüngste Leutnant der sächsischen Armee und in meinen Augen der Größte. Hatte er mich doch während eines Heimaturlaubs mitgenommen in die Innenstadt von Chemnitz, um mir eine Schachtel Zinnsoldaten zu kaufen. Auf dem Weg zurück begegneten wir in der Dämmerung einer langen Kolonne französischer Kriegsgefangener. Sie trugen horizontblaue Mäntel genau wie die schießenden, fallenden, sich ergebenden Zinn-Gegner der stürmenden, Handgranaten schwingenden, siegenden deutschen Zinnsoldaten in Grau überzogenen Pickelhauben.

Zur Truppe zurückgekehrt, überstand mein Bruder die verlustreiche Schlacht an der Somme ohne Verwundung. Aber beim Üben in der Ruhestellung wurde er von einer zu früh krepierenden Handgranate zerfetzt. Als mein Vater mit dem Automobil im Feldlazarett eintraf, war sein Lieblingssohn bereits verschieden.

Den wilden Schmerz meiner Mutter, als ihr die Todesnachricht überbracht wurde, erlebte ich aus nächster Nähe mit. Der Onkel Walter, Gymnasialdirektor in Bautzen, war eigens nach Chemnitz gekommen, um der schlimmen Botschaft den Stachel zu nehmen. Er trat, eine hohe, dunkel gekleidete Gestalt, den Hut in der Hand, in die Tür des Zimmers, in dem meine Mutter saß und nähte. Ich spielte unter dem Nähtisch und sah aus dieser Perspektive, wie ein Wort des Besuchers ihre Füße ruckartig emporriß, während sich ihr Oberkörper erst nach hinten warf, um dann im eigenen Schoß Schutz zu suchen.

Wie es meinem Vater zumute war, konnte ich mir erst Jahrzehnte später zusammenreimen, als mir sein Tagebuch jener Kriegsjahre in die Hände fiel. Es steckte voller selbstquälerischer Zweifel und brach mit dem Tode seines ältesten Sohnes ab. Für ihn war es eine Katastrophe, ein Scheitern aller Hoffnungen. Für meine Mutter war es ein von oben auferlegtes Examen, das es zu bestehen galt. Sinnlose und schreckliche Zufälle des Lebens waren ihrem Glauben gemäß nichts als harte Prüfungen des Gottvertrauens. Mit dieser äußerst lebenstüchtigen Auffassung des protestantischen Pietismus setzte sich

Der älteste Bruder läßt sich 1916 während eines Urlaubs von der Westfront mit seinen Eltern fotografieren. Der Vater ist inzwischen Major und sehr stolz auf seinen Sohn, der kurz danach, als jüngster Leutnant der sächsischen Armee, während der Somme-Schlacht fallen wird.

meine Mutter am Ende gegen die Schwermut meines Vaters durch. Der Hinweis auf die Pflichten gegenüber den verbliebenen vier Kindern mag auch eine Rolle gespielt haben. Jedenfalls fing sich mein Vater. Nur seine Sehschwäche und eine störende Anfälligkeit des Magens nahmen zu. Ein Hypochonder blieb er zeit seines Lebens.

Nach Kriegsende brachte er sich aus Vorsicht die Blindenschrift bei. Dreißig Jahre später, nach dem Ende des Zweiten Weltkriegs, brauchte er zwar die Hilfe meiner Mutter auf der Straße, besaß aber immer noch so viel Augenlicht, daß es mit etwas Mühe zur Lektüre langte. Mancherlei spricht eben gegen die innerliche Vorwegnahme aller Übel.

Ich lernte gleichfalls mit den Fingerspitzen Braille zu lesen. Aber wichtiger war, daß mir mein Vater das Lesen mit den Augen und das

Schreiben mit Kreide auf der Schiefertafel beibrachte. Er hielt mich für aufgeweckt genug, das erste Jahr der Grundschule zu überspringen. Das gelang mir auch, aber zuvor mußte meine Widersetzlichkeit gebrochen werden. Mein Vater legte mich auf den drehbaren Schemel vor dem Klavier und versohlte mich mit einem Stöckchen. Ich trug ihm diese Züchtigung längst nicht so nach wie die empörende Behandlung meiner Mutter. Außerdem tat es ihm hinterher immer leid, und er gab mir plötzlich stachlige Küsse.

Wir lebten damals nicht mehr in Chemnitz, sondern in der sächsischen Hauptstadt. Dresden war vor der Zerstörung, wie jedermann weiß, eine prächtige Stadt. Aber wenn man fünf Jahre alt ist, interessiert man sich weniger für architektonische Kostbarkeiten als für die Badeanstalt, den Bahnhof und allenfalls das goldene Reiterstandbild Augusts des Starken. Der Reiz der Elbbrücken bestand in den Augen eines Kindes darin, daß sich die Schiffe von oben durch die Schornsteine in die qualmenden Eingeweide spucken ließen. An Kirchen bestaunte man nicht den Schwung der Emporen und Altäre, sondern die Höhe der Türme oder die Festigkeit ihres Gewölbes. Die Frauenkirche etwa mit ihrer dicken Kuppel wachte wie eine Glucke über der Stadt. Ich brachte ihr ein warmes Gefühl entgegen, weil ihre Wölbung im Siebenjährigen Krieg allen preußischen Bomben und Granaten widerstanden hatte, während die Kreuzkirche ein Opfer der Belagerung geworden war.

Den Preußen flickte mein Vater gern etwas am Zeug. Wie haben sie doch Sachsen verwüstet und dann auch noch zur Hälfte geschluckt! Sein Ärger war fast echt. Dabei trug er als sächsischer Offizier die Pickelhaube des Königs von Preußen, der als Deutscher Kaiser ohne Zweifel meines Vaters Oberster Kriegsherr war. Gewesen war. Der Kaiser hatte vor ein paar Wochen abgedankt. Nach Holland war er gegangen. Und der König von Sachsen hatte unter Hinterlassung geflügelter Worte auf seinen Thron verzichtet. »Macht euren Dregg alleene«, sagte er und zog sich auf seine Güter zurück. Es fand eine Revolution statt, und die Republik wurde ausgerufen. Die Bedeutung dieser beiden Fremdwörter sollte mir erst mit der Zeit aufgehen. Vorderhand hatte ein Waffenstillstand dem Krieg ein Ende gemacht, bevor er sich über die deutschen Städte hinwegwälzen konnte. Meine älteren Brüder meinten, es werde nun bald wieder richtigen Kakao und vielleicht auch Butter geben.

In meiner Erinnerung sind die Ereignisse jener Tage untrennbar verwoben mit dem Anblick der vieltürmigen Dresdner Altstadt. Mein Logenplatz befand sich im »Sächsischen Ministerium des Krieges«, einem wuchtigen Barockbau auf dem Neustädter Ufer der Elbe am Fuße der Augustusbrücke. Ich kauerte zwischen den Armen meines Vaters auf einer Fensterbank. Weil die Mauern so mächtig waren, konnte ich die Beine nicht nach draußen baumeln lassen, wie es bequem gewesen wäre. Aber was galt in diesem Augenblick die Bequemlichkeit? Die Truppen sollten bei der Rückkehr in ihre Heimatgarnison in würdiger Haltung begrüßt werden.

Es war ein grau verhangener Tag im Dezember 1918. Die Marschkolonne wurde erst mit den Gewehrläufen, dann mit Stahlhelmen und schließlich mit den blassen Gesichtern über der Wölbung der Brücke sichtbar. Unter meinem Fenster kamen die Männer lustlos und mit schleppenden Schritten vorbei. Ihr Gleichschritt ließ zu wünschen übrig. Vielleicht, weil über Brücken nicht im Gleichschritt marschiert werden soll. Mindestens insofern hielten die grauen Kolonnen Disziplin. Aber sie sangen nicht, wie das Soldaten sonst tun müssen. Weder Trommeln noch Pfeifen waren zu hören. Die Glocken der dicken Frauenkirche am anderen Ufer der Elbe gaben keinen Laut von sich. Die Zuschauer unter meinem Fenster waren zahlreich, aber sie blieben stumm. Kein Zuruf ertönte, es wurden keine Blumen geworfen. Einige Gesichter am Rande der Straße zeigten Mitleid, andere waren abweisend. Fäuste wurden nicht geschwungen, Fähnchen aber auch nicht. Welche Farben hätten es denn sein sollen? Darüber haben wir uns noch dreißig Jahre lang die Köpfe eingeschlagen.

Der Anblick der heimkehrenden Männer enttäuschte mein militaristisches Knabenherz. Sie führten nicht eine einzige Kanone mit sich, noch nicht einmal ein Maschinengewehr. Darauf hatte ich bestimmt gerechnet. Am Schluß der Kolonnen polterte ein Gepäckwagen über das Pflaster. Ein Soldat ohne Gewehr hielt sich daran fest. Die Füße taten ihm wohl weh. So sah also das Ende aus. Später schnappte ich auf, daß dafür mein ältester Bruder nicht gefallen sei. Aber das hatte keine Bedeutung mehr. Es kam nun darauf an, den »Dregg alleene zu machen«.

Selbst für einen Fünfjährigen wurde es fühlbar, wie alte Loyalitäten zu Bruch gingen. Noch während der letzten Kriegsmonate war mein Vater aus Frankreich ins sächsische Kriegsministerium versetzt worden. Er fand sich dort mit der Heimführung der alliierten

Kriegsgefangenen betraut. Das war eine delikate Aufgabe in einem Deutschland, das Ordnung so sehr gewohnt war und in dem plötzlich alles drunter und drüber ging. Die Überreste des Feldheeres mochten noch in leidlicher Manneszucht an den Fenstern des alten »Blockhauses« vorbeigezogen sein, aber schon hatte ein Offizier zu gewärtigen, daß ihm von Matrosen mit roter Armbinde auf offener Straße die Epauletten heruntergerissen wurden.

Am 12. April 1919 mußte sich mein Vater am hellen Tage hinter die Fensterwand seines Arbeitszimmers im Kriegsministerium werfen, um sich gegen Schüsse von draußen zu schützen. Das Gebäude wurde vom Neustädter Markt her beschossen. Dort demonstrierten Hunderte von Kriegsverletzten. Aufständische Soldaten und Matrosen unter Führung des kommunistischen Soldatenrats Frenzel vom Infanterieregiment 177 hielten das Blockhaus umzingelt und verlangten ein Gespräch mit dem Minister. Der sächsische Minister für das Militärwesen hieß Gustav Neuring und galt als ein tüchtiger Gewerkschaftsfunktionär. Seit der Revolution war er im Großdresdner Vollzugsausschuß des Arbeiter- und Soldatenrats, seit Januar 1919 als Minister mit der Aufgabe betraut, unter Abbau der vorhandenen Truppenteile ein neues Volksheer zum Schutze der Errungenschaften der Revolution aufzubauen. Er hatte verfügt, daß in Zukunft an die Verwundeten und Genesenen nur noch Friedenslöhnung ausgezahlt werden sollte.

Aus einem Ladeneingang schräg gegenüber dem Blockhaus unterstrich ein Maschinengewehr die Forderungen der Kommunisten nach einer Verhandlung. Die Spuren der Garben an den Außenwänden des Gebäudes konnte man noch Jahre später Besuchern der Stadt Dresden zeigen – nicht ohne einen gewissen Stolz, als sei man selbst zugegen gewesen und hätte sich vor Querschlägern schützen müssen. Die Stärke der Mauern konnte ich dabei sachverständig beschreiben, hatte ich sie doch bei der Rückkehr der Truppen selbst mit dem Hinterteil ausgemessen.

Außer einer kleinen Wache und seinen dicken Wänden besaß das Ministerium keinen Schutz. Minister Neuring erklärte sich zu Verhandlungen bereit, solange sie nicht mit dem Radikalinski Frenzel geführt werden müßten. Darauf setzte ein Trupp kriegsgewohnter Soldaten zum Sturm an. Ein Mitglied der Wache revanchierte sich mit einer Handgranate. Die Fenster klirrten und zerbrachen unter Steinwürfen, das Maschinengewehr deckte das Vordringen der Aufrührer. Sie zerrten den Minister aus dem Gebäude und traktierten ihn mit Kolbenhieben. Er wurde von den Aufständischen unter dem Ruf »Ins Wasser mit dem Hund!« auf die Elbbrücke geführt. Dort, angesichts der Türme der Altstadt, sollte er vom Steingeländer herab angeblich eine Rede halten. Kaum hatte er begonnen, zog ihm einer die Beine weg. Er stürzte fünfzehn Meter tief ins Wasser der Elbe, tauchte aber wieder auf. Als er zum Ufer schwamm, trafen ihn mehrere Gewehrschüsse, und er versank.

Inzwischen zogen Gruppen von Aufrührern durch die Korridore des Gebäudes. Sie wurden gemäß späteren »Erinnerungen« meines Vaters angeführt von einem Herrn im eleganten Pelz und mit russischem Akzent. Sie rissen die Tür zu seinem Büro auf. Er hatte sich nach dem Ende der Beschießung – was sollte er sonst tun? – wieder an seinen Schreibtisch gesetzt, erhob sich nun und brüllte. Mein Vater konnte so laut brüllen, daß wertvolle Ölgemälde von den Wänden fielen. Er schrie die Eindringlinge in einer Lautstärke an, die auf dem Kasernenhof mühelos Bataillone bewegt hätte. Den Männern steckte der Kommißton noch in den Knochen. Sie standen verdutzt da, legten die Hände in alter Gewohnheit an die Hosennaht und verdrückten sich dann. Aus dem Vorzimmer nahmen sie zum Beweis ihrer revolutionären Gesinnung den schönen, hellgrauen Wintermantel meines Vaters mit. Der Mord an dem Minister stillte den Blutdurst der Aufrührer. Als wäre man selbst ins kalte Wasser gefallen, lief alles auseinander. Dennoch war es nicht ratsam, in Uniform auf der Straße zu erscheinen.

An dieser Stelle der Geschichte teilt sich die Familienüberlieferung. Nach der einen Version gelang es meinem Vater, eine Botschaft in unsere Wohnung im Schweizer Viertel zu schicken. Mein Bruder Friedrich, damals siebzehn Jahre alt, habe dann das Blockhaus auf dem Fahrrad und mit einer Tasche voll Zivilkleidung erreicht. Ohne seinen Offizierssäbel wollte der Vater aber nicht heimkehren. Er schob ihn sich in die Hose und schritt steifbeinig über die Augustusbrücke wie einer der zahlreichen Invaliden jener Tage. Dann bestieg er die Straßenbahn. Wenn er dabei äußerst grimmig aussah, so lag das wohl an dem Versuch, die Tränen zu unterdrükken. Mein Bruder schwört noch heute Stein und Bein, daß der Vater vor Scham geweint habe, als er sich umziehen mußte.

Die andere Version stammt von meinem Vater selbst. In seinen »Erinnerungen«, die er kurz vor seinem Tode 1948 diktierte, berichtet er, sich in ein Haus der gegenüberliegenden Klostergasse geflüchtet zu haben. Dort wohnte, mit einem fabelhaften Blick auf Elbbrücke, Schloß, Hofkirche und Frauenkirche, mein Großonkel Robert. Mein Vater will sich von ihm für den Heimweg Zivilkleidung geborgt haben. Die Sache mit dem Säbel verlegen seine Erinnerungen in die ersten Tage der Revolution. Soldaten wollten ihm die Epauletten abreißen. Er flüchtete in ein Geschäft. Meine Mutter sei mit Zivilkleidung dorthin gekommen und habe den Säbel unter ihren langen Röcken verborgen nach Haus geschmuggelt. Es gibt also mehrere, widersprüchliche Fassungen des Ereignisses. Das ist bezeichnend für eine aufgeregte Zeit. Später, beim Geschichtsstudium und in der journalistischen Tagesarbeit, habe ich gelernt, daß zwei Beobachter eines Vorgangs in ihrem Bericht darüber selten einig sind. Man soll sich zur Skepsis anhalten, besonders, wenn jemand auf die Wahrheit seiner Geschichte Stein und Bein schwört.

Was die Spartakisten mit der Eroberung des Blockhauses bezweckten, weiß ich nicht. Jemand mag sich daran erinnert haben, daß der Sturm auf die Bastille 1789 ein Signal für den Beginn der Französischen Revolution war. Dem Kommandanten der Zwingburg von Paris wurde nach der Übergabe der Kopf mit einem Taschenmesser abgesägt. Insofern kann der Sturz Neurings in die Elbe mit nachfolgendem Scharfschießen als humane Variante gelten. Wahrscheinlicher ist, daß die Dresdner Revolutionäre an die Erstürmung des Winterpalais in St. Petersburg dachten. Die lag erst anderthalb Jahre zurück. Was sich damals in Deutschland abspielte, war mancherorts eine von Lenin geförderte Neuauflage des Kampfes der Bolschewisten gegen die Sozialdemokraten und die Bourgeoisie; nur daß die Sache in Deutschland nicht so ausging wie in Rußland. Das sowjetrussische Muster der Gewaltanwendung bedrohte das noch kaum versehrte Besitzbürgertum in Deutschland und erschien der Industriearbeiterschaft als Intervention landfremder Interessen. Das merkte man aber erst später, als das seltsame Bündnis zwischen Ebert, Groener und Rathenau analysiert wurde.

Die wenigsten ahnten, daß sich die Unruhen, die dem Europa der Kaiserreiche den Garaus machten, in immer wiederkehrenden Eruptionen gute 25 Jahre, nein, schlechte 25 Jahre lang fortsetzen und am Ende auch die ganze Stadt Dresden hinwegraffen würden. Als Kind gewöhnt man sich an das Außergewöhnliche und findet nichts Besonderes dabei, wenn der Spielkamerad im Garten die Hand ans

Ohr legt und mit wichtiger Miene verkündet: »Am Postplatz schießen sie wieder.« Wenn in der Großen Plauenschen Straße die berittene Polizei mit geschwungenem Gummiknüppel die Plünderer eines Brotwagens attackiert, drückt man sich eben in einen Hauseingang. So sind nun mal die Zeiten und anders kennt man sie nicht.

Die Vorgänge an der Elbbrücke, in die mein Vater verwickelt war, wurden für mich zu einer Art von Schlüsselerlebnis. Der Anblick von Revolutionen erzeugt in mir selten ein Hochgefühl. Obwohl kein Augenzeuge, kannte ich seit der Rückkehr der Truppen aus eigenem Augenschein die Topographie des Geschehens ganz genau und konnte mir die häßlichen Szenen vorstellen. Ich hatte die Angst der Mutter miterlebt und wenige Stunden nach den Vorfällen die Beteiligten erzählen hören. Mein Vater blieb eher wortkarg. Mein Bruder aber sparte nicht mit haarsträubenden Details.

Du lieber Himmel, die Epoche war mit Morden nicht kleinlich. Die Exekution der Zarenfamilie durch die Bolschewisten war noch in aller Munde, die Ermordung von Karl Liebknecht und Rosa Luxemburg lag wenige Wochen zurück. Aber daß da ein Mann unweit der Fensterbank, auf der man selbst gesessen hatte, von der Brücke in den Strom gestürzt und ohne Not erschossen worden war, prägte sich doch besonders ein. Hätte es nicht der eigene Vater sein können?

Diese Bilder widerlegten die Ästhetik der Gewalt, die mein ganzes Leben lang von immer neuen Ideologen in immer neuen Wendungen verherrlicht wurde. Die Folgen, denen zu viele meiner Zeitgenossen jahrzehntelang mit gläubigen Augen entgegenhofften, erschienen mir gesprenkelt mit den kleinen Fontänen von Elbwasser, wo die Schüsse auf den Minister einschlugen, und mit den Tränen meines Vaters. Das Erlebte wirkte nach und imprägnierte mich wohl mit der Zeit gegen die Versuchung, Blut, Tod und Gewalt romantisch zu verklären.

Aus weitem Abstand betrachtet, wirft die Erstürmung des Dresdner Blockhauses ein Licht auf die Art, wie eine sächsische Revolution auch ausfallen kann. Die Aufrührer lassen sich durch Gebrüll einschüchtern. Sie geben sich mit der Erbeutung eines hellgrauen Offiziersmantels zufrieden, wenn sie ihren Dregg alleene machen müssen. Sie bekommen einen Schrecken angesichts des Mordes, dem jede Leidenschaft fehlt. Sie mögen radikal sein, fanatisch sind sie nicht. Meistens hassen sie die Unordnung noch mehr als die

Unterordnung. Hauptsächlich wollen sie, daß die Straßenbahn pünktlich verkehrt. Das Pathos einer Revolution gedeiht bei ihnen zur Komik. So war es jedenfalls damals, als sich die Republik bei uns einschleichen mußte wie der Dieb in der Nacht. Die Friedensgebete und Demonstrationen in Leipzig und Dresden, die 1989, zweihundert Jahre nach der Französischen Revolution, eine wie für die Ewigkeit befestigte kommunistische Regierung weggefegt haben, sprechen allerdings eine andere Sprache. Auf die Dauer lassen selbst Sachsen nicht mit sich spaßen.

Fürs erste jedoch war, was politisch auf die Umwälzungen von 1918/19 folgte, nicht gut für den Frieden in meinem Elternhaus.

Schisma in der Familie

Meine Schwester Maria hatte es sich in den Kopf gesetzt, einen Kommunisten zu heiraten. Das Entsetzen meiner Eltern war nicht gering. Ein Katholik wäre durchaus erträglich gewesen, mit einem Juden hätte man sich verständigt, mit einem Franzosen zur Not abgefunden. Aber die Tochter eines königlich-sächsischen Majors ausgeliefert an einen Bolschewisten? Die Enkelin eines angesehenen Leipziger Rechtsanwalts väterlicherseits und eines Reichsgerichtsrates auf seiten der Mutter, man denke, im Ehebett mit dem Feinde von Recht und Gesittung? Welche Vorstellung! Maria studierte und half dem weltberühmten Chemiker und Nobelpreisträger Wilhelm Ostwald bei seiner Farbenlehre. Was sollte ein Verfechter der Diktatur des Proletariats in dieser Gesellschaft? Wer würde sich freiwillig mit einem erklärten Atheisten, einem Anhänger von Karl Marx und Bewunderer von Lenin an einen Tisch setzen? Mußte man sich von so einem sagen lassen, daß die bürgerliche Klasse binnen kurzem in den Mülleimer der Geschichte gefegt sein würde?

Dieser Kommunist trug weder Russenbluse noch Räuberzivil. Er entstammte genau der Bourgeoisie, die er in den Mülleimer befördern wollte: Vom Großvater her gab es ein Millionenvermögen, das Elternhaus stand an der vornehmen Wiener Straße in Dresden und verfügte über so großbürgerliche Vorzüge wie ausreichend Dienstpersonal und einen Billardtisch, an dem der Geheime Justizrat mit leisem Klick die Bälle stieß; die hübschen Schwestern meines künftigen Schwagers verpaßten keine Uraufführung der Dresdner Oper, an Einladungen in die kunstsinnigen Salons der Stadt fehlte es nie. Als Kriegsfreiwilliger in Flandern und als junger Artillerieoffizier an der Ostfront hatte Rolf Helm vom ersten bis zum letzten Tage des Krieges sein Leben für Kaiser und Vaterland in die Schanze geschlagen, anfangs sogar mit Begeisterung, später jedenfalls ohne Meutereien anzuzetteln. So zuverlässig erschien er der Militärbürokratie, daß sie ihm noch ein dreiviertel Jahr nach Kriegsende und ein halbes nach seiner Demobilisierung das Eiserne Kreuz Erster Klasse nachwarf.

Inzwischen hatte er sein Jura-Studium in München begonnen, vermutlich in der Annahme, daß ihm die Anwalts-Sozietät seines Großvaters später als Sprungbrett zu Höherem dienen könne. Das alles empfahl ihn. Seine distanzierte Höflichkeit glich der meines Vaters. Sie hätte ein weiterer Punkt zu seinen Gunsten sein müssen. Doch mein Vater lehnte das formelle Gesuch um die Hand seiner Tochter ab. Rolf äußerte seine Anschauungen zu ehrlich. Er hatte sich also einer befremdlichen, äußerst provokativen Lehre und einer zu allen Schandtaten entschlossenen Partei ergeben.

Was ihn dazu bewog, wird durch die Zeitumstände erklärlich. Er erhielt seinen ersten politischen Anschauungsunterricht im Nachkriegsdeutschland, als Graf Arco den sozialistischen Ministerpräsidenten des Volksstaates Bayern ermordete. Der Jude Eisner war Verfasser feinsinniger Studien zu Kant und Tolstoi, sein Mörder ein fanatischer Juden- und Bolschewistenfresser. Wenn es sich zu entscheiden galt zwischen den beiden, dann fiel die Entscheidung leicht. Man hätte aber auch den Antisemiten verachten, sein Opfer bedauern und einen Dritten unterstützen können. Rolf Helm war jedoch nie ein Mann der Schattierungen. Er wurde Augenzeuge der Brutalitäten während der kurzlebigen Münchener Räterepublik. Er entschied sich für die radikalste Lösung aller Probleme, für die Diktatur eines Proletariats, das er gar nicht kannte, und für den Kampf gegen die Klasse, der er seinen Gewohnheiten nach angehörte. Die Lektüre der großen Revolutionsschriften bestärkte ihn in dem Glauben, die unabwendbare Logik der Geschichte auf seiner Seite zu haben.

Ich war viel zu klein, als daß ich die Gründe der Aufregung im Elternhaus hätte verstehen können. Gefühlsmäßig stand ich auf der Seite meiner Schwester, der etwas sehr Wichtiges vorenthalten werden sollte. Meine Brüder ergriffen ihre Partei. Ein ideologischer Kleinkrieg vergiftete die Atmosphäre in der Familie. Bald würde meine Schwester volljährig sein, dann konnte mein Vater sie nicht mehr an einer Heirat hindern; höchstens enterben konnte er sie. Aber zu erben war schon nichts mehr, die Geldentwertung fraß das Vermögen in rasendem Tempo auf. Auch das des Brautwerbers. So wurde ein Kompromiß ausgehandelt. Die Verlobten würden in eine kirchliche Trauung einwilligen. Meiner Mutter fiel ein Stein vom Herzen. Daß die Trauung zu Haus und nicht in der Kirche vorge-

Rolf Helm und Maria, geb. von Zahn, etwa zur Zeit ihrer Hochzeit in Dresden 1922. Rolf Helm war junger Rechtsanwalt und politisch engagierter Kommunist.

nommen wurde, war ein geringer Schönheitsfehler. Viel wichtiger: Mein Schwager würde auf politische Betätigung verzichten müssen. Er gelobte das.

Die Hochzeit fand statt. Mit gewundenen Worten zelebrierte der Pfarrer in unserem »Herrenzimmer« die Trauung. Auf der schön geschweiften Barock-Kommode standen Kreuz und Kerzen. Die Einsegnung erfolgte der Familienüberlieferung zufolge bei einem zähneknirschend ausgeführten Kniefall. Mir ist das nicht erinnerlich, obwohl ich Blumen streute.

Kurze Zeit danach wurde ruchbar, daß sich der Referendar Rolf Helm weiterhin als Brandredner für seine Partei betätigte. Mein Vater sprach eine Art von Bannfluch aus: Mehrere Jahre lang würde mein Schwager unser Haus nicht betreten. Er wartete verstohlen auf der Straße, wenn meine Schwester uns besuchte. Meine Mutter stand wie gewohnt zu ihrem Mann, wenngleich ihr todtraurig zumute war.

Bei allem Respekt vor den Überzeugungen des Schwagers ließen sich meine Brüder nicht für Lenins Bolschewismus begeistern. Sie wuchsen in einer bürgerlichen Tradition auf, die auch in umstürzlerischen Zeiten Recht und Ordnung über die Maßen liebte. Die politischen Auseinandersetzungen spalteten zwar die Familie, führten aber nicht dazu, daß sich meine Brüder einer Partei oder einer der zahlreich aufsprießenden politischen Sekten anschlossen. Eher ist mir in Erinnerung, wie sie sich der Aufrechterhaltung von Ordnung zur Verfügung stellten.

Eines Abends, es mag 1920 zur Zeit des Kapp-Putsches gewesen sein, standen Friedrich und Klaus mit einem halben Dutzend ihrer Freunde in der Diele unserer geräumigen Wohnung in der Eisenstuckstraße im Schweizer Viertel Dresdens. Unser Vater, damals noch Major im »Sächsischen Ministerium des Krieges« und immer noch mit der Abwicklung der Kriegsgefangenenprobleme beschäftigt, erteilte Schießunterricht. Pädagoge, der er im Innersten seiner Seele war, begann er nicht nach Vorschrift mit der Erläuterung all der zahlreichen Einzelteile des Karabiners 98 und wie man ihn pflegt und zusammensetzt. Er überging auch zunächst den komplizierten und gefährlichen Vorgang des Ladens. Vielmehr führte er die kleine Heldengruppe gleich medias in res, das heißt, er machte vor, wie man den Karabiner anlegt, wie man zielt und abdrückt.

Zu diesem Behuf entledigte er sich seines Uniformrockes. Zum

Vorschein kamen weiße Hemdsärmel mit klappernd steif gestärkten Manschetten. Nun stellte er die Füße wie ein Tänzer im Ballett, wog die Waffe in beiden Händen, umfaßte an vorbestimmter Stelle den Kolbenhals saugend und schraubend mit der rechten Hand, neigte sich vorwärts und riß mit einem Ruck den rechten Ellenbogen zur Waagerechten hoch. Die Gelenke knackten dabei. Unter hörbarem, lustvollen Einatmen führte er jetzt den Kolben des Schießeisens dermaßen zwischen Kinn, Brustbein und Schulter, daß kein Rückstoß den Schützen aus seiner rituellen Haltung werfen konnte.

So begann ein Unterricht, der sich mit einer harmlosen Übungspatrone bis Mitternacht hinzog. Zum Schluß wurde auf dem mächtigen Renaissance-Tisch mit Hilfe von Sofakissen eine Brustwehr für liegende Schützen eingerichtet. Der Einfachheit halber nahmen sie sich im gegenüberhängenden Wandspiegel selbst aufs Korn.

Die traditionellen Lehrmethoden wurden über Bord geworfen, weil Eile geboten schien; so sehr, daß man sogar vergaß, mich ins Bett zu schicken. Jeden Augenblick konnte das elektrische Licht dreimal erlöschen und wieder aufleuchten. Das wäre das vereinbarte Zeichen für die Zeitfreiwilligen gewesen, die Wickelgamaschen festzuziehen, ihre Windjacken überzuwerfen und durch die Nacht abzumarschieren.

In dieser Nacht wurde das Zeichen jedoch noch nicht gegeben. Als ehemaliger Schießausbilder gab mein Vater meinem Bruder Klaus gute Noten für seine Geschicklichkeit mit der Waffe. Meinem Bruder Friedrich bescheinigte er rasche Auffassungsgabe im Erlernen von Vorschriften. Tatsächlich wurde der ja auch später Jurist. Die etwas ängstlichen Fragen unserer Mutter beantwortete das Familienoberhaupt mit der Versicherung, die Jungens würden sich schon irgendwie ihrer Haut zu wehren wissen. Ein Trommelfeuer mit anschließendem Sturmangriff könnte natürlich die Präzision ihrer Bedienungsgriffe am Karabiner 98 beeinträchtigen, aber zu solchen Aktionen seien die Aufrührer wohl kaum fähig.

Eines Nachts ließen die Kräfte der Ordnung nun doch das Licht dreimal erlöschen. Meine Brüder folgten dem Alarm – wohlversehen mit dünnem Kakao, den ihnen meine Mutter in die Feldflaschen gefüllt hatte. Sie bezogen das Landgericht, ein festungsartiges Gebäude am Stadtrand von Dresden. Dort verbarrikadierten sie sich zusammen mit anderen Angehörigen der Zeitfreiwilligentruppe, einer Art von Schutzgarde junger Bürger für das »letzte Gefecht«, das ihnen von den sächsischen Revolutionären angekündigt war. Es kam jedoch nicht dazu.

Obwohl Friedrich und Klaus vermittels Spiegel und Sofakissen das Schießen ohne Munition gelernt hatten, wurden sie einem Scheinwerferzug zugeteilt und vertrieben sich die folgenden ruhigen Nächte damit, die Liebespaare in den Parkanlagen um das Landgericht mit taktlosen Lichtkegeln zu verfolgen. Die Revolution erstarb fürs erste, kein Schwager leitete das Artilleriefeuer der Kommunisten, kein Trommelfeuer stellte meiner Brüder Kampfmoral auf die Probe. Sie feuerten keinen Schuß ab und hatten keine Gelegenheit, als Held oder als Bestie, jedenfalls als Marginalien in die Chronik der Zeit einzugehen.

Die junge Republik mußte sich auf dem Höhepunkt der Inflation zwei weiterer Bedrohungen erwehren: der Ruhrbesetzung durch die Franzosen und der Hitler-Revolte in München. Gleichzeitig kam im unruhigen Sachsen eine besonders linkslastige Regierung ans Ruder. Ihr Ministerpräsident war der Sozialdemokrat Zeigner. In seinem Kabinett gab es zwei Kommunisten. Einer übernahm das Justizministerium, ein klobiges Gebäude an der Elbe gegenüber der Brühlschen Terrasse. Er brachte als Referenten meinen Schwager mit. Die Herrlichkeit währte nur kurz, dann war die Reichswehr unter dem General Märker eingerückt. Ein Leutnant und fünf Mann standen plötzlich im Dienstzimmer des Justizministers und verhafteten ihn. Meinen Schwager ließen sie laufen. Die Behandlung seines Ministers kann nicht sehr hart gewesen sein, denn am Nachmittag des gleichen Tages trafen sich die beiden schon an einem konspirativen Ort. Erst mehr als ein Vierteljahrhundert später gelangte Rolf Helm wieder in die Vorzimmer der Macht, und zwar als Staatssekretär bei Wilhelm Pieck, dem ersten Staatspräsidenten der DDR. Die Jahre dazwischen waren kein Zuckerlecken.

Mit den Greueln der Epoche kam ich nicht in Augenkontakt – es dauerte immerhin noch zwölf Jahre, bis uns die Nazis, und dreißig Jahre, bevor uns das Fernsehen zu Augenzeugen bestialischer Vorgänge machte. Aber akustisch war bereits manches Vorbeben zu spüren. Ich sang mit lustvollem Grauen nach, was Ältere mir vorsangen:

»Licht aus!
Messer raus!
Haut ihn, daß die Knochen krachen.«

Vom Hakenkreuz am Stahlhelm war bereits zu hören, und zwar in den Gesängen der Brigade Ehrhardt und der anderen Freikorps, welche im Baltikum und in Oberschlesien an gewaltsamen Änderungen der eben neu fixierten Landkarte Europas bastelten. Baltische Flüchtlinge und russische Emigranten tauchten in Dresden auf. Wenn sie ihr Mütchen an einem Bewunderer der russischen Räte-Revolution kühlen konnten, so taten sie es. Es waren beileibe nicht die einzigen, denen der Gedanke an Rache und Vergeltung zur Gewohnheit geworden war. Erzberger wurde umgebracht. Mord und Totschlag aller Orten – vom Rufmord über den Fememord und den Meuchelmord bis zum Massenmord der Sexualverbrecher Haarmann und Denke –, die Übergänge waren fließend und nicht geeignet, einem Kind Vertrauen in seine Mitmenschen einzuflößen.

Den Mord am Außenminister Walther Rathenau registrierte ich dadurch, daß meine Mutter mir mit geheimnisvollem Wispern die Burg an der Saale zeigte, in der zwei der Attentäter gestellt worden waren. Den dritten – Ernst von Salomon – lernte ich kennen, als er durch seine Zuchthauserinnerungen bereits zur literarischen Berühmtheit geworden war und sich mit schwarzem Humor gegen nationalsozialistische Führer wehrte, die ihn zum Märtyrer ihrer Sache abstempeln wollten.

Den Wirren der Nachkriegszeit entstiegen märchenhafte Figuren. Man erzählte sich damals Wunderdinge von Max Hölz, einem kommunistischen Volkstribun, der im sächsischen Vogtland wie ein zweiter Robin Hood oder Schinderhannes die Reichen ausplünderte und die Beute mit den Armen teilte. Je nach dem Berichterstatter wurden mal die Brandstiftungen und Grausamkeiten, mal die Fälle grotesken Humors im Versteckspiel mit der Polizei hervorgehoben. Der Steckbrief von Max Hölz zeigte einen energisch dreinblickenden Mann mit dunklem Schnurrbart, der entfernt an den jungen Hitler erinnerte. Hölz war von ähnlicher Geltungssucht, aber als Sachse war er in mancher Hinsicht ein Eulenspiegel. In seiner Selbstbiographie erzählt er zum Beispiel, wie er damals mit Vorliebe lange Haare trug und eines Tages, wieder einmal auf der Flucht, in einem entlegenen Dorf die auffälligen Haare abschneiden ließ. Der Friseur erzählte dabei allerlei Schauderhaftes über den Max Hölz. Die Schere fiel ihm vor Schreck aus der Hand, als ihn sein Kunde darüber aufklärte, wem er gerade die Haare geschnitten hatte. Hölz ließ die Locken auflesen und schickte sie mit einem Begleitschreiben an den Kommandeur der Truppen, die ihm auf den Fersen waren: »Hier sind die langen Haare, suchen Sie sich den Kerl dazu!« Seine Unterrichtung in marxistischer Theorie bekam Hölz von Otto Rühle, einem Freund meines Schwagers. Ich lernte ihn eines späteren Tages kennen. Er stand in dem Ruf, mit Lenin befreundet gewesen zu sein; das galt in den Kreisen der Kommunisten soviel wie in der Frühzeit des Christentums der vertraute Umgang mit dem Apostel Petrus.

Fast jeder Erwachsene in jenen Jahren war damit beschäftigt, Schuld zu verteilen – meistens ungleich – und Sühne anzumahnen. Schuld waren immer die anderen – besonders die Franzosen –, und Sühne mußten die unschuldigen Deutschen leisten für einen Krieg, den sie nicht angefangen haben wollten. Schuld hatte die Heimat, welche mit einem Dolchstoß in den Rücken des unbesiegten Heeres die Niederlage herbeiführte, schuld hatte der amerikanische Präsident Wilson, welcher mit seinen vierzehn Punkten die vertrauensseligen Deutschen zur Niederlegung der Waffen verlockte. Dann diktierte er ihnen im Verein mit den anderen Alliierten den Schmachfrieden von Versailles. Schuld hatten Clemenceau, Lloyd George und Ebert. Schuldlos war nur der alte Recke Hindenburg, den ich regelmäßig mit Bismarck verwechselte. Schuld hatte besonders das perfide Albion, welches deutsche Frauen und Kinder durch die Blockade der Lebensmittelzufuhren kaltblütig umbrachte, auch nach dem Waffenstillstand noch. Aber den Briten hatten wir es ja gegeben!

In der Bucht von Scapa Flow hielten sie die deutsche Hochseeflotte interniert. Da hatten die Besatzungen sich gesagt, die prächtigen Schiffe sollen sie nicht kriegen, und mit einem Schlage versanken die Eisenkästen, die den Engländern am Skagerrak so zugesetzt hatten, auf den Grund des Meeres. Mein Vetter Fritz Ruge hatte als Fähnrich zur See diese gurgelnde Rache der Besiegten miterlebt. Nach der Heimkehr begrüßte ihn die Familie als Helden. 35 Jahre später wurde er Oberbefehlshaber der Bundesmarine – allerdings erst, nachdem ein zweites Mal alle Schiffe untergegangen waren. Wir wurden in den finsteren Jahren zwischen 1939 und 1945 gute Freunde.

Von nörgelnden Schuldzuweisungen hielten sich meine Eltern frei – jedenfalls vermittelten sie mir nicht das Gefühl, Opfer einer gräßlichen Weltintrige zu sein. Dennoch war es für die Erwachsenen im gehobenen Dresdner Mittelstand eine ausgemachte Sache, daß Deutschland von Feinden auf allen Seiten umgeben war. Sie warteten nur darauf, sich noch einen Fetzen von dem geschundenen Körper des Besiegten abzureißen. Nur die Eifersucht aufeinander hinderte sie daran.

Der Versailler Vertrag, die Besetzung des Rheinlandes, der Ruhrkampf, die Teilung Oberschlesiens, die Abtrennung Westpreußens und Danzigs, das waren alles nur Bestätigungen für die Theorie, daß der Deutsche ein hilfloses Objekt der Siegerwillkür sei. Das Problem der Reparationen vermischte sich mit der Debatte über die Kriegsschuld. Ringsum am grauen Winterhorizont der Nachkriegszeit sah man weder Freunde noch Verständnis. Das deutsche Bürgertum fühlte sich von den Autoritäten des Kaiserreichs im Stich gelassen, von denen der Weimarer Republik übergangen, von denen der Welt ringsum verkannt und gehaßt. Die Beziehung zur Sowjetunion auf Grund des Rapallo-Vertrages drang kaum ins Bewußtsein pensionierter mitteldeutscher Beamter und Offiziere. Frankreich war der Erbfeind und benahm sich so. Es war nur eine kokette Variante des weitgereisten Onkels aus der Marine, wenn in politischen Diskussionen bisweilen England für Frankreich als Feind eingesetzt wurde. Ein Verhältnis zwischen dem Deutschen Reich und dem eben neuerstandenen Polen oder mit der frischgegründeten Tschechoslowakei war nicht zu erwarten. Italien galt nicht nur als verräterisch, sondern erprobte mit dem Faschismus etwas schauderhaft Unzivilisiertes, das obendrein zum Lachen reizte. So blieb eine unbestimmte Hoffnung auf ein paar Sympathien in Amerika. Aber das allein konnte das Gefühl der grausamen Verlassenheit und Vereinsamung nicht wettmachen. Kein ausgedehnter Tourismus wirkte in jenen Jahren der deutschen Isolation entgegen. Der Studentenaustausch kam nur langsam in Gang. Die politischen Gedankengänge des Westens hatten nur wenige Kanäle, über die sie sich den Deutschen mitteilen konnten. Von einem europäischen Bewußtsein war unterhalb der Ebene Rathenaus kaum etwas zu spüren. Das Erbe der Menschenrechte, der Freiheit und Gleichheit, die Lehre von der Gewaltenteilung, der Begriff von einem Staat, der für die Menschen da ist – nicht umgekehrt –, das alles schien vollkommen verschüttet. Wer nur den »Dresdner Anzeiger« oder die »Neuesten Nachrichten« las, erfuhr von der außerdeutschen Umwelt wenig, und das wenige in nationalistischer Verfärbung. Dazu kam, daß sich die Schicht meiner Eltern, Onkel und Tanten auch innenpolitisch isoliert empfand in einem Staate, der nicht mehr auf Rang und Namen achtete. Sie fühlten sich wirtschaftlichen Verschiebungen von rasch zunehmender Brutalität ausgesetzt. Sie waren außerstande, das Wesen der organisierten Massenbewegungen von rechts und links zu begreifen. Von einer politisch gesicherten Basis in Denken, Handeln und Hoffen konnte keine Rede sein. Das war nicht überall so. Wir hatten Verwandte – zum Beispiel die Harnacks in Berlin –, die bald nach dem Krieg wieder in regem Austausch mit dem wissenschaftlichen und politischen Ausland standen. Diese Mitglieder der Familie sahen die psychopathischen und hysterischen Züge besser, denen der deutsche Mittelstand in den zwanziger Jahren verfiel.

Alles in allem gab es an jedem Silvesterabend ordentlich Gelegenheit, dem kommenden Jahr eine trübe Prognose zu stellen. Mein Vater war sowieso des nachlassenden Augenlichts halber etwas hypochondrisch; er brillierte darin, in abgewogenen Sentenzen Unheil zu prophezeien. Meine Mutter dagegen, ein wunderbares Produkt altprotestantischer Erziehung, fand gar nichts dabei. So gehört es sich, schien sie zu empfinden, da doch der Mensch ohne Prüfungen und ohne von oben herabgesandte Mißgeschicke keineswegs geläutert und gekräftigt werden könne im Glauben an seine höhere Bestimmung. Meine Mutter wurde deshalb auch erst dann im Dritten Reich ernsthaft alarmiert, als es der Kirche und dem freien Bekenntnis an den Kragen ging.

Mein Vater suchte auf Grund seiner Neigung zur Melancholie die Schuld immer zuerst bei sich selbst. Er hatte in seinem Regiment vor dem Kriege als liberal gegolten und hieß manchmal der Rote Zahn. Die Wendung zum Staatsdiener in einer Republik vollführte er, wenn nicht leichten Herzens, so doch mit Anstand. Daß dem Inhaber eines erblichen königlich-sächsischen Adelstitels in der Weimarer Republik keine besonderen Vorrechte zustanden, war ihm für seine Person gleichgültig. Es scheint ihm bereits während seiner aktiven Dienstzeit nichts ausgemacht zu haben, daß er mit meiner Mutter nicht ohne weiteres bei Hofe erscheinen konnte. Sie war bürgerlicher Herkunft. Auch gut, dachte er und freute sich, die teuren Hoftoiletten nicht kaufen zu müssen. So hat er die etwas künstlichen Feudalprivilegien kaum vermißt, mit denen das Wilhelminische Kaiserreich die gute Gesellschaft vor dem Ansturm der neuen Industriegesellschaft abzuschirmen versuchte. Allerdings wußte auch mein Vater, daß einer mit dem kleinen »von« vor dem Namen gesellschaftlich und atmosphärisch gewisse Vorteile genoß. Es war ja kein Geheimnis, daß sich 1913, zur Zeit meiner Geburt, in den höheren Posten des Auswärtigen Dienstes 8 Fürsten, 29 Grafen, 20 Barone, 54 Adlige ohne Titel, aber nur 11 Bürgerliche befanden. Ein adliger Name war auch noch in der Weimarer Republik für die Karriere gut, und das muß der Oberstleutnant a. D. wohl im Auge gehabt haben, als er mir später immer wieder empfahl, Jura zu studieren und Beamter zu werden. Es entsprach dieser Haltung, daß er die Witwe eines Regimentskameraden, der General geworden war, stets mit Exzellenz titulierte und auf Briefen den Namen eines vermutlich gebildeten Adressaten mit dem Zeichen für »Seiner Hochwohlgeboren« schmückte.

Weder innerhalb noch außerhalb des Familienkreises wurden die Verdienste besonders erwähnt, die sich unsere Vorfahren um die sächsischen Kurfürsten und Könige erworben hatten. Sie lagen allerdings schon längere Zeit zurück, so daß sich niemand so recht daran erinnern konnte. Der Stammvater unseres Familienzweiges konspirierte während des Siebenjährigen Krieges im Dienste der sächsischen Regentin gegen die Besatzungsmacht und wäre beinahe von den preußischen Husaren aufgehängt worden. Später machte er als Sonderkommissar in den Wäldern des Erzgebirges eine gefährliche Räuberbande dingfest. Er war stolz darauf, sie ohne Gebrauch der Folter und Todesstrafe der Gerechtigkeit zugeführt zu haben. Sein Trick war, die gefangenen Räuber zu freiwilligen Geständnissen zu bringen, indem er ihnen die Teilnahme an Untaten, die er bereits durch andere Quellen festgestellt hatte, beim Lesen ihrer Handlinien nachwies. Doch erst sein Sohn wurde für umsichtige Verwaltungstätigkeit zur Zeit des alten Goethe in den erblichen Adelsstand erhoben. Nach seiner Pensionierung wanderte mein Vater häufig ins Japanische Palais, in dem die Landesbibliothek untergebracht war, und studierte diese Vorgänge. Er schrieb darüber ein paar lesenswerte Beiträge, die in landesgeschichtlichen Zeitschriften veröffentlicht wurden; jedoch erst, nachdem er sie auf Anraten der Herausgeber durch überflüssige Anmerkungen und Fußnoten wissenschaftlich drapiert und damit weniger leicht lesbar gemacht hatte.

Es wurde mir nicht beigebracht, mich wegen des Adelstitels als etwas Besonderes zu fühlen. Ich kann mich nicht erinnern, jemals den Ausruf gehört zu haben: »Ein Zahn tut so etwas nicht!« Vielleicht tat ich deshalb allzu häufig Dinge, die ein Zahn nicht tut. Nur einmal stupste mich mein Vater mit der Nase auf meine Herkunft. Er zeigte mir einen kürzlich neu erschienenen Band des Gotha und sagte: »Zum ersten Male, daß ich deinen Namen gedruckt sehe.« Gedruckt werden, das war in seinen Augen eine Auszeichnung, der man sich würdig erweisen mußte. Es steckte mehr von einem Gelehrten in ihm als von einem Offizier. Und mehr vom Liebhaber bürgerlicher Ordnung als vom Anhänger einer Standesgesellschaft.

Darin ähnelte er dem erwähnten Großonkel Robert, bei dem er sich einen Zivilanzug borgte, um den Aufrührern zu entgehen. Als Besitzer eines bekannten Antiquariats in der Waisenhausstraße war mein Onkel mit einem weiten Blick in die Vergangenheit begabt und stand über den Dingen. Er konnte sich betrachten wie einen Fremden. Wenn er nicht schlafen konnte, weckte er tief in der Nacht seine Eheliebste, die Tante Liese, und malte ihr sehr farbig sein eigenes Begräbnis aus, an dem er tags zuvor teilgenommen haben wollte. Er hatte einen langen weißen Bart und glich aus der Perspektive eines Fünfjährigen dem lieben Gott persönlich. Noch heute trägt in meinen unkontrollierbaren Vorstellungen Gottvater eine goldene Uhrkette über dem Bauch. Mit der durfte ich spielen, wenn ich auf Onkel Roberts Knien saß und seinen etwas kühnen Geschichten und Gedichten lauschte. Das Spielen verging mir, wenn er mir von den »Waldkanuzchen« erzählte, die im Kleiderschrank lauerten, oder wenn er anhub:

»Da draußen vor dem Fensterchen
da warten die Gespensterchen.
Sie klappern mit dem Totenbein
und wollen in dein Bett hinein.«

Fabeltiere und Märchenwesen drangen, wenn man ihm Glauben schenkte, häufig in den Alltag eines hohen Bürgerhauses der Dresdner Neustadt ein. Am hellen, lichten Tage begann es da zu spuken, kaum daß man den altertümlichen Messingknauf der Tür gedreht und sich in diese verwunschene Welt begeben hatte. Von den hinteren Fenstern seines Hauses auf der Klostergasse hatte Onkel Robert einen freien Blick über Gärten und Elbwiesen, die Augustusbrücke und das Turmpanorama der Altstadt auf der anderen Seite des Stromes. Der alte Herr erklärte mir die Bedeutung der goldenen und

Der Buchhändler Robert von Zahn, der eine Zeitlang Lehrherr Heinrich Manns war, im Eingang seines Antiquariats auf der Waisenhausstraße in Dresden. König Friedrich August III. hat gerade etwas bei ihm gekauft und nimmt wieder auf dem Bock seines Wagens Platz. (Die Aufnahme stammt wahrscheinlich aus dem Jahre 1912.)

grünen Dächer und Kuppeln mit der ihm eigenen Mischung von Wahrheit und Dichtung. Er erregte Zweifel in mir, ob die Frauenkirche nicht doch ursprünglich eine Glucke gewesen ist, die versteinert wurde, weil sie nicht auf ihre Küken aufpaßte.

Eines Tages wurde es ernst mit dem Begräbnis. Die Tante Liese hatte keinen mehr, der sie nachts aufweckte. Die gruseligen Geschichten waren nun ebenso ein Ding der Vergangenheit wie die ketzerischen Ansichten, die dem Onkel Robert zu den Zeiten, da der sächsische König in seinem Laden kaufte, den Ruf eines Freidenkers eingetragen hatten. Die Hofbuchhandlung v. Zahn & Jaentsch, in der Heinrich Mann widerwillig als Lehrling gearbeitet hatte, drohte zu verwaisen. Mein Vater wäre gern als Teilhaber in das Antiquariat eingetreten. Man sieht an seiner Bereitschaft zu einer kaufmännischen Tätigkeit, wie sehr die Grundsätze der vorrevolutionären Standesgesellschaft bereits gelitten hatten. In der Kaiserzeit war der »Koofmich« für den Offizier ein Mensch zweiter Klasse. Onkel Robert hatte sich darüber hinweggesetzt. Mein Vater war bereit, ein Gleiches zu tun. Das scheiterte jedoch an den Geldforderungen des Kompagnons meines Onkels.

Wenn die Standesgesellschaft, die eben zu Ende ging, in meiner Erziehung kaum eine Rolle spielte, so wurde ich doch auf die bürgerlich-demokratische Ordnung nicht eingeschworen. In der Familie gab es keine begeisterten Republikaner und, wenn man von meiner Schwester absieht, keine Pazifisten. Den herrschenden Frieden empfand ich als langweilig. Eines Tages zeigte mir der jüdische Getreidekaufmann Abeles, der mit seiner Familie im Parterre unseres Hauses wohnte, eine Zeitung mit der Balkenüberschrift »England erklärt Deutschland den Krieg«. Ich freute mich lauthals und äußerte die Hoffnung auf Revanche, Siege und herzerfrischende Abenteuer im Feld. Herr Abeles verwies mir das mit ernsten Worten. Er sagte: »Ein anständiger Mensch will keinen Krieg.« Dann ließ er mich das Datum des Extrablattes lesen, es war der 4. August 1914. Meine anarchischen Neigungen waren auf beschämende Weise bloßgestellt. Ich habe mir später angewöhnt, bei Zeitungsmeldungen genau wie bei Treueschwüren auf das Datum zu achten.

Das Schweizer Viertel Dresdens, in dem wir damals wohnten, galt als fein. Ruhige, baumbestandene Straßen zwischen Gärten und Villen zogen sich südlich des Hauptbahnhofes die Anhöhen zur Plauenschen Vorstadt hinan. Die Eisenstuckstraße war gesäumt von Rotdornbäumen im Wechsel mit Gaslaternen. Abends ging ein Mann mit einer langen Stange von Laterne zu Laterne, und wir schauten zu, wie sich die »Strümpfe« still mit waberndem blauen Licht füllten.

Der Zugang zum Haus war für Besucher nicht ohne Gefahr. Wenn nicht gerade Schule war, wurde auf dem Hof Hockey gespielt. Die Fenster im Erdgeschoß waren durch Blenden aus Maschendraht notdürftig geschützt. Wer das Gittertor des Hofes passierte, war vor der harten Kugel nicht sicher. Sie pfiff auch manchmal auf die Straße hinaus und ließ das Pferd des Milchkutschers scheuen. Unsere Knie und Schienbeine waren abgehärtet. Unser

Vorbild war der Juwelier Haensch, der in der Seniorenmannschaft des Akademischen Sportvereins hohe Flanken mit der Stirn nahm und Tore selten ohne Blutspuren schoß. Sein Sohn und Heinz Schmalix, der unter uns wohnte, sollten später Säulen der deutschen Hockey-Nationalmannschaft werden.

Im Hof herrschten immer Krach und Getöse. Das Poltern der Hockeykugeln über das Pflaster und die metallene Klappe der Aschengrube, das Geschrei von einem Dutzend Kinder, Hundegebell, Schiedsrichterpfiffe, Flüche der Passanten, Zurufe der Dienstmädchen – das ergab eine dichte Geräuschkulisse. Sie endete zuweilen mit gellenden Warnrufen und dem Getrappel kleiner Füße; dann war der Hausmeister aufgetaucht. Er hieß Zimmermann und wohnte mit einer abgehärmten Frau und ein paar ungewaschenen Kindern im Keller des Hauses. Er haßte unsere Spiele. Wenn er einen von den Kleineren erwischen konnte, hatte der nichts zu lachen. Konnte er uns nicht kriegen, verprügelte er seine Frau. Wir verfertigten eine mit Buntstift kolorierte »Hofzeitung«, deren erste Nummer mit der Schlagzeile erschien: »Auf in den Kampf gegen Zimmermann.« Es war ein umgedrehtes Stück Klassenkampf, das hier ausgefochten wurde. Zimmermann arbeitete in der Fabrik, die anderen Bewohner des Hauses gehörten den besseren Ständen an, waren Kaufleute und Beamte höheren Ranges. Sie gingen zur Kirche – beziehungsweise zur Synagoge – und schickten ihre Kinder auf Gymnasien, ließen sie Hockey und Tennis spielen und verfügten über Dienstpersonal. Die kleine Hanne Zimmermann dagegen mußte sich von Klaus Abeles und mir ausziehen und anatomisch untersuchen lassen wie eine Puppe.

Hinter der Küche einer jeden Wohnung hauste in einer kleinen Kammer das jeweilige Dienstmädchen oder die Stütze, welche in einer Art Lehrlingsverhältnis zur Dame des Hauses stand und sich gewöhnlich diskret in einen der Söhne verliebte. Kam die Stütze aus guter Familie und konnte Klavier spielen, dann wurde sie zu den Musikabenden gebeten, die in unserer Familie jede Woche einmal stattfanden. Meine Brüder spielten Geige, die Stütze übernahm den Klavierpart, meistens waren aber Musikstudenten oder sogar angehende Pianisten zur Stelle. Sie füllten die drehbaren Kerzenständer am Klavier mit Zigarettenstummeln, schnippten die Asche in die Rocktaschen und tranken das meiste von dem Kakao, den meine Mutter als einzigen materiellen Genuß bereithielt. Ich mußte um neun Uhr ins Bett. Um an den Kakao zu kommen, den es erst zum Abschluß des Konzerts gegen zehn Uhr gab, mimte ich den Mondsüchtigen und trug mit halbgeschlossenen Augen, aber zielbewußt, ein Kopfkissen in den Musiksalon, um mich darauf zu betten. Ich war tatsächlich mondsüchtig und wandelte manchmal, ohne es zu wissen, in der Wohnung umher oder sogar ins Treppenhaus oder kroch in einen Schrank, aus dem ich nicht wieder herausfand. An den Musikabenden war dieser holde Wahnsinn ganz sicher ein Akt der Berechnung. Aber ob ich nun schlief, wach lag oder scheinbar schlafwandelte – meine Ohren wuchsen mit Mozart, Beethoven, Brahms und Reger auf. Ich war getränkt in Bach, getüncht mit Schütz. In die Labyrinthe zeitgenössischer Musik bin ich immer erst sehr spät und in manche nie eingedrungen. Als ich mit achtzehn Jahren in einer Osternacht zum ersten Mal den »Feuervogel« von Strawinsky hörte, war ich so schockiert, wie es viele Zeitgenossen Beethovens bei der Uraufführung seiner Symphonien gewesen sein sollen. Inzwischen empfinde ich Strawinsky als beruhigend.

Die häufige Erwähnung von Kakao, als Lockspeise oder Siegeslohn, soll daran erinnern, daß wir eine Hungerzeit gerade hinter uns hatten und nun, da es alles wieder gab, nicht mehr wohlhabend genug waren, um uns viel Luxus leisten zu können. Meine Eltern hatten ein beträchtliches Erbe an Barvermögen in Kriegsanleihen angelegt. Sie verkauften auf dem Höhepunkt der Inflation ein Haus in Leipzig so unglücklich, daß der Erlös nur mehr für ein paar Brote langte. Hochzeit und Aussteuer meiner Schwester wurden durch den Verkauf zweier Meißner Porzellanfigürchen finanziert, die der Vorfahr wohl aus der Warschauer Rettungsaktion des kurfürstlich-sächsischen Vermögens mitgebracht hatte. Dazu gehörte eine wunderschöne Boule-Tischuhr. Sie wurde durch alle Wirrnisse zweier Jahrhunderte bewahrt, um schließlich nach dem Zweiten Weltkrieg doch zu Brot und Fleisch gemacht zu werden.

Fleisch gab es zwischen dem Kriegsende 1918 und der Inflation höchstens zweimal die Woche. Die Kartoffeln waren faulig oder erfroren, die Milch sah blau und dünn aus, das Brot war glitschig, statt Butter gab es »Stadtbutter«, nämlich Margarine, Südfrüchte waren so unbekannt wie Bananen im Dresden der revolutionären Herbsttage 1989. Man konnte mich nur mit Mühe davor bewahren, ein Stück Seife aufzuessen, das sich fettig anfühlte. Die Mahlzeiten bestanden aus nicht mehr als zwei Gängen, richtigen Kaffee gab es nur sonntags, Kuchen niemals an Werktagen. An allem wurde gespart. Weggeworfen wurde so gut wie nichts – Probleme mit dem Hausmüll gab es nicht. Die Ratten in der Aschengrube konnten nicht fett werden. Was an Nahrungsmitteln unbrauchbar war, wanderte in Hausmeister Zimmermanns Kaninchenställe.

Niemand in der Familie besaß ein Auto. Es wäre mir nicht in den Sinn gekommen, von dem Besitz eines solchen Gefährts auch nur zu träumen. Kaum daß wir von Reisen zu träumen wagten. Ein Klassenkamerad, der während der Ferien von seinen Eltern in die Alpen mitgenommen wurde, erregte eine Sensation. Das Meer sah ich erstmals mit zwanzig. Die Bahnfahrt vierter Klasse ins Schülerheim im Erzgebirge war bereits ein Abenteuer. Ein Fahrrad stellte lange Jahre die Krönung aller Wünsche dar. Bis dahin wurde zu Fuß gegangen. Wenn meine Eltern uns eines gelegentlichen Sonntags mit zum Onkel nach Klotzsche nahmen, errechneten wir, daß Fahrgeld gespart werden konnte, wenn man zum Postplatz lief und von dort die 15 nahm, statt Umsteiger zu zahlen. Die Schuhsohlen, die dabei abgewetzt wurden, erneuerte der Schuster in seinem Laden auf der Großen Plauenschen Straße mit den ersten Krepp- und Gummisohlen sparsamer Zeitalter. Reparaturfähige Schuhe einfach wegzuwerfen, wie es heute gang und gäbe ist, hätte uns als Frevel gegolten. Wir warfen überhaupt nichts weg. Die Tüten, in denen uns die Mutter ein dünn bestrichenes Brot für die Schulpause mitgab, falteten wir fein zusammen und brachten sie wieder mit nach Haus. Die Verschnürung eines Pakets wurde nicht durchgeschnitten, sondern aufgeknotet und ordentlich gewickelt aufbewahrt, genau wie die Packpapiere. Jeden Monat sang der Altpapierhändler sein Lied auf der Straße und sammelte gegen ein paar Pfennige ein, was an Lumpen und Zeitungen verkäuflich war – heute bezahlt man dafür, daß es abgeholt wird.

Die Mülleimer waren nicht sehr groß und nie sehr voll. Reste wurden aufgegessen, krumme Nägel gerade geschlagen, Verbandszeug und halbleere Arzneiflaschen bis zum nächsten Krankheitsfall aufgehoben. Ebenso Kerzenstümpfchen und Schmuck des Weihnachtsbaumes von einem Jahr zum anderen. Als kleiner Junge bekam man Knieschoner, etwas älter saß man mit Ärmelschonern da. Ein neuer Anzug pro Jahr war für den Jungen ein Luxus; meistens bekam er die abgelegten Matrosenanzüge von den älteren Brüdern oder Vettern. Ich sehe mich noch dagegen protestieren, daß ich abgelegte Halbschuhe meiner Mutter tragen sollte. Mein Protest entzündete sich aber nicht so sehr an der Form der Absätze als an dem wackligen Stand, den ein Hockeyspieler auf ihnen hatte. Ein Glas zerbrechen, das war eine Staatsaffäre. Der Verlust eines Taschentuchs konnte zu hochnotpeinlichen Inquisitionen führen. Statt der neumodischen Zahnpasta gab es Zahnpulver. Die Bubenhände wurden mit Bimsstein gereinigt, weil Seife dafür zu kostbar war.

Geschenke zum Geburtstag waren vorwiegend nützlicher Natur. Spielzeug stammte entweder aus den Zeiten vor dem Ersten Weltkrieg oder es wurde selbst gebastelt – vom Pingpongschläger bis zum Marionettentheater mit komplizierten Lichtanlagen. In Geschenken für die Eltern mußte eigene Arbeit stecken, womöglich mit der Laubsäge. Einfach etwas zu kaufen, wäre schlechter Geschmack gewesen. Dann war es immer noch besser, ein Gedicht aufzusagen oder auf dem Klavier vorzuspielen. Auch die Musik wurde ja selbst gemacht. Wir besaßen kein Grammophon. Das Detektor-Radio – ein Zugeständnis an die moderne Zeit – war von meinem Bruder Klaus selbst gebastelt worden. Es diente den Eltern bis in die dreißiger Jahre, als sie sich einen Radioapparat mit Lautsprecher kauften. Bis dahin saßen sie abends mit Kopfhörern da. Wenn einer von ihnen aufstand, um seine Brille zu holen, verhedderte er sich hoffnungslos in den Kabeln.

Die Kinderbande, die sich um unseren Hof bildete und in der ich meistens der Jüngste war, beschränkte sich nicht auf das Spiel mit der harten Kugel. An Herbstabenden, wenn es zeitig dunkel wurde und die Gaslampen auf Sparflamme gedreht waren, veranstalteten wir Mutproben vor den großen Mietshäusern der Nachbarschaft. Es galt, die an der Eingangspforte angebrachten Klingeln der Bewohner im Takt eines Schlagers zu drücken und nicht zu fliehen, bevor der erste Vers abgeklingelt war. Die Rhythmen von »Yes, we have no bananas« und »Wer hat denn den Käse zum Bahnhof gerollt« gingen uns auf diese Weise in Fleisch und Blut über. Sonntag vormittags zu Ende des Gottesdienstes spannten wir Zwirnsfäden über die Straße, an denen sich die männlichen Kirchgänger den blankgeputzten Zylinderhut vom Kopf stießen. Auch wurden scheinbar wohlgefüllte Portemonnaies auf die Gehsteige gelegt und an einem Faden fortgezogen, wenn sich jemand danach bückte.

Wir kannten noch kein Fernsehen und erlebten gerade erst die

Anfänge des Hörfunks. Kinobesuche waren selten, weil zu teuer und vielfach behördlich für Kinder verboten. Statt dessen führten wir Bandenkriege um den Bismarckturm auf den Räcknitz-Höhen oder unweit davon am Denkmal für General Moreau – jenen französischen Offizier, der von Napoleon zu Zar Alexander übergewechselt war und 1813 während der Schlacht bei Dresden an dieser Stelle beide Beine verloren hatte. Ein riesiger Griechenhelm zierte den klassisch einfachen Syenitstein, unter dem wir den toten Helden vermuteten, bis uns ein geschichtskundiger Lehrer erzählte, daß der Feldchirurg die zerschmetterten Beine an den Hüftgelenken abgenommen hatte – statt der Narkose gab es nur ein Glas Branntwein – und daß Moreau dann nach Böhmen gekarrt wurde, wo er einige Wochen später starb.

Ich erwähne Moreaus Schicksal, weil es mich bereits in früher Jugend an den gängigen Geschichtsdarstellungen zweifeln ließ. Der General verdiente offenbar ein Denkmal, nicht weil ihm von einer französischen Kanone die Beine abgeschossen wurden, sondern weil er Napoleons Sache verlassen und sich auf die Seite der Preußen und Russen geschlagen hatte. Andererseits bekämpfte er nicht nur den korsischen Kaiser der Franzosen und seine eigenen Landsleute, sondern auch die Sachsen, die mit Frankreich verbündet waren und im Feldzug gegen Rußland hohe Blutopfer gebracht hatten. Von den Zwickmühlen der Loyalität und den Peinigungen des Exils verstand ich noch nichts. Aber ein etwas hämisches Gedicht über Moreaus »Beene« in sächsischer Mundart, welches mein Vater zustimmend zitierte, nährte die Vorbehalte gegen die allzu preußisch-nationale Geschichtsauffassung, die uns in den Schulen beigebracht wurde.

Ich wechselte oft die Schule. Das geschah anfangs nicht, weil ich faul oder aufsässig war, sondern weil sich die Einteilung der Volksschulbezirke Dresdens änderte. Aus einem finsteren Verlies am Rande der Innenstadt wurde ich in ein neueres Gebäude auf den Höhen oberhalb des Schweizer Viertels versetzt. Auch hier drängten sich zwischen vierzig und fünfzig Jungen zwischen die schmalen Holzpulte der Klassenzimmer. Auch hier regierte uns der Rohrstock, den der Lehrer Haase je nach Schwere des Delikts ein oder mehrere Male auf die ausgestreckte Handfläche niedersausen ließ.

Das war keine der progressiven Schulen, deren es fünfzig Jahre später so viele gab. Wir lernten, in gotischer Schrift auf Schiefertafeln zu kritzeln, deklamierten unisono das kleine und das große Einmaleins (ein Schatz fürs Leben trotz Computer!) und wurden in den Pausen zu zwei und zwei um den Schulhof getrieben; nicht gerade im Gleichschritt, aber doch in stets gleichbleibender Ordnung. Angehörige der älteren Jahrgänge – an Pickeln und Stimmbruch kenntlich – führten die Aufsicht. In einen dieser Jungens verliebte ich mich und träumte davon, daß er mich aus den Händen der Räuber rettete. Der Atem stockte mir, wenn ich ihn sah, und meine Knie wurden weich. Er hat aber nie das Wort an mich gerichtet, weder mit Pieps- noch mit Baßstimme. Am Ende des Schuljahres entschwand er meinen Augen.

Während des Unterrichts sagten wir einander vor und schrieben vom Nachbarn ab. Das galt nicht als ehrenrührig, wurde aber vom Lehrer als Übertretung eines Verbots streng geahndet. Die fortschrittliche Pädagogik billigt weder Abschreiben noch die Strafe dafür. Sie ermuntert Kinder statt dessen zur Arbeit »im Kollektiv«. Genaugenommen ist das nichts anderes als Generalpardon für Vorsagen und Abschreiben, jedoch ohne die Schärfung der Geschicklichkeit, welche man braucht, wenn man ein Verbot straflos übertreten will. Was den Ehrenkodex angeht, so galt während meiner Schulzeit die Regel: Jeder, der beim Abfragen der Hausaufgaben durch den Lehrer oder bei Klassenarbeiten mehr weiß als sein Nachbar, ist verpflichtet, dieses Mehr zischelnd, flüsternd oder durch verstohlene Offenlegung des Heftes zur Verfügung zu stellen. Kann es wohl sein, daß sich der Charakter mehr durch solche Selbstentäußerung bildet als durch die erzwungene und meist verlogene Zusammenarbeit in der Gruppe?

Ich besaß eine rasche Auffassungsgabe und lernte Gesangbuchverse und grammatische Regeln schnell auswendig. Auswendig hersagen war sehr wichtig. Im übrigen zeichnete ich mich weiter nicht aus. Weder Ehrgeiz noch Nachlässigkeit verursachten mir oder meinen Eltern zu dieser Zeit schlaflose Nächte. Das kam später. Auf den Dresdner Volksschulen blieb man unbehelligt von parteipolitischer Indoktrination. Der Lehrer Haase sympathisierte wahrscheinlich mit den Sozialdemokraten. Das war im roten Sachsen üblich. Mit sechs oder sieben Jahren wurde einem das noch nicht bewußt. Dagegen wurden wir nach der Aufnahme ins Vitzthumsche Gymnasium alsbald einer stillen Gehirnwäsche unterzogen. Es war die

Pflanzstätte der besseren Kreise. Ich glaube, es waren aus meiner Volksschulklasse von über vierzig Jungen nur sechs, deren Eltern den Besuch eines Gymnasiums für absolut notwendig erachteten und dafür das Geld lockermachen konnten oder wollten.

Zöglinge der nebenan gelegenen Realschule lernten zwar mehr praktisch verwendbare Dinge, galten aber nicht viel. Latein und Griechisch wurden als die beste Voraussetzung für eine spätere Karriere im Staatsdienst erachtet. Die Lehrer fühlten sich als Vertreter der Oberschicht. Sie standen politisch rechts und spickten den Unterricht gern mit Klagen über das bittere Unrecht, das dem deutschen Volke durch den Schandfrieden von Versailles zugefügt worden war. Da war der Verlust des Elsaß, dessen umstrittene Vergangenheit sehr einseitig ausgelegt wurde, da war die Abtrennung des Polnischen Korridors und Danzigs. Oberschlesien wurde gegen den Willen der Deutschen geteilt. Von »polnischer Wirtschaft« wurde gesprochen, von den polnischen Teilungen nicht. Die Kolonien hatte man uns geraubt. Davon hörten wir viel, vom Diktat von Brest-Litowsk nichts.

Es ist mir nicht erinnerlich, daß von der Weimarer Republik, in der wir nun seit einigen Jahren lebten, mit irgendwelchen Zeichen der inneren Zuneigung gesprochen wurde. Das Kaiserreich war glänzend gewesen, während die Republik aus den Schäbigkeiten nicht herauskam. Immer wieder hörte man von den materiellen Verlusten, die das Deutsche Reich infolge der Kriegsschuldlüge hinnehmen mußte, selten aber von dem Zugewinn an bürgerlichen Freiheiten im Vergleich zur Kaiserzeit. Mag sein, daß wir in Quinta und Quarta noch zu jung für diese Unterschiede waren. Offenbar waren wir aber nicht zu jung, mit den Legenden vom Alten Fritz traktiert zu werden. Obwohl in einem sächsischen Gymnasium, bekamen wir durchaus preußischen Geschichtsunterricht. Die komplizierten Erbkonstruktionen, mit denen der Hohenzollern-König seine Ansprüche auf Schlesien begründete, waren uns bereits als Zwölfjährige geläufig. In Maria Theresia sahen wir eine halsstarrige Frau, die sich dem Genie und dem Recht auf Ausdehnung des Hohenzollern-Staates entgegenstellte. Die Russen waren böse, wenn sie die Schlacht von Zorndorf gewannen, und gut, wenn sie zugunsten Friedrichs die Seiten wechselten. Keinerlei Mühe machte es unseren Lehrern, die Rolle Sachsens im großen Pokerspiel der Rokoko-Kabinette als lächerlich, ja, als beinahe unmoralisch hinzustellen.

Besonders Außenminister Graf Brühl mit seinen dreihundert Paar Schuhen – ein Vorläufer der philippinischen Präsidentenfrau Imelda Marcos – fiel dem Hohn sächsischer Lehrerkollegien anheim. Darin steckte ein gutes Stück Masochismus, eine Selbstpeinigung von Leuten, die sich angesichts des robusten und brutalen Machtwillens, der aus Berlin wehte, selbst hundertundfünfzig Jahre danach noch als Schwächlinge fühlten. Phäaken und Sybariten waren die Sachsen, ihre Herrscher ein verräterisches Gesindel, obendrein noch katholisch, und es geschah den Landeskindern ganz recht, daß sie unter die Fuchtel pommerscher Unteroffiziere gepreßt wurden.

Die preußischen Husaren hatten meinen Ururgroßvater, den kursächsischen Kammerkommissarius, beinahe aufgeknüpft, weil er sich der Ausplünderung des Landes widersetzte – das hatte mir mein Vater aber noch nicht mitgeteilt, und so sah auch ich zunächst die Welt mit den Augen Otto Gebührs, des Fridericus Rex der UFA-Stummfilme, die nach 1922 ihr Werk der nationalen Aufklärung in Angriff nahmen.

Wir wurden klassenweise in diese Filme geführt und sahen zur Vervollständigung unserer Erziehung zum Heldentum obendrein die Nibelungenfilme von Fritz Lang. Seine Frau und Drehbuchautorin Thea von Harbou war ein Jugendschwarm meines Vaters gewesen; das erklärte sein Interesse an den Filmgeschicken Kriemhilds und Siegfrieds. Seine Augen konnten jedoch das Flimmern nicht aushalten; so war es meine Aufgabe, ihm zu berichten, was ich gesehen hatte und für sehenswert hielt. Das war insbesondere das Niedermetzeln trotziger Burgunder am Hofe des Hunnenfürsten Etzel. Asiatisches Barbarentum durfte in den visuellen Darstellungen deutscher Bedrängnis in diesem Jahrhundert nie fehlen.

In späteren Jahren verblüffte, ja verwirrte mich, daß Kaiser Wilhelm zu Anfang des Jahrhunderts ein deutsches Expeditionskorps nach China mit der Anweisung geschickt hatte, sich dort bei der Niederwerfung des Boxeraufstands wie die Hunnen aufzuführen. Kam es daher, daß uns die Engländer und Franzosen im Ersten Weltkrieg nicht nur »Boches«, sondern auch »Hunnen« genannt hatten? Oder lag es daran, daß wir uns wirklich so aufführten, wie man es von Hunnen erwartete? Mein Vater schildert in seinen Lebenserinnerungen den Nachmittag der ersten Kämpfe an der Maas, die er 1914 miterlebte. Belgische Zivilisten wurden aus den Häusern geholt und an die Wand gestellt, weil sie angeblich aus dem Hinterhalt auf das eindringende Infanterieregiment Nr. 104 geschossen hatten; es war ihm damals nicht möglich gewesen, einen jungen Mann vor dem Tode zu bewahren, in dessen Hosentasche man etwas gefunden hatte: eine Spielzeugpistole, mit der er höchstens Spatzen erlegen konnte.

Das Gefühl, von Grausamkeit umgeben zu sein, setzte sich in mir zeitig fest. Es dauerte länger, bis mir klar wurde, daß an der organisierten Grausamkeit der Epoche meine Landsleute nicht unschuldig waren.

St. Afra

Blicke ich zurück auf mein kleines, zwölfjähriges Ich, so sehe ich als Bühne für die Dramen jener Jahre immer wieder unsere Küche in der Dresdner Eisenstuckstraße. Es lohnt sich kaum, sie zu beschreiben, so einfach und häßlich war sie. Aber wo beschloß ich, mir wegen schlechter Zensuren mit einem Küchenmesser die Pulsadern durchzuschneiden? In der Küche. Wo lästerte ich Gott und forderte ihn heraus, mich auf der Stelle mit seinem Blitzstrahl zu töten, wenn es ihn wirklich gäbe? In der Küche und in zwei Meter Abstand vom Fenster für den Fall, daß der Blitz tatsächlich einschlüge. Wo brach ich in Tränenströme aus bei der Schilderung der Leiden des Gekreuzigten, in mehreren drastischen Fortsetzungen dargeboten im »Guten Kameraden«, einer Zeitschrift für die Jugend – wo geschah das? Am Küchentisch. Der verlorene Sohn weinend am Küchentisch – das gab wohl meiner Mutter die Idee, ich müsse im Herzen doch fromm sein, wenn ich auch die Katze gequält und vom Pflaumenmus in der Speisekammer genascht hatte und log, ich sei im Kindergottesdienst gewesen, obwohl mich jemand zur fraglichen Stunde genau erkannt hatte als den Jungen, der aus den Reifen von Else Seiferts Fahrrad die Luft herausließ.

Die kleinen und großen Katastrophen der Kindheit kulminierten also in der Küche. Dort hatte ich am frühen Morgen die Unterschrift meines Vaters unter einer miserablen Zensur gefälscht, dort stand ich ihm gegenüber, als der Lehrer es herausgefunden und mich heimgeschickt hatte. Mein Vater hatte eine blaue Schürze vor dem Leib. Er wusch Töpfe und Bestecke ab. Das tat er seit seiner Pensionierung aus Ersparnisgründen mit eiserner Konsequenz. Ich war trotzigen Mutes und würde eventuellen Körperstrafen mit Verachtung begegnen. Um so größer meine Verblüffung, als mein Vater eine große Blechwanne mit heißem Wasser füllte und mir befahl, mich auszuziehen und hineinzusteigen. Der Lehrer hatte ihn nicht nur wissen lassen, daß mich das Vitzthumsche Gymnasium nicht mehr haben wollte, sondern auch, daß ich mit einem schmutzigen Hals in die Schule gekommen war. Meine Mutter weinte vor Scham. Ich ließ mich widerstandslos abschrubben.

Die braune Schülermütze des Vitzthumschen Gymnasiums wurde nun mit dem Grün-Silber der Fürstenschule St. Afra vertauscht. Ich bestand die Aufnahmeprüfung mit Ach und Krach und siedelte zu Ostern 1925 ins Internat nach Meißen über – eine Eisenbahnstunde elbabwärts von Dresden entfernt. Auf der Höhe von Albrechtsburg und Dom hatten in den gotischen Gewölben eines ehemaligen Klosters die sächsischen Kurfürsten eine Schule gegründet. Zusammen mit St. Augustin in Grimma und Schulpforta bei Naumburg diente diese »Fürstenschule« seit der Reformation der Heranbildung von Nachwuchs für die Beamten und Pfarrer der sächsischen Landesherren.

Es ging hier nicht fürstlich zu, wie man bei diesem Namen hätte vermuten sollen, sondern äußerst spartanisch. Das war eine Tradition, welche in die allgemeine Verarmung nach dem Ersten Weltkrieg gut paßte. Die Stiftungen der Städte und Rittergüter, auf Grund deren begabte Landeskinder im Internat zu St. Afra unterhalten wurden, hatten ihren Wert verloren. Die Lehrer wurden zwar vom Staat bezahlt und in schuleigenen Wohnungen spitzwegschen Zuschnitts untergebracht. Während der Inflation wußte aber die Schulleitung manchmal nicht, wo die Verpflegung des nächsten Tages für die 130 Zöglinge herkommen sollte. Auch anderthalb Jahre nach Einführung der neuen Rentenmark reichte das Geld der Schule nicht hinten und nicht vorn. Wir beteten und sangen zwar vor und nach jeder Mahlzeit zum Preise des Herrn, aber den Ledergeschmack des Brotes und die Klumpen in der dünnen Suppe konnte der auch nicht ändern.

Da wir es von zu Hause nicht viel anders kannten, empfanden wir diese Kargheit nicht als Entbehrung und die verschwenderische Zuteilung von Religion nicht als Übermaß. Andachten im Betsaal wurden in der Frühe nach dem Wecken und abends vor dem Zubettgehen abgehalten. Jede Mahlzeit im gotischen Speisesaal wurde von einem Vorbeter eingeleitet und mit einem Choral beschlossen. Daneben nahm sich der Religionsunterricht von zwei Wochenstunden beinahe kärglich aus, aber der ausgedehnte Konfirmandenunterricht darf nicht vergessen werden und nicht der sonntägliche Gottesdienst in der Kirche zu St. Afra. Dort betätigte man sich auch im

Chor für die Erwachsenengemeinde mit lateinischen und deutschen Motetten. Das war aber kein Opfer, denn wir bekamen für jede Motette eine Extrastunde Ausgang am Sonntag nachmittag.

Der lutherische Glaube wurde in seiner ganzen Wucht verabreicht, und es war kein Wunder, daß so viele meiner Kameraden, häufig die Söhne von Dorfpastoren und Konsistorialräten, ihre Kinderfrömmigkeit rasch ablegten und zu protestantischen Zynikern wurden. Nachts im verdunkelten Schlafsaal, zwischen den tiefen Atemzügen von fünfzig anderen Halbwüchsigen, flüsterte der eine dem anderen wohl auch mal zu, er werde sich von nun an als Atheist durch die Schule mogeln.

Es war gar nicht so sehr die Glaubensstrenge, welche die Disziplin in St. Afra aufrechterhielt. Die Poesie tat das ihre dazu. Es erfüllte einen jeden mit poetischem Stolz, einer Schule anzugehören, die seit nahezu vierhundert Jahren die gleichen Schriftsteller verehrte, die nämlichen Gebete sprach, Choräle sang, Strafen aussprach und selbst die Feste immer wieder auf die gleiche Weise feierte, farbig und ausgelassen. Wir waren selbstgenügsam, abweisend und elitär. Dazu verhalf der reichlich bemessene Umgang mit den lateinischen und griechischen Dichtern. Wir lernten, selbst lateinische Verse zu schmieden. Mancher Lehrer der Oberstufe sprach im Unterricht sogar lateinisch. Bei den Entlassungsfeiern nach dem Abitur hielt immer ein Schüler eine Rede in griechischer Sprache. Sie mußte keine Hymne auf Vaterland oder Schule sein. »Der Wolf und die sieben Geißlein« auf griechisch taten es auch. Das tägliche Leben war getränkt mit lateinischer Spruchweisheit. Sapere aude! Wir Söhne Sachsens wurden zu dem Wagnis ermuntert, weise zu sein. Wir lernten, wie wunderschön und anständig es sei, fürs Vaterland zu sterben. Patria, Pietas und Virtus in ihrem römischen Sinne wurden wie das tägliche Brot angeboten. Sie schmeckten aber nicht wie das letztere so ledern, sondern erregten in guten Augenblicken Bewunderung für die strenge Klarheit, mit der römische Aristokraten ihr Leben regelten. Das färbte ab auf die Bereitschaft, die Disziplin des Internats anzuerkennen. Anfangs schickte ich mich auch drein.

Die innere Ordnung der Schule war so streng geregelt wie der Tageslauf. Wir standen um sechs Uhr auf und absolvierten nach der Andacht auf leeren Magen eine dreiviertel Stunde »Frühstudieren«. Heute wäre das die Zeit für einen Morgenlauf, damals machte man für gewöhnlich in aller Eile die Schulaufgaben, die man am Vortag verabsäumt hatte. Schulaufgaben wurden so reichlich gegeben, daß man die zwei Stunden nachmittags am großen Studiertisch gut gebrauchen konnte. Aber lieber las ich – durch Bücherhaufen nach allen Seiten vor Beobachtern geschützt – Karl Mays »Schatz im Silbersee« oder Ernst Jüngers »In Stahlgewittern«. An dieser Betätigung läßt sich darstellen, wie sich die Ordnungen von Schule und Internat überschnitten.

Während der Schulstunden und zu den festgesetzten Studierzeiten hatten die Lehrer das Sagen. Einer von ihnen, der Hebdomodar, mochte von einer Stube zur anderen gehen, um Opfer bei der heimlichen Lektüre von Jüngers »Stahlgewittern« zu ertappen. Der stubenälteste Primaner hätte dazu nie seine Hand gereicht. Was seine Schutzbefohlenen für den Klassenlehrer lernten oder versäumten, hatte ihm gleichgültig zu sein. Wiederum hatte der Lehrer keinen oder nur einen beschränkten Einfluß auf das, was die Schüler außerhalb der Klassenräume und der festgesetzten Studierzeiten anstellten. Das unterlag der Aufsicht der Unterprimaner. Sie waren die ungekrönten Könige und unumschränkten Herrscher über den Tageslauf der unteren Klassen.

Der Oberprimaner bereitete sich – so die Theorie – auf das Abitur vor. Er zog sich dafür in das für alle niederen Klassen streng verbotene Rauchzimmer zurück. Die Unterprimaner regelten währenddessen im Turnus den inneren Dienst. Sie ließen vor jeder größeren Mahlzeit die Schüler stubenweise auf dem Hof vor dem Speisesaal antreten. Sie stolzierten umher und beobachteten wie die Wachhunde das Benehmen der einzelnen. Ertappten sie einen Obersekundaner beim Schwatzen, riefen sie nicht seinen Namen, sondern das Codewort »Heckehecke« und übersandten ihm später ein auf besondere Weise gefaltetes Stück Papier, auf dem die fällige Strafe notiert war. Dieses Verfahren wahrte den Obersekundanern das Gesicht; im nächsten Jahr würden sie ja selbst den Wachhund spielen müssen. Angehörige der unteren drei Klassen wurden dagegen bei laxem Benehmen mit dem Namen angerufen und bekamen als Strafe die Aufgabe, innerhalb angemessener Zeit ein Gedicht auswendig zu lernen. Dessen Umfang richtete sich nach der Schwere des Vergehens. Es gab kaum ein Gedicht in der dickbauchigen Ausgabe des Echtermeyer, vom Zweizeiler bis zur Börries-von-Münchhausen-Ballade, das ich nicht irgendwann einmal auswendig hersagen konnte; diese Fähigkeit ist mir leider mit der Zeit abhanden gekommen, so daß ich dem Zitatenfluß gedächtnisstarker Zeitgenossen wehrlos ausgesetzt bin.

Die beiden untersten Klassen mußten »perzen«. Sie mußten niedere Dienstleistungen verrichten: Stuben fegen, Wasser holen, Fenster putzen – wobei dem Heloten der Hierarchie, dem Untertertianer, sogar zugemutet wurde, den Primanern auf Verlangen die Schuhe zu putzen. Den Jüngsten und Kleinsten wurden neben dem Auswendiglernen noch Strafen verabreicht, die bereits vor hundert Jahren außerhalb der Legalität angesiedelt waren. Jede Stube verfügte über Papierkörbe, die gerade so groß waren, daß ein Dreizehnjähriger sie ausfüllte. Diese Körbe samt Inhalt wurden bei Bedarf auf die etwa zwei Meter hohen Schränke gehievt und dort so an den Rand geschoben, daß sie bei der geringsten Bewegung des Insassen mit ihrer menschlichen Ladung herabpoltern mußten. Das sollte wohl die herrschenden Quälgeister dafür entschädigen, daß ihnen weder Prügel noch Jagdhiebe erlaubt waren. In früheren Zeiten soll einem Delinquenten der unteren Klassen ein lederner Maulkorb verpaßt worden sein. Er mußte damit während der Mahlzeiten in der Ecke des Speisesaals knien. Ich habe mich bemüht herauszufinden, wann diese Tortur abgeschafft wurde, fand aber noch nicht einmal einen Beleg dafür, daß es sie je gab. Vielleicht pflanzte sie sich als Schimäre von Jahrzehnt zu Jahrzehnt in der Mythologie der Schule fort.

Tatsache ist, daß in St. Afra noch eine Menge des »Pennalismus« lebendig war, der angeblich auf den deutschen Schulen zu Anfang des 19. Jahrhunderts bereits abgeschafft war. Zugleich gab es aber auch Sicherungen gegen die Willkür der oberen Klassen. Eine davon war das Sie, welches die Lehrer gegenüber den Schülern, auch den jüngsten, und die Zöglinge untereinander gebrauchten. Nur innerhalb des Jahrgangs duzte man sich und nannte sich beim Vornamen. Das Siezen schaffte Distanz und Reserve. Auch heute noch, im Zeitalter des Kumpeltums, ziehe ich es dem Du vor. Das, finde ich, sollte den privaten Beziehungen vorbehalten bleiben.

Es gab auf St. Afra eine Ausnahme von dem Panzer des Sie. Von alters her wurden zwischen den Angehörigen eines höheren und eines niedrigeren Jahrgangs »Ehen« geschlossen, die als Hilfs- und Schutzbündnis durch die ganze Schulzeit funktionierten. Meist strebten die »Ehepaare« in ein und dieselbe Stube, so daß dort unter den Stubengenossen eine durchlaufende Kette von Duzfreundschaften für etwas menschliche Wärme sorgte. Diese Verbindungen wurden von der Schule als Ausgleich zu der sonstigen Sprödigkeit der Beziehungen offiziell anerkannt. Daß daraus zeitweise erotische Bindungen werden konnten, nahm man in Kauf – dergleichen war sowieso unter 130 Jungen nicht auszuschließen. Lieber wurde es in überschaubare Bahnen gelenkt, als unter den Teppich gekehrt und verdrängt. Die Sitte, sich ganz offen als Mann und Frau zu bezeichnen, wäre wahrscheinlich heute Stoff für laszive Enthüllungen durch die großen Illustrierten. Dem Zeitgenossen kam sie eher als romantische Schwärmerei vor, die ihr Objekt mit Beginn der Tanzstunde in der Obersekunda jäh wechselte.

Erst bei dieser Gelegenheit lernte der Afraner – soweit er nicht Schwestern zu Haus hatte – das weibliche Geschlecht etwas näher kennen. Erst jetzt kam es zu gesellschaftlichem Kontakt mit den Familien der Stadt Meißen. Bis dahin war das Dasein beinah klösterlich und sehr abgeschlossen. Ausgang in die Stadt gab es nur wenig. Alle vierzehn Tage drei Stunden war wohl die Regel für die unteren Klassen. Wochenendfahrten nach Haus verboten sich der Kosten wegen von selbst. Die meisten von uns kamen von weit her, aus Dörfern der Lausitz und aus Kleinstädten des Vogtlandes, jedenfalls nicht aus einer Familie in naher Umgebung der Schule.

Wie eine kahle Kaserne ragte sie aus dem mittelalterlichen Dachgewirr der alten Schloßfreiheit hervor. Es wird behauptet, daß uns die Jahre in St. Afra weltfremd machten, zu Sonderlingen stempelten. Was wir seit dem Jahr unseres Eintritts in die Schule über die Welt gelernt hatten, stammte aus Büchern – meistens der klassischen Literatur – und aus dem Kontakt mit einem engen Kreis rivalisierender Jungen. Der Puritanismus von St. Afra verbot das Schwelgen in Bildern und Farben. Es gab keine Groschenromane, geschweige denn Pornohefte. Schweinereien tarnten sich als lateinische Wortspiele, obszöne Verrichtungen reduzierten sich zu geheimnisvollen Gesten und Riten. Die frivolen Züge der zwanziger Jahre prägten sich nur in einigen wenigen Großstädten aus – nahe lagen Berlin, das Sündenbabel, und Dresden mit seinem reichen Angebot an Künstlern, die über die Stränge schlugen. Aber davon merkten wir in Meißen nichts. Solche Vorbilder, hätten wir sie gekannt, konnten uns genausowenig inspirieren, wie wir uns von Stuhlfaut, dem Torwart von Nürnberg, oder von den vier französischen Tennis-Musketieren Stil und Technik ihres Sports hätten abgucken können. Die

Zeit des Fernsehens lag noch dreißig Jahre jenseits des Horizonts; im Kino von Meißen jedoch, das gebe ich zu, konnten wir den Film »Wege zu Kraft und Schönheit« sehen. Aber wer sich von schwebenden Fleischklößchen mit Blumen im Haar die Erfüllung seiner Sehnsüchte versprach, mußte 60 Pfennig in der Tasche haben. Kurzum, die peinigenden wie die beglückenden Emotionen junger Jahre wurden uns fast ausschließlich durch den Umgang mit den wenigen Kameraden bewußt, zu denen wir Du sagten. Hierbei galt es mit den Wölfen zu heulen und den eigenen Wert durch männliche Laster zur Schau zu stellen.

Als Einleitung zu einem Tagebuch, das ich damals führte, steht unter dem 30. Mai 1927 das Folgende:

»Afra hat viele gute Seiten, aber auch die denkbar schlechtesten. Und das ist die Mehrzahl. Ein sittlicher Tiefstand herrscht hier, der erschreckend ist. Und die wenigsten können sich dem entziehen. Wenn einer aber gegen die Strömung schwimmt, wie manche, so sind sie hintenüber. Auch mich hat diese Unsittlichkeit erfaßt; stärker als andere, und ich glaube, das kommt sehr von meiner allzu starken Phantasie. Wie kann man sich aber bessern, wenn überall Worte und Gesten solcher Art zu sehen und zu hören sind?

Auch Unkameradschaftlichkeit und Klatschsucht sind hier viel zu finden. Was kann es einem Menschen für Spaß machen, seinen Kameraden zu melden, weil er geraucht hat? Ich glaube, ich brächte das nicht fertig.«

Der nächste Abschnitt enthüllt ökonomische Ansichten, die Karl Marx hätten tiefsinnig werden lassen. Sie sind offenbar auch unter dem Einfluß einer aufgelaufenen Schuld von über neunzehn Mark im Bäckerladen gegenüber der Eingangspforte entstanden.

»Es wird geklagt über unser Gerauche und Getrinke. Der Grund dazu liegt sicher in unserem mangelnden Gelde und Ausgang. Hätten wir mehr Geld, würden wir es nicht in Rauchwaren anlegen, denn die sind in kleineren Mengen billig. Und hätten wir mehr Ausgang, so würde allmählich die Lust am Trinken vergehen.

Natürlich ist es keine sehr kleine Willensstärke, wenn man trotz der Langeweile doch nicht raucht, hauptsächlich wenn man sich daran gewöhnt hat! Und die wenigsten haben diese Willensstärke. Ich auch nicht, oder nur wenig, denn ganz langsam komme ich zum Mäßigrauchen, und nur Stufe für Stufe zum Nichtrauchen. Aber dennoch glaube ich, daß ich es unter dem Zwange der Not gleich

Kartenspielen, Wein trinken und Zigarren rauchen: das gehörte zu den männlichen Tugenden, die der Untersekundaner der Fürstenschule St. Afra in Meißen beherrschen mußte.

lassen kann. Vom Trinken bin ich ja viel weniger erfaßt, obgleich ich jetzt gern trinke.«

Der Stil läßt zu wünschen übrig – selbst bei Berücksichtigung der vierzehn Jahre, die der Verfasser alt war, als er diese Bekenntnisse niederschrieb. Sicher war er nicht unbeeinflußt von der Lust an Bekenntnis und Selbstzerfleischung, die den Protestantismus dank Luthers Augustin-Studien auszeichnet. Zu bleibenden Schäden ist es aber nicht gekommen – Trinken, Rauchen und Skatspielen verhinderten das, wie wir gleich sehen werden.

Doch vorher noch ein Wort zu den politischen Strömungen, die St. Afra Mitte der zwanziger Jahre berührten. Sie schlugen kaum merkbar an die hohen Mauern, die uns umgaben. Nahezu alle Zöglinge kamen aus konservativen Familien. Sie waren nicht, wie ein halbes Jahrhundert später ein häufiges Phänomen, wegen Zerrüttung der elterlichen Ehe ins Internat abgeschoben. Zu Haus hatte man sich wohl mit der Republik abgefunden, brachte ihr aber keine Zuneigung entgegen. Im Lehrkörper – in der Synode, wie der Fachausdruck in St. Afra hieß – gab es einen Studienrat, dem man nachsagte, Republikaner zu sein. Er war dick und hatte eine fettige Stimme. Seine Tochter ging als Extranerin in meine Klasse. Nichts also empfahl ihn uns. Es sprach auch nicht zu seinen Gunsten, daß sein Vater mit dem mehrbändigen Werk »Kursächsische Streifzüge« ein Pendant zu Theodor Fontanes »Wanderungen durch die Mark Brandenburg« verfaßt hatte. In unseren Augen war das schlichte Heimatkunde und ohne eleganten Beigeschmack. Einst verteilte dieser Republikaner an jeden von uns ein Exemplar der Reichsverfassung. Das war wohl ein wenig hochgegriffen; jedenfalls verbanden wir mit ihm und der »Staatsform« Republik das Gefühl gähnender Langeweile – sie schien uns kein Betätigungsfeld für Abenteurer und Helden.

Die sahen wir eher im Autor der »Stahlgewitter« verkörpert und hofften, seinesgleichen kennenzulernen in den Reihen des Jungstahlhelm, einer Unterorganisation des konservativ-monarchistischen Verbandes ehemaliger Frontkämpfer »Stahlhelm«. Der Entschluß, dort beizutreten, bedurfte keiner langen Überlegung. Drei oder vier besonders handfeste Kameraden aus meiner Klasse standen bereits zwischen älteren Schülern in grauer Windjacke auf dem Hof. Ich reihte mich ein. Was genau wir an solchen Übungsabenden taten, habe ich vergessen. Deutlich in Erinnerung ist mir aber, daß wir auf Mitglieder des »Jungdeutschen Ordens« – ebenfalls auf dem Hof, ebenfalls in grauen Windjacken – verächtlich herabblickten. Sie galten als demokratisch verseucht. Unsere Lehrer nahmen an diesen Exerzitien nicht teil, ließen uns aber wohlwollend gewähren. Vermutlich wäre das nicht der Fall gewesen, hätten wir uns einer Jugendgruppe des Reichsbanner angeschlossen – der sozialdemokratischen Kampforganisation – oder gar dem Roten Frontkämpferbund. Hitlers SA-Männer gab es zu dieser Zeit in Meißen noch nicht.

Der Höhepunkt dieser meiner vormilitärischen Ausbildung war der Vorbeimarsch an einer Gruppe hochdekorierter Würdenträger während eines großen Stahlhelm-Tages in Meißen. Wir hatten stundenlang hin- und hermarschieren und dann im Regen stehen und warten müssen, bis die Reihe an uns kam. Wir warfen die kleinen Beine im Stechschritt hoch, als könnten wir damit den Versailler Schandvertrag in die Luft schleudern. Von der Tribüne wurde leutselig gegrüßt und im Takt der Militärkapelle ein wenig Beifall geklatscht, dann ging es im Nieselregen zur Schule zurück. Unterwegs verbreitete sich das Gerücht, daß der oberste Würdenträger den Parademarsch unserer Abordnung als den zackigsten gelobt habe.

Ich erzählte das voller Stolz meiner Schwester, als sie während des nächsten Sonntagsurlaubs mit mir an der Elbe spazierenging. Sie verfiel in ein beklemmendes, vorwurfsvolles Schweigen. Ich sah, daß sie litt. Ich glaube nicht, daß sie irgend etwas von der Art gesagt hat: »Du läßt dich da mit Leuten ein, die vielleicht eines Tages meinen Rolf totschlagen.« Sie sprach kein Wort, bis wir nach Haus kamen. Mein Austritt aus dem Jungstahlhelm war danach nicht einmal eine Formalität. Ich ging einfach nicht mehr hin. Niemand forderte mich auf dabeizubleiben.

Die Teilnahme an solchen Veranstaltungen wurde innerhalb der Schule kurze Zeit danach offiziell untersagt. Sechs Jahre später wehrten sich St. Afras Lehrer und Schüler mannhaft gegen die Gleichschaltung im Dritten Reich. Sie hatten nie Uniform getragen und wollten es künftig nicht tun. Sie wollten protestantisch und humanistisch bleiben und nicht gottgläubig und rassebewußt werden. Zu Anfang des Krieges wurde auf Befehl der NSDAP die Inschrift CHRISTO PATRIAE STUDIIS über dem Hauptportal beseitigt. Nach Kriegsende wurde St. Afra Ausbildungsstätte für Agronomen und zugleich Parteischule für Agitatoren auf dem Dorf. Als ich nach 63 Jahren am Tage der Währungsunion 1990 zum ersten Mal wieder die Alma mater betrat, hing am Schwarzen Brett im Vestibül die Bekanntmachung, daß vier Professoren und Dozenten des Lehrfachs »Marxismus-Leninismus« hiermit entlassen seien.

Mich komplimentierte die Synode kurz nach meiner Konfirmation hinaus. Ich hatte Schulstunden geschwänzt, jüngeren Schülern ein Beispiel von Volltrunkenheit gegeben und war bei dem verbotenen Skatspiel erwischt worden. Hinter der überlebensgroßen Gipsstatue meines Vorfahren und Mitschülers Gotthold Ephraim Lessing hatte man mich beim Rauchen ertappt. Das Maß war voll. Mein großer Bruder Klaus holte mich am ersten Tag der Sommerferien ab. Die Eltern waren inzwischen umgezogen, aber die Küche der neuen, kleineren Wohnung unterschied sich nur wenig von der Stätte früherer Dramen. Wieder stand mein Vater in seiner blauen Schürze vor dem Abwaschtisch. Er trug mir barsch auf, die nächste Stunde mit Fingerübungen auf dem Klavier zu verbringen. Als ich zögerte, ergriff er mich am Nacken. Ich wehrte mich und schlug ihm dabei die brennende Zigarre aus dem Mund. Die Funken stoben, und ich nahm eiligst Reißaus, die Treppe hinunter, durch den Vorgarten, auf die Straße und im Galopp in Richtung Prag und Kairo. Ich hatte ein silbernes Fünfmarkstück in der Hosentasche. Damit würde ich es wohl zu einer Kellnerlehre in einem Luxushotel bringen. Von dort würde ich meinen Eltern schreiben, wenn sie mich wiedersehen wollten, müßten sie nach Ägypten kommen.

Die »Heilige Geige«

Meine nächste Schülermütze war blau mit goldnem Streifen. Das Staatsgymnasium zu Dresden-Neustadt nahm mich auf. Das war ein Wunder. Gewöhnlich genügten zwei Hinauswürfe, um eine dritte höhere Schule Sachsens vor dem schwarzen Schaf nachdrücklich zu warnen. Gewarnt wurde sehr wahrscheinlich, denn die Beziehungen zwischen den Lehrerkollegien der Fürstenschule und des Staatsgymnasiums waren von alters her eng, aber die Überredungskünste meines Vaters waren stärker als die Vorsicht des Rektors.

Nun erst lernte ich Dresden richtig kennen. Nach der klösterlichen Abgeschlossenheit in St. Afra überkam mich ein Gefühl der Freiheit, das durch zuwenig Taschengeld nur geringfügig beeinträchtigt wurde. Dresden erlebte damals seine letzte Blüte. Es strahlte in einem müden Glanz. Es war, als ob Mary Wigman und Gret Palucca die Königinnen dieses Reichs seien. Die Staatsoper führte am laufenden Band neue Stücke von Richard Strauss auf, im Schauspielhaus zelebrierten Clara Salbach und Erich Ponto die deutsche Sprache wie ein Hochamt, Adolf Wohlbrück und Rudolf Steinboeck waren die jugendlichen Helden. Der letztere wohnte eine Etage unter uns und lag manchmal memorierend auf dem Balkon, so daß ich nicht umhinkonnte, beim Blumengießen ein bißchen hinunterzuspucken.

Wir wohnten im Dachgeschoß dieser Villa unweit des Hauptbahnhofes, aber immer noch im Schweizer Viertel; zur Schule fuhr man mit der Straßenbahn quer durch die Innenstadt, über die Elbbrücke, vorbei am pockennarbigen Blockhaus und die Bautzener Straße entlang; oder auf dem Rad, wenn man das Geld für die Wochenkarte anderweitig ausgegeben hatte. Man konnte die Strecke auch notfalls in einer Dreiviertelstunde zu Fuß zurücklegen, wenn das Fahrrad den Dienst versagte.

Das war der Fall, nachdem ich eines Morgens vor dem Hauptbahnhof von einem zu schnell fahrenden Auto überrollt und mitgeschleift wurde. Der Wagen kam erst 25 Meter weiter zum Stehen, und die herbeieilenden Passanten erwarteten, ein lebloses, blutiges Bündel darunter hervorzuziehen. Was zum Vorschein kam, war ein völlig zerknäultes Fahrrad und ein tadellos erhaltener Knabe. Sein Anzug allerdings war ringsum abgeschält, als wäre er eine Pellkartoffel. Das Rad hatte sich vor der Hinterachse quergelegt und mich, zwischen den Vorderrädern liegend, vor sich hergeschoben. Dergleichen glückliche Umstände haben in meinem Dasein so oft zusammengewirkt, daß ich den Satz: »Glück hat nur der Tüchtige« in meiner Person glänzend widerlege.

Ehe ich Ersatz für die Reste des Fahrrads bekam, mußte erst ein Prozeß geführt werden. In dem Landgerichtsgebäude, das meine Brüder so wacker verteidigt hatten, wurde ich als Zeuge vernommen. Der Richter war streng – nicht nur mit dem Autofahrer, den er verknackte –, sondern auch mit mir, als er sagte: »Nimm die Hand aus der Hosentasche, wenn du vor Gericht aussagst.« Mit dem afranischen Sie hatte es fürs erste ein Ende. Ich war vierzehn Jahre alt und nur einen Meter siebzig groß.

War es allmorgendlich eine Angstpartie, ob ich die Schule noch vor dem letzten Klingelzeichen erreichen würde, so war der Heimweg eher vergnüglich. Ich hatte bald meine Eltern dazu erzogen, mich nicht zu einer bestimmten Zeit zum Mittagessen zu erwarten, und durchstreifte allein oder mit Kameraden die Umgebung des Neustädter Mädchengymnasiums. Annäherungsversuche ließen sich auch auf den Radwegen durch den Großen Garten veranstalten. Ich spielte im Wartesaal des Bahnhofs ein paar Runden Skat mit weltläufigen Fahrschülern. Auf diese Weise stählte ich mich für das Leben in der Großstadt und vertiefte die neuen Erfahrungen abends durch eine Promenade zwischen den erleuchteten Läden der Prager Straße. Ich lernte zu unterscheiden zwischen Blicken, die mir galten, und Blicken, die mich nur streiften. Ich taxierte Menschen nach ihrer Kleidung und ihrer Aussprache und dachte mir aus, was ich ihnen Verletzendes mitteilen würde auf ihre Frage: »Müßtest du nicht längst im Bett liegen?«

Sonntags am Vormittag zeigte sich auf der Prager Straße manchmal Gerhart Hauptmann in einem hellgrauen Anzug mit Knickerbocker-Hosen. Neben ihm die kindliche Gestalt seiner Frau mit dem Pagenkopf. Hauptmann bewegte sich genauso, wie Thomas Mann ihn als Mynheer Peeperkorn im »Zauberberg« porträtiert hat, nur noch etwas mehr auf Goethe getrimmt. Von Peeperkorn und dem nachfolgenden Zerwürfnis zwischen den beiden Olympiern wußte ich noch nichts, da ich gerade erst die »Buddenbrooks« gelesen hatte. Hauptmann wohnte im Sommer manchmal auf dem »Weißen Hirsch«, einem Kurbezirk am Rande der Dresdner Heide. Dort oben und in den elbaufwärts anschließenden Vororten Loschwitz und Wachwitz gab es Unmengen von alten Tanten, denen man die Hand küssen mußte. Sie wohnten in verwunschenen Villen, in deren Wintergärten Springbrunnen plätscherten, oder wie die Tante Sabine, welche die Katze immer gegen den Strich streichelte, in einem Weinberghäuschen oberhalb von Wachwitz unter dem Schutz eines gewaltigen Nußbaumes. Tante Sabine war schön und blieb aus irgendwelchen Gründen unverheiratet. Sie hatte aber einen Seelenfreund, der ebenfalls unverheiratet war; er sah aus wie ein russischer Großfürst und betrieb einen Weinhandel. Erst viel später habe ich darüber nachzudenken begonnen, warum die beiden nicht geheiratet haben; ich habe aber niemals gewagt, in der Familie Erkundigungen einzuziehen. Tante Sabine galt bei uns allen als guter Geist, beinahe als Heilige – obwohl sie gar nicht kirchenfromm war. Es schickte sich selbst nach ihrem Tode nicht, über ihre Beziehungen zu einem fürstlich aussehenden Weinhändler zu spekulieren. Tschechow auf der Suche nach der schönsten Umgebung für eine Romanze mit zwei Charakteren, wie sie heute nicht mehr vorkommen – hier hätte er sie gefunden, in den Weinbergen unweit der Chinoiserien des Pillnitzer Schlosses und zu erreichen mit leichter Mühe über eine Elbbrücke, welche man ihrer skurrilen Form und Farbe halber das Blaue Wunder nennt. Man verzeihe die Abschweifung.

Ich war bereits dem Laster verfallen, das ich bis heute nicht losgeworden bin: Zeitunglesen. Ich las den »Dresdner Anzeiger« und die »Dresdner Neuesten Nachrichten« von der ersten bis zur letzten Seite, und wenn meine Eltern diese Blätter vor mir während des berühmten Krantz-Prozesses versteckten, ging ich zu einem Freund und verschlang dort mit besonderer Gier, was die Reporter berichteten. Es handelte sich um Mord und Selbstmord in einer Viererbeziehung von Berliner Jugendlichen. »Bild« und »Expreß« würden solchen Vorkommnissen heute nur Schlagzeilen widmen, wenn Täter und Opfer die Kinder von Filmschauspielern oder Fernsehmoderatoren wären. Damals aber war es auch ohne das eine Sensation für alle Blätter und eine Cause célèbre, die den Anstoß gab für Ände-

Im Staatsgymnasium zu Dresden-Neustadt die Obersekunda mit ihrem Mathematiklehrer. Peter von Zahn stehend rechts außen, Klassenprimus Kohn stehend links außen, in der Mitte sitzend: der baltische Baron Ungern-Sternberg.

rungen des Jugendstrafrechts. Die deutsche Öffentlichkeit merkte mit einem Male, daß die Gewohnheiten von Achtzehnjährigen längst alles hinter sich gelassen hatten, was die traditionelle Jugendbewegung postulierte. Alles außer dem Weltschmerz.

Ähnlich Anstößig-Aufregendes erfuhr ich in der »Heiligen Geige«. So nannte sich ein Verein, der einmal im Monat literarisch interessierte Schüler des Staatsgymnasiums zu einer Dramenlesung mit verteilten Rollen zusammenführte. Das geschah nach dem Abendessen in einem der Elternhäuser bei Tee und Plätzchen und erstreckte sich mit hitzigen Debatten häufig bis tief in die Nacht. Manchmal war einer der Deutschlehrer zugegen, um die Diskussion in angemessenen Bahnen zu halten, das war aber nicht die Regel. So konnte es geschehen, daß sich der Theaterskandal um Ernst Tollers »Der deutsche Hinkemann« in kleinerem Maßstab in der »Heiligen Geige« wiederholte. Zu Beginn jeder Sitzung wurde ein ausführliches Protokoll verlesen. Es wertete das Stück, das im Mittelpunkt der vorangegangenen Zusammenkunft gestanden hatte, seinen Autor und die Sprecher. Der Protokollführer hatte »Hinkemann« nicht nur aus dramaturgischen, sondern aus weltanschaulichen Gründen verrissen und begann seine Charakterisierung des Autors mit den Worten: »Dieser jüdische Literat ...« Darauf sprang der älteste Sohn des gastgebenden Hauses auf und verwahrte sich als Jude und Verehrer von Toller gegen diese Formel. »Jüdisch« konnte 1928 bereits als Schimpfwort verstanden werden, und »Literat« trug den bösen Nebensinn von »Asphaltliterat«. Was folgte, war ein Streit, der nicht mehr nur akademisch, sondern mit Drohungen und Beleidigungen geführt wurde.

Es war das erste Mal, daß ich so unverhülltem Antisemitismus begegnete. Mein wichtigster Spielkamerad in Dresden war der jüngste Sohn des Getreidekaufmanns Abeles gewesen, befreundet war ich mit unserem Klassenprimus, dem Sohn eines jüdischen Schneiders. Ein Mädchen, etwas älter als ich, namens Leni Siodmak, spielte mir bisweilen auf dem elterlichen Flügel mit mehr Kraft als Können die »Pathétique« vor; ich gab zwei jüdischen Schwestern Tennisunterricht und bereitete sie so auf ein neues Leben in Palästina vor; dahin wollten sie alsbald ziehen und taten es zu ihrem Glück auch rechtzeitig. Nur bei diesen zwei Schwestern fiel der Unterschied zwischen ihrer und meiner Religion und Herkunft ein wenig ins Gewicht. Das lag wohl daran, daß sie als überzeugte Zionistinnen das Deutschland ihrer Umgebung bereits als Fremde empfanden. Alle anderen Freundschaften und Kontakte bildeten sich und verliefen genau wie die mit Nichtjuden, allenfalls fruchtbarer. So sah ich mich in der fraglichen Sitzung der »Heiligen Geige« einem Problem konfrontiert, das ich bis dahin kaum zur Kenntnis genommen hatte und emotional gar nicht empfand.

In Leipzig hätte ich das Problem eher begriffen. Dort gab es den Brühl und seine jüdischen Pelzhändler. Dresden kannte keine solche Konzentration eines Gewerbes in jüdischer Hand. Es gab zwar eine griechische Kolonie – infolge des Tabakhandels –, aber weder Reste eines Ghettos noch eine jüdische Gemeinde mit prominenter Tradition. Die Bankier-Familie Arnhold war ein Begriff wegen ihrer wohltätigen Stiftungen, und wenn ich andere Familien vergessen haben sollte, bitte ich um Vergebung. Ganz gewiß bestanden in Dresden nicht viele Reibungspunkte zwischen Juden und Nichtjuden. Die Stadt lag auch nicht auf der Linie der starken jüdischen Zuwanderung aus Polen und Galizien nach Berlin – da wäre eher Breslau zu nennen gewesen. Die ostentative Zurschaustellung ihrer Zahl und ihres Einflusses auf Theater, Film und Presse mochte in den zwanziger Jahren für die Juden in Berlin gelten. In Dresden war davon nichts zu spüren. Wenn dort jemand Antisemit war, dann gründete sich seine Feindseligkeit mehr auf Hörensagen als auf eigene Erfahrung, und sicherlich auch auf eingeschleppte Traditionen. In meiner Schulklasse befand sich zeitweise ein baltischer Baron Ungern-Sternberg. Die Eltern, weitläufig mit dem weißrussischen General verwandt, waren gebildete und kultivierte Leute – der Sohn aber zeigte die baltischen Gutsbesitzersvorurteile gegenüber Juden mit großer Penetranz. Er hätte am liebsten Kohn, den Klassenprimus, täglich einmal verprügelt. Das Zeug dazu besaß er; man durfte ihm für 50 Pfennig mit der geballten Faust in die Magengrube schlagen. Auch konnten mehrere Interessenten zusammenlegen und gegen Entrichtung einer Mark eine Sicherheitsnadel in seine angespannte Bauchmuskulatur stecken, ohne daß er eine Miene verzog. Die Klasse ließ sich durch solche Kraftproben nicht einschüchtern, sondern hinderte ihn daran, Kohn zu verprügeln, bis sich diese Gefahr von selbst verflüchtigte. Ungern-Sternberg blieb sitzen und verließ die Schule.

In Dresdens Klima gedieh der Haß nicht gut. Es bot nicht den nötigen Humus für rechtsradikale Richtungen. Selbst die Kommunisten waren eher zahm. Mein Schwager Rolf Helm hielt wohl Brandreden, führte aber ein besonders bürgerliches Leben. In seinem Hause wurde ich mit einem untersetzten, stiernackigen Mann mit Glatze bekannt. Es war der Mitbegründer der Kommunistischen Partei, Otto Rühle. Er konnte lachen wie ein Landsknecht, besonders über seine eigenen Witze. Sie waren gelinde gesagt etwas grob. So waren auch seine Schriften; Unmengen von Material über Karl Marx, die Revolution und die Arbeiterbewegung, zusammengewuchtet ohne Politur. Seine Frau war eine elegante und hübsche Jüdin, viel jünger als er, eine Schülerin des Individualpsychologen Adler. In ihrem anmutigen Prager Deutsch verstand sie die Beziehungen zwischen zwei Menschen aufs komplizierteste zu zerfasern. Die Beziehungen zwischen ihrem Mann und ihr erklärte ich mir aber sehr einfach: Seine Gewaltnatur war ihr in sexueller Hinsicht hörig. Sie blieb die Zauberin, die sich einen Rübezahl gezähmt hatte. Ich diente ihr als Auskunftsperson für politische Stimmungen in der höheren Schule. Bei meinen Erzählungen konnte ich allerdings Hintergedanken nicht vermeiden. Sie kreisten um Alices lockende Formen. Als guter Individualpsychologin wird ihr das nicht verborgen geblieben sein. Es hat aber keinen Einfluß gehabt auf ihre gescheiten Analysen des Zustandes der Republik. Vor dem, was drohte, wurde ich durch sie rechtzeitig gewarnt, jedenfalls tappte ich nicht in die Falle des organisierten Antisemitismus. Wie der die Existenz jüdischer Intellektueller aus Prag zu regeln gedachte, darüber machte sich Alice Rühle-Gerstel keine Illusionen. Weder sie noch ihr Mann klammerten sich an Deutschland, sie gingen rechtzeitig nach Mexiko.

Meine kommunistische Schwester und ihr Mann Rolf Helm versuchten keine politische Missionsarbeit an mir. Ich war nach Ansicht meines Schwagers viel zu unernst. Ich brachte aber häufig ganze Sonntage und manchmal die Ferien in einem verfallenen Turm im Helmschen Garten zu. Da ich inzwischen eine Leseratte geworden war, verproviantierte ich mich aus meines Schwagers Bibliothek und las russische Autoren wie Gorki und Fedin. Nachhaltiger wirkte die »Weltbühne«. Das erste Exemplar, das mir in die Hände fiel, versetzte mir eine Art Keulenhieb; abgedruckt darin waren die Randbemerkungen Wilhelms II. zu Berichten seines Auswärtigen Amtes. Ich traute erst meinen Augen nicht, zweifelte dann an dem Wahrheitsgehalt dieses Berichts und hielt schließlich alles für einen Ulk. Bis sich eine Pressepolemik entspann, die mich eines Besseren belehrte. Der Kaiser hatte also den Krieg gewollt.

Ich verfiel dem Charme des Enthüllungsjournalismus und brachte einige der subversiven roten »Weltbühnen«-Hefte mit ins Staatsgymnasium. Der Unterricht stand insofern auf der Höhe der Zeit, als kein Thema tabu und keine Ketzerei verboten war. Es entwickelten sich hitzige Dispute zwischen Traditionalisten und Ikonoklasten über die deutsche Kriegsschuld. Die Lehrer, die ich schätzte, schlugen sich auf die Seite der Ketzer. Wir hatten auf dem Staatsgymnasium eine Reihe von jüngeren Lehrern mit Weitblick und ungewöhnlichen Kenntnissen. Ich denke besonders an einen Religions- und Geschichtslehrer namens Graf. Von Statur war er klein und unscheinbar, er dachte aber großzügig und präzis. Ihm gleich kam Studienrat Wengler, der mir Französisch und Spanisch beizubringen versuchte. Er war so attraktiv häßlich wie Voltaire. Ich hoffe, daß ich ihnen gelegentlich einmal Dank gesagt habe für ihre Fähigkeit, halb zweifelnd, halb zuversichtlich die

Welt zu erläutern. Wenn ich das Dankeschön vergessen haben sollte, hole ich es hiermit nach. Vielleicht freuen sich ihre Nachkommen darüber. Pauker gibt's wie Sand am Meer. Gute Lehrer sind seltener.

Nachdem mir anhand ausgiebiger »Weltbühnen«-Lektüre klargeworden war, daß Ignaz Wrobel, Theodor Tiger, Peter Panther, Kaspar Hauser und Kurt Tucholsky ein und dieselbe Person waren, widmete ich mich der Suche nach der Methode, mit der Tucholsky seine Pseudonyme auf seine Artikel verteilte. Ich versuchte mich an seinem Stil – studierte die Art, wie er Anfang und Schluß seiner Artikel hinwischte, zergliederte die Technik seiner Satiren und scheiterte immer wieder schmählich, wenn ich so zu schreiben versuchte wie er. Von einer Kaulquappe kann man keine Hochseilakrobatik erwarten. Aber daß ich das nach einer Weile einsah, war ein gutes Zeichen, und daß ich trotzdem die Bemühung um das treffende Wort nicht aufgab, erwies sich in der Folgezeit als wichtig. Nachdem ich zwei Jahrzehnte lang die Meister der nachdenklichen kleinen Prosa studiert hatte – von Kleist bis Alfred Polgar, von Heine bis Radecki –, war ich gerüstet, ihre Sprache mit der Technik des Reporters im Radio zu vermählen.

Doch damit greife ich nun sehr weit vor. Der Rundfunk war erst fünf Jahre alt, ein Baby mit Maulkorb. Ich war auf 1,73 Meter Höhe gewachsen, aber immer noch der Kleinste in der Klasse. Zwischen 1928 und 1931 wuchs ich auf einen Meter achtzig, wechselte vom Sopran zum Bariton, bekam eine peinliche Akne und erfand den Weltschmerz.

Dabei schien gerade in diesem Augenblick die Welt so sehr in Ordnung! Die Sache mit dem französischen Erbfeind war angesichts der diplomatischen Zusammenarbeit Briands und Stresemanns nicht mehr ganz ernst zu nehmen. Deutschland wurde aus der Hundehütte geholt und in den Völkerbund aufgenommen, ja, es wurde mit einem ersten Staatsbesuch seit dem Ersten Weltkrieg beehrt. Kein Geringerer kam als Aman Ullah, König von Afghanistan. Die Leute waren wie aus dem Häuschen. Manche Kinder hatten sogar schulfrei. Das Reich durchlief damals eine kurze Periode von Prosperität. Sie war genaugenommen nur geborgt und fußte auf amerikanischen Anleihen, aber sie milderte die innenpolitischen Spannungen. Mein Bruder Friedrich, nunmehr Referendar in Staatsdiensten, heiratete eine Sozialpflegerin, die wußte, was im Kellergeschoß der Gesellschaft vor sich ging; sie wand sich vor Verlegenheit, als ihr Vater

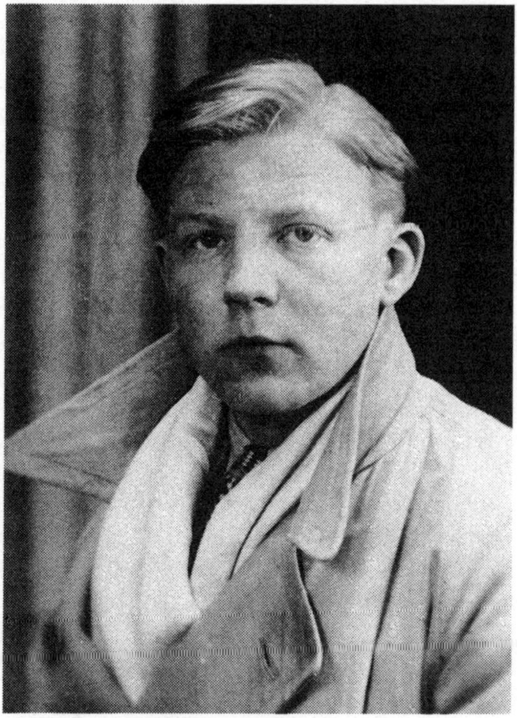

Porträt des Obersekundaners Peter von Zahn; weltmännisch mit aufgeschlagenem Kragen des Trenchcoats.

während des Hochzeitsdiners eine Rede hielt, welche die wirtschaftlichen Zukunftsaussichten Deutschlands in den leuchtendsten Farben beschrieb. Der gute Alte hatte eine kleine Fabrik, ein großes Auto und einen Chauffeur – er bezog sich in seiner Rede auf Außenminister Stresemann und dessen Optimismus, aber es dauerte nicht lange, da holte ihn die Wirtschaftsdepression ein und er war pleite.

Allerdings lebte Stresemann, als der Konkurs angemeldet wurde, nur noch in der Erinnerung – ich hörte die Radionachricht von seinem Tode zusammen mit meinem Bruder in einer kleinen Konditorei. Ich war bestürzt, ohne zu verstehen, warum gerade Stresemanns Tod das Abrutschen Deutschlands auf die schiefe Bahn beschleunigen sollte. Ich sah keine schiefe Bahn. Als ich das Plus oder Minus dieser Nachricht zu erörtern bat, zog sich mein Bruder aus der Affäre. Er antwortete mit der Präzision des delphischen Orakels, daß große Männer immer im rechten Augenblick sterben, und bestellte mir noch ein Stück Torte. Er beobachtete zu jener Zeit das russische Experiment des Fünfjahresplans mit Aufmerksamkeit – man fing gerade an, Stalin den »Roten Zaren« zu nennen –, aber seine Vorliebe galt den Paneuropäern. Coudenhove-Kalergi war sein Mann, er empfahl mir die Lektüre seiner Bücher. Mir waren sie zuwenig konkret. Was mir fehlte, war ein handfester Fünfjahresplan. Jean Monnet hat zwanzig Jahre später beim Neubau Europas beides zu vermeiden gewußt: die real nicht abgestützte Vision Coudenhoves sowie das Unheil der Fünfjahrespläne. Doch welche Leiden und Verwüstungen mußten durchmessen werden, bevor Europa zur Besinnung kam!

Mein Tagebuch jener Zeit handelt nicht von den Leiden und Verwüstungen, die sich bereits ankündigten und die wir Deutschen in der Folgezeit über uns brachten. Statt dessen finden sich viele Seelenwehwehs verzeichnet – in des Wortes doppelter Bedeutung verzeichnet. Man schüttelt den Kopf, wenn man in gesetzten Jahren liest, wie man sich als Sechzehnjähriger sah, gebeutelt von Weltschmerz, überwältigt von Selbstmitleid. Das Taedium vitae, wie es uns der Lateinunterricht lehrte, hatte mich übermannt. Da war er, der Ekel vor einer leeren, hohlen, ziellosen Existenz, da vegetierte man, verkannt von vielen, die man schätzte; verachtet und übergangen von allen, die man verehrte; im Grunde nichtswürdig und aller Laster leichte Beute.

In der Rückschau unterliegt man leicht einer optischen Täuschung. Jeder Tag bringt dem jungen Menschen unendlich viele kleine Freuden, einfach weil Mensch und Tag jung sind. Von der ersten Zigarette morgens über den gelungenen Betrug bei der Prüfungsarbeit bis zur Erwiderung des schüchternen Grußes durch die kleine Brünette im Kamelhaarmantel – all diese Freuden gelangen nicht ins Tagebuch. Das wird nur in den düsteren Stunden malträtiert, aber dann mit förmlicher Wollust. Geht der Gruß des Kamelhaarmantels in einen Kuß über, bleibt für das Tagebuch nur noch Datum, Uhrzeit, Ausrufezeichen. Bis dahin aber ist das Diarium ein Ventil für pubertäre Spannungen, wie es – von dem Kuß abgesehen – kein besseres gibt.

Es bedarf vielleicht doch noch eines Hinweises auf die Schranken, die einem unbeschwerten Umgang mit dem anderen Geschlecht damals im Wege standen. Die Pille war noch nicht erfunden, ein uneheliches Kind galt in bürgerlichen Kreisen als beinahe so schändlich wie zu des jungen Goethes Zeiten. Um Abtreibungen wurden Dramen geschrieben. Wir Jünglinge wurden unentwegt durch Ausstellungen getrieben und mit Filmen geplagt, in denen uns die Folgen von Tripper und Syphilis in abschreckenden Farben gezeigt wurden. Ich kippte einmal vor einem solchen Exponat ohnmächtig um. Die Beschreibung von Geschlechtskrankheiten erfolgte in der Sprache des Krankenreviers einer Kaserne. Die öffentliche Debatte der achtziger Jahre über Aids war ästhetisch weniger abstoßend und verriet weit mehr Mitgefühl.

Dieses alles hinderte mich selbstverständlich nicht daran, trotz Angst und schlechten Gewissens das Heil endlich einmal auf der Großen Frohngasse zu suchen. Es ging dort nicht zu wie auf St. Pauli – das Angebot war etwas dezenter, die Dekoration weniger aufwendig. Die kleine Stube zu ebener Erde in einem uralten hohen Haus wurde durch einen Kanonenofen geheizt, auf dem ein Topf mit heißem Wasser stand. Es gab ein Bett, einen Kleiderständer, einen Stuhl, einen Spiegel. Es roch nach Tosca und Nivea-Creme. Der Preis für die einfachste Ausführung betrug zwei Mark und mußte vorher entrichtet werden. Ich bildete mir ein, vor dem Abschied etwas Konversation machen zu müssen, und erkundigte mich weltmännisch nach dem Geschäftsgang. Es war, wie gesagt, eine Zeit relativer Prosperität. So hörte ich denn, daß die Leute das, was wir gerade getan hatten, immer ganz gern tun – jedoch gewöhnlich nicht in solch blödsinniger Hast. Dieser Wink mit dem Zaunpfahl genügte. Ich sputete mich, zu Haus meiner etwas vergeßlichen Großmutter fünf Mark aus dem Portemonnaie zu stibitzen, und kehrte spornstreichs zu einer De-Luxe-Prozedur zurück. Zur Belohnung bekam ich einen schwesterlichen Kuß, der mir immer als die keuscheste und liebenswürdigste Verabschiedung in Erinnerung geblieben ist.

Bei gerechter Abwägung aller Umstände war ich, trotz bitterer Zerwürfnisse mit mir selbst, vom Glück verfolgt. Zur Heilung meiner Akne wurde ich als Unterprimaner während der großen Ferien einer Ärztin in Apolda überwiesen. Greta hatte slawische Gesichtszüge und eine s-pitze Hildesheimer Aussprache. Sie heilte mich auf die natürlichste Weise. Der Mann, den sie s-p-äter heiratete, führte ein Krankenhaus in Magdeburg und liebte reihum drei Frauen an verschiedenen Orten. Man hatte etwas Mühe, sich in diesem Labyrinth der Gefühle zurechtzufinden. Aber ich konnte bis drei zählen und ließ mich in das Puzzle einfügen.

Es scheint mir, als sei die ärztliche Kunst damals nur von Menschen ausgeübt worden, die sich ihr mit dem ganzen Herzen widmeten. Dieser Eindruck kommt wohl zustande, weil der Arzt ebensohäufig zum Patienten kam wie der Patient zum Arzt. Jeder praktische Arzt war Notarzt. Kaum eine Nacht, ich kann es bezeugen, in der das Fräulein Doktor nicht herausgeklingelt und an ein Krankenlager gerufen wurde. Auch Schwerkranke wurden in diesem thüringischen Industriestädtchen zu Haus gepflegt. Nur im äußersten Notfall brachte man sie ins Krankenhaus. Die Maschinerie, die dort heute ihre gewiß segensreiche Tätigkeit verrichtet, war noch nicht erfunden oder war nicht erschwinglich. Zum Ausgleich kannte das Fräulein Doktor Herkunft und Schicksale ihrer Patienten bis ins einzelne. Das vereinfachte manche Diagnose. Es führte auch dazu, daß ihr die Patienten an Festtagen hausgemachte Leberwurst oder ganze Bleche voll Streuselkuchen ins Haus schickten. Man wußte sich in Thüringen zu benehmen.

Die Einflüsse, denen ich ausgesetzt war, überkreuzten sich. Predigte mir Greta, wann immer ich während der Ferien ihr Gast war, mehr Sorgfalt und Pflichtbewußtsein, versprach ich es und durfte aus ihren hellgrauen Augen einen Blick einheimsen, wie er jedes Herz zum Schmelzen gebracht hätte. Das Gegenteil lehrte mich der bankrotte Kunsthändler Erich Baumbach. Seine Lehre lautete, daß Nichtstun keine Schande sei. Man müsse es nur mit Stil und Gelassenheit betreiben. Ich nenne ihn in meiner Erinnerung Oblomow, weil er wie die russische Romanfigur tagsüber meist im Bett lag und mit seinen Besuchern Gespräche ohne Anfang und Ende führte über Franz Marc und seinen »Blauen Reiter«, die »Brücke« oder Juan Gris. Er war ein ungemein gut aussehender Dandy. Man glaubte ihm, daß er seine Leibwäsche nach London zum Waschen und Bügeln geschickt hatte, solange er es sich leisten konnte. Das konnte er nicht mehr. Gegen Abend, wenn es dämmerte, ging er spazieren. Aber vorsichtig, weil er die Sohlen seiner kostbaren Halbschuhe schonen mußte. Er hätte sich niemals neue der gleichen Machart kaufen können. Seine Kleidung, obwohl von zeitloser Eleganz, war mit den Jahren etwas fadenscheinig geworden. Er zeigte das nicht gern bei hellem Tageslicht. Er war insolvent und lebte von einer winzigen Rente, die ihm seine Bremer Patriziermutter monatlich überwies. Sie genügte gerade für die Miete des möblierten Zimmers und eine Mahlzeit bei seiner Wirtin. Ab und zu servierte ihm die Tochter der Wirtin etwas Warmes außer der Reihe. Er aß es mit Widerwillen und nur, weil er wußte, daß er ihr damit einen Gefallen tat. Sie liebte ihn glühend und vergeblich. Seine Neigung ging zum eigenen Geschlecht.

Während der letzten Monate des Ersten Weltkriegs war er Ordonnanzoffizier von General Ludendorff gewesen und spürte seitdem eine unüberwindliche Abneigung gegen die Worte »Pflicht«, »Vaterland«, »Gehorsam« und »Deutschtum«. Von Generalen und Uniformen sprach er nur mit echt hanseatischem Mißtrauen. Dagegen waren ihm die Großen der deutschen Literatur und der französischen Malerei nicht nur wohlvertraut, sondern zum Teil auch persönlich bekannt. Das steigerte in meinen Augen seinen Wert als Mentor ins Unermeßliche. Ich hatte inzwischen Thomas Manns »Zauberberg« gelesen. Wir spielten wechselweise die Rollen von Settembrini und Naphta, wenn es ein politisch-philosophisches Problem zu diskutieren gab. Das war eine von Oblomow erdachte und sehr empfehlenswerte Methode, das Verständnis für literarische Charaktere zu fördern. Er machte mich mit den magischen Texten von Paul Valéry, André Gide und Jean Cocteau bekannt – schwer verständlich für mich, weil es bei ihnen so ganz ohne teutonische Schwere zuging. Ich drang sogar bis in die Labyrinthe von Marcel Proust vor, aber da ging mir vorerst die Puste aus. Darauf wurde ich auf Sigmund Freud angesetzt.

Sorge um Büchernachschub gab es nicht. Ich ging in einer Buchhandlung aus und ein, deren Eingangstür im Jahre 1919 das Maschinengewehr geziert hatte, mit dem auf meinen Vater im Blockhaus geschossen wurde. Ich lernte den Besitzer kennen, einen jungen Idealisten aus der Lüneburger Heide. Er hatte sein Erbe in Büchern angelegt, besaß aber nicht viele Kunden. Die Häuserecke mit dem Blick auf das goldene Reiterstandbild Augusts des Starken lag außerhalb des Verkehrs leselustiger Leute.

Selbst ein Unterprimaner konnte also mit großer Aufmerksamkeit bedient und beraten werden. Es war durchaus nichts dagegen einzuwenden, wenn ich das Buch im Laden zu studieren anfing und womöglich gleich zu Ende las. Das erübrigte den Kauf. Dem Herrn Roeders schien das nichts auszumachen. Eins führte zum anderen. Während der langen Stunden zwischen den hohen Regalen wurde die Bekanntschaft mit der Frau des Buchhändlers geschlossen. Sie war eine temperamentvolle und lebenslustige Dame. Es gab auch noch eine Schwester, welche bisweilen zur Aushilfe in die Buchhandlung kam; vornehmlich um festzustellen, wie wenig man mal wieder verdient hatte. Schwer zu sagen, was mir wichtiger wurde, die Bücher oder die Schwester. Da sie als Sekretärin des Akademischen Sportvereins am anderen Ende der Stadt arbeitete, mußte ich die seltenen Gelegenheiten abpassen und den Laden im Auge behalten. Daher ließ ich mich in meiner Freizeit als Volontär anstellen und half ohne Bezahlung bei Verkauf und Inventur.

Ein Sprungbrett ins Haus der Familie war gewonnen. Es gab dort drei Attraktionen: die Schwester, Bahlsenkekse mit Roquefortkäse zum Tee und eine verrückte Gesellschaft, wie sie für das Ende der zwanziger Jahre typisch war. Man nannte sich nicht »Gesellschaft«, sondern »Kreis«. Die aus Krieg und Revolution herrührenden Erdstöße hatten sich noch nicht beruhigt, im Gegenteil, nach dem Schwarzen Freitag in der Wallstreet im Oktober 1929 gerieten die politischen Kräfte erneut durcheinander. Wer Bücher las, suchte nach Rezepten für das Überleben. Die Deutschen fahndeten in ihren »Kreisen« nach einem Halt, einem festen Punkt, einem Standort, einem geistigen Unterschlupf. Oswald Spengler mit seinem »Untergang des Abendlandes« kam zu neuen Ehren, der »Aufstand der Massen« von Ortega y Gasset drohte Marx den Rang abzulaufen. Zu unserem »Kreis« gehörten junge Schauspieler und Maler, Buchhändler, Tänzerinnen, Astrologen, Graphologen, Theosophen, Vegetarier, Yoga-Anhänger und Spiritisten.

Gemeinsam war allen zweierlei: die unerschöpfliche Lust am Diskutieren und das völlige Abhandensein von Bargeld. Beidem wurde an dem gastlichen Tisch der Roeders abgeholfen, solange die Erbschaft vorhielt. Kaum ein Abend verging ohne ein halbes Dutzend Gäste. Selten hatten sich die Gäste vor Mitternacht müde geredet. Dann begleiteten sie sich noch gegenseitig zu ihren Buden und wieder zurück und füllten die dunklen Gassen von Dresden mit erregten Stimmen, dröhnendem Gelächter und Rilke-Zitaten, die nichts bewiesen.

Für einen Siebzehnjährigen war es schmeichelhaft, für voll genommen zu werden. Es war berauschend, aus der schön geordneten humanistischen Erziehung in einen Wirbel unausgegorener Weltverbesserungstheorien gerissen zu werden. Die Einführung in die Welt der Schwarmgeister und Bohemiens beiderlei Geschlechts erfolgte auch nicht nur theoretisch. Eine Reihe geistiger Kinderkrankheiten machte man mit einem Male ab. Zugleich lernte man eine solche Fülle von neuen Anschauungen und ungewöhnlichen Charakteren kennen, daß der Gewinn an Verständnis, Erfahrung und Weltläufigkeit kaum zu überschätzen ist. Die geistige Unruhe der Zeit trat mir im Roedersschen Eckladen in Fleisch und Blut, recht anmutig und im Lebensstil herausfordernd entgegen. Weil Suchen wichtiger wurde als Finden, hatten es Patentlösungen und Wahrheitspächter von nun an schwer mit mir.

Es ist wohl nur ein zufälliges Zusammentreffen, daß ich vor dem Laden, aus dem man zehn Jahre zuvor meinem Vater nach dem Leben trachtete, eines Sonntags mit Tschingderassassa die Wache aufziehen sah. Gleichzeitig sammelte sich eine Gruppe braungekleideter Burschen unter dem Reiterstandbild Augusts des Starken. Sie trugen rote Armbinden mit einem Hakenkreuz darauf. Ich mußte mich damals nach dem Wer und Was dieser Leute erkundigen. Bald lernte man sie genauer kennen. Aber der Zauberkreis der Roeders hatte mich schon gegen ihr Gift gefeit.

Erste Studienjahre

Als ich mein Abitur machte, muß sich mein Wunsch, Journalist zu werden, bereits verdichtet haben. Der Ministerialrat, der uns examinierte, richtete an jeden Prüfling einige Fragen, die sich auf dessen Berufswahl bezogen. Mit einem Seitenblick auf meine nicht ganz einwandfreie Betragenszensur bemerkte er, der Journalist müsse eine besonders weiße Weste haben. Wie zufällig knöpfte ich mein Jackett auf. Darunter kam ein grauer Pullover zum Vorschein. Die Examensrunde konnte sich das Lachen nicht verbeißen. Ich empfand den Hinweis als plumpe Oberlehrerei. Ministerialräte, Pastoren, Schuldirektoren und sonstige Honoratioren laufen im Vergleich mit dem Journalisten weniger Gefahr, die weiße Weste zu verlieren. Der Journalist befindet sich nie im Zustand der Unschuld, sondern muß dem Getümmel der Zeit nachrennen und darf die Spritzer nicht scheuen, die seine Kleidung dabei abbekommt.

Obwohl es bereits an ein paar deutschen Universitäten Institute für Publizistik gab, bildete sich niemand ein, daß man da Journalismus »lernen« könne. Man betrieb eine wissenschaftliche Ausbildung und kümmerte sich nicht um das Handwerk und die Praxis. Mein Bruder Friedrich riet mir, Jura zu studieren. Damit könne ich alles werden, sogar Journalist. Also wählte ich das Studium der Rechte, und zwar in Wien. Wien war so schön weit weg von zu Haus.

1931 standen in Mitteleuropa bereits alle Zeichen des politischen Klimas auf Sturm. Der Versuch einer modernen Ordnung in der Weimarer Republik war am Scheitern. Nachdem die Nationalsozialisten zur stärksten Partei im Reichstag geworden waren, wurde zum gefügigsten Regierungsinstrument die Hindenburgsche Notverordnung, also die Außerkraftsetzung der Verfassung. Was werden würde, kündigte sich in den Freiheiten an, welche sich die militanten Gruppen von rechts und links gegen den Rest der Gesellschaft herausnahmen. Das galt auch für Österreich. Ich traf Ende April in Wien ein und erlebte bereits am 1. Mai eine Demonstration der österreichischen Sozialdemokraten, wie ich sie in solcher Größe und Brutalität im stilleren Dresden nie erlebt hatte. Die Signale bitteren Hasses waren unüberhörbar. Der Brand des Justizpalastes lag noch nicht lange zurück, die Heimwehren und der Republikanische Schutzbund standen sich wie Hund und Katze gegenüber. Ein sozialistischer Aufstand und die Belagerung der Arbeitersiedlungen im Stadtgebiet sollten nicht mehr lange auf sich warten lassen. Die Universität war erfüllt von Unruhe. Häufig demonstrierten die nationalsozialistischen Studenten und provozierten Zusammenstöße. Die Universität mußte tagelang geschlossen bleiben. Die Polizei griff ein. Während sie eines Tages den Platz vor der Universität räumte, soll ein baumlanger Polizist einem kleinen Medizinstudenten jüdischer Abstammung mit geschwungenem Gummiknüppel hinterhergeeilt sein. Der Jude versuchte unter den Schlägen wegzuducken und rief: »Ich bin doch kein Nazi!« Woraufhin der Polizist weit ausholte und mit einem »Aber ich!« seinen Knüppel erneut niedersausen ließ.

Das habe ich nicht mit eigenen Augen gesehen, es entsprach aber der Grundstimmung jener Tage. Die Credit-Anstalt in Wien und die Danat-Bank im Reich brachen zusammen. Das Pfund wurde abgewertet. Die britischen Touristen klemmten ihre Pfeifen mannhaft zwischen die Zähne und kehrten auf ihre Insel zurück. Daß ich derweil an dem langweiligen Seminar über »Römisches Privatrecht« teilnehmen sollte, war wohl nicht zu erwarten. Die deutschen Zeitungsverleger tagten gerade in Wien. Ich lernte einen Verleger aus Berlin-Steglitz kennen, der mich in einem Anfall von Geistesabwesenheit ermutigte, ihm Artikel über die Wiener Zustände zu schikken. Ich tat das eine Weile lang, bis ich merkte, daß meine Beiträge entweder zu schlecht geschrieben oder politisch zu wenig informiert waren; vielleicht hatte er auch in seinem Blatt redaktionell nichts zu sagen – es kamen jedenfalls niemals die hundert Schillinge, auf die ich so sicher gerechnet hatte wie auf das Amen in der Kirche oder – wienerisch ausgedrückt – auf das übliche Glas Wasser zum »Kapuziner« im Kaffeehaus.

Es ist bei uns heute nicht mehr üblich, auf den Geldbriefträger zu warten. Das Geld kommt per Scheck oder Bankauszug. Zwischen den Weltkriegen hatten die Zahlungen von fern her noch einen sehr persönlichen Charakter; sie waren mit dem Anblick eines Schnurrbarts oder eines tabakgelben Zeigefingers verbunden und in Wien sogar mit einem Trinkgeld. Man gab es nur zu gern, wenn man auf diesen Moment wochenlang gewartet hatte. Der Beamte zeigte ein ehrliches Mitgefühl, wenn er Tag für Tag die Erwartungen enttäuschen mußte, die man in sein Kommen setzte – fühlte er sich doch selbst um etwas geprellt, was ihm zustand. So kam es zu bemerkenswerten Unterhaltungen über die schlüpfrige Natur des Geldes; hätte ich nur die aufgeschrieben und an die Zeitung in Berlin-Steglitz geschickt, statt der Analysen österreichischer Staatsfinanzen! Was der Postbote aus dem IX. Wiener Bezirk, was meine tschechische Zimmerwirtin, der ungarische Oberkellner im Kaffeehaus und überhaupt die kleinen Leute der zerschlagenen Donaumonarchie an Lebensweisheit vernehmen ließen, das hätte bessere Reportagen ergeben. Ich erkannte das noch nicht als Thema, sondern schrieb weiter über die zusammengebrochene Credit-Anstalt und wartete weiter auf die Schillinge aus Berlin-Steglitz. Vergeblich.

Als das Semester zu Ende ging, hatte ich das Geld, welches mir meine Eltern schickten, längst aufgebraucht und im Dorotheum, der Wiener Pfandleihe, meine Anzüge versetzt. Der Erlös genügte nicht für die Heimfahrt nach Dresden, aber bis nach München, genauer gesagt, an den Starnberger See reichte es. Dahin zog es mich mit Macht.

Ich muß hier einen Faden aufnehmen, der in die Primanerjahre in Dresden zurückreicht. Dresden beherbergte die weltberühmte Tanzschule der Mary Wigman. Ihre Jüngerinnen kamen von weit her. Nicht nur aus Bautzen und Breslau, sondern aus Basel, Prag und dem fernen, fernen Amerika. Sie wohnten zur Untermiete in den Villen oberhalb der Elbe oder da, wo sich in der Neustadt die Mietshäuser um die Hinterhöfe drängelten. Sie kleideten sich auffallend. Sie trugen die Haare lang, wenn man sie allgemein kurz trug, und umgekehrt. Sie analysierten mit enormem Ernst ihre Seele, nachdem sie ihr tagsüber freien Auslauf gegeben hatten in Wigmanscher Choreographie. Sie waren davon überzeugt, an einem großen Werk mitzuwirken. Sie glaubten, die Fesseln des Herkömmlichen abschütteln zu müssen und der Kunst des körperlichen Ausdrucks neue Dimensionen zu erschließen. Damit hatten sie so unrecht nicht. Was auf der Bautzner Straße angesichts des Elbtales und der Dresdner Stadttürme an Tanzschöpfungen entstand, in langgewandeten Opfergruppen oder frechen Pantomimen, zum Klang von Becken und Trommeln, das ist unter anderem Namen noch heute wirksam.

In das ehrbare Dresden kam mit diesen Mädchen ein befremdlicher Luftzug. In den Buden der Wigman-Schülerinnen hingen afrikanische Masken und indianische Flöten. Auf krächzenden Grammophonen erklang Archaisches und Hypermodernes. Es klaffte eine gewaltige Lücke zwischen Bach, vor dem man auf den Knien lag, und Ravel. Musiker dazwischen konnten nicht ernstgenommen werden. Das männliche Gefolge las bis zum Morgengrauen die »Duineser Elegien« oder die »Sonette an Orpheus« vor. Mit siebzehn kann man ungeheuer lange wach bleiben. Wir lösten alle Rätsel der Welt, ausgenommen die der Arbeitslosigkeit. Ich war einer Tanzstudentin verfallen, die den Namen der berühmten Baseler Familie Bachofen trug. Sie hatte sich in der verrückten Umgebung ihren gutbürgerlichen, schweizerischen Menschenverstand bewahrt. Das kam darin zum Ausdruck, daß sie weder für Apollinaire schwärmte noch Trakl auswendig lernte, sondern scharf nachdachte, wie sie aus einer Kinderliebe zu dem Dichter der »Biene Maja« eine Ehe machen könnte. Das schnitt mir grausam ins Herz. Man denke, zu später Stunde neben ihr zu sitzen und anhören zu müssen, was er ihr schrieb und was sie ihm! Ich trug mein Geschick mit Würde. Ich lud sie zum Fünfuhrtee auf den »Weißen Hirsch« ein oder in ein Schach-Café. Sie spielte gern und couragiert.

Das Schachspiel sollte nun einiges zwischen uns entscheiden. Rosemarie Bachofen verbrachte den Sommer am Starnberger See im Hause des Dichters. Das war es, was mich mit Macht aus Wien wegzog. Ich wohnte ein paar Tage im ländlichen Gasthof nebenan, pflückte ihr Blumen, wenn sie mich durch die Sommerwiesen spazierenführte, und nahm meine Mahlzeiten im Hause von Waldemar Bonsels ein. Dort fand ich eine verwirrende Situation vor: Der große Mann lebte mit zwei Damen betörenden Aussehens zusammen, von denen mir eine besonders deshalb erinnerlich ist, weil sie sofort in Ohnmacht fiel, wenn sich bei Lampenschein ein Nachtfalter in den Salon verirrte. Rosemarie war neu dazugekommen und mußte die ihr zustehende Position hart erkämpfen. Mit der unschuldigsten Miene versuchte sie, das Trio zu einem Quartett zu erweitern und dann womöglich auf ein Duo schrumpfen zu lassen. Erst viel später dämmerte mir, daß ich in ihren Plänen ein willkommenes Werkzeug war; mußte nicht das Erscheinen eines blonden Verehrers aus Dresden ihren Wert in des Dichters Augen erhöhen?

Was sich der Hausherr dachte, kann man sich vorstellen. Sicher legte er keinen Wert darauf, das anmutige Geschöpf einem jungen Springinsfeld zu überlassen. Er entledigte sich meiner auf elegante Art. Vor den Augen der Angebeteten forderte er mich zu einer Schachpartie heraus und setzte mich so schmählich matt, daß ich am gleichen Abend das Weite suchte. Die Herzen der Frauen wollen mit einem Verlierer nichts zu tun haben.

Ohne die versetzten Anzüge vor die Augen der Eltern zu treten, war unmöglich. Ich klammerte mich an München wie eine Klette, obwohl ich keinen roten Heller in der Tasche hatte. Nach einigen Tagen des Hungers und des Seelenschmerzes kam ich in einem Buchverlag unter. Damit begann zwar keine literarische Karriere, aber ich sammelte brauchbare Erfahrungen.

Das Unternehmen war gerade aus der Verschmelzung des renommierten, aber zahlungsunfähigen Albert Langen Verlages mit dem konkursreifen Georg Müller Verlag entstanden. Albert Langen, der Herausgeber des »Simplicissimus«, hatte vor dem Ersten Weltkrieg wegen Majestätsbeleidigung jahrelang im ausländischen Exil leben müssen; Georg Müller gehörte auch nicht gerade zu den Stützen der alten Ordnung. Diese beiden Häuser pflegten nach damaligem Verständnis progressive Autoren: Knut Hamsun, Bjørnstjerne Bjørnson und Martin Andersen Nexø, deutsche Zeitkritiker wie Ludwig Thoma und Lena Christ. Die Programme paßten gar nicht schlecht zusammen. Die Wirtschaftskrise hatte aber keinen Respekt vor solcher Literatur. Den neuen Besitzer interessierte sie auch gar nicht. Er suchte einen Mantel, unter dem sich die Richtung des Verlagsprogrammes nach rechts verschieben ließ.

Und wer war der Retter vor dem Konkurs? Eine mächtige Angestelltengewerkschaft, der erzkonservative Deutschnationale Handlungsgehilfen-Verband. Zum ersten Mal beobachtete ich die Manipulation des Zeitgeistes in der Praxis. Das neue Programm stellte das genaue Gegenteil der Absichten dar, die von den Gründern verfolgt worden waren. Statt liberaler, weltoffener, demokratischer Autoren wurden nun die Barden von Blut und Boden, Erzähler altertümelnder Naturmystik und Sänger der Freikorps-Romantik verlegt. Einige Jahre später würden diese Namen in der Walhalla des Dritten Reiches einen Ehrenplatz einnehmen. Hans Grimms »Volk ohne Raum« wurde Motto und Bestseller des anhebenden Jahrzehnts. Dahinter rückte Hanns Johst nach, den man im Dritten Reich zum Präsidenten der Reichsschrifttumskammer machte.

Die älteren Lektoren Korfiz Holm, Geheeb und Floerke, in Witz, Gelehrsamkeit und Geschmack getränkte Geister, wurden durch eine forsche, junge Generation in die Hinterzimmer verbannt. Der neue Verlagsleiter war ein ehemaliger U-Boot-Kommandant. Der Jargon der Freikorps durchdrang die Verlagsnotizen. Männer der revolutionären Rechten zogen ein und schworen, der jahrelangen Verhöhnung und Unterdrückung durch die Berliner Asphaltliteraten ein Ende zu machen. Die parlamentarische Demokratie wurde verspottet, die literarischen Repräsentanten der Weimarer Republik als dekadent, demokratisch und undeutsch abqualifiziert. Selbst ein achtzehnjähriger Volontär in der Presseabteilung konnte stutzig werden, wenn er dazu angehalten wurde, die bisherigen Zugpferde des Verlages zu unterschlagen.

Alles geschah, wie es ein Lehrbuch der Machtübernahme vorschreiben könnte. Nur daß hier nicht eine Person die Macht übernahm, sondern ein Verband mit seinen unkontrollierbaren Machtbedürfnissen. Die Anonymität war Symptom für die Umwälzungen, die im Gange waren. Die Beteiligten hielten zwar die Nazis für Proleten und mögen sich nicht im klaren darüber gewesen sein, daß sie mit ihrem Handstreich zu Wegbereitern eines ganz und gar unmoralischen Systems wurden. Aber sie wußten natürlich, daß sie der Öffentlichkeit Sand in die Augen gestreut hatten und den angestammten Autoren ein Bubenstück antaten. Der Redenschreiber des späteren Reichskanzlers Franz von Papen, Edgar Jung, Autor des damals vielbesprochenen Buches »Die Herrschaft der Minderwertigen«, hielt uns auf Einladung des Verlages gefährlich fesselnde Vorträge. Während des »Röhm-Putsches« wurde er liquidiert, obwohl er den Minderwertigen zur Macht verholfen hatte.

Der Verlag wurde natürlich nicht von einem Tag zum anderen umgekrempelt. Das Personal wechselte nicht gleich. In der Herstellung arbeitete ein Büchermacher, der sein Handwerk in Leipzig und Paris gelernt und von dorther einen Hauch gallischen Esprits mitgebracht hatte. Fritz Poerschke gab mir den »Großen Meaulnes« von Alain-Fournier zu lesen und brachte damit meine Maßstäbe für große Literatur ins Lot. Ich konnte mich dem Zauber nicht entziehen, der von diesem schwermütigsten aller Liebesromane ausgeht. Ich habe das Buch immer wieder an Menschen ausgeliehen, die mir etwas bedeuteten. Meine Meinung über sie fiel häufig gemäß ihrem Urteil über den »Grand Meaulnes« aus. Daß Alain-Fournier, der

Wunderknabe und Geliebte einer großen Schauspielerin, als blutjunger Leutnant im September 1914 in vorderster Linie fiel, ist immer beklagt worden. Daß er von deutschen Truppen gefangengenommen und füsiliert wurde, weil er auf Befehl seines halbirren Hauptmanns eine deutsche Ambulanz angegriffen hatte, ist erst vor kurzem bekannt geworden. Zum Glück erst jetzt! Das Buch wäre sonst womöglich in Deutschland nicht gedruckt worden. Solche tragischen Verstrickungen wurden damals allein unter nationalistischem Vorzeichen gesehen. Der Autor Alain-Fournier war jahrelang das stärkste meiner Vorbilder. Doch hätte ich nie gewagt, ihn zu imitieren.

Gleichfalls in der Herstellungsabteilung des Verlages arbeitete ein überzeugter Kommunist, der alle Bände von Hans Grimm, Kolbenheyer und Alverdes jederzeit für eine Zeile Lenin eingetauscht hätte. Er empfahl mir Lion Feuchtwangers Roman »Erfolg«, um mir die Augen über Hitler zu öffnen, den man damals noch im »Café Luitpold« sitzen sehen konnte. Er nahm mich zu Vorführungen russischer Stummfilme mit in die Wirtshaussäle von Schwabing. Da gab es »Turksib« und den »Panzerkreuzer Potemkin«. Hinterher diskutierten wir und stritten uns durch die nächtlichen Straßen, über die bisweilen noch eine dunkle Gestalt huschte, um eine letzte Maß Bier zu holen. Während ich aus dem Haus meines Schwagers eher die pazifistische Spielart gewohnt war, bevorzugte mein Freund einen aggressiven Kommunismus. Er verachtete den Mann Hitler, bewunderte aber seine militanten Techniken. Alles wollte damals militant, scharf und kompromißlos sein. Schon im Klang der Worte kündigte sich das an. Alle sprachen von »Aufbruch«, mit einem harten Rachenlaut.

Ich teilte meine Wohnung eine Zeitlang mit einem Freund, den ich aus dem Kreis der Buchhandlung Roeders in Dresden kannte. Er war Vertreter des Ullstein Verlages und vertrieb in den ländlichen Buch- und Papierhandlungen Bayerns, was man im Albert Langen-Georg Müller Verlag mit Tönen äußerster Verachtung beschrieb. Der Ullstein Verlag war genau die erfolgreiche Berliner Sumpfblüte, gewachsen auf Asphalt und jüdischem Witz, über welche die Pseudokonservativen in Erregung und schlechtes Deutsch verfielen. Der Einfluß meines Freundes machte sich bemerkbar. Ich verlor die Lust. Ich verdiente als Volontär zwanzig Mark im Monat und hatte zwar das Mittagessen in der Kantine frei, mußte aber von Harlaching irgendwie nach Nymphenburg in den Verlag gelangen – ein Fußmarsch von anderthalb Stunden. Meine Leistungen ließen unter diesen Umständen mehr und mehr zu wünschen übrig. Die Stöße von Zeitungskritiken, die ich ausschneiden und katalogisieren sollte, wurden eher höher als kleiner. Zur Arbeitsbiene im brummelnden Stock der neuen deutschen Literatur taugte ich nicht, vielmehr flog ich als Drohne hinaus. Angesichts der unausgeschnittenen Kritiken bedeutete man mir eines Tages, meine Volontärzeit sei nun zu Ende und eine weitere Verwendung habe man in diesem aufstrebenden und militanten Verlag für mich nicht.

Was hatte ich gelernt? Daß ein Verlag auch für das kleine Rädchen im Betrieb zur ethischen Zwickmühle werden kann. Und daß sich der Journalist in politisch hochbrisanten Zeiten, wie es die Abenddämmerung der Weimarer Republik war, seine Integrität am Ende nur durch einen Sprung ins Freie bewahren kann. Verglichen mit dem, was zwei Jahre später mit Hitlers Machtergreifung kommen sollte, ging es in der Nymphenburger Villa noch zivilisiert zu. Es wurde keine Redaktion gestürmt und verwüstet. Kein Buch wurde verbrannt, kein Jude verprügelt, kein Autor ins KZ verlagert. George Orwells »1984« war noch nicht geschrieben. Aber der Laie bekam bereits einen Vorgeschmack davon, wie man Geschichte umschreibt, Wahrheiten unterschlägt, Gegner diffamiert und unliebsame Zeitgenossen zur Unperson werden läßt.

Jena

Die Zeit im Münchner Langen-Müller Verlag hatte meinen Appetit auf den Journalismus nicht vermindert, ich glaubte aber, ein Studium in einem der Hauptfächer notwendig zu haben. Nur die Rechtswissenschaften sollten es nicht sein. Geschichte und Philosophie schienen mir brauchbarer. Im turbulenten Frühjahr 1932 schrieb ich mich also auf der Universität in Jena ein. Von der Agonie der Republik, die vor einem Dutzend Jahren im Nachbarort Weimar gegründet worden war, merkte ich nicht viel. Alles in meiner Umgebung deutete mehr auf spitzwegsche Behäbigkeit hin als auf das mörderische Ende der Epoche.

Es lebte sich angenehm in Thüringen. Nicht nur waren die Rostbratwürste hervorragend, die an den Markttagen ihren beizenden Rauch zwischen den bunten Schirmen und Ständen um das Monument des Kurfürsten Johann Friedrich emporwallen ließen. Es gab im Unstrut-Tal einen fast genießbaren Wein, auf dem Fuchsberg an der Saale ein leicht abführendes Bier und überall am Sonntag grüne Klöße. Die Sprache der Thüringer klang lieblich. Es war sächsisch, aber mit exotischem Anklang. Wenn ein hübsch gerundetes Mädchen »gelle« sagte, konnte das ganz unwiderstehlich klingen. Selbst der Sieger in hundert Schlachten, der Franzosenkaiser Napoleon, muß das so empfunden haben. Zum Jahrestag der Schlacht von Jena, wo er die Preußen schlug, zogen wir in ein Dorf auf den Höhen der Umgebung. Da lebte ein Schankwirt, der Napoleon zum Verwechseln ähnlich sah. Besonders, wenn er eine Uniform mit prallen weißen Hosen anzog, sich auf einen Schimmel setzte, die Stirnlocke ins Gesicht kämmte und die Rechte dahin steckte, wo wir heute die Brieftasche tragen. Der brave Mann wurde von der Zeitung häufig photographiert, wie er über das Schlachtfeld ritt. Er war fest davon überzeugt, in direkter Linie einem Seitensprung des Kaisers zu entstammen. Bekanntlich verbrachte Napoleon mehrere Nächte in der Umgebung Jenas. Er hat vielleicht nicht nur die strategisch wichtigen Hügel und Täler des Landbezirks rekognosziert, sondern auch die der Dorfschönen. Anmutig gerundet sind sie ja beide, und wozu ist man schließlich Kaiser.

Am Vorabend des 1. Mai saß ganz Jena auf dem Marktplatz vor dem Weinhaus »Göhre« unter blühenden Linden. Von weither hörte man durch die Nacht das Singen der Studenten. Sie sangen: »Der Mai ist gekommen«, brachten aber unter dem Einfluß des Frühlings und des Weines die Worte nicht zusammen und wiederholten dann unaufhörlich: »Die Bäume, die Bäume, die Bäume, der Baum.« Dieser Marktplatz hatte trotz seines mittelalterlichen Äußeren etwas von der attischen Agora an sich. Er war das Herz der Universitätsstadt. Hier trafen sich die Freunde eines offenen Gesprächs, hier diskutierten Dozenten und Professoren untereinander, seltener mit ihren Frauen, häufiger mit ihren Schülern, und machten dabei Zechen, die ihrem Stand angemessen waren. Junge Semester näherten sich dem Rektor, wie man es in den angeschwollenen Universitäten von heute nicht mehr kennt. Hier wurde der Grund zu Duellen gelegt, der Vorsatz zu dramatischen Aufführungen gefaßt, die Ämterverteilung im Studentenbund entschieden, der Plan zu dreisten Streichen ausgeheckt. So wie im alten Athen die Verstümmelung der Hermesstatuen die Gemüter erregte, so eigensinnig waren der Magistrat und die Universitätsbehörden darauf bedacht, keine Verhohnepipelung des Hanfried zu dulden – jenes Kurfürsten Johann Friedrich, der von seinem Sockel in der Mitte des Marktes auf das Treiben ringsum mit der gleichen Würde und Gelassenheit blickte, welche er zu Lebzeiten als Gefangener Karls V. bewies. Man durfte ihm weder eine Mütze in der Farbe der Burschenschaften aufsetzen noch ein Bierglas in die Hand geben, welche das Buch der Bücher hält, noch laute Ansprachen und Zutrünke vor ihm inszenieren – andernfalls aus dem Hintergrund am Rathaus städtische Polizisten stürzten, um den Übeltäter festzunehmen und den Frevel zu rächen. Das reizte natürlich die Kühneren unter den Studenten zu nimmer endenden Heldentaten. Wie denn überhaupt ein letzter Anflug von Burschenherrlichkeit und Gaudeamus igitur, von Fuchsentreiben und Spott über die städtischen Philister zum damaligen Jena gehörte. Es war der letzte Abglanz der Epoche, die mit der Lautsprecherübertragung von Hitlers Rede zum 1. Mai 1933 auf dem Marktplatz ihr Ende fand. Ein unheroisches Ende. Die Korps und farbentragenden Verbindungen ließen sich schnell gleichschalten. Es

Professor Gustav von Zahn, Geograph, zeitweise Rektor der Universität, in welcher Eigenschaft er offiziell mit »Magnifizenz« angesprochen wurde. Viele Jahrgänge von Geographielehrern haben bei ihm ihr Handwerk gelernt.

zeigte sich, daß nicht sehr viel Kraft hinter den angeblich so hehren Traditionen steckte. Es gab kein zweites Wartburgfest. Heute scheinen tiefere Quellen der Tradition wieder aufgebrochen zu sein. Ob Thüringen von diesen oder jenen durchzogen, besetzt und beherrscht ist – sein lockerer Geist läßt sich in zwölf Jahren nicht ersticken und in vierzig Jahren auch nicht.

Ich wohnte zunächst bei einer Tante. Sie lebte in einer Etagenwohnung mit einigen Untermietern, zwei Wellensittichen und ihren Erinnerungen. Da die anderen Bewohner allen Raum beanspruchten, wurde ich zwischen den Erinnerungen untergebracht. Ich schlief auf einem Feldbett in der Bibliothek. Diese Bibliothek war bemerkenswert. Der verstorbene Onkel war ein Freund des Anthroposophen Steiner gewesen. Die Regale standen voll Steinerscher Lehren und anderen Philosophien.

Statt nach Dornach war der Onkel als Missionar nach Japan gegangen. So fand ich um mein Bett auch eine reichhaltige Sammlung von Literatur über und aus Japan. Wenn mir Steiner zu langweilig wurde, wechselte ich zu Lafcadio Hearn über. Einmal in der Woche lud mich die Tante zum Mittagessen ein. Das war in Anbetracht meiner schmalen Börse nicht zu verachten. Die Bedingung war jedoch, daß ich auf japanische Art essen mußte. Die Tante kaufte Haifischfleisch und trieb irgendwo Seetang auf. Sie bereitete den Reis nach Vorschrift, und ich bekam den Krampf in die Finger vom Manipulieren der Stäbchen. Darauf bestand sie. Viele Jahre später war ich dankbar dafür. Während meines ersten Besuchs in Tokio 1958 machten meine japanischen Bekannten höfliche Bemerkungen über meine zivilisierten Manieren bei Tisch. Während ich mich abmühte, Reis und Haifischfleisch in den Mund zu transportieren, und während die Wellensittiche aufgeregt schmitzelten, erzählte die Tante von Regentagen in japanischen Dörfern. Sie drohte, mir die japanische Schrift beibringen zu wollen. Ich blickte auf die Saale, das Paradies und im Hintergrund den Jenzig hinaus und wünschte mir eine sturmfreie Bude.

Zum Jenaer Lehrkörper gehörte damals eine Reihe von Originalen, wie man sie heute nicht mehr so leicht auf einem Haufen findet. Wenn ich dienstags bei der Tante mit Stäbchen gegessen hatte, wechselte ich mittwochs an den Tisch meines Onkels Gustav über. Jeder kannte ihn. Er war baumlang und dünn und hatte einen feinen Kopf. Wenn er durch die Straßen der Stadt ging – eine aufsehenerregende Vertikale –, dann folgte ihm immer sein Dackel. Waldi hatte auch einen feinen Kopf und schien ebenso lang in der Horizontale. Onkel Gustav war Rektor der Universität gewesen, man konnte ihn an hervorgehobener Stelle der Alma mater in Öl bewundern, mit Amtskette und in prächtigem Ornat; eine liebenswürdige Frau umsorgte und zahlreiche hübsche Studentinnen verehrten ihn. Aber das alles vertrieb nicht die plötzlichen Anfälle von Schwermut, denen er sich manchmal überließ. Dann klagte er, nicht Kardinal geworden zu sein. Wenn er es auch scherzhaft ausdrückte, so merkte man doch, daß er als ehemals aktiver Offizier und anerkannter Inhaber eines gut dotierten Lehrstuhls sein wahres Lebensziel verpaßt zu haben glaubte. Das wäre gewesen: Askese in purpurnen Gewändern.

Von seinen Studenten verlangte er viel. Seine Vorlesungen und

Seminare lagen früh am Tage. Die Exkursionen durch die geologisch interessanten Hügel rechts und links der Saale kannten keine Verschnaufpausen. In breitestem Sächsisch zergliederte er die Landschaft, während er den Teilnehmern wie ein Mastbaum aufgerichtet voranwandelte. So bildete er jedes Jahr eine stattliche Zahl von Lehramtsanwärtern aus. Diese Saat muß in den thüringischen Volks- und höheren Schulen reichlich Frucht getragen haben. Ob sie die Zeit überdauert hat, da die Welt gegen Westen zugemauert war, wird sich noch herausstellen.

Wenn Onkel Gustav die Niederungen der Naturwissenschaft anwiderten, verglichen mit Gottesgelehrsamkeit in prunkvollen Gewändern, dann schritt er zu längeren einsamen Spaziergängen von dannen. Sie endeten ausnahmslos vor der »Göhre« auf dem Marktplatz von Jena. Dort erhob er sich erst wieder, wenn andere sich nicht mehr hätten erheben können. Er war dann mit seinen sechzig Jahren noch imstande, vor dem Monument des Kurfürsten Johann Friedrich hundert Kniebeugen zu machen. Ruhig atmend stopfte er sich mit seinen knochigen Fingern die Pfeife, zündete sie an, rief den Hund und wandelte durch die Nacht heimwärts.

Unter den mannigfachen anderen Originalen, die der Universität Profil und Farbe gaben, stach mein Geschichtsprofessor Friedrich Schneider hervor. Er wohnte in Greiz, wo er die Archive der Fürsten Reuß verwaltete. Das ließ ihm genügend Zeit für die Dante-Forschung. Mindestens einmal im Jahr begab er sich nach Italien, rollte kugelgleich und freudig erregt durch die Florentiner Archive und kam regelmäßig mit einer Dokumentenentdeckung wieder, die er uns als wichtigsten Fund der jüngeren historischen Forschung analysieren ließ.

Da Dante der Hauptgegenstand seines Denkens war, spann er zu allen anderen Bereichen des Tages, des Raumes oder der Geschichte ein Netzwerk von Dante-Beziehungen. Er würzte seine Gespräche mit langen Zitaten in italienischer Sprache mit Greizer Akzent. Von Personen weiblichen Geschlechts sprach er nur als von »Beatricen«. Die »Höllenfahrt« des Florentiners versetzte er mit großer Phantasie in die Gegenwart. Was für einen ungeheuerlichen Einfall würde man es nennen, sagte er, wenn heute ein politischer Dichter seinen Weg durch die Hölle in einem Gespräch mit Kaiser Wilhelm und Admiral von Tirpitz gipfeln ließe, die beide halben Leibes in einem Kruppschen Schmelzofen stecken? Oder wenn sich der Dichter die ohnmächtigen Verwünschungen des ermordeten Rathenau gegen seine Attentäter oder die Brünings gegen Papen anhören müßte? So etwa brachte er uns die Kühnheit der Visionen Dantes nahe. Er gab mir auf, Dantes Schrift über die Monarchie zu studieren, während auf den Straßen des Landes rechts- und linksradikale Verbände über unbeliebte Republikaner und Demokraten herfielen. Es war, wie gesagt, der unruhige Wahlsommer des Jahres 1932. Der thüringische Innenminster war von Hitler bestellt und hieß Frick. Die braune Unterwelt bewaffnete sich, und es dauerte nur noch ein paar Monate, bis man statt poetischer Verwünschungen das »Juda verrecke!« durch Jenas Gassen grölen hörte.

Hitler

Ich war gerade zwanzig Jahre alt geworden, als Adolf Hitler in die Reichskanzlei einzog. Man merkte es von einer Stunde zur anderen; die Stimmlage des Radios änderte sich. Sie war vorher auf zivilisierte Weise gedämpft gewesen, Marschmusik hie und da, aber nicht zuviel; Richard Wagner, nicht aufdringlich und nicht allzu häufig bemüht; Sprecher, Ansager und selbst Redner zurückhaltend, als müsse man mit dem Mikrophon einen höflichen Dialog führen. Was nun an Geräuschen aus dem Radio drang, war eine Kakophonie aus Männergesängen, Kommandos, Heilrufen, Fanfarenfetzen, Trommelwirbeln und schneidigen Fistelstimmen. Dazwischen dann der drohende Brodem aus Hitlers Kehle. Ich vernahm diese Stimme am 30. Januar 1933 zum ersten Male und wunderte mich über den Eindruck, den sie auf die Einwohner von Jena machte. Ich empfand sie als komische Deklamation eines Komödianten, der sich bemüht, einen Bayern nachzumachen. Ich nahm weder diese Stimme ernst noch den Mann dahinter, sondern dachte immer an Lion Feuchtwangers Beschreibung Hitlers in dem Roman »Erfolg«: ein Bursche mit leerem Kopf und lederner Lunge. Das war ohne Zweifel ein gewaltiger Irrtum. Wäre Feuchtwanger diesem Irrtum selbst erlegen, hätte er nicht mehr lange zu leben gehabt. Zu seinem Glück nahm er Hitler ernst und floh.

Es ist nicht ganz einfach, über eine Zeitspanne von fast sechzig Jahren hinweg zu rekonstruieren, was man von Hitler wußte, ahnte und erwartete, nein, befürchtete, als er zur Macht kam. Er hatte mehrere Jahre vor den Toren gestanden und nun war er da, auf den Marktplätzen und mitten im Zimmer mit seiner unabschaltbaren Stimme. Meiner Erinnerung nach sah ich die »Machtergreifung« nicht als katastrophalen Umschwung, sondern als Wiederholung eines Vorgangs, den wir schon gewohnt waren; diese Regierung würde keine längere Lebensdauer haben als die Kabinette, die wir unter Brüning, Papen und Schleicher in immer kürzeren Abständen untergehen sahen. Ich nahm es auf die leichte Schulter. Da war ja wohl noch Hindenburg, der Reichspräsident, und da waren die Reichswehr und die Polizei, von der sozialdemokratischen Regierung Preußens, vom Reichsbanner und dem Rotfrontkämpferbund ganz zu schweigen. Obwohl ohne großes Vertrauen zu diesen Institutionen, konnte ich mir doch nicht recht vorstellen, daß sie sich dem Besitzer dieser Komödiantenstimme mehr oder weniger widerstandslos ausliefern würden.

Ich unterschätzte also diesen Mann. Das taten damals alle – alle außer denen, die ihre Hoffnung auf ihn als Retter aus Not und nationaler Demütigung gesetzt hatten, und das war die große Mehrzahl. Man konnte es ablesen an den Gemütsbewegungen meines Onkels Gustav. Er saß am Radioapparat, lauschte Hitlers Versprechen, die vierzehn Jahre Schmach unter dem Weimarer System auszutilgen, und wischte sich verstohlen die Tränen aus den Augen. Es waren Freudentränen. Dabei war er kein Nazi. Über einige Eigentümlichkeiten Hitlers, die ihn irritierten, sah er nun hinweg.

Ich beobachtete die Wirkung des frischgebackenen Reichskanzlers in der eigenen Familie und glaubte dennoch, daß er nicht anders enden würde als seine gescheiterten Vorgänger – nämlich als ein zahmer Pensionär in Eckenkragen und Gehrock. Warum vergaß ich in meiner Einschätzung, daß er seine parteiinternen Rivalen mit großem Geschick ausgeschaltet und seinen SA-Männern zu den Morden an politischen Gegnern gratuliert hatte? Wieso glaubte ich, daß ein erfolgloser Putschist vor einem kalten Staatsstreich zurückschrecken müsse?

Dies alles waren Gesprächsthemen der letzten Jahre gewesen. Ich hatte oft an solchen Gesprächen und Diskussionen teilgenommen – und hielt am Tage seiner Machtergreifung Hitler für harmlos. Nicht aus Sympathie, welche ja häufig das Urteil färbt, eher aus Phantasielosigkeit. Vielleicht auch, weil ich während der letzten zwei Jahre zuviel in der »Tat« gelesen hatte. Die »Tat« erschien im Jenaer Eugen Diederichs Verlag und wurde besonders von Hans Zehrer und Ferdinand Fried mit ebenso langen wie bestechenden Artikeln bestückt. Zwei davon hatten bereits 1931 die Aufmerksamkeit der politischen Eliten auf sich gezogen. Sie fragten angesichts einer parlamentarischen Demokratie, die unter Brüning den Geist aufgab: »Wo stehen wir?« und »Wohin treiben wir?«. Sie warben für die radikale Abwendung vom parlamentarisch-demokratischen System des Westens – unter anderem durch die strikte Weigerung, weiterhin Reparationen zu zahlen.

Statt dessen entwarfen sie das Bild eines autarken und autoritären deutschen Ständestaates, dessen Planwirtschaft ihn zum Vorreiter eines großen mittel- und osteuropäischen Wirtschaftskomplexes unter Anlehnung an Rußland machen sollte. Es war eine Kombination vieler Ideen, die seit dem Weltkrieg in der Luft herumschwirrten und 60 Jahre später noch nicht zur Ruhe gekommen sind. In manchen schwülstigen und jugendbewegten Passagen lag besonders Hans Zehrer auf einer ähnlichen Wellenlänge wie der Nationalsozialismus. Das empfand ich aber nicht als abträglich, die NSDAP war ein Konglomerat aus vielen Elementen, die sich zum Teil widersprachen – es war fast unvermeidbar, hier und da mit dieser politischen Richtung übereinzustimmen. Doch lehnten Zehrer wie Fried den Nationalsozialismus als überholt und unausgegoren ab. Es gab in ihren Äußerungen weder Antisemitismus noch Militarismus, höchstens eine feinere Art von Zivilisationsüberdruß. Hitler vollends – als Person wie als Parteiführer – gaben sie überhaupt keine Chance. Dieser letztere Punkt nahm mich für die Gedanken von Zehrer und Fried ein, ja er überzeugte mich. Vermutlich aber nur, weil ich von einer politischen Zukunftsanalyse überzeugt sein wollte. Hitler also ohne Chance, weil unfähig, seine Partei aus dem ideologisch überholten Wahlkampfgetümmel um die parlamentarische Macht herauszulösen.

Ich hatte Abschnitte aus »Mein Kampf« studiert und fand den Stil so grauenvoll, daß ich dem Inhalt keine besondere Beachtung schenkte. Wer so schrieb, konnte kein Reich regieren. Aber wer konnte es? Die Universität lehrte keine Patentrezepte. Die Professoren waren aber weder weltfremd noch ängstlich. Im Historischen Seminar wurde die kurze Geschichte der Pariser Kommune analysiert, im Philosophischen die Weltanschauung der deutschen politischen Parteien. Der Professor der Philosophie Hans Leisegang hatte die abendländischen Weltanschauungen nach bestimmten Merkmalen geordnet und charakterisiert. Wenn man sein System von den drei Denkformen und ihren Mischungen verstand, konnte man eine philosophische Richtung auf ihre Elemente prüfen, als gelte es, Kakao in seine chemischen Bestandteile zu zerlegen. Ich widmete mich dieser Aufgabe anhand der Zentrumspartei, ein anderer sollte den Nationalsozialismus analysieren. Das Seminar wurde Zeuge einer hitzigen Auseinandersetzung zwischen dem Referenten und dem Professor; der Student hatte statt einer philosophischen Analyse eine Agitationsschrift verfaßt. Er wurde daran gehindert, sie zu verlesen. Leisegang selbst analysierte das Parteiprogramm der NSDAP gemäß seinen Denkformen, also nicht gerade in schmeichelhafter Absicht. Das gab es noch, selbst in Thüringen, welches in Dr. Frick den ersten nationalsozialistischen Minister besaß. Lange konnte sich Leisegang so etwas nicht leisten; er wurde nach 1933 ins Gefängnis gesperrt und verlor seinen Lehrstuhl.

Hans Zehrer, der als führender Kopf des »Tat«-Kreises General Schleicher während seiner kurzen Amtszeit in der Reichskanzlei beriet, bekam Schreibverbot und gelangte erst 25 Jahre später wieder zu Einfluß: als Chefredakteur der »Welt«. Ferdinand Fried allerdings trat der SS bei. Das konnte man 1931/32 nicht vorausahnen. Ich befand mich jedenfalls damals im Einklang mit bewunderten Kapazitäten, wenn ich zunächst an einen Erfolg Hitlers nicht glauben wollte.

Der Nationalsozialistische Studentenbund an der Jenaer Universität hatte sich bis dahin nicht durch besondere Aggressivität hervorgetan. Vielleicht lag das an einem ihrer Anführer, einem Herrn von Schweinichen. Er studierte Jura. Wir debattierten bisweilen auf unseren Buden miteinander über den Lauf der Dinge in der Welt. So wie er die Ziele der NSDAP interpretierte, überzeugte er mich nicht, versetzte mich aber auch nicht in Alarmzustand. Das lag wohl an seinem gewinnenden Wesen. Leisegang hätte gesagt: an seinem schwärmerischen Idealismus. Offenbar haben wir damals den antisemitischen Teil des Nazismus nicht berührt. Trotzdem hatte ich ein Grimmen in der Magengegend, als ich Schweinichen in brauner Uniform neben dem Rektor zu einer akademischen Feier schreiten sah. Drei Jahre später erfuhr ich, daß er Selbstmord begangen habe. Mutmaßlicher Grund: Verzweiflung über den Kurs Hitlers. Auch das gab es.

Es dauerte ein paar Wochen, ehe man in Jena das System des Terrors richtig begriffen hatte. Zunächst noch ganz laut und ungeniert sagte der eine oder andere meiner älteren Bekannten: »Hitler heißt Krieg.« Fraglich war nur, ob der Spuk in wenigen Wochen oder wenigen Monaten vorbei sein würde.

Wer solche Ideen äußerte, hatte keine Ahnung von der Unentschlossenheit der französischen Regierung – ganz zu schweigen von der englischen. Er fiel auf das herrschende Dogma herein, dem zufolge die ehemaligen Kriegsgegner nichts anderes im Kopf hatten, als das Deutsche Reich niederzuhalten. Wäre es dann nicht für die ehemalige Entente das Natürlichste von der Welt gewesen, den Nationalsozialismus in der Wiege zu ersticken, wie Churchill es dem Bolschewismus zugedacht hatte? Echte Hitler-Gegner wie Oblomow hofften und erwarteten das. Mein Schwager Rolf Helm als Stadtverordneter und Anwalt der KPD konnte es nur hoffen. Aber die Enttäuschung wuchs von Tag zu Tag. Wer wollte schon 1933 auf Berlin marschieren?

Wenn ich mich als Gegner Hitlers empfand, so wurde ich es zwar aus Überzeugung, aber ohne politisches Konzept. Erst der Reichstagsbrand am 27. Februar 1933 war ein Wendepunkt. Mein Schwager in Dresden wurde in Schutzhaft genommen. Da begann ich die Realität zu begreifen, und als meine Schwester mit angstgepreßter Stimme von den Quälereien erzählte, denen Freunde und Bekannte in den sächsischen KZs zum Opfer gefallen waren, begriff ich. Zur Reichstagswahl am 5. März machte ich mein Kreuz bei den Kommunisten. Nicht weil ich einer war oder ihnen nahestand, sondern weil sie Objekt der stärksten Repression waren. Es war ein ohnmächtiger Protest, der unterhalb der Linie des offenen Widerstands nach Ausdruck suchte. Er war insofern nicht konsequent, als mir bewußt war, daß die KPD mehrmals gemeinsame Sache mit den Nationalsozialisten gemacht hatte. Sie tat das, wenn es galt, die bürgerliche Republik zu erschüttern. Wenn ich mich prüfe, so war es ja die bürgerliche Republik, die ich trotz Zehrer allem anderen vorgezogen hätte. Aber zu einer nennenswerten Verteidigung dieses Ideals langten in Deutschland damals weder Mut und Wille noch Zahl und Kraft.

Die Familie mußte inzwischen einiges an Ängsten durchmachen. Die Behandlung meines Schwagers in der Schutzhaft war zunächst »glimpflich«, wie er im Vergleich zu späteren Leiden sagte. Es gibt eine Photographie von ihm, wie er und andere Häftlinge unter der Aufsicht bewaffneter SA-Männer in der Dresdner Innenstadt linke Wahlkampfparolen abscheuern mußten. Einer der Leidensgenossen trägt ein Schild mit der Aufschrift »Ich bin Jude« auf der Brust. Die Bevölkerung war nicht durchweg damit einverstanden, und diese Aktion wurde abgeblasen; jedoch transportierte man im Herbst meinen Schwager in ein KZ im Schloß Colditz, um ihn dort unter

Ausschluß der Öffentlichkeit in Ruhe foltern zu können. Daß er die Behandlung ohne schwerere Schäden überstand, gehört zu den Wundern der menschlichen Widerstandskraft. Inzwischen hatten mein Vater und andere Freunde und Verwandte Himmel und Hölle in Bewegung gesetzt, um Rolf Helm freizubekommen. In oberen Verwaltungs- und Polizeistellen saßen noch Beamte, die sich trotz des herrschenden Terrors ihren Anstand bewahrt hatten. So wurde der Häftling Rolf Helm urplötzlich entlassen und kehrte nach Dresden zurück. Während der fünf folgenden Jahre unterlag er einem strikten Berufsverbot, mußte sich täglich und später wöchentlich auf dem Polizeirevier melden und wurde von der Gestapo aus jeder Arbeitsstelle entfernt, die er sich verschafft hatte. Verdienstmöglichkeiten gab es also nicht. Die Sorge für ihn und die beiden Kinder lag auf den Schultern meiner Schwester. In kluger Voraussicht hatte sie bereits ein Jahr vor dem Beginn des Dritten Reichs das Schneiderhandwerk erlernt. Mit ihrer kleinen Werkstatt hielt sie die Familie über Wasser.

Das Jahr 1933 verging mit Versuchen, die private Existenz vor dem schnell zunehmenden Druck des totalitären Staates abzuschirmen. Die Gewerkschaften wurden aufgelöst, ihre Häuser beschlagnahmt. Parteien und Verbände wurden verboten oder gleichgeschaltet. Die Verweigerung angesichts der Ansprüche und Zudringlichkeiten zahlreicher Nazi-Organisationen mußte organisiert werden. Man war froh, wenn man einen Weg fand, nicht mitzumachen. Das war in einer kleinen Stadt wie Jena nicht ganz einfach, da jeder jeden kannte oder zu kennen glaubte. Denunzianten gab es reichlich. Freunde wurden sehr wichtig. Eine Zeitlang hospitierte ich bei einer schlagenden Verbindung, aber nachdem ich mir früh um sechs in einem Dorfwirtshaus bei einer Mensur das stupide Blutvergießen und Schmisse-Schlagen angesehen hatte, verflog das Interesse. Die Gleichgesinnten fanden ihre Verbindung übrigens auch bald gleichgeschaltet. Versprengte Reste der »Schwarzen Front«, einer auf Gregor Strasser eingeschworenen Gruppe, schrieben in einer Zeitung, die man für kurze Zeit als oppositionell einstufen konnte, und ich durfte auch mitschreiben – aber nur über Vereinsjubiläen und die Versammlung von Pudelzüchtern. Von den Strasser-Brüdern hörte man bald nichts mehr – Otto emigrierte, Gregor wurde erst mundtot gemacht und ein Jahr später während der Röhm-Affäre umgebracht.

Jena und seine Universität im Schmuck der Hakenkreuzfahnen wurden mir zuwider. Besonders schmerzlich wurde es, als Elend und Angst unabwendbar auf die Juden zukrochen. Vor den Türen der Kollegräume lagen große Bücher aus, in die man sich als Vorlesungsbesucher eintrug. Dort war mir während meines ersten Semesters eine Handschrift von außerordentlicher Wohlgestalt aufgefallen. Eva Maria lautete der Vorname. Dazu gehörte eine Studentin von durchaus betörendem Aussehen. Sie glich einer javanischen Tänzerin. Ein Jahr lang hatte ich mit ihr regelmäßig ein Lächeln und schüchterne Blicke getauscht. In zwanzig Meter Abstand war ich ihr auf abendlichen Spaziergängen gefolgt und hatte im gleichen Innenhof der Universität mit ihr, aber nicht auf der gleichen Bank, Mittagspause gemacht. Nie wurde ein Wort zwischen uns gewechselt. Es herrschte nur ein geheimes Einverständnis darüber, daß wir gern miteinander gesprochen hätten. Zwölf Monate lang gewöhnte ich mich daran, ihr alle wunderbaren Eigenschaften zuzuschreiben, die ich mir ausdenken konnte. Da war sie mit einem Male verschwunden. Das Sommersemester 1933 begann, und ich suchte sie vergeblich. Eine gemeinsame Bekannte, die mich auf der bewußten anderen Bank im Innenhof warten sah, gab mir die Nachricht. Eva Maria ist in Berlin. Sie darf in Jena nicht mehr studieren. Sie ist Jüdin.

Was immer sonst mich aus der Kleinstadt mit den tausend neugierigen Augen in die Anonymität der Großstadt trieb – ich ging nach Berlin hauptsächlich, um die Spaziergänge wiederaufzunehmen mit den zwanzig Metern Abstand und am Ende vielleicht doch ein Wort mit Eva Maria zu reden. Es dauerte Wochen, bis ich sie ausfindig gemacht hatte, und mehrere Monate, bis es zu einer Begegnung im Tiergarten kam.

Ich wohnte am Hohenzollerndamm zur Untermiete bei einer Freundin meiner Eltern. Sie stammte aus einer sehr reichen jüdischen Familie Berlins, aber davon war ihr nur eine riesige Wohnung geblieben, die sie selten verließ. Manchmal lud sie mich zum Tee ein und schüttelte ohne Unterlaß den Kopf über soviel Ungerechtigkeit, wie sie neuerdings in die Welt und besonders nach Deutschland gekommen war.

In einem gleichfalls sehr geräumigen Appartement in Charlottenburg wohnte mein Freund Pierre Papst als Untermieter bei der Mutter Böhm – gleichfalls einer Jüdin. Ihre Klagen drehten sich um die täglichen Zurücksetzungen und Beleidigungen, denen sie in den Läden des kleinbürgerlichen Viertels ausgesetzt war. Es beruhigte sie, wenn wir uns in ihre Küche setzten und freundlich von Juden sprachen, die wir kannten. Wir waren bei dieser Samariter-Arbeit nicht die einzigen. In Mutter Böhms Küche saßen in brauner oder schwarzer Uniform zwei weitere Untermieter, die ihr gleichfalls psychologische Hilfestellung gaben. Der eine war der SS, der andere der SA beigetreten. Dies war nicht in mörderischer, judenfeindlicher Absicht geschehen, sondern aus purem Opportunismus. Pierre Papst und ich kamen ebenfalls in Versuchung, uns durch das Anlegen einer der zahlreichen Uniformen des Dritten Reichs das Leben leichter zu machen. Immer drohender wurde ja die weitere Zulassung zum Studium abhängig gemacht vom Beitritt zu irgendeiner martialischen »Gliederung« der NSDAP. Obwohl alles sehr viel weniger heiß gegessen als gekocht wurde, kam doch eines Tages der Moment, da wir einen Entschluß faßten: Einer von uns würde der SA beitreten und den anderen, der das nicht tat, kraft seiner Mitgliedschaft vor politischem Ungemach schützen. Das war so dumm wie wir jung waren. Es wurde gelost. Das Los traf Pierre Papst. Er meldete sich als Anwärter bei der SA, kaufte für teures Geld eine braune Uniform samt Zubehör und verschwand während der nächsten drei Sonntage zu Geländemärschen. Mit Blasen an Füßen und Seele kam er abends zurück. Mutter Böhm bereitete ihm mit tröstenden Worten ein Fußbad.

Wie es seine Art war, wußte sich Pierre aus der Affäre zu ziehen. Er meldete sich zwecks weiterer Studien nach Halle ab, gab bei seinem SA-Sturm eine fiktive Adresse an, wechselte mehrmals in rascher Folge die Wohnung und verschwand wie ein Phantom aus den Büchern der SA. Irgendwo wurde er aber doch als Anwärter in Listen geführt, die ihm fünfzehn Jahre später Ungelegenheiten bereiteten. Als er längst Mitbesitzer und Chefredakteur einer Zeitung in Oldenburg war, mußte ich ihm ein Affidavit schreiben, das ihn vor dem Verlust seiner Lizenz und Bestrafung wegen Fragebogenfälschung bewahren sollte. Er hatte den kurzlebigen Seitensprung natürlich nicht angegeben, als er die bewußten 120 Fragen der Militärregierung ausfüllte. Dabei sprach zu seinen Gunsten, daß er noch während des Krieges eine Halbjüdin heiratete und brav von einer Heimatflak-Batterie zur anderen mitschleppte, um sie vor der Deportation zu schützen.

Pierre Papst war der Sohn einer französischen Mutter und eines besonders gut aussehenden elsässischen Vaters. Als Witwer machte der hin und wieder dem gleichen Mädchen den Hof wie sein Sohn, wenn auch altersbedingt mit geringerem Erfolg. Davon wußten meine ehrbaren Eltern natürlich nichts, wenn sie sich mit dem älteren Papst in den Dresdner Versammlungen der Bekennenden Kirche trafen. Pierre nahm die Welt mit Grazie und die Nazis mit großem Zynismus. Er lernte wenig und las nicht viel, machte aber für sein Leben gern Konversation. Er beabsichtigte, durch das Schreiben von Boulevard-Komödien reich zu werden. Statt dessen wurde er als langjähriger Ratgeber und Freund von Axel Springer später sehr einflußreich. Seine Komödienkunst übte er nicht mit dem Bleistift oder der Schreibmaschine, sondern in Dialogen, die er mit wildfremden Leuten führte. In den Cafés auf dem Kurfürstendamm verwickelte er sie in Gespräche, die Stunden dauerten und meist mit beiderseitigen Versicherungen ewiger Freundschaft endeten. Wir frequentierten natürlich nur die Cafés, wo man für die Tasse Kaffee fünfzig Pfennige bezahlte und nicht fünfundfünfzig. Pierre war von »gallischer Sparsamkeit«, wie er's nannte. Er konnte nur den Kopf schütteln, wenn ich meinen Monatswechsel in einer Nacht in der »Jockey-Bar« ließ. Wir waren gute Freunde und teilten nicht nur die letzte Prise Pfeifentabak miteinander, sondern auch Stöße illegaler Flugblätter, die ihm aus dem kommunistischen Untergrund zugespielt wurden. Wir ließen sie an dunklen Abenden in den Hausfluren der großen Mietshäuser von Charlottenburg fallen.

Mich beschlich bei diesen Heldentaten ein Gefühl, das aus Genugtuung und Gewissensbissen zu gleichen Teilen gemischt war. Theoretisch konnte ein gefundenes Flugblatt den Missetäter, wenn er gefaßt wurde, aufs Schafott oder ins KZ bringen – in praxi war man aber ziemlich sicher, nicht ertappt zu werden. Das nahm der Sache den Charakter der Heldentat. Daß Flugblätter im Hausflur 1933/34 den Machthabern gefährlich werden konnten, glaubte man selbst nicht wirklich. Man handelte aus verzweifeltem Übermut und gegen jede Vernunft. Noch sagte sich kaum jemand, daß für das deutsche Ansehen in der Welt auch objektiv sinnloser Widerstand geleistet werden müsse.

Zurück zu der Begegnung mit Eva Maria im Tiergarten. Sie erwiderte meinen überraschten Gruß. Nachdem ich zwanzig Schritte Abstand gewonnen hatte, drehte ich mich um, lief ihr nach und sprach mit ihr. Wir trafen uns am gleichen Abend auf einem Fest der Kunstakademie. Sie war nicht allein. Sie war wohl im Begriff auszuwandern und blickte mit kalter Verachtung auf einige gestiefelte Studenten in ihren braunen Uniformen. Warum hatte ich in Jena keinen Mut gehabt? Verlorene Zeit! Ich wünschte mir eine andere Gelegenheit. Sie verwünschte mich auf die äußerste, kälteste Spitze des Montblanc, ließ mich stehen und verschwand. Ganz und gar und für immer. Meine Augen, die dreißig Jahre später glaubten, sie auf einer Café-Terrasse in Tel Aviv gesehen zu haben, müssen sich wohl getäuscht haben.

Beim Militär

Ich konnte mich in Berlin nicht entschließen, die Universität zu betreten. Das Semester verstrich mit dem Grübeln über den Verlust einer Person, die ich kaum gesprochen, geschweige denn näher gekannt hatte. Das Grammophon spielte »Parlez-moi d'amour«, während sich die Diktatur konsolidierte. Ich gedachte noch immer Journalist zu werden, schrieb aber keine Zeile. Es stellte sich allmählich heraus, daß man im Deutschen Reich einer Partei-Organisation beitreten mußte, wenn man etwas über den Kleingärtnerverein schreiben wollte. Meine Eltern waren wütend auf mich, weil ich die Kolleggelder zwar angefordert, aber nicht für den vorgesehenen Zweck verwendet hatte. Sie sperrten den Wechsel und muteten mir zu, den Freiwilligen Arbeitsdienst zu absolvieren. Noch könne man in wenigen Monaten ableisten, was später vielleicht Jahre in Anspruch nehmen würde. Ich hängte das Studium also zunächst an den Nagel.

Mein Bruder sorgte dafür, daß ich beim Arbeitsdienst in Glauchau unterkam. Er war damals Regierungsrat an der dortigen Amtshauptmannschaft. Mit beträchtlichem Stolz hob er Verfügungen auf, die unser Ururgroßvater erlassen hatte, oder ergänzte sie durch neue Erlasse. Räuber in tiefen Forsten und einsamen Tälern gab es nicht mehr zu fangen. Sie saßen bereits in der Regierung.

In den Tälern ringsum summten kleine und große Maschinen- und Strumpffabriken. Sie arbeiteten nun für die Rüstung. Viele Werkstätten lagen aber still oder arbeiteten mit halber Kraft. Die Männer bezogen Arbeitslosenunterstützung, und die Behörden hatten Sorgen. Dennoch waren die Fabrikstädte am Rande des Erzgebirges keine toten Winkel. Zwischen Freiberg, Chemnitz, Glauchau und Zwickau las man jahrzehntelang gute und ernstzunehmende Zeitungen. Es gab lebhafte und lebhaft umstrittene Aufführungen in den Theatern. Man traf Leute, die aus der eigentümlichen Gärung der Zeit das Beste machten.

Da lebte zum Beispiel ein Arztehepaar am Markt von Glauchau. Es machte mir einen tiefen Eindruck, als mich mein Bruder in das alte, schmalbrüstige Haus einführte. Die Dame des Hauses stammte aus alter, adliger Familie und war praktische Ärztin – eine Frau mit einem empfindlich reagierenden sozialen Gewissen, kühnem Verstand und großer Organisationsgabe. Die würde sie zwanzig Jahre später als Senatorin für das Berliner Gesundheitswesen beweisen. Ihr Mann, Dr. Jaeger, war Kinderarzt, Künstler und Abenteurer, der die engen Räume am Marktplatz der sächsischen Provinzstadt mit erlesenen Graphiken und Teppichen füllte, tropische Fische in einem Aquarium und eine Giftschlange auf der Dachterrasse hielt. Wenn es ihn gerade gelüstete, entwarf er für eines der kleinen DKW-Autos, die in der Nähe produziert wurden, die geschmackvollste Karosserie.

In ihrer Arbeit rieben sich die beiden auf, ohne sich um das Ausschreiben und Eintreiben von Rechnungen zu kümmern. Wenn sie Geld brauchten, verhökerte er einen Teppich. Ich sehe noch das abgeschabte Exemplar vor mir, das er mit allen Zeichen des berauschten Kenners und Sammlers untersuchte und als ein Stück identifizierte, das man auf einem bestimmten Gemälde von Holbein wiederfinden kann. Diese ungewöhnlichen Leute waren beide keine Sachsen. Aber daß sie in Glauchau atmen konnten und mit all ihren Schrullen von der Bevölkerung geduldet, ja geschätzt wurden, das spricht für das Klima. Die kleinbürgerliche Anhängerschaft Hitlers hatte noch nicht die Oberhand gewonnen. Aber das sollte sich nun ändern.

Als ich mich im Frühjahr 1934 in der Kaserne zum Arbeitsdienst meldete, war das nicht mehr das gleiche Glauchau, das ich kannte. Eine Atmosphäre von Angeberei in des Wortes doppelter Bedeutung lag über der Stadt. Die Schornsteine begannen zwar wieder zu rauchen, und das war gut anzusehen, aber viele Bürger duckten sich mit ihren Äußerungen hinter ihre vier Wände und waren auch da nicht ganz sicher. Unsere Freunde waren mancherlei Anfeindungen ausgesetzt. Wer hält sich schon eine Giftschlange auf der Dachterrasse? Wer protestiert schon gegen Konzentrationslager? Sie zogen fort. In der Anonymität des größeren Chemnitz mußten sie nicht gewärtigen, denunziert zu werden, wenn sie beim Betreten des Bäckerladens nicht die Hand zum Deutschen Gruß erhoben.

Es ist schwer zu erklären, warum dieser plötzliche Klimasturz in Sachsen so kraß ausfiel. Vielleicht hängt es damit zusammen, daß meine Heimat einen besonders hohen Anteil an Wichtigtuern erzeugt. Im Arbeitsdienst konnte man diese Typen aus nächster Nähe studieren. Dort hielten sie das Heft in der Hand. Dem gesunden Menschenverstand der meisten Jungen aus den Fabrikvorstädten und Strumpfwirkerdörfern ringsum war durchaus klar, daß Arbeitsdienst in erster Linie Arbeitsbeschaffung war. Spaten anfertigen, Stiefel fabrizieren, junge Leute von der Straße wegholen und Straßen bauen lassen, meinetwegen auch nach oben melden, daß es in Glauchau oder sonstwo keine Arbeitslosen mehr gibt – das leuchtete ein. Aber das Marschieren und Singen und Exerzieren mit blankgeputzten Spaten und der Unterricht über ökonomisches Schälen von Kartoffeln, das schien schon weniger vernünftig.

Das focht die Wichtigtuer nicht an. Sie faselten von patriotischen Pflichten mit dem Kartoffelschäler und von ruhmreicher Aufopferung für Führer und Vaterland hinter dem Spaten. Sie gaben mit lauter Stimme den Ton an. Die Feldmeister und oberen Ränge mochten noch angehen. Das waren ehemalige Offiziere und Feldwebel, die seit der Zeit der Freikorps im bürgerlichen Leben nicht hatten Fuß fassen können. Sie genossen nun das sichere Monatseinkommen, die bunten Abzeichen, die plötzliche Würde, die Kommandogewalt. Aber sie genossen das mit der Skepsis dessen, der viele Enttäuschungen erlebt hat, an nichts glaubt, die guten Gaben nimmt, wie sie kommen, und nicht weiter verwundert wäre, wenn er mit einem Male wieder als Vertreter obskurer Schaumweine von Kneipe zu Kneipe ziehen müßte. Mit solchen Landsknechten ging es zur Not. Hinter ihnen aber kam die Schicht derer, die mit angestrengter Miene und hohlem Pathos aus dem Schaufeln von Erde an den Ufern der Mulde eine heroische Philosophie machen wollten.

Die meisten von uns schwiegen dazu oder nickten heuchlerisch mit dem Kopf. Es gibt ja auch den vorsichtigen, den ängstlichen Typ von Sachsen, den, der niemandem weh tun möchte, niemanden beleidigen oder herausfordern will; der nicht mit den Worten »Ich möchte eine Schachtel ›Ernte 23‹« den Tabakladen betritt, sondern der, indem er die Klinke halb zum Gehen gewandt in der Hand behält, die Frage stellt: »›Ernte 23‹ haben Sie wohl nicht?« Es klingt wie eine Entschuldigung. Es steckt auch Höflichkeit dahinter. Um Gottes willen dem anderen einen Ausweg lassen aus einer vielleicht unangenehmen Situation! Aber ebenso zeigt sich darin die Besorgnis, öffentlich abgewiesen zu werden. Der Verlust des Gesichts schmerzt meine Landsleute fast so wie die Chinesen. Deshalb sind sie vielleicht besonders schnell bei der Hand, sich einer neuen Führung anzuschließen. Deshalb reden sie den Wichtigtuern so laut nach dem Munde oder nicken ihnen öffentlich zu, wenn von denen eine ganz gewöhnliche Sache wie die Habgier einer Parteiclique mit hohlen Phrasen verbrämt wird.

Was man sich dann hinter der vorgehaltenen Hand zutuschelt, das steht auf einem anderen Blatt. Die Leistung, mit der meine Kameraden auf die Einpeitscher reagierten, war unpatriotisch gering. Wir setzten große Wackersteine in die Uferböschung der Mulde. Wir taten es umständlich und nur, wenn jemand guckte. Mein Bruder erzählte mir später, daß die nächste Frühjahrsflut alles unterspült und der Einsatz des Freiwilligen Arbeitsdienstes für Führer und Reich mehr Schaden verursacht habe als Nutzen.

Dieses Frühjahr 1934 war voller Gemunkel und Gerüchte. Hitler rüstete mächtig, man ahnte, zu welchen räuberischen Zwecken. Nicht sicher konnte man sich aber sein, welche Kräfte innerhalb und außerhalb seiner Partei an den Waffen und damit an der Macht partizipieren wollten. Außerhalb der Partei gab es als leidlich eigenständige Kraft nur noch die Reichswehr. Mit ihrem stillen Einverständnis hatte Hitler die bereits von Hindenburg usurpierten Funktionen an sich gerissen. Der Lohn sollte nicht ausbleiben, aber vorerst waren die Ansprüche der SA unter ihrem Stabschef Röhm zu befriedigen. Er sah seine Sturmabteilungen als die eigentlich revolutionäre Kraft im Deutschen Reich; ihr gebühre die Führung, ganz egal, wohin. Irgendwie wollte er wohl die Reichswehr unter das Kommando der SA bringen. Mein geistiger Mentor Oblomow empfing an seinem Bett – es war wie beim Lever französischer Könige – die Abgesandten militanter SA-Klüngel, die den ehemaligen Leutnant für sich zu werben versuchten. Nichts lag ihm ferner, als einen straff organisierten Haufen deutscher Wirrköpfe zu befehligen. Er war so sehr alarmiert, daß er bereits für alle Fälle die Fluchtwege in die Schweiz studierte.

Die Forschung weiß bis heute nicht genau, ob Röhm einen zweiten Umsturz plante oder nicht, und wie stark Hitler von der Reichswehr unter Druck gesetzt wurde, sich Röhms zu entledigen. Daß hohe Spannungen zur Entladung drängten, merkte aber damals selbst jemand, der keine anderen Informationen hatte als die aus der Gerüchteküche, den von Goebbels gesteuerten und zensierten Zeitungen und hin und wieder einer Londoner »Times«. Einen Auslandsdienst der BBC, den man über das Radio abhören konnte, gab es noch nicht. Höchstens die Russen ließen sich über den Äther vernehmen, aber plump und uninformativ.

Den Arbeitsdienst hatte ich mit Hilfe eines listig beschafften Krankenscheins bereits verlassen, als Hitler am 30. Juni zuschlug und in drei blutigen Tagen alle aus dem Wege räumte, die seiner Alleinherrschaft gefährlich werden konnten. Seine Henkersknechte waren die Verbände der SS unter Himmler und Heydrich. Die beiden regierten von diesem Moment an ein Jahrzehnt lang die Angstzentren im Nervensystem der Deutschen. Ich würde das eines Tages am eigenen Leibe erfahren. Ich sah in Dresden die offenen Mannschaftswagen der Polizei und der SS mit Häftlingen durch die Straßen fahren. Mein Schwager blieb für diesmal ungeschoren – es war eben eine Auseinandersetzung zwischen ehemaligen Bundesgenossen, bei der die Reichswehr dem Anschein nach die Oberhand behielt.

Oblomow verließ sein Bett und verschwand in die Schweiz. Hitler rechtfertigte seine Bluttat mit der Sittenlosigkeit der homosexuellen Röhm-Gruppe, vor der er das deutsche Volk habe bewahren müssen. Viele Spießer fanden das angebracht und rechtens. Unbeantwortet blieb die Frage, warum der selbsternannte oberste Gerichtsherr des deutschen Volkes seit vielen Jahren einem gerichtsnotorischen Homosexuellen die Führung von Hunderttausenden deutscher Jünglinge und Männer anvertraut hatte. Das ganze Volk wußte ja Bescheid; über niemanden wurden so viele obszöne Witze erzählt wie über Röhm.

Im Juli wurde der österreichische Kanzler Dollfuß von Nationalsozialisten ermordet, Mussolini machte Truppen mobil, um Hitler notfalls den Weg nach Wien zu verlegen. Der Putsch brach zusammen. Anfang August starb Hindenburg. Durch die ersten zwanzig Jahre meines Lebens war er die hölzerne Galionsfigur Deutschlands gewesen. Selbst seine ärgsten Freunde behaupteten nicht, daß er ein brillanter Kopf sei. Aber er war wie das Bleigewicht am Fuß des deutschen Stehaufmännchens. Hitler übernahm sein Amt und war nun zugleich Staatsoberhaupt, Regierungschef, Parteiführer und Oberbefehlshaber der Reichswehr. Die gesündeste politische Erfindung Europas, die Gewaltenteilung, wurde an den Wegrand der Geschichte geworfen. Die Zukunft sah nicht gut aus. Ich meldete mich freiwillig für elf Monate zur Reichswehr in der Annahme, daß mich das vor zwei Jahren Dienstpflicht bewahren würde. Daneben war es wohl auch die Suche nach einer intakten Institution inmitten allgemeiner Orientierungslosigkeit.

Meine Ausbildung erfolgte bei einer Nachrichtenabteilung auf dem Truppenübungsplatz Königsbrück bei Dresden. Wir lernten, wie man Telefonleitungen in nassen Wäldern oder über gefrorene Wiesen legt. Wir richteten Sprechstellen und Vermittlungen übungsweise in Erdhöhlen, Dorfgasthöfen oder Gutshäusern ein. Wir erfuhren über die Geheimnisse des elektrischen Stroms, was ich auf dem Gymnasium nie für wissenswert befunden hatte. Heute noch repariere ich mit diesen Kenntnissen einfachere Klingelleitungen, ohne einen Schlag zu bekommen. Danach schellt es dann entweder dauernd oder gar nicht. Da das Nachrichtengerät anfangs noch auf Wagen mit Pferdebespannung befördert wurde, mußten wir auch

Putz- und Flickstunde des 1. Beritts der 1. Kompanie Nachrichtenabteilung Königsbrück (Spätherbst 1934).

Stallwache schieben. Angesichts unserer kahlgeschorenen Köpfe und grotesken Drillichanzüge war es ein Wunder, daß die Tiere nicht von Panik ergriffen das Weite suchten. Nach einem halben Jahr waren wir voll motorisiert und verlegten nicht mehr zitterige Drähte, sondern dicke Kabel – die Aufrüstung kam mächtig in Fahrt.

Während der technische Dienst leicht war und die politische Indoktrination gering, wurde das Hauptaugenmerk auf Drill und Kommiß gerichtet. Die Vorgesetzten nahmen an ihren Untergebenen eine ausgeklügelte Rache für die Demütigungen, die sie selbst während ihrer Rekrutenzeit von ihren Vorgesetzten erlitten hatten. Vergleichende Studien machen mich glauben, daß dieses System nirgends so vollkommen gehandhabt wurde wie in Sachsen.

Warum das so sein mußte, ist nicht leicht zu sagen. Der Sachse ist eine komplizierte Mischung. Wenn er eine Uniform anlegt, trägt er es dem Leben nach, daß er kein Preuße geworden ist. Er verhält sich darin wie der Österreicher, der ja auch von eiserner Härte im Umgang mit dem Fußvolk sein kann und den Gamaschendienst bei Preußens weit in den Schatten stellt. 1934 war eine Zeit des Übergangs. Die Gefreiten und Obergefreiten, die ein halbes Jahrzehnt lang oder länger in der kleinen Reichswehr keine Beförderung kannten, wurden nun mit der plötzlichen Erweiterung des Heeres zur Wehrmacht Hitlers zu Unteroffizieren befördert. Was sich in ihnen aufgestaut hatte an Bitterkeit über jahrelanges Wacheschieben, Postenstehen, Stiefel-spiegelblank-Putzen, Auf-dem-Bauche-Kriechen und Jawoll sagen – das mußten sie nun loswerden, und zwar in kürzester Frist. Sie wußten ja, daß die Rekruten von 1934 nur ein knappes Jahr dienen würden und nicht deren zwölf.

Wir wurden also einer harten Ausbildung unterworfen, mußten häufig strafexerzieren, kannten die Tiefe aller Pfützen auf dem Kasernenhof aus dem Effeff, konnten die Rang- und Dienstgradabzeichen aufsagen wie die Papageien und wußten, wie man die Betten, welche aus Strohsäcken bestanden, in glatte, weiße Quader verwandelt. Wir hatten gelernt, daß es mehr auf Putz und Ordnung ankommt als auf Tapferkeit und Kühnheit. Die Furcht vor dem Vorgesetzten war uns vertrauter als der Respekt vor ihm.

Lustig wurde es während des letzten Vierteljahres der Dienstzeit. Da sagten sich die Unteroffiziere, daß bei diesen »Kurzfristigen« doch Hopfen und Malz verloren sei. Sie ließen in ihren Bemühungen nach, uns das Rückgrat zu brechen. Außerdem war das nun die Zeit der Manöver – der ersten größeren seit 1913, wie uns der Hauptmann voller Stolz sagte. Als Funker und Fernsprecher lagen und marschierten wir nicht in dichten Haufen zusammen, sondern führten unseren Krieg einzeln oder in kleinen Gruppen, die nicht so leicht zu überwachen waren. Das Leben kam uns ganz golden vor, wenn wir dann Verbindungen zum öffentlichen Fernsprechnetz herstellen mußten und unseren Nachtdienst dazu benutzen konnten, mit den Fräuleins vom Amt in kleinen Lausitzer Städtchen zu flirten.

Nicht überall wurden wir auf diesem ersten großen Manöver seit 1913 mit Jubel oder auch nur Freundlichkeit begrüßt. In den Fabrikdörfern Sachsens, in den armen Flecken der Lausitz war man damals nicht besonders militärfromm. Ich kann mir kaum denken, daß es seitdem anders geworden ist. Doch zeigten die Leute jenes Mitgefühl einfacher Menschen, das in Deutschland seit drei Jahrhunderten oder länger dem Mann entgegengebracht wird, der unter einer harschen und in ihren Motiven unverstandenen Disziplin steht. Zu viele Soldaten aus aller Welt waren durch Sachsen gezogen und hatten Spießruten laufen, strafexerzieren, Stiefel spiegelblank wichsen und schließlich auch fechten, bluten und sterben müssen. Die Bauern, Wirker und Weber in den Tälern der Lausitz betrachteten den einfachen Soldaten als Leidensgenossen.

Zum Trost bekam man die gute Stube als Quartier zugewiesen. Unbehaglich blickte man durch die niederen Fenster hinaus auf den Dorfteich, wo die Enten gründelten. Mit dem Herrn des Hauses wurde ein vorsichtiges, zähflüssiges Gespräch geführt, konnte doch weder der eine noch der andere wissen, ob er sich einem Anhänger oder Gegner des Regimes gegenübersah. Voll böser Vorahnungen wartete man auf das Unausbleibliche, jenes Riesenschweineschnitzel, das in Fett schwamm und einem von der Frau aufgenötigt wurde, ob man wollte und konnte oder nicht. Man war jung, also mußte man Hunger haben. Man war Soldat, also hatte man Entbehrungen hinter sich. Man war Gast, also sollte einem gezeigt werden, daß das Beste gerade gut genug sei, und das Beste war nun mal das Schweineschnitzel. Wochenlang bekam ich es vorgesetzt, wo immer ich meinen Quartierzettel abgab.

Es war ganz rührend, denn wohlhabend waren die sächsischen Gefilde damals nicht. Die Jahre der Arbeitslosigkeit waren noch kaum vorbei. Die meisten Quartiersleute gaben mehr, als sie sich leisten konnten. Aber Quartier, wie man in der Soldatensprache des 18. Jahrhunderts sagte, nämlich Pardon gaben sie nicht. Das Schweineschnitzel mußte gegessen werden. Dann lud einen der Wirt in die Dorfkneipe ein zu einem Glas Bier oder einem Skat. War es Samstag oder Sonntag, so wurde vielleicht auch getanzt. Kurz vor dem Ende unserer Dienstzeit und in gelockerter Disziplin machten wir uns einen Spaß daraus, den Unteroffizieren die Mädchen auszuspannen. Es war die männlichste Rache für elf Monate niederträchtiger Behandlung.

Inzwischen war aus der Reichswehr eine große und noch anschwellende Wehrmacht geworden, die auf Hitler persönlich vereidigt wurde. Die allgemeine Wehrpflicht war verkündet worden. Meine Berechnung hatte sich ausnahmsweise als richtig herausgestellt. Als ich mit dem Dienstgrad Gefreiter entlassen wurde, hatte ich ein Jahr gewonnen. Meine Großmutter hatte mir auf dem Sterbebett dreihundert Mark vermacht. Ich beschloß, mir anzusehen, wohin ich auswandern könnte.

Italien

Daß ich mich nach Italien wandte, läßt sich auf ein skurriles Erlebnis in Jena zurückführen. Im Historischen Seminar der Universität begegnete man während meiner Studienzeit einem großgewachsenen Mann mit eisengrauen Haaren, der als »Herr Landrat« angesprochen wurde. Herr Landrat stammte aus dem Baltikum, war pensioniert und teilte sein Leben zwischen zwei Leidenschaften: dem Studium der deutschen Italienzüge des Mittelalters und dem Blasen der Trompete. Tagsüber hospitierte er in Vorlesungen und Seminaren, die Professor Friedrich Schneider dem mittelalterlichen Florenz, Dante und der Italienpolitik Kaiser Heinrichs VII. widmete. Abends debattierte er in seiner düsteren, riesigen Wohnung das eben erschienene Werk von Kantorowicz über den Staufer Friedrich den Zweiten. Wenn ihn dann seine Gäste verlassen hatten, schmetterte er sich eins auf der Trompete. Sein innigster Wunsch war, eines Tages mit einem ähnlich romantisch Gesonnenen irgendwo am Golf von Neapel ein Trompetenduett erklingen zu lassen. In mir sah er einen geeigneten Kandidaten und lud mich zu einer ausführlichen Italienreise auf seine Kosten ein. Zunächst müsse ich jedoch die Trompete blasen können.

Wir waren beide überzeugt von Sinn und Nutzen der Romzüge deutscher Könige und Kaiser und sammelten Argumente gegen die historische Schule, welche darin nur die Vergeudung deutscher Volkskraft sah. Diese Kontroverse scheint heute abgestanden und hatte schon damals kaum noch Bezug auf die politische Gegenwart von Wirtschaftskrise und Hoover-Moratorium. Sie bewegte jedoch Landräte und Gymnasiallehrer ebenso wie die politische Publizistik, die unter dem Stichwort »Ostkolonisation« dem Nationalsozialismus den Boden bereitete und binnen kurzem Karl dem Großen den Beinamen »Sachsenschlächter« anhängen würde.

Der baltische Landrat befand sich – ideologisch – in einer delikaten Situation. Ohne Italienfahrten und Kreuzzüge hätte es keinen

Ritterorden gegeben und ohne den keine deutsche Wanderung in die baltischen Provinzen. Die landrätliche Herkunft aus Dorpat ließ sich nicht ohne den sizilianischen Stauferkaiser Friedrich denken. Andererseits war die Ostkolonisation offensichtlich am Ende; die Kämpfe der deutschen Freikorps im Baltikum gegen die Rote Armee lagen nur ein Dutzend Jahre zurück, scharenweise hatten deutschbaltische Familien ihre Ländereien verlassen müssen – das Ressentiment gegen Letten, Esten und Russen hätte sich bei ihm leicht zu jener explosiven Mischung verdichten können, die in Hitlers Ideengeber Alfred Rosenberg rumorte. Deutsche Eroberungs- und Unterjochungsphantasien lagen dem Landrat jedoch fern. Ich erinnere ihn wohl als Feind der bolschewistischen Abart des russischen Imperialismus. Er schätzte aber die Russen und die Weiten des Ostens nüchtern als Mächte ein, mit denen vorsichtig umzugehen sei.

Wenn sich die Reise nach Italien auf den Spuren der deutschen Kaiser nach monatelangen Vorbereitungen zerschlug, so hing das nicht mit historisch-politischen Differenzen zusammen, sondern mit meinen geringen Fortschritten im Blasen der Trompete. Der Herr Landrat gab mir Unterricht und ich gab meinen Lippen Spannung, bis sie wund waren, aber das rechte Talent und besonders der richtige Trompetenfleiß wollten sich nicht einstellen. Außerdem kam mir die Vorstellung doch etwas lächerlich vor, daß ich eines schönen Sonnenuntergangs neben einem Mann im grünen Lodenmantel am Golf von Neapel stehen und »O sole mio« oder »La Paloma« blasen sollte. Schließlich war auch der Verdacht nicht von der Hand zu weisen, daß sich der Herr Landrat, ein Junggeselle, bei aller Zurückhaltung ein erotisches Abenteuer wünschte; womöglich angesichts des Felsenturms, in dem der blonde Konradin auf seine Enthauptung wartete! Es war wirklich zuviel der Romantik.

Als bleibenden Gewinn aus diesem Projekt trug ich die genaue Kenntnis der Stadtpläne von Florenz, Rom, Neapel und Palermo davon. Die und den Baedeker hatten wir Abende lang studiert, um zu berechnen, wieviel Zeit wir uns für jede Stadt gönnen wollten. Die Erinnerung daran kam mir drei Jahre später zupaß. Als ich die Uniform abgelegt hatte und meine Reise nach Süden antrat, wußte ich, was ich mir ansehen wollte. Doch waren es nunmehr nicht nur die Landschaften, Bauwerke und Bilder Italiens. Ich wollte auch herausfinden, ob ich mir außerhalb der Grenzen des Hitler-Reiches mein Brot verdienen könnte. Zufällig waren meine emigrierten Freunde und Bekannten nach Süden gezogen und nicht nach Prag oder London. Meine erste Station war also das Schweizer Tessin.

Mein Freund Oblomow-Erich Baumbach wohnte dort zusammen mit einem anderen Emigranten in einem Bergdörfchen oberhalb von Locarno. Das Haus hatte zwei Räume, aber nicht ein einziges Möbelstück. Man saß auf leeren Kisten und schlief auf alten Matratzen, wusch sich am Brunnen und kochte in einem rußigen Eisentopf über dem Feuer im Kamin. Draußen regnete es von früh bis spät einen kalten Herbstregen. Damit entfiel eine Verdienstquelle; bisher hatten sich die beiden ein paar Franken beim Pflücken der Trauben in den Weinbergen verdienen können. Doch bei Regen wurde nicht geerntet. Die Entlohnung war übrigens von einer Erpressung kaum zu unterscheiden gewesen – die Bauern wußten, daß die Emigranten aus Deutschland keine Arbeitserlaubnis hatten und von der Ausweisung bedroht waren, wenn sie beim Arbeiten erwischt wurden. Also konnten sie sich nicht beschweren. Aber ein Hungerlohn war immer noch besser als gar keiner.

So erhielt ich vom ersten Tage an eine praktische Einführung in die Probleme der Emigration. Die Bevölkerung war nicht unfreundlich, aber die Behörden galten als abweisend bis ruppig, und das im Schweizer Tessin mehr noch als in Italien. Es gab in Locarno und seiner weiteren Umgebung eine Reihe prominenter Deutscher, die keineswegs schikaniert wurden – vermutlich, weil sie schon seit längerem dort wohnten, wie Hermann Hesse, Erich Maria Remarque und Emil Ludwig. Das Gros der Flüchtlinge und Emigranten aber wurde nach dem Geld beurteilt, das sie mitbrachten und bald nicht mehr besaßen. In der Schweiz auf legale Art Geld zu verdienen, war für den Ausländer fast ein Ding der Unmöglichkeit.

Auf die Gefahr hin, in das weitgespannte Netz der Gestapo zu geraten, übersiedelte Erich Baumbach später nach Mailand und überlebte dank der Hilfsbereitschaft der Bevölkerung das Achsenbündnis und den Krieg. Die Italiener waren viel humaner, als es der Ruf ihrer Schwarzhemden vermuten ließ. Außerdem steckte das Verhältnis Hitler–Mussolini damals noch in den Anfängen, und die waren durch gegenseitige Abneigung gekennzeichnet. Erst Mitte 1936 kam es zu einer losen Zusammenarbeit zwischen der italienischen und der deutschen Polizei. So etwas gab es in Frankreich vor dem Zweiten Weltkrieg nicht. Dort war man in den ersten Jahren des Dritten Reichs sogar äußerst großzügig bei der Aufnahme deutscher Emigranten gewesen. Die Fortsetzung dieser Politik fiel den Volksfront-Unruhen und dem, was danach kam, zum Opfer. Amerika war weit weg und hatte sich, verglichen mit den frühen Dezennien des Jahrhunderts, gegen politisch Verfolgte verschlossen.

Die Cafés der Hauptstädte in der Alten Welt saßen also voller Emigranten mit weltweiter Reputation; häufig konnten sie ihren Kaffee nicht bezahlen – selten, daß sie keine niederdrückenden materiellen Sorgen hatten. Die Völker Europas waren gegeneinander, aber besonders gegen die Deutschen abgeschottet und voller Argwohn; hinter jedem Fremden mußte man einen Spion, Agenten, Terroristen, Agitator oder Spitzel, mindestens aber einen Konkurrenten auf dem Arbeitsmarkt vermuten.

Ich bekam während der langen Abende ohne elektrisches Licht von meinen Freunden alles haarklein aufgetischt, was über die Tätigkeit von Nazi-Agenten besonders in der Schweiz bekannt war. Von Morden, Entführungen und Erpressungen hatte ich während meiner Militärzeit nur Ungenaues hören können, doch füllte das im Ausland weitverbreitete »Braunbuch« nunmehr diese Lücke.

Mit Deutschland war ganz Europa unsicher geworden. Zu allem Überfluß griff Anfang Oktober 1935 Mussolini das letzte unabhängige Regime in Afrika an und ließ seine Truppen in Abessinien einmarschieren. Der Völkerbund konnte oder wollte Kaiser Haile Selassie nicht helfen. Ich beschloß, nach Italien weiterzureisen, solange von internationalen Komplikationen noch nichts zu spüren war, und traf meine Vorbereitungen. Sie bestanden hauptsächlich darin, daß ich mein Taschenmesser zurückließ. Feststehende Klingen über vier Zentimeter Länge galten in Italien als gefährliche Waffe.

Die Paß- und Zollkontrolle beim Übertritt in ein kriegführendes Land stellte ich mir als äußerst ungemütlich vor. Kurz vor der Einfahrt in Chiasso fand ich, daß sich mein Kofferschloß nicht öffnen lassen wollte. Ich war zu nervös für ein Lächeln und ein Achselzucken am Zoll und betrat ein Radiogeschäft auf der Schweizer Seite. Der Mann hinter dem Ladentisch drehte den Schlüssel einmal vergeblich herum. Dann nahm er ein gewaltiges Messer, ein Stemmeisen von einem Messer, und schon waren die Schrauben weg, die Beschläge ab, es brach etwas, die Feder zersprang, leere Pappe guckte durch ein grauenhaftes Loch, aber der Koffer war offen. Wie enttäuscht war ich, als der Zöllner keinen Blick auf meine Habe verschwendete. Er drehte sich eine Zigarette, ließ sich von dem Faschisten neben ihm Feuer geben und machte einen Kreidekrakel auf den halberbrochenen Koffer. Dann winkte er mich weiter. Von Stund an benötigte ich immer einen Zahnstocher, um den Koffer zu verschließen.

Die ersten Tage in einem anderen Land bestätigen meist die Vorurteile, die man mitbringt. So ist mir der Eindruck ganz und gar aus dem Gedächtnis entschwunden, den mir das »Abendmahl« von Leonardo da Vinci machte, aber eine Wegelagerei in einer Trattoria hinter dem Dom von Mailand bleibt unvergeßlich. Am Nebentisch vergnügten sich zwei elegante Herren mit dem, was wir in Sachsen »Kümmelblättchen« nennen. Sie spielten es nicht mit Karten, sondern mit drei Fingerhütchen und einer Kugel. Man mußte raten, unter welchem Hütchen die Kugel lag, nachdem sie im Takte eines Zauberspruchs blitzschnell hin- und herbefördert worden war. Aus meiner Perspektive konnte ich die Endposition der Kugel ziemlich gut bestimmen und hätte mehrmals einen der gelben Hundertlirescheine verdienen können, die der Hütchenspieler seufzend auszahlte. Wie sich herausstellte, gehörte der Schweizer, der mich zu einer Scampi-Mahlzeit in diesem Lokal überredet hatte, auch zu der Gruppe. Er hörte auf meinen Ratschlag und gewann meistens. Mit einem Lob auf mein sicheres Auge forderte er mich zur Beteiligung an seinen Einsätzen auf. Ich lehnte das ab, versprach aber, ohne Anspruch auf Gewinn zu sagen, unter welchem Hütchen ich die Kugel vermutete. Jedoch damit war ich nach Mailänder Rechnung bereits Mitspieler. Hütchen und Kugel benahmen sich plötzlich zwischen den lackierten Fingernägeln des Oberfalschspielers wie ausgewechselt und narrten den Betrachter gründlich. Im Nu hatte mein Mann fünfhundert Lire verloren und forderte von mir nachdrücklich die Hälfte seines Verlustes ein. Als ich mich weigerte, erregten sich die drei Herren über die Maßen und drohten mir mit den unangenehmsten Konsequenzen. Schließlich bezahlte ich meinem ungewollten Partner die Scampis und räumte unter Verwünschungen meiner Tischgenossen das Feld und Mailand gleich dazu.

Als ich in Genua ankam, bekam mein Mißtrauen gegen Zufallsbekanntschaften neue Nahrung. Ich handelte mit einem alten Mann einen Festpreis aus für eine Hafenrundfahrt in seinem Ruderboot. Es war mein erster Besuch eines Welthafens. Ich konnte nicht genug von den Schiffen, ihren Geräuschen und Gerüchen bekommen. Nach einer Stunde an den Rudern in einer heißen Oktobersonne keuchte der Alte wie ein Galeerensklave. Eingedenk meiner schmalen Börse bot ich ihm an, selbst zu rudern und für eine weitere Stunde zusätzlich die Hälfte der vereinbarten Summe zu zahlen. Das schien mir fair, und er willigte ein – jedenfalls, bis wir an seinem Liegeplatz anlegten. Ich gab ihm, was ich schuldig zu sein glaubte, und stieß auf wortreichen Protest. Übers Ohr gehauen wollte ich nicht werden und wandte mich zum Gehen. Er lief hinter mir her, rief Gott und die Passanten an, ihm beizustehen, wurde immer lauter und spuckte dem Tedesco schließlich aus dem reichen Inhalt seiner Lunge so oft und so blubbernd vor die Füße, daß mir beinahe schlecht wurde. Kurz vor meinem Hotel gab ich klein bei und zahlte, was er verlangte. Es war keine Episode, die meinen Ruf als Weltmann befestigen konnte.

Das tat dann eher ein Zusammentreffen um Mitternacht auf der Piazza de Ferrari. Die Cafés hatten sich geleert, außer den Kellnern war ich der einzige Mann weit und breit. Ich schrieb einen Brief nach Haus und fand nach einer Weile die Nebentische von je einer Dame besetzt. »Er ist Journalist«, sagte die Dame zu meiner Linken über mich hinweg zu der Dame an meiner Rechten. »Stimmt das?« fragte diese, und was sollte ich nun antworten? Ein Ja deutete Bereitschaft zu Weiterem an. Ein Nein hieß, daß man mindestens weiter gefragt werden wollte. In jedem Fall war eine Tasse Kaffee fällig – oder zwei.

Freunde, auf deren Urteil ich Wert legte, hatten mich vor den üblichen Nachrichtenquellen des Journalisten gewarnt, als da sind Taxifahrer, Barmädchen, Fremdenführer. Sie bestätigen gewöhnlich nur, was man ihrer Meinung nach gern hören möchte, und wer weiß, wem sie zugleich als Informanten dienen. Ausforschungen über die Volksmeinung zum abessinischen Krieg konnten mich in den Verdacht bringen, ein Spion zu sein. Deshalb hielt ich mich an die alte Regel und sagte Gutes über den Ort, an dem ich mich befand. In diesem Fall also Genua. Es schadet ja nichts, dem Lokalpatriotismus zu schmeicheln. Erfolgt Widerspruch, so bezeichnet er die wunden Punkte, denen nachzugehen wäre.

Die Damen des ältesten Gewerbes der Welt überraschten mich dadurch, daß sie mich um mein Reiseziel beneideten. »Hörst du, er will nach Rom!« Sie nahmen es für ausgemachte Sache, daß ich den

Papst sehen wollte. »Ich liebe den Papst so sehr!« sagte die eine. Die andere erbot sich, mich zum Heiligen Vater nach Rom zu begleiten. Eingedenk der Übertölpelung durch den Alten im Hafen schützte ich Müdigkeit vor und erhob mich, um schlafen zu gehen. »Ganz allein?« fragte die eine, während die andere meinte, in einem halben Stündchen könnte ich ja schon wieder im Hotel sein.

Falschspieler, Erpresser und frömmelnde Dirnen. Das bestätigte mein Vorurteil über die Großstädte Mailand und Genua. Sie hatten sich schon den deutschen Kaisern gegenüber nie durch besondere Zuverlässigkeit ausgezeichnet. Ich reiste deshalb am nächsten Morgen nach Pisa. Dort spannte sich über der Ebene ein riesiger Himmel, dunstig, wo er auf Erde und Meer weich aufsetzte, tiefblau über den hügligen Ausläufern des Apennin, silbern und gelb um die Sonne. Die goß ihre Wärme verschwenderisch auf das Land. Von weither zwischen Hecken und lockeren Pinienhainen zogen die Wege auf die Stadtmauern zu. Hohe, zweirädrige Karren bevölkerten sie und wurden von Pferden oder Eseln gezogen, deren Ohren durch gestrickte rote Kapuzen guckten. Ihr Maul war im umgebundenen Freßkorb vergraben. Der Arno lief wie eine sich ringelnde, glitzernde Schlange in den Dunst über dem Meer, wo sich ihr Kopf verbarg. Und dann dieser Turm, der sich mit sechs Säulenreihen in strahlender Helligkeit schräg emporschwang! Er war so schön wie ein Traum vor dem Erwachen in den Pfingstferien.

Im Seitenschiff der hellgrauen Domhalle liegt König Heinrich VII., Graf von Luxemburg, römischer Kaiser. Er ruht lang ausgestreckt auf dem Sarkophag. Tino di Camaino hat ihn selbst noch gesehen, zwei Jahre bevor er dieses feine Gesicht abbildete in dem Stil, den Heinrichs größerer Vorgänger Friedrich von Staufen aus der Erde Apuliens gezaubert hatte und den man später Renaissance nannte.

Da waren also der selbstbewußte blonde Luxemburger und sein Bruder, der Erzbischof von Trier, über die Alpen gekommen mit staunenden Augen. Das wilde italienische Spiel hatte Heinrich nicht zu meistern vermocht. Wie sollte er auch, der seinen Kriegsschatz in einem kleinen, eisenbeschlagenen Kasten in Städte mitführte, wo jeder Großkaufmann ebensoviel in Anweisungen aus der Rocktasche ziehen konnte. Er trauerte in Genua über den plötzlichen Tod der Gattin Margarete, verfing sich mit seinen burgundischen und flandrischen Rittern in dem undurchschaubaren Netz der italienischen Realpolitik, und ehe dieses Netz noch ganz zugezogen war, starb er am Fieber. Man trug den Toten auf schwarzverhängter Bahre zurück nach Pisa, von wo er gerade ausgezogen war. Dante trauerte um ihn. Und da lag er nun als Zeuge eines rätselhaften Drangs, der sich nie erfüllt hat und deshalb baltische Landräte, sächsische Studenten und thüringische Professoren bis vor fünfzig Jahren an der Mission Deutschlands verzweifeln ließ.

In Pisa überquerte ich am Abend gedankenverloren eine steile und enge Brücke über den Arno. Jenseits, in der Loggia dei Banchi, hielt ein Mann einen Uhu auf einer Stange feil. Es herrschte ein unbeschreibliches Menschengewühl. Am Ende der Laubengänge fand ich auf der Piazza Garibaldi ein Café, das mir zusagte, und bald unterhielt sich in diesem italienischen Café ein arischer Deutscher mit einem rumänischen Juden auf Französisch über schwedische Sexmoral und russischen Marxismus. Ich war wieder in der Neuzeit.

In Rom schmiedete ich Pläne mit einem jungen Philosophen, den ich aus Deutschland kannte. Er stand vor der Habilitation, als er seiner jüdischen Abkunft wegen das Land verlassen mußte. Er hatte die außergewöhnliche Chance, an der Universität von Palermo als Gastdozent zu lesen, konnte sich das aber nur leisten, weil sein Vater als Direktor der Berliner Wach- und Schließgesellschaft Vermögensreste ins Ausland gerettet hatte. Seine Diagnose für mich lautete: Die Aussicht auf einen akademischen Beruf, der seinen Mann ernährt, ist in Italien für einen Studenten der Geschichte im fünften Semester mit geringfügigen Verlags- und Buchhandelskenntnissen und mangelhafter Beherrschung der Landessprache gleich Null, die Spekulation auf regelmäßige Einkünfte aus Deutschland durch journalistische Arbeit angesichts des Zustands der deutschen Presse vollkommen hirnverbrannt.

Immerhin, einige der Reiseberichte, die ich aufs Geratewohl herumschickte, wurden später tatsächlich von deutschen Provinzzeitungen gedruckt. Der Alte im Hafen inspirierte eine Kurzgeschichte, »Mord in Genua«, die in den »Nürnberger Nachrichten« erschien. Ein Kino- und Kabarett-Besuch in der römischen Altstadt gefiel der »Freiburger Zeitung«. Als gut katholisches Blatt kürzte sie allerdings den Schluß. Ich hatte da berichtet, »daß zum Ende der Vorführung das ganze Ensemble auf der Bühne steht und, wie jedermann in Rom, das Lied von Abessinien singt, von unserem Meer und von unseren Söhnen, die Afrika erobern, und von unserem

Mussolini, der das alles ermöglicht hat. Nirgends ist man vor dieser aufreizenden Melodie sicher, außer vielleicht in stillen Sälen des Vatikan. Und doch kann man nicht wissen, ob nicht um diese späte Nachtstunde auch der gute, alte Heilige Vater in seinem Arbeitszimmer auf und ab wandelt und die freche, kleine Melodie vor sich hinsummt, ganz unbewußt natürlich, während er über das Wohl der Christenheit nachdenkt.«

Diese Gedankenverbindung zwischen Papsttum und neumodischem Imperium wollten die aufrechten Freiburger Redakteure wohl nicht verbreiten. Trotz des Konkordats und ungeachtet des sich anbahnenden Bündnisses der Achsenmächte empfand die Zeitung im katholischen Freiburg eine auch nur angedeutete Beziehung zwischen Mussolinis Krieg und dem Papst als unangebracht. Eine andere Zeitung druckte den Bericht über die Einweihung des neuen Bahnhofs von Florenz durch den König von Italien. Ein Zeichen der Zeit war, daß ich diese Reportage in meinem eigenen Kopf zensierte. Ich unterließ zu berichten, wie klein der König von Italien war: Als er im Auto durch die Stadt fuhr, ragte nur sein weißer Helmbusch über den Wagenrand. Italien salutierte einer Dekoration. Und nicht nur das: Neben ihm war noch eine zweite Kopfzier sichtbar, eine Art dunkler Distel. Man ahnte, daß sie sich auf dem Haupt Mussolinis befand. Der war nämlich auch dabei und gleichfalls so klein, daß er nicht über den Wagenrand blicken konnte. Ich ließ ihn unerwähnt, weil ich befürchtete, in Deutschland werde man den neuen Bundesgenossen Hitlers so despektierlich nicht darstellen wollen.

Es ist übrigens damals bei Gegnern Hitlers und Mussolinis nicht üblich gewesen, Nationalsozialisten und Faschisten in einen Topf zu werfen, wie es seit dem Zweiten Weltkrieg unter dem Einfluß der stalinistischen Agitation auch in der Bundesrepublik Mode geworden ist. Die Zeitgenossen sahen das genauer. Gesetzt den Fall, es konnte einer Mitte der dreißiger Jahre wählen zwischen einem Leben unter Mussolini oder unter Hitler, so brauchte er sich das nicht lange zu überlegen und schon fand er sich in Rom wieder. Mochten die beiden Systeme in der Theorie manche Ähnlichkeit aufweisen, in ihrem Verhältnis zum einzelnen unterschieden sie sich wie ein Gemüsemarkt von einem Kasernenhof.

Ein emigrierter Kunsthistoriker, der die Protektion des Vatikan genoß, bestätigte diese Beurteilung. Er riet mir, erst einmal in Deutschland ein Examen abzulegen, in jedem Fall aber auf der

Rückreise in Orvieto anzuhalten und dort im Dom die Fresken von Signorelli, »Das Jüngste Gericht«, kennenzulernen. Das sei der richtige Ausblick auf unsere Zeit.

Ich folgte seinem Rat. Orvieto krönt einen Felsensarg, der sich hundert Meter hoch aus der Ebene erhebt. Seine Flanken fallen senkrecht in ein Meer von Weinstöcken ab. Die Päpste flüchteten sich bisweilen dort hinauf; die Stadt galt als uneinnehmbar. Die uralten Steinhäuser drängen sich auf dem Plateau zusammen, sie pressen sich so eng aneinander, daß ein Turm in ihrer Mitte nach oben gequetscht wird. Er kann dem Druck nur aufwärts ausweichen und ist deshalb sehr hoch geworden. Überschüssiges Wachstum hat er in die Dicke der Mauern gelegt. Die Gassen fand ich so eng, daß die Sonne nicht hineinschien. Das Pflaster war holprig, und überall standen Fässer, die nach Weinessig rochen.

Die Stadt war voller Soldaten. Ihre Verschiffung nach Abessinien stand bevor. Zur Feier des 20. Jahrestages des Marsches auf Rom hatten sie Ausgang bekommen. Ich freundete mich mit einigen an. Es wurde viel getrunken.

Am nächsten Tag im Dom notierte ich, daß sich die nackten Leiber der Toten aus den Gräbern erhoben. Drei gepanzerte Engel verwehrten den Verdammten den Eintritt ins Paradies. Grüne Teufel erfaßten die Entsetzten, verbissen sich im Gewühl ihrer Körper und schleppten sie zum Eingang der Hölle. Engel musizierten währenddessen für die Seligen und bekränzten die Verzückten. Der Antichrist erweckte Tote und predigte dem Volk, während die Kirchen entweiht, die heiligen Gefäße geschändet, die Priester abgeschlachtet wurden.

Sieben Jahre waren seit der Entdeckung Amerikas vergangen. Vierzig Jahre später wird Michelangelo sein »Jüngstes Gericht« malen. Dieses hier ist deswegen furchtbarer, weil keine Kulissen, keine Zutaten, nicht Landschaft, nicht Tier oder Pflanze den Blick abziehen können von den grauenhaft sachlich dargestellten Vorgängen, welche den Sünder erwarten. Der Schrecken des Höllenglaubens ersteht in nackter Schärfe und Kälte. Kein Gott, keine Mutter Gottes hilft. Entkleidet und bloß, auf einer Erde ohne Verstecke wird der Verdammte vom Bösen ergriffen. Die Schrecknisse überwiegen die Entzückungen der Heiligen bei weitem, das Grauen vor dem Ende ist echter als das Lob der Seligkeit.

Beinahe schon außerhalb des Rahmens der »Taten des Antichrist«

stehen in schwarzen Gewändern die beiden Künstler. Das vergeistigte Antlitz des Fra Angelico schaut ernst auf die Frevel. Seine Hand weist auf die wenigen, welche am Antichrist zweifeln. Zu seinen Füßen wird ein Mann erwürgt und liegt ein Mönch mit gespaltenem Schädel.

Massig und groß steht neben dem verehrten Lehrer der etwa fünfzigjährige Signorelli. Blondes Haar umrahmt sein breites, tief zerfurchtes Gesicht. Aus den herabgezogenen Mundwinkeln sprechen die Erfahrungen der Sünde und des Zweifels. Seine Augen blicken den Betrachter durchdringend an, und durch ihn hindurch, quer über Raum und Zeit, haften sie auf den Greueln des Hölleneingangs. Er hält die Hände gefaltet, nicht betend, nicht ergeben, nicht schmerzlich. So faltet einer die Hände, dem der Tod keinen Schrecken bedeutet. So steht vor seinem Werk ein Mann, der das Grauen der Erde durchlebt hat, der nicht mehr richtet und nicht verzeiht, sondern darstellt. Das Leid der Geschöpfe ist ihm vertraut. Er hat selbst gemordet und geliebt, verfolgt und ist verfolgt worden. Die Teufel haben ihn gejagt, mit den Engeln hat er gerungen. Er hat die Abgründe und Höhen seines Innern dargestellt. Die Dämonen haben keine Macht mehr über ihn, und ob sein Leib durch die Pest umkommt oder durch das Schwert, das gilt ihm gleich, er bangt vor keinem Diesseits oder Jenseits. Er durchschaut die Geheimnisse des Geschehens, furchtlos und ohne Hoffnung angesichts des Endes.

Daß mir diese Weltuntergangsstimmung der Fresken so vertraut war, hatte wohl auch etwas damit zu tun, daß die dreihundert Mark der Großmutter bis auf ein paar Lire zusammengeschmolzen waren. Drei Tage in Florenz konnte ich noch finanzieren, wenn ich nur trockenes Brot aß; Bologna mußte ich mir schenken. Da die Rückfahrkarte nur bis Chiasso galt, hieß es von dort bis jenseits Locarno den invaliden Koffer über die Landstraßen zu schleppen. Es gab Kaiser, die ärmer nach Deutschland zurückkehrten. Ich beschloß, weiter zu studieren, solange das ohne Eintritt in eine Nazi-Organisation möglich war. Meine Eltern waren bereit, für mich noch einmal in die Tasche zu greifen.

Freiburg

Um die Mitte der dreißiger Jahre lag Freiburg im Breisgau wie eine glückliche Insel außerhalb der Turbulenzen des Dritten Reichs. Jedenfalls konnte einem das so erscheinen, wenn man die dunkelgrünen Wälle des Schwarzwalds betrachtete; sie schirmten die Stadt nach Osten ab gegen den unruhigen, kriegslüsternen Rest des Reiches. Freiburg war in die Vorberge geschmiegt und nach Westen gewandt. Es blickte auf den Kaiserstuhl und über das Rheintal hinweg zu den zarten blauen Linien der Vogesen. Von dort her kamen der Wind und der Regen. Man fühlte sich dem Elsaß nahe und der Schweiz. Das war schon an dem Duft der Gerichte zu spüren, der aus den Küchen drang. Der Kaiserstühler und Markgräfler Wein gab sich noch nicht so hochgestochen wie heute, aber er trank sich damals schon recht gut.

Freiburg war nicht durch Aufmarschgelände und Triumphstraßen, nicht durch Monumentalbauten und Partei-Hauptquartiere entstellt. Die Brunnen plätscherten fröhlich Tag und Nacht, und die Stadtbächlein murmelten durch die Straßen, ohne sich im geringsten darum zu kümmern, daß sie Verkehrshindernisse ersten Ranges darstellten. Die Bürgerhäuser scharten sich um das Münster und blickten zu dem rötlichen Filigran seiner Turmspitze auf. Wenn es einen wichtigen Mann gab, dann war das nicht der NS-Bürgermeister, sondern der Bewohner des hübschen Palais gegenüber dem Münster, also der Erzbischof. Es ging katholisch und liberal zu. Nicht umsonst hatte Erasmus von Rotterdam viele Jahre in Freiburg zugebracht. Er hätte das Holbein-Lächeln über sein Gesicht huschen lassen, wäre ihm hinterbracht worden, daß die Hauptgeschäftsstraße der Stadt für einen kurzen Augenblick der Geschichte in Adolf-Hitler-Straße umbenannt werden würde. Doch niemand hielt sich daran. Sie hieß im Alltag Kaiserstraße, sowohl vor wie auch während und nach der Nazizeit.

Ich stürzte mich wieder ins Studium, schrieb die italienische Reise nieder und gleichzeitig ein fünfaktiges Drama über König Enzio von Hohenstaufen – es ist zu Recht verlorengegangen –, verfaßte einen burgundischen Liederzyklus, ohne je in Burgund gewesen zu sein, und vertiefte mich erneut in mittelalterliche Staatsphilosophie und Ketzergeschichte. Beides hatte mich bereits in Jena zu fesseln begonnen, als ich mich der heiligen Elisabeth von Thüringen, Friedrich dem Zweiten und Dantes »Monarchia« widmete.

Warum diese Faszination für das Mittelalter, während sich die Gegenwart einer schrecklichen Explosion näherte? Die Italiener kämpften sich auf Addis Abeba vor, die europäischen Mächte mischten sich mit Panzerschiffen, Bombenflugzeugen und kaum getarnten Freiwilligen-Verbänden in den spanischen Bürgerkrieg ein, Stalin liquidierte seine ehemaligen Kampfgenossen und entledigte sich unsicherer Generale, das japanische Militär überschritt die Marco-Polo-Brücke und besetzte Peking, die blutigen Zusammenstöße zwischen Juden und Arabern in Palästina häuften sich, Hitler feierte mit der Olympiade in Berlin ein unheildrohendes, muskelprotzendes Friedensfest. Einer meiner Freunde zitierte bereits seitenweise Spenglers »Untergang des Abendlandes«, um das sinnlose Zappeln einer Spätzivilisation vor dem Einfall der Barbaren zu demonstrieren. Wäre es unter diesen Umständen nicht sinnvoller gewesen, Handbücher über den Bürgerkrieg oder die Werke von Machiavelli, Clausewitz und Lenin zu studieren?

Die Erklärung liegt nahe, daß man sich gern in entlegene Zeitalter flüchtet, wenn einem das eigene weder behagt noch eine Handhabe bietet, es zu ändern. Ich glaube aber, daß ich bei dem Versuch der Klärung meiner Anschauungen und angesichts einer aus den Fugen krachenden Welt nach Orientierungspunkten suchte, auf die Verlaß war. Vielleicht fand sich eine Richtschnur in den Geburtsstunden der Neuzeit. Mit den antiken Stoikern war ich aufgewachsen. Ihre Gedanken hatten sich im 15. Jahrhundert mit denen der christlichen Philosophie zu humanen Verhaltensregeln gemischt; man konnte ihre Brauchbarkeit kontrollieren anhand der erstaunlichen Erfindung des Naturrechts.

Zwei krankhafte Wucherungen bedrohten diesen neuen Humanismus. Da war die Verlockung der Tyrannis, des machtbesessenen, des absoluten Herrscherwillens. Das Beispiel jüngster Zeit lag jenseits des Schwarzwalds zum Greifen und zum Fürchten nahe. Da war andererseits die Herausforderung der Vernunft durch den christlichen Fundamentalismus. Es gab eine gedankliche Linie, die von strikter Bibelgläubigkeit über die Abwendung von der Welt zu den auserwählten Kindern Gottes führte; wenn's sein muß, durch Feuer und Schwert würden sie die sündige Menschheit erlösen. Zwischen diesen Elementen und ihren Mischungen bewegte sich das Abendland hin und her, ehe es die Idee der Gleichheit gebar in ihren befreienden und bedrückenden Ausformungen; ehe es von der Freiheit zum Dienen sprach und sie mit der Freiheit zur Gewalt verwechselte; ehe es den Widerstand gegen den ungerechten Herrscher begründete und alsbald gegen die gerechte Vernunft zu Felde zog.

Das »Lob der Torheit« und die »Utopia« waren die beiden Werke, in denen sich zu Beginn der Neuzeit die erreichbare Einsicht spiegelte. Die Ironie des Erasmus und das angelsächsische Understatement des Thomas Morus erschienen mir als die schönsten Mittel der Selbstbehauptung in den Stürmen des eigenen Zeitalters. Ein Seminar bei Gerhard Ritter erschloß mir diese Quellen. Ich schrieb eine Seminararbeit über die »Lehre vom gerechten Fürsten und gerechten Krieg«. Nimmt man diese Seminararbeit als Beweis, so hatte sich vier Jahre nach seiner Machtübernahme Hitlers Gedankengut auf der Universität noch nicht entfalten, geschweige denn durchsetzen können.

Das lag in erster Linie an Gerhard Ritter selbst. Er war noch nicht der große, alte Mann der deutschen Geschichtswissenschaft, als der er nach dem Kriege in Ansehung seiner Gestapohaft verehrt und angefeindet wurde. Untersetzt, kurzsichtig und etwas vorgebeugt eilte er mit einem Stoß Büchern unter dem Arm ins Kolleg; dort begann er ohne Umschweife vorzutragen, wobei er sich dicht über seine Ausarbeitungen beugte, um Zitate richtig wiedergeben zu können. Bisweilen hüstelte, häufiger stockte er, wenn er die in einer kleinen, schlingenreichen Schrift niedergeschriebenen Kernsätze nicht entziffern konnte. Alsbald suchte er die verlorene Zeit mit verdoppelter Eile des Vortrags wieder einzuholen. Er tat es mit einer hessisch gefärbten Stimme, ohne auf Wohllauten zu verweilen, ohne prächtige Kadenzen und hallende Fermaten. Es ging alles sehr sachlich zu, ohne spitze Anzüglichkeiten oder rhetorische Kniffe; um ehrlich zu sein, seine Kollegs waren kein Feuerwerk. Der blendende Effekt lag dem Protestanten Ritter fern. Doch ahnte man hinter der Fülle der Details den ordnenden Kopf und die Entschiedenheit des Urteils. Ritters Hinwendung zum Widerstand im Dritten Reich war noch nicht so offen vollzogen, daß ihm die Aufsichtsbehörden etwas am Zeug flicken konnten. Immerhin erkannte er ja als überzeugter Kleindeutscher und Bismarckianer gewisse Verdienste Hitlers um die Beseitigung der Versailler Fesseln durchaus an. Neben allen Rechts- und Gesetzlosigkeiten störten ihn aber besonders die großdeutschen Ambitionen der Staatsführung. Auf die Rechtfertigung solcher Firlefanze ließen sich seine Vorlesungen nicht ein, sie stützten keine nebulösen Ansprüche, sondern förderten gesicherte Erkenntnisse, wie sie aus der Analyse von Urtexten durch viele Generationen von Historikern erarbeitet waren. So korrigierte er, um nur ein Beispiel zu nennen, in unseren Köpfen das verzerrte Bild von Metternich, indem er die fast übermenschliche Anstrengung schilderte, mit der von ihm auf dem Wiener Kongreß aus der napoleonischen Staatenwelt eine europäische Friedensordnung gestaltet wurde – zwischen tausend Ansprüchen der Emporkömmlinge wie der abgesunkenen Mächte lavierend. Der Deutsche Bund, ein lächerlicher Popanz in vielen preußischen Augen, erstand vor uns als ein imposanter Interessenausgleich zwischen allen Mächten Europas.

Meine Arbeit über den »gerechten Fürsten und gerechten Krieg« fiel Ritter auf, er machte mich zu seinem Amanuensis (wofür es sogar etwas Geld gab) und lud mich einmal wöchentlich zum Mittagessen ein. Manche seiner Äußerungen im privaten Kreise hätten ihn um Kopf und Kragen bringen können. Andere stimmten mich skeptisch. Das gilt besonders für seine Lobeshymnen auf die Rolle Preußens in der deutschen Geschichte. Aber ich hielt mit meinen Entgegnungen an mich. Für ein Streitgespräch fehlte es mir noch an verwendbarer Munition.

Meine Tätigkeit für ihn bestand darin, daß ich seinen Schaffensdrang mit Stapeln von Büchern aus der Universitätsbibliothek fütterte und bei der Übersetzung von lateinischen Unterlagen für seine mehrbändige Geschichte der Heidelberger Universität half. Ich las nebenher seine Biographien: Freiherr vom Stein, Friedrich II., Luther – und verkniff mir vor Respekt das Lachen, wenn ich hörte, daß er, in friderizianischer Uniform, die weiße Perücke auf dem Kopf, das Menzelsche »Flötenkonzert in Sanssouci« nicht nur optisch zelebrierte, sondern auch akustisch. Er spielte gut Flöte und hatte Verständnis für meine musikalisch-theatralischen Seitensprünge. Die gründeten sich auf die Freundschaft mit einem amerikanischen Musikstudenten namens Newell Jenkins. Meine Großmutter ließ sich als junge Frau in Dresden ihre Zähne bei einem amerikanischen Dentisten untersuchen. Er hieß Jenkins und muß in der guten Gesellschaft der sächsischen Residenz äußerst beliebt gewesen sein. »Er war teuer und tat nicht weh«, soll meine Großmutter über ihn gesagt haben. Offenbar hatte er sich nicht nur mit der Tätigkeit am Bohrer begnügt, sondern später in Boston eine Zahnpasta erfunden, die in der Welt auch heute noch Ruf und Namen hat. Daraus floß der Familie so viel Geld zu, daß sein Enkel in Deutschland sorglos studieren konnte. Er hatte sein Deutsch auf dem Konservatorium in Dresden gelernt und war dann nach Freiburg übergesiedelt. Eines Abends lernte ich ihn in der Künstlerklause neben dem Theater kennen. Wir hatten einer Tanzvorführung der Gret Palucca beigewohnt, kannten beide ihren Begleiter am Flügel und waren im Nu in den Austausch Dresdner Lokalwitze vertieft. Für einen Amerikaner meisterte er die Feinheiten der sächsischen Sprache bemerkenswert gut. Dieser Abend führte zur Gründung eines Madrigalchors, und nach dessen ersten öffentlichen Darbietungen entwickelte sich daraus der Plan, eine barocke Oper aufzuführen.

Die musikalische Welt des Barock wurde nach dem Kriege von Newell Jenkins in zahllosen Schlössern, Bibliotheken, Antiquariaten und Klöstern Amerikas und Europas durchforscht und publiziert – damals eröffnete sie sich ihm gerade. Für mich war es eine Erholung von der strengen Disziplin vorreformatorischer Ketzerschriften. Ich löste mich für eine Weile von dem Grau und Schwarz der Prediger, die es mit dem Glauben so genau nahmen, daß sie ihn in viele kleine Teile spalteten. Die heidnische Sinnenfreude der Oper war verlockender.

Jenkins wählte Henry Purcells Oper »Dido and Aeneas«. Das war nun eine anspruchsvolle Sache. Die gute Tante in Amerika stiftete ein paar tausend Dollar. Die Bühne des Kleinen Hauses in Freiburg wurde gemietet. Kostüme wurden geschneidert, Noten vervielfältigt, Dekorationen gefertigt und die Anreise von Talenten bezahlt, welche die Soloparts übernehmen sollten. Da die traurigsüßen Geschicke der afrikanischen Königin Dido für ein vornehmes Mädchenpensionat in London komponiert worden waren, gab es viele Rollen für junge Damen des Hofes. Wir führten die Oper englisch auf. Jenkins mobilisierte zwischen New York, London und Florenz eine Reihe amerikanischer Musikstudentinnen seiner Be-

Anglo-American Club

Tuesday, 14th December at 8 30 p. m.
Friday, 17th December at 8 30 p. m.

in the Kammerspielhaus

Incidental Music to A Midsummer Night's Dream of Shakespeare from the opera The Fairy Queen by Henry Purcell - - - -

(Prelude - Hornpipe - Overture - Air - Rondeau - Entry Dance - Hornpipe - Dance for the Fairies - Chaconne)

DIDO AND AENEAS

An Opera by Henry Purcell, words by Nahum Tate based on the arrangement of Edward J. Dent

Dramatis personae:

DIDO, OR ELISSA, QUEEN OF CARTHAGE	Georgiane Schenck
BELINDA, A LADY-IN-WAITING	Hedwig Graus
A SECOND WOMAN	Margarete Billich
A SORCERESS	Susanna Muser
FIRST WITCH	Evelyn Smith
SECOND WITCH	Paula Kiefer
A SPIRIT IN GUISE OF MERCURY	Evelyn Smith
AENEAS, A TROJAN PRINCE	Hans Prandhoff
A SAILOR	Franz Holler

COURTIERS, WITCHES, AND SAILORS

CONDUCTOR	Newell Jenkins
HARPSICHORD	Julia Menz - Munich
BASSO CONTINUO	Dr. Hugo Rothweiler and Anton Stingl
PRODUCER	Peter v. Zahn
SCENERY	Rudolf Gugel

CHOREOGRAPHY AND DANCES
Meta Menz and Bianca Rogge, Sonja Dietsche, Hilde Bühler, Bert Norbert, Giuseppe Mosena

Harpsichord: Maendler-Schramm, Munich

The Proceeds will go to the Winterhilfswerk

Intermission after Scene II

Programmheft zur Aufführung von Purcells »Dido and Aeneas« im Dezember 1937; Peter von Zahn zeichnet als »Produzent«.

Als Student in Freiburg i. Br.; verträumt oder verliebt oder beides.

kanntschaft. Zusammen mit den örtlich rekrutierten Hexen, Matrosen, Jägern und verschlagenen Trojanern stellten sie für einen Wintermonat Freiburg auf den Kopf. Es geht die Sage, daß wir – durstig, wie man vom langen Singen wird – in einer der Kneipen nahe dem Stadttheater einen ganzen Jahrgang eines bestimmten Kaiserstühler Weins ausgetrunken hätten.

Englisch sprechen konnten damals in Süddeutschland die wenigsten. Der Studentenaustausch litt unter den politischen Auflagen des Dritten Reichs. Auslandsreisen waren durch die Devisenbewirtschaftung fast unmöglich geworden. Die Invasion lebenslustiger und unabhängiger Mädchen aus Übersee brachte also einen Hauch von großer Welt zwischen die Stadtbächle. Das wiederum zog Freunde an wie der Honig die Bären. Es waren meistens junge Leute, die es mit dem Studium nicht so genau nehmen mußten, weil sie Landgüter und Herrenhäuser und im Ausland weitverzweigte Familien hinter sich wußten. Sie hatten sich Freiburg als Zufluchtsort ausersehen, da man dort 1937 im Café »Birlinger« noch unbehelligt über die politische Lage lästern konnte. Es ließ sich europäisch und nicht nur großdeutsch leben. Die Freunde hatten Autos oder mindestens ein Motorrad. Sie sorgten für den Transport oder dienten als Dolmetscher und Bärenführer der geigenden und singenden Mädchen aus dem Ausland. Sie erinnerten an die jungen Aristokraten im Paris und London des späteren siebzehnten Jahrhunderts, die ein Vorrecht auf die Künstlerinnen hatten und während der Aufführung auf der Bühne saßen.

Jenkins und ich arbeiteten währenddessen hart. Er an Orchester und Chören, ich an der Produktion und allem anderen. Das reichte von der Abfassung aufmunternder Artikel in den Freiburger Zeitungen bis zum Druck der Eintrittskarten.

Heute würde man für die Rolle der afrikanischen Königin ohne Zweifel eine Schwarze engagieren. Wir hätten diesen Einfall abgelehnt, jedoch nicht aus Gründen der Nazi-Zensur. Uns kam es auf historische Genauigkeit an. Die Londoner Pensionatsmädchen waren nicht farbig. Purcell hat sich die Königin von Karthago sicher nicht als Mohrin vorgestellt. Die Herkunft der Herrschergruppe aus Phönizien schloß das aus. So wurde denn die verlassene, enttäuschte Königin durch ein amerikanisches Mädchen dargestellt. Es sah zerbrechlich aus. Die Stimme allerdings, die das schluchzende »Remember me« der Schlußarie singen sollte, war überraschend groß.

Sie hatte bei einer Lehrerin in New York als erstes Brüllen gelernt. Das war damals der letzte Schrei. Bei dieser Technik behielt sie aber soviel mädchenhafte Süße, daß die beiden Aufführungen ein großer Erfolg wurden – hauptsächlich ihretwegen und noch mehr für sie selbst, in die sich mindestens drei meiner Freunde verliebten. Erfolg aber auch für Jenkins, obwohl der vor der Erstaufführung seine Noten zu Hause liegen ließ und es erst merkte, als er hinter das Dirigentenpult stieg, bleich, mit roten Flecken auf den Wangen.

Ich teilte damals die Studentenbude mit Ernst-Herbert von Falkenhausen. Er entstammte einer schlesischen Adelsfamilie, die ihren Titel einem Hohenzollernschen Seitensprung verdankte. Das Geld für ihre weitläufigen Güter hatte ein preußischer Landwirtschaftsminister namens Friedenthal erworben; er war Jude. Von seinen Genen konnte gemäß den Mendelschen Gesetzen in Ernst-Herbert nur noch ein Viertel vorhanden sein, weshalb die Nürnberger Rassengesetze auf ihn nicht angewendet wurden. Dennoch brachte diese Erbschaft merkliche Unsicherheiten in sein Leben. Seine Brüder waren große, kräftige Geschöpfe, er aber, klein und knochig mit Riesennase und krummen Beinen, konnte eher als ein Ritter von der traurigen Gestalt gelten. Das Bedürfnis nach Kompensation war deutlich zu spüren. Er fuhr Motorrad wie der Teufel, schoß Enten im Flug, spielte Bridge wie ein Professioneller und tat sich mit seiner dröhnenden Stimme etwas auf seine Ausbildung als Leutnant der Panzerwaffe in einem feudalen, ehemaligen Reiterregiment zugute. Er studierte aus Neigung Chemie und wurde deshalb in unserem Freundeskreis ein wenig über die Achsel angesehen. Er war eine treue Seele. Nicht nur den Sitz hinter ihm auf dem Motorrad räumte er mir ein, sondern er teilte auch brüderlich die Pakete mit mir, die ihm von zu Haus geschickt wurden: gebratene Rebhühner und Fasanen zumal. Sie verschönten unsere Speisekarte, die sonst recht eintönig aussah: Grießbrei am Morgen, Haferflocken am Abend und am nächsten Tag die umgekehrte Reihenfolge. Unserem Zimmer gegenüber auf der anderen Seite des Korridors wohnten die beiden Töchter der Wirtsleute. Wir arrangierten uns mit ihnen, ohne daß die Teilung Probleme aufwarf.

Das ländliche Leben, das ich während der Semesterferien auf dem Falkenhausenschen Gut in Oberschlesien kennenlernte, schien um die Jahrhundertwende stehengeblieben zu sein. Wie einst, aber nicht mehr so gewinnbringend, stand die Schnapsbrennerei mit rauchendem Schlot weithin sichtbar zwischen den Rüben- und Kartoffelfeldern. Der eigentümliche Geruch von Melasse mischte sich mit dem Duft aus langen Schweineställen. Er durchzog das Herrenhaus ebenso wie die Reihen winziger Hütten, in denen die Gutsarbeiter wohnten. Manche ihrer Frauen küßten der Gutsherrin den Rocksaum, wenn sie vorbeikam. Zum Bahnhof in der nächstgelegenen Stadt Neiße fuhr man mit dem Zweispänner und nicht mit dem Auto, der Kutscher war nur nebenbei auch Chauffeur. An den Geburtstagen der Herrschaft wurden vom Dorf gratulierende Delegationen entsandt, zum Erntefest lud der Gutsherr das Dorf zum Tanz in die Schenke. Es gab reichlich Dienstpersonal. Zu den Mahlzeiten servierte ein Diener in weißen Handschuhen. Seine Frau kochte die schmackhaftesten böhmisch-österreichischen Gerichte. Die Familie Falkenhausen trug die typische Baronenkleidung: Knickerbocker und Jacken aus bräunlichem Stoff mit grünen Aufschlägen und Hornknöpfen, am grünen Jägerhut einen kleinen Federbusch und bei Regen oder Kälte den Lodenmantel. Die braunen Halbschuhe wurden in Prag handgefertigt. Es wurde fleißig Karten oder Schach gespielt; gelesen wurde wenig, obwohl die Halle des Herrenhauses mit Teilen der ehemals Humboldtschen Bibliothek bis zur Decke gefüllt war. Ernst-Herberts Mutter allerdings, eine geborene Gräfin Schaffgotsch, malte vertracktes Abstraktes und las ausgefallene französische Romane. Sie lebte meistens in Berlin oder in Wien.

Das Hauptvergnügen der Männer war die Jagd. Neben der »Grünen Woche« in Berlin und den Rennen zu Hoppegarten teilte sich das Jahr hauptsächlich nach den Schonzeiten für dieses oder jenes Getier auf. Wenn es im Herbst auf Fasanen, Hasen und Rebhühner ging, lud man sich Freunde von weither ein. Die Damen in grüner Jagdkleidung gingen hinterher, schossen wohl auch manchmal mit.

Die Treiber gingen zwischen Getreidekoppeln und Rübenschlägen. Da knallten doppelläufige Jagdflinten, da schwirrte das Volk der Rebhühner, da schlug das Karnickel seinen Haken und fiel der Fasan nach schwerfälligem Fluchtversuch als ein Bündel schimmernder Federn in die Furche. Danach lief im Herrenhaus das heiße Wasser in die Bäder, und zum Dinner erschienen die Herren im Smoking, die Damen mit schwerem Geschmeide über den nackten Schultern. Die Gespräche an der Tafel waren offen. Alle kannten einander, fast alle duzten sich; wer nicht zu den Nazis neigte, brauchte sich nicht zu tarnen. Doch schimpfte diese Schicht von Großgrundbesitzern in den Jahren 1936/37 nur wenig. Man war bis vor kurzem noch hoch verschuldet gewesen und stand nun dank auskömmlicher Stützpreise wirtschaftlich wieder auf eigenen Beinen; man wetterte ein bißchen gegen den Bau von Autobahnen, der so viel Land seiner eigentlichen Nutzung entfremdete, aber das war kein genereller Einwand, sondern eher der Standpunkt von Leuten, durch deren Fluren gerade eine neue Autobahn abgesteckt wurde. Die SA mischte sich nicht mehr ein, der Kreisleiter war vernünftig, wenn man ihn manchmal zum Essen oder gar zur Jagd einlud, seine Frau war schrecklich, die ganze Bande »portierisch«, wie man zu sagen pflegte, aber die Ablehnung ging nicht tief, wurde auch nicht grundsätzlich moralisch oder religiös motiviert. Wäre nicht dieser oder jener seiner Abstammung halber gekränkt worden, so hätte in diesen Jahren relativer innerer Ruhe und in diesen Kreisen merkbarer Prosperität ein Widerstand gegen Hitler kaum begeisterte Unterstützung gefunden; nur bei denen, die Beziehungen zum Heer pflegten, konnte man auf Gegnerschaft aus außenpolitischen Gründen hoffen. Denn daß die extrem schnelle Aufrüstung längst nicht mehr ein Mittel der Arbeitsbeschaffung war, sondern auf hohes Kriegsrisiko hinsteuerte, das wurde nicht bezweifelt. Wer häufiger ins Ausland kam, sprach wohl auch von Hitler als dem Häuptling eines angehenden Räuberstaates.

In den Häusern meiner Bekannten auf dem Land rings um Freiburg ging es materiell bescheidener, aber geistig aufrührerischer zu. Hier herrschte eine aus katholischer Tradition sich speisende Opposition vor. Der Bruder des einbeinigen Grafen Kageneck, mit dem ich befreundet war, wäre als Assistent von Papen am 30. Juni 1934 beinahe erschossen worden. Er hatte die Geistesgegenwart, der SS-Wache vor seinem Berliner Büro in bestimmtem Ton zu sagen, er müsse nun zum Zahnarzt. Das genügte, um am Abend in Munzingen am Kaiserstuhl aufzukreuzen, wo man ihn schon als Toten beklagte. Daß er und seine Familie auf diesen Staat nicht gut zu sprechen waren, versteht sich von selbst. Sein Bruder Alfred hatte schon früh ein Bein verloren. Er machte die mangelnde Beweglichkeit wett durch unaufhörliches Klettern in den Stammbäumen des europäischen Adels. Seine genealogischen Kenntnisse waren profund. Die Rassen- und Zuchttheorien der Nazis nötigten ihm nur ein verachtungsvolles Lächeln ab.

Ich verkehrte gern in Neuershausen am Kaiserstuhl, dem Wohnsitz der verwitweten Mady Marschall von Bieberstein. Ihr Mann war Draufgänger, Kriegsflieger und Freund von Göring gewesen; nach der Trauung verbrachten sie ihre Hochzeitsnacht im Schlafwagenzug zur ostpreußischen Grenze. Dort schloß er sich einer Expedition Sven Hedins nach Tibet an; bei seiner Rückkehr ein Jahr später fand er einen Sohn vor, zeugte einen weiteren und kam bei einem Unfall ums Leben. Mady war eine jüngere Schwester der Lyrikerin Marie Luise von Kaschnitz. Sie schrieb zwar keine Gedichte, zeigte sie jedenfalls nicht vor, lebte aber auf sehr poetische Weise in ihrem verfallenden Schlößchen mit wenig Geld und einer alten Dienerin. In allen Zimmern lagen aufgeschlagene Bücher und halbfertige Briefe; über dem Salon dräute das Porträt des älteren Marschall als Botschafter in Konstantinopel. Fragen der Hitlerschen Politik und Diplomatie entlockten ihr Orakelsprüche nach Art der Kassandra – kein Wunder, war sie doch befreundet mit einem Sekretär der britischen Botschaft in Berlin. Ich begegnete Con O'Neill noch bevor er aus Protest gegen Chamberlains Mitwirkung am Münchner Abkommen seinen Dienst quittierte. Er folgte damit Außenminister Edens Abgang in die Wüste, machte aber nach dessen Wiederaufstieg unter Churchill eine Blitzkarriere; so sehr vertraute ihm Anthony Eden, daß O'Neill bei erster Gelegenheit nach dem Kriege Mady Marschall – man denke, eine Deutsche! – heiraten konnte. Sie folgte ihm, als er Geschäftsträger in Peking wurde, starb aber viel zu früh, bevor er als einer der ranghöchsten Beamten im Foreign Office über den Eintritt Englands in die Europäische Gemeinschaft verhandelte. Da er seinen Stammbaum über tausend Jahre hinweg auf einen der irischen Könige zurückführen konnte, muß ihm diese stille Rache an England wohlgetan haben. Ich erwähne Mady und Con O'Neill nicht, weil sie so romantische Namen trugen und poetische Schicksale hatten, sondern weil beide später in meinem Lebenslauf eine wichtige Rolle spielten.

Es hat sicher Leute gegeben, die meinen Freundeskreis als Adelsclique bezeichneten. Das war nicht ganz unrichtig. Da war der Sohn eines Kammerherrn des Kaisers. Jedes Jahr am 27. Januar machte er seine Aufwartung im holländischen Exil Wilhelms II. Da war der Erbe mehrerer dänischer und holsteinischer Güter, dessen Ahn sich in Hamburg mit klassizistischen Bauten und dem Jenisch-Park der Nachwelt eingeprägt hat. Der Austausch von Meinungen war in dieser Gesellschaft frei und leicht. Wir lebten in einem Staat der Denunzianten; doch gab es ja auch noch so etwas wie Standesehre. Hatte unsere Schicht diesen Begriff zum alten Eisen geworfen, so lebte er zwangsläufig in der Opposition gegen einen Parvenu wieder auf. Standesehre (von der nach 1945 keine Rede mehr war) erlaubte uns, einander zu trauen. Wir entwarfen in vorgerückter Stunde bisweilen Pläne für die Gründung eines oberrheinischen Staates und seine Sezession vom Reich. Er erstreckte sich von Basel nach Karlsruhe und wurde durch Schwarzwald und Vogesen begrenzt. Die Ämter und Privilegien dieses Phäakenlandes waren fein ausgeklügelt und wurden unter uns sorgfältig verteilt. Nazis standen sie nicht offen. Insofern äußerte sich in solchen Plänen eine handfest reaktionäre Gesinnung. Sie ging jedoch nicht so weit, daß wir bürgerliche Freunde von dem Genuß der Schnecken und Nierle des oberrheinischen Staates ausgeschlossen hätten.

Am nächsten stand mir Michael Vermehren, mit dem mich seit den Freiburger Tagen eine lebenslange Freundschaft verknüpft. Seine Schwester Isa, die mit der Knautschkommode und »Eine Seefahrt, die ist lustig« in Werner Fincks Berliner Kabarett »Katakombe« auftrat, kannte ich schon seit der unglücklichen Berliner Studienzeit. Nun also der Bruder; er hatte an der London School of Economics studiert und kam wohl wegen Professor Eucken und dessen neoliberaler Theorien über Marktwirtschaft nach Freiburg. Ob Vermehren Wirtschaftsprüfer oder Journalist werden würde, war noch nicht entschieden. Jedenfalls brachte er eine ordentliche Portion hanseatischen Pragmatismus in unsere politischen Diskussionen. Er warnte besonders vor der damals in Deutschland üblichen Unterschätzung Englands als einer dekadenten Demokratie.

Ein anderes Mitglied unserer Runde kam ebenfalls aus dem hohen Norden. Er hieß Johann Jebsen, trug nur die feinsten schwarzen Anzüge und einen Hand-s-tock mit silberner Krücke. Er hatte, glaube ich, ein eidetisches Gedächtnis – was er gelesen hatte, konnte er in beliebiger Länge auswendig aufsagen. Das tat er mit Vorliebe, wann immer sich ein Zitat von Oswald Spenglers »Untergang des Abendlandes« anbringen ließ. Er studierte Jura und verlangte eines Tages von seinem Professor nähere Auskünfte über das Seerecht. Der nannte ihm eine Reihe von Fachbüchern, mit denen er sich vertraut machen solle, um dann wiederzukommen. Jebsen stand zur Verblüffung des Professors bereits am übernächsten Tag wieder vor ihm. Er habe alles gelesen. Was gäbe es noch? Der Professor hielt das für einen Witz und bekam ein fassungsloses Gesicht, als ihm Jebsen lange, schwierige Passagen aus verschiedenen dicken Wälzern wortwörtlich zitierte.

Jebsen war ein Neffe von Hjalmar Schacht. Er scheute sich nicht zu prophezeien, daß er binnen kurzem Millionär sein werde. Hitler und seinen Männern sagte er nichts Gutes voraus, und zwar laut und ohne Rücksicht auf Umstehende. Er war vollkommen furchtlos. So drang er eines Tages ins Büro des Polizeipräsidenten von Freiburg vor, schlug mit seinem Hand-s-tock auf den Schreibtisch und verlangte in unmißverständlicher Sprache die sofortige Freilassung von Duschan Popoff. Der war wegen abschätziger Bemerkungen über Hitler und bösartiger Korrespondentenberichte an seine jugoslawische Zeitung festgenommen worden. Der Parteibonze war so verblüfft, daß er Popoff aus der Haft entließ und aus dem Lande wies. Einige der »böswilligen« Berichte hatte ich Popoff als Ghostwriter geliefert, ohne zu wissen, daß ich damit einem der geschicktesten Doppelagenten unsrer Zeit zur Hand gegangen war. Er hat seine Geschichte dreißig Jahre nach den Geschehnissen und kurz vor seinem Tode selbst erzählt, weshalb hier nur vermerkt werden soll, daß er wahrend des Krieges von Jebsen für die Abwehrorganisation des Admiral Canaris angeworben wurde und in dessen Auftrag verschiedene Missionen in England zur vollsten Zufriedenheit der Abwehr erledigte. Die Zufriedenheit war so erstaunlich nicht. Popoff stand gleichzeitig in den Diensten des britischen M5 und wurde reichlich mit Spielmaterial versorgt.

Popoffs Berichte wurden nach der alliierten Invasion in Frankreich als Material des M5 entlarvt, Jebsen wurde in Madrid von der SS in einen Schrankkoffer gezwängt und ins KZ Oranienburg eingeliefert. Dort sah ihn Michael Vermehren noch am Leben. Popoff, nunmehr in der Uniform eines englischen Offiziers, verbrachte das erste Jahr nach dem Kriege mit der Suche nach Jebsen in allen Winkeln Deutschlands. Er konnte aber nur seinen Mörder finden.

Nur selten kehrte ich während dieser Jahre in Dresden ein. Ich sah dann Eltern und Geschwister wie aus größerer Distanz, aber auch mit wachsender Nachsicht. In meinem Tagebuch notierte ich 1936 über eine Woche en famille:

»Die Mutter ist wie stets lernbegierig, interessiert, aufopfernd, mitteilsam. Sieht prächtig aus und läßt sich vom Besuch nicht überrumpeln. Ihre Anteilnahme an allem Geschehen ist so groß wie ihre Bereitschaft zum Verzeihen. Der Vater leidet in jeder Minute unter seinen Augen, fühlt sich in unbekannter Gesellschaft beklommen, vergißt vor lauter Höflichkeit die Rechte, die ihm seine Blindheit gewährt. Nervös, jähzornig, bisweilen ungerecht, wiederholt er seine Gedanken oft und macht stets dieselbe Art von Witzen. Sein Zutrauen zu allem, was die Zukunft anbetrifft, ist verständlicherweise gering. Er ereifert sich an kirchlichen Fragen, ermüdet aber schnell. Nur sein Bart schützt ihn vor dem sichtbaren Älterwerden. Friedrich wie stets – ruhig, logisch, von seinem Beruf gefesselt. Ein bißchen Regierungsratspose. [Seine Frau] Lore: energisch, betriebsam, manchmal unsicher, behauptet unter Schwierigkeiten ihre Stellung gegen ihren Mann. Rolf [Helm]: durch die stete Hintansetzung gelähmt und irgendwie eingeschüchtert. Zu höflich, aber keineswegs konziliant. Maria [meine Schwester]: arbeitsam, lustig nach außen, witzig, bei aller Korpulenz graziös, angenehm spöttisch. Die einzige, der gegenüber eine Verteidigungsstellung nötig.«

Mein Bruder Klaus war nicht zugegen. Ich sah ihn in jenen Jahren vor dem Zweiten Weltkrieg selten und dann gar nicht mehr. Aber manchmal werde ich noch heute auf ihn angesprochen, meistens von seinen ehemaligen Schülern am Gymnasium in Pirna.

Er war zehn Jahre älter als ich, also auch stärker und viel klüger. Als mir ein größerer Junge während der Ferien in Naumburg einen Stein ans Schienbein warf, so daß eine Beule entstand, hob ihn mein Bruder hoch und ließ ihn kopfüber aufs Pflaster fallen. Er war jähzornig und doch zärtlich. Er nahm mich auf dem Fahrrad mit und erklärte mir unterwegs, was es mit Einstein auf sich habe. »Wir werden eines Tages die Atome spalten und Spucke in Treibstoff verwandeln.« Was Spucke ist, wußte ich schon. Mehr aber nicht.

Klaus interessierte sich für alles, was mich kalt ließ: mathematische Rätsel, physikalische Experimente, technische Konstruktionen. Er erfand und bastelte sinnreiche Mechanismen, das Klingeln des Weckers zu verstärken. Das war notwendig, denn er schlief sehr fest. Alles, was er tat, tat er langsam, methodisch und geschickt. Ich dagegen war voreilig, sprunghaft und ungeschickt. Faul in der Schule waren wir beide. Dennoch wurde er später Studienrat und unterrichtete in Mathematik und Leibesübungen. Er betrieb jedweden Sport, einschließlich der Kunst, aus drei Metern Entfernung einen Kirschkern in ein Schlüsselloch zu spucken.

Ich verspürte manchmal eine gewisse Herablassung ihm gegenüber, weil ich den »Zauberberg« las und er nicht. Dafür spielte er aber Geige vom Blatt wie ein Virtuose. Ich dagegen brachte es im Klavierspiel infolge mangelnden Übungseifers nie über die frühesten Beethoven-Sonaten hinaus. Ich habe erst nach seinem Tode darüber nachgedacht, warum er während des Studiums an der Technischen Hochschule in Dresden einer schlagenden Verbindung beitrat und tatsächlich nach einer Weile mit Schmissen im Gesicht herumlief. Irgendwie paßte dieser Exhibitionismus der Männlichkeit nicht zu seinem Wesen. Auch trank er nicht gern Alkohol. Ich vermute, er schloß sich den Vertretern eines verstaubten Ehrbegriffs aus Abneigung gegen die intellektuelle Anmaßung und Unordnung an, die während seiner Studienzeit regierten. Ich fühlte mich darin eher wohl. Zu seiner Ordnungsliebe gehörte, daß er eine große und akribisch geführte Kartothek unserer Ahnen anlegte und darin auch alle Schriftproben aus Familienbriefen sammelte, deren er habhaft werden konnte. Es war interessant zu beobachten, welche Schriftzüge sich durch die Generationen vererbten und welche der Klippschule oder dem Zeitgeschmack zum Opfer fielen. Klaus war origineller und konstruktiver als ich. Man kann sich gar nicht vorstellen, was ihm alles eingefallen wäre, hätte er bereits einen Computer besessen!

Heirat mit Hindernissen

Die Freiburger Fastnacht war weder ein angestrengt ausgelassenes Künstlerfest wie der Fasching in München noch ein aufgepropftes Vergnügen wie der Karneval in Dresden. Es war eine gemütliche Angelegenheit, bei der sich Bobbeles, Studenten und Ausländer ohne strikten Kostümzwang, aber manchmal mit sehr wenig Kostüm gut mischten. Eines späten Abends machte mich Mady Marschall mit einer jungen Dame bekannt, die etwas verloren unter einem ausladenden Hut an einer Bar saß. Sie hieß Christa Ayscough und war Engländerin, sprach aber deutsch so akzentfrei, daß man erst sehr viel später merkte, wie gering der Wortschatz war, mit dem sie jonglierte. Hinter den Manieren einer Prinzessin verbarg sich die Fähigkeit, nichts von sich selbst preiszugeben. Sie war genau das Rätsel, welches ich brauchte. Ich begleitete sie zu dem kleinen Hotel, wo sie mit ihren Eltern wohnte, und sagte beim Erwachen am nächsten Morgen zu meinem Zimmergenossen Falkenhausen: »Heute nacht habe ich die Frau kennengelernt, die ich heiraten werde.«

Ich war 25 Jahre alt und hatte bis zu diesem Morgen noch nie einen Gedanken ans Heiraten verschwendet. Weder besaß ich Geld noch hatte ich welches zu erwarten. Meine Doktorarbeit kam nicht recht voran. Eine Universitätslaufbahn war nach Ansicht meines Lehrers Gerhard Ritter ausgeschlossen, da ich nicht der Partei anzugehören gewillt war. Einträgliche Positionen im Journalismus bedurften guter Verbindungen und längerer Praxis oder gingen zu Lasten der politischen Überzeugung. Wovon sollte ich also eine Frau ernähren, die das brotlose Gewerbe der Porträtmalerei gelernt hatte und deren Eltern – beides Schriftsteller – finanziell in bedrängten Verhältnissen lebten? Davon abgesehen, würde uns der zu erwartende Krieg nicht trennen, ehe ich meine Fallen richtig gestellt hatte?

Daß es früher oder später Krieg geben müsse, diese Ansicht war beinahe Allgemeingut. Nur völlig verblendete Anhänger Hitlers vertrauten darauf, daß er seine Ziele ohne Krieg erreichen werde. Sie bewiesen damit nur, daß sie seine Ziele nicht kannten oder nicht zur Kenntnis nehmen wollten. Er hatte sie in »Mein Kampf« deutlich genug beschrieben. Abgesehen von dieser Gruppe schieden sich die Geister gemäß ihrer Kriegsfurcht oder Kriegshoffnung. Die Hoffnung auf Krieg vereinte zwei entgegengesetzte Lager. Die einen erwarteten von einem Krieg unter Hitlers Fahnen Ruhm, Beute und einen schwungvollen Sieg oder mindestens einen auf Raten, denn Hitler würde ja wohl nicht so hirnverbrannt sein, seine Gegner alle auf einmal anzugreifen. Andere sahen im Krieg die einzig verbliebene Möglichkeit, Hitler loszuwerden. Wobei wiederum Optimisten auf einen Putsch der Wehrmacht hofften, Pessimisten die totale Niederlage Deutschlands für notwendig erachteten.

Vor dem Krieg fürchteten sich seltsamerweise weniger diejenigen, die schon einen mitgemacht hatten, als die ohne eine solche Erfahrung. Und es gab natürlich auch Kriegsfurcht da, wo man mit dem Erreichten wirtschaftlich und politisch zufrieden war und lieber kein weiteres Risiko eingehen wollte. Kriegsfurcht herrschte aber zumal unter Hitlers Gegnern – wiederum in zweierlei Form: Die einen sahen voraus, daß sich nach fürchterlichem Einsatz von Blut, Bomben und Giftgas die kriegführenden Mächte mit einem Remis trennen würden, ohne daß Hitler gestürzt sein würde – also letztlich nach der Bestätigung seines Durchsetzungsvermögens –, während andere, noch pessimistischer, von einem Krieg befürchteten, daß sich die Regierungen ringsum in einem Waffengang als so unfähig und schlapp erweisen würden, wie sie seit 1933 immer wieder den Anschein erweckt hatten. Dann wäre Hitler die Position des Schiedsrichters über Europa sicher.

Die Einstellung zum Krieg oder zu der Art des Friedens war also damals in Deutschland durchaus nicht einheitlich. Noch nicht einmal klar polarisiert war sie. Es überwog jedoch die lethargische Fügung in Hitlers Willen. Angesichts des Prinzips der Entscheidung durch einen einzelnen Willen konnte niemand voraussagen, in welche Himmelsrichtung sich seine Wut entladen würde. Daß es zuerst die kleineren Nachfolgestaaten der Habsburgischen und Romanowschen Kaiserreiche erwischen würde, war wahrscheinlich, aber nicht sicher. Konnten Hitler nicht ebenso auch die innenpolitische Schwäche Frankreichs und die satte Trägheit Englands reizen? Seine Legion Condor stand in Spanien, der Sieg Francos stand bevor, Mussolini, mit geschwellter Brust nach seinen Erfolgen in Afrika, sah nicht so aus, als scheue er vor weiteren Abenteuern zurück. Allerdings ließ der ungezügelte Antibolschewismus der deutschen Presse in den Augen vieler Deutscher keinen Zweifel daran zu, wer am Ende der Hauptgegner sein würde.

Daran zweifelte auch ich nicht, verrechnete mich aber in der Abfolge der Ereignisse. Einige von uns nahmen bereits bei dem amüsanten Lektor Kreßling mehrmals die Woche russischen Sprachunterricht. Wir schrieben einander Notizen in kyrillischer Schrift und gaben einem besonders dicken Freund den Spitznamen »slon«, was soviel heißt wie Elefant. Ausgekochte Geopolitiker nannten unsere Vorsorge Optimismus und behaupteten, Pessimisten lernten bereits Chinesisch. In manchen Stunden malte ich mir aus, wie die Westmächte bei einem Waffengang zwischen Deutschland und der Sowjetunion beiseite stehen und dann eine nach der anderen niedergewalzt werden würden. Sei es von Hitler, sei es von Stalin. Daß es noch schlimmer, nämlich zu einem Pakt zwischen den beiden kommen würde, lag jenseits meiner Vorstellungskraft.

Im Frühjahr 1938 erfolgte der Anschluß Österreichs an das Deutsche Reich. Christa Ayscough und ich verfolgten diese Vorgänge gemeinsam im Radio, meistens in einem kleinen Freiburger Lokal, in dessen Hinterzimmer sich unser Freundeskreis zum Mittagessen für eine Mark pro Mahlzeit traf. Mit jeder Rede Hitlers, jeder Reportage über das Glück der heimgeführten Ostmärker, mit jedem Militärmarsch und Heilgebrüll wurde es klarer, daß über meinen Heiratsplänen ein Unstern waltete. Um so mehr, als die junge Dame mir gegenüber nichts von den Anschlägen zu ahnen schien, die ich auf ihr Glück im Schilde führte. Ich wagte nicht, mit der Sprache herauszurücken – aus Furcht vor einem unerträglichen Nein. Deshalb fuhren wir Ski, besuchten Parties, tranken von meinem letzten Geld Kaiserstühler Wein und aßen Schnecken, als ob es in der Welt ringsum nichts Wichtigeres gäbe. Dabei wurde es schon fast Sommer und die Forderungen Hitlers an die Tschechoslowakei klangen immer ominöser.

Ich war inzwischen Christas Eltern vorgestellt worden: Der Vater litt an der Parkinsonschen Krankheit und an Asthma; er vertrug das englische Klima nicht, sondern zog von Hotel zu Hotel in Gegenden, wo der Wein gut wächst. Er erzählte mit listigem Humor, daß die Ayscough – welche sich Äskjuu aussprechen und katholisch sind – die erste protestantische Märtyrerin Englands hervorgebracht haben; außerdem rühmten sie sich eines Admirals, welcher vor der Schlacht immer erst einen doppelten Whisky trank und dabei das Glas zerbiß, um sich und seine Mannschaft in Wut zu versetzen. Er selbst war seinen Eltern weggelaufen und hatte in Kanada am Eisenbahnbau mitgewirkt, dann fing er an, Kurzgeschichten zu schreiben, hob mit Northcliff die »Daily Mail« aus der Taufe, um sich dann dem Schreiben von Librettos für Musicals zu widmen – ohne finanziellen Erfolg. Er sprach darüber in kurzen Sätzen, die ihre eigene Melodie hatten – irisch, hätte ich später gesagt, aber ich war zu solchen Diagnosen noch nicht fähig.

Mrs. Ayscough legte großen Wert auf ihre schottischen Ahnen. Sie hatten für die Stuarts gegen die englischen Usurpatoren gefochten und waren gelegentlich auf öffentlichen Plätzen in Edinburgh geköpft worden. Daß ihre kapriziöse Mutter einen nichtadligen, kaiserlich-deutschen, protestantischen Reiteroffizier geheiratet hatte, vernahm man nach all der schottischen Folklore nur mit Staunen. Christas Mutter war eine schöne und imponierende Frau, die ihre Tochter derartig liebte, daß sie aus ihr eine Art Serienfigur in den Liebesromanen machte, die sie für ein schottisches Magazin schrieb. Immer stand im Mittelpunkt ein Mädchen von Christas Aussehen und engelhafter Güte; und es war die vom Schicksal gebeutelte, wunderschöne Unschuld, die am Ende doch von Lord Tiddledewings oder Earl Archimbaud auf das väterliche Schloß heimgeführt wurde! Klar, daß ein deutscher Student aus kleinem Briefadel und ohne Geld für Mrs. Ayscoughs Tochter-Kleinod nicht in Frage kam.

Aber diese Frage stellte sich zunächst gar nicht, weil ich sie nicht zu stellen wagte. Natürlich wagte ich auch nicht zu sagen, daß ich großen Hunger hatte, wenn ich ins Hotel kam, die Tochter abzuholen. Meistens fand ich die Familie noch beim Dinner im Speisesaal. Man lud mich zu einem Glas Wein ein und kam nicht auf die Idee, daß ich seit dem frühen Morgen nur einen Teller Grießbrei im Magen hatte. Ich aber blickte fasziniert auf die Art, wie Eltern und Tochter die Hälfte ihrer Mahlzeit mit eleganten Bewegungen an den Tellerrand schoben. Man hätte von den Resten auch noch meinen Grießbrei-Genossen Falkenhausen ernähren können.

Danach trafen Christa und ich uns mit ein paar meiner Freunde, und sie war zu einem jeden so freundlich und charmant wie zu mir. Nicht mehr, nicht weniger.

Es muß sechs Monate nach unserer ersten Begegnung gewesen sein, als ich während eines Spaziergangs im Glottertal eine beiläufige Bemerkung machte: »Man muß ja nicht nur den Abend, sondern kann auch das ganze Leben miteinander verbringen.«

Der Meinung sei sie schon seit einiger Zeit, entgegnete sie. Ich hätte ruhig etwas eher darauf zu sprechen kommen können. Besonders, da ihre Eltern angesichts der Weltlage die Heimkehr nach London planten.

Da war die Weltlage also bis ins Glottertal vorgedrungen. Die Zeit drängte. Binnen kurzem mußte der Widerstand meiner künftigen Schwiegereltern gegen unsere Verbindung überwunden werden. Ein makabrer Zufall kam mir zu Hilfe. Christa mußte sich an der Nasenscheidewand operieren lassen. Ich leistete während des bänglichen Wartens in der Universitätsklinik ihren Eltern Gesellschaft. Nach ungefähr fünf Stunden wurden wir ins Krankenzimmer gelassen und fanden die Patientin mit geschwollenem Gesicht und einer Nase, die mit Watte ausgestopft war. Mitten in der Operation hatte die Betäubung ausgesetzt. Der Knochen wurde ihr bei vollem Bewußtsein durchbohrt. Als sie sagte: »Es knackte und tat unmenschlich weh«, wurde mir schwarz vor den Augen und ich fiel um. Meine Schwiegereltern nahmen es gerührt als ein Zeichen wahrer Liebe, und die war ja auch unbestreitbar, aber umgefallen war ich, weil ich seit dem Tage zuvor nichts mehr gegessen hatte.

Einige Wochen später stand ich wieder in Uniform auf einem Kasernenhof und belud einen Lastwagen, dessen Tarnfarbe noch nicht ganz trocken war, mit Kabeltrommeln. In Nürnberg war der Reichsparteitag im Gange, aus allen Radioapparaten drang Hitlers Stimme mit ihren düsteren Drohungen gegen Präsident Benesch. In der Kantine geriet ich mit einem Mann aneinander, der darauf brannte, die Tschechen zu züchtigen. Ich zielte auf seine Kinnspitze und traf ins Leere. Er war eine Zehntelsekunde vorher bereits sturzbetrunken unter die Bank gefallen.

Das blieb der einzige kriegerische Zusammenstoß, den ich während der Sudetenkrise erlebte. Wir lagen längere Zeit in einem gottverlassenen Ort im Bayerischen Wald und spekulierten über die Folgen von Chamberlains Besuchen auf dem Berghof und in Godesberg. Eigentlich erwartete ich das Eingreifen der Sowjetunion. Statt dessen kam es zum Abkommen von München. Der Westen gab klein bei. Die Tschechoslowakei verlor das Sudetenland. Hitlers

Erpressertaktik hatte gesiegt. Von Sachsen her überschritten wir am 1. Oktober 1938 die tschechische Staatsgrenze und legten eine Leitung nach Karlsbad. Ich war gerade mit meinen Kabeltrommeln beschäftigt, als Hitlers Wagenkolonne an uns vorüberbrauste. Ich sah nur noch sein Profil unter der Schirmmütze, die tief über die Stirn gezogen war.

Die Welt atmete auf. Es war ein Selbstbetrug. Ich fand, daß sich meine Befürchtungen bestätigten. Die Westmächte hatten nicht die Nerven, sich Hitler entgegenzustellen. Als meine Truppe aufgelöst wurde und ich nach Freiburg zurückgekehrt war, hatte Christa mit ihren Eltern die Stadt längst verlassen. Wichtig war nun, mit meinem Doktorexamen fertig zu werden und geheiratet zu haben, bevor es zum Kriege kam. Daß es dazu kommen würde, deutete sich in immer weniger verschleierten Forderungen Hitlers an – und in seiner Behandlung der deutschen Juden; Rücksichtnahme auf die Weltöffentlichkeit konnte offenbar entfallen, wenn man ohnehin zum Krieg entschlossen war.

Eines Morgens stand ich mit Falkenhausen vor der rauchenden Ruine der Freiburger Synagoge. Wir waren nicht erstaunt; ein Pogrom dieser Art, das man seit langem kommen sieht, erstaunt nicht mehr, es erschüttert jedoch den Glauben an den Wert des eigenen Volkes. Deutschland war innerhalb von sechs Jahren auf das Niveau eines Räuberstaates abgesunken.

Die »Kristallnacht« ließ mir manche Vorgänge, die ich in meiner Doktordissertation beschrieb, in neuem Licht erscheinen. Ich hatte fast drei Jahre lang die sozialen Ideen der Wiedertäufer studiert und ihren geistigen Stammbaum verfolgt, hinauf zu den Hussiten und Waldensern, hinab zu den Täufern von Münster und den Mennoniten. Das einende Band um diese Erscheinungen waren nicht die Dogmen, aber immer die Greuel gewesen, zu denen Kirche und Obrigkeit die breiten Massen der Rechtgläubigen gegen eine Minderheit von Andersgläubigen anstifteten. Angesichts dessen, was 1938 gerade geschah, konnte man nur sympathisieren mit »Ketzern« wie Thomas Müntzer und ihrer Fundamentalkritik an der herrschenden Ordnung. Ob sie es im Falle ihres Triumphes besser gemacht hätten, steht auf einem anderen Blatt.

Die Dissertation wurde sehr lang und sah mit ihren 100 Anmerkungen recht gelehrt aus. Ich reichte sie vor Weihnachten ein und reiste nach London. Mrs. Ayscough bestand auf einer ordentlichen

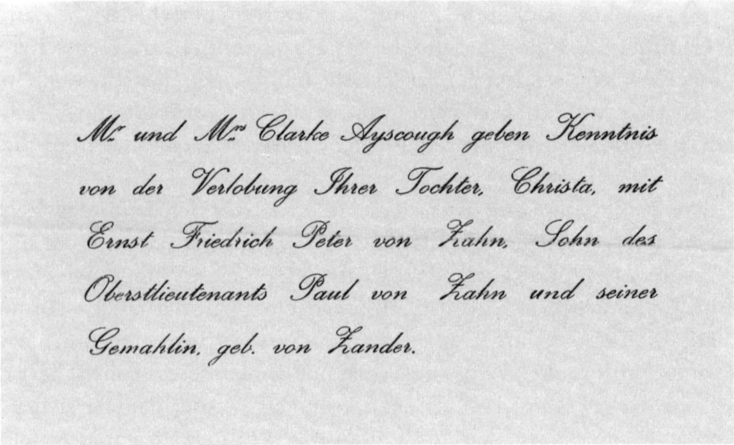
Mr und Mrs Clarke Ayscough geben Kenntnis von der Verlobung Ihrer Tochter, Christa, mit Ernst Friedrich Peter von Zahn, Sohn des Oberstlieutenants Paul von Zahn und seiner Gemahlin, geb. von Zander.

Eine in den Einzelheiten nicht ganz korrekte Verlobungsanzeige,

Verlobung und, wenn überhaupt Heirat, dann auf kirchlicher Trauung. Das alles erforderte Zeit, und Zeitgewinn war wohl ihr Hintergedanke. Mein künftiger Schwiegervater stand unseren Plänen wohlwollend gegenüber, fragte jedoch ganz pragmatisch danach, wie ich denn seine Tochter zu ernähren gedächte. Er konnte uns nichts geben; seine Krankheit war von Jahr zu Jahr schlimmer geworden und hatte aufgezehrt, was an Vermögen dagewesen sein mochte. Seine Frage wurde zwar erwartet, konnte aber nicht befriedigend beantwortet werden. Ich hatte keine Aussicht auf festen Verdienst, wenn ich erst einmal das mündliche Examen abgelegt haben würde. Eine Position mit Einkünften konnte ich überhaupt nur in Deutschland finden; in England wäre sie ohne offizielle Arbeitserlaubnis nicht zu haben gewesen. Die wurde an Leute wie mich nicht erteilt. Hätte ich selbst nach Überwindung der legalen Hürden mit Glück Arbeit gefunden, so hätte sie kaum einen, sicher nicht zwei Menschen ernährt. Wir konsultierten Verwandte und Freunde – die Aussichten waren düster.

London machte, verglichen mit Berlin und Wien, den Eindruck einer reichen und mächtigen Stadt. Es war nicht von den grellen Farben und Symbolen ständiger politischer Agitation entstellt, son-

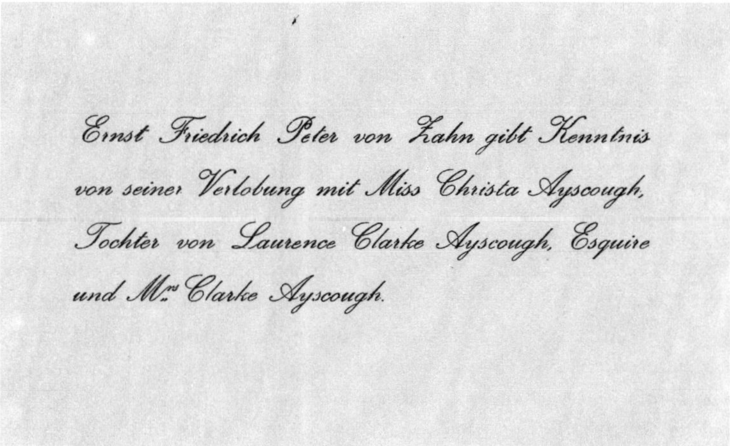
Ernst Friedrich Peter von Zahn gibt Kenntnis
von seiner Verlobung mit Miss Christa Ayscough,
Tochter von Laurence Clarke Ayscough, Esquire
und Mrs Clarke Ayscough.

welche von den Eltern der Braut nach der Hochzeit verschickt wurde.

dern lag gelassen in silbriges Grau gehüllt. Der Winternebel schmiegte sich so dicht zwischen die Häuser, daß die roten Doppeldecker-Omnibusse häufig Schritt fahren mußten und Fußgänger sich verirrten. Die Kohle für die offenen Kamine – damals immer noch die hauptsächliche Wärmequelle für die Londoner – kam in glänzendschwarzen Brocken und wurde von zottigen Zugpferdchen vor die Haustüren gebracht. Ein halbes Jahrhundert später liegen vor den Häusern von Leipzig ähnliche Haufen, allerdings von Briketts, und die Stadt ist so von Smog durchzogen, wie London es vor dem Kriege war. Ein Freund hatte mir das Appartement seiner Eltern in einem vornehmen Hotel am St. James Park zur Verfügung gestellt. Morgens kam der Diener ohne Umstände ins Schlafzimmer und sagte: »It's a lovely day today, Sir!«, zog die Gardinen auf und gab den Blick frei auf graues Nieselwetter. Dann stellte er das Tablett mit dem Early morning tea ans Bett.

An den Vormittagen zeigte mir Christa ihre Lieblingsbilder in den großen Galerien. Vor Turners Farbexplosionen in wasserdampfgesättigter Luft blieb ich am längsten stehen. Nachmittags tranken wir Tee bei ehemaligen Hofdamen der Königin Victoria. Oder ich wurde mit den Vettern und Basen bekannt gemacht. Da mein Englisch noch zu wünschen übrig ließ, versuchte ich es durch getreuliche Nachahmung des Gehörten zu verbessern. Meine Schwiegermutter in spe wirkte auf mich auch dadurch so hinreißend, daß sie etwas lispelte. Beim Sprechen klang ihr ›t‹ leicht wie ein ›c‹. Ich versuchte sie zu kopieren, wie sie bei der Entgegennahme einer Auskunft oder beim Dank für eine Einladung sagte: »I am so grateful.« In meiner Aussprache wurde das folgerichtig zu einem »I am so graceful«. Alle Welt mußte sich das Lachen verbeißen, wenn ich mich nach einer Party mit einer halben teutonischen Verbeugung verabschiedete und versicherte: »I am so graceful.« Da man in England zu faul oder zu höflich ist, jemanden in solchen Dingen zu korrigieren, machte ich mit dieser Floskel die Runde. Christa gestand mir erst viel später, daß ich vorwiegend dieses Schlußeffekts halber so oft eingeladen wurde.

Man erforschte meine Ansichten über die Weltlage auf sehr taktvolle Art und Weise – Geschäftsleute, die ich kennenlernte, beteuerten ein über das andere Mal, England wolle nur ungehindert Handel mit Deutschland treiben und es keinesfalls niederhalten, wahrscheinlich sei auch der Versailler Vertrag ein Fehler gewesen. Eine Denunziation Hitlers aus meinem Munde hätte meinen Gesprächspartnern nur den Eindruck vermittelt, daß sie es mit einem unzuverlässigen und unpatriotischen Deutschen zu tun hätten; besser schien mir in solchen Fällen die diplomatische Auskunft, daß Handel für Hitler kein Gegenstand des Interesses sei. Mit Con O'Neill konnte man ohne Furcht vor solchen Mißverständnissen sprechen. Wir besuchten ihn in seinem schockfarben angestrichenen Appartement. Er war ein aufmerksamer Zuhörer, als ich versuchte, ihm einen Eindruck von der heute gedrückten und morgen verzückten Stimmung in Deutschland zu vermitteln. Ich sagte Krieg voraus, falls England nicht sofort ein überwältigendes Rüstungsprogramm beginne. Er glaubte, daß es dafür möglicherweise schon zu spät sei. Im Grunde waren wir so sehr einer Meinung, daß wir uns das nicht bestätigen mußten, als wir uns nach dem Kriege wiedertrafen – er von großem Einfluß in der politischen Abteilung der britischen Militärregierung, ich als Kommentator im Nordwestdeutschen Rundfunk. Es ist nicht ausgeschlossen, daß das sonst kaum erklärbar große Vertrauen, das mir die britische Seite bereits im Sommer 1945 entgegenbrachte, auf ein Wort O'Neills zurückging.

Nach Freiburg zurückgekehrt, stand ich nun vor dem mündlichen Doktorexamen. Es gipfelte in dem Vergnügen, sich mit dem Direktor des Instituts für Publizistik über den Begriff der öffentlichen Meinung im 18. Jahrhundert unterhalten zu dürfen. Der alte Professor Kapp war ein Mann, der Schlauheit mit Mut paarte. Er hielt bis ins Jahr 1939 hinein wöchentlich eine öffentliche Vorlesung, die immer stoppevoll war. Kapp nahm sich die Berichte und Leitartikel der deutschen Presse zu einem aktuellen Thema der Außenpolitik vor und führte sie mit unnachahmlicher Eleganz ad absurdum, indem er aus den damals noch erhältlichen internationalen Zeitungen zum gleichen Thema zitierte; natürlich mit der harmlosesten Miene der Welt und mit Fragezeichen, aber was die Sprachregelung des Propagandaministeriums unterschlug oder verdrehte, ergab sich aus der Differenz. Selbstverständlich interessierten sich Gestapo und Kreisleitung für diese Vorlesungen. Sie fanden aber keine rechte Handhabe dagegen.

Die Welt wartete unruhig auf Hitlers nächsten Streich. Ich mußte einen Job finden, um Christas Vater zu beruhigen. Als ich das mündliche Examen bestanden hatte, und das Doktordiplom ausgehändigt war, merkte man erst richtig, daß der Titel zu nichts berechtigte. Ich hatte mich auf eine Annonce hin in einem Verlag beworben. Das war, so wie es in der Annonce gewünscht war, handschriftlich geschehen, und da meine Handschrift bereits recht unleserlich geworden war, fertigte ich den Bewerbungsbrief in einer dekorativen Antiqua aus. Bald darauf bekam ich die Einladung des Deutschen Verlages in Berlin, des ehemaligen, inzwischen arisierten Ullstein Verlages, mich vorzustellen. Es war die Abteilung Buchwerbung, die einen Texter suchte. Das Gespräch mit dem Abteilungsleiter Kukowka verlief günstig – ich sollte nach meiner Hochzeit nach Berlin kommen und bei ihm anfangen. Sehr viel später enthüllte er mir, daß es nicht meine Erscheinung, Ausbildung, Erfahrung oder liebenswürdige Konversation gewesen seien, auf Grund deren ich angeheuert wurde, sondern ausschließlich meine Schrift. Sie habe den beratenden Graphologen zu einem überaus günstigen Urteil über meinen Charakter und meine Fähigkeiten veranlaßt. Man sieht, was Verstellung bringt. Obwohl fest davon überzeugt, daß ein guter Handschriftendeuter aus einer Schrift viel herauslesen kann, mißtraue ich seitdem den Graphologen.

Mitte März sollte die Hochzeit stattfinden. Ich reiste ein zweites

Mal nach London. Wiederum nur mit zehn Mark in der Tasche, mehr durfte man ins Ausland nicht mitnehmen. Ich benutzte die Tage, die Christa mit Hochzeitsvorbereitungen verbrachte – man wird gleich sehen, welcher Art –, um auf Einladung eines englischen Romanautors, den ich aus Freiburg kannte, das Landleben in Oxfordshire kennenzulernen. Der lustigste Eindruck war ein Jagdrennen in mildem Vorfrühlingswetter. Es war alles wie auf den kolorierten Stichen, die man bisweilen in den Korridoren alter Hotels sieht, nur daß auch Frauen mitritten. Erst in Virginia, fünfzehn Jahre später, sah ich ähnlich närrische Gesichter wieder. Auf einem Hügel unter dem kahlen Geäst einer Eiche standen sich zwei alte Gentlemen gegenüber. Sie brüllten, daß ihre weißen Schnurrbärte zitterten. Sie schrien einander in die Ohren, weil beide fast taub waren. Die Kulisse bildeten schnaubende Pferde, kläffende Hunde und gaffende Menschen im silbrigen Sprühregen. Manchmal denke ich an diese Szene. Was für einen Spaß ich doch mit meiner Schwerhörigkeit den Zuhörern und Gaffern bereite, wenn jemand vergeblich bemüht ist, sich mir verständlich zu machen.

Wieder in London, mußte ich mir auf Geheiß meiner Schwiegermutter einen Cutaway bei »Moss Brothers« leihen. Ich war bei deutschen Freunden einquartiert, die mir vor der Trauung ein Champagner-Frühstück gaben. Es versetzte uns alle in die heiterste Stimmung und bewirkte, daß wir korrekt gekleidet, aber mit einem Tiroler Hütchen auf dem Kopf vor der Kirche erschienen. Zu früh, wie sich herausstellte. Es war der Vorgeschmack auf eine Ehe, die über unglaubliche Fährnisse immer triumphiert hat.

Wir sollten bitte recht pünktlich sein, hatte der Priester gesagt. Er hatte unmittelbar nach der Trauung ein Begräbnis. Wir waren pünktlich, die Anverwandten und Freunde saßen erwartungsvoll da. Die Seitenkapelle von Brompton Oratory war mit Blumen verschwenderisch geschmückt. Wer nicht kam, war die Braut.

Es verging eine bange Viertelstunde. Der Priester hinter seiner Säule trat nervös von einem Fuß auf den anderen. Nach einer Ewigkeit ging schließlich ein Raunen und Tuscheln durch die Reihen. Am Arm ihres Vaters schritt die Braut den Gang zum Altar entlang. Schön anzusehen die Figur, Maiglöckchen und Myrten im Haar, ganz blaß das Antlitz. Meines Schwiegervaters Krankheit war sichtbar; seine Rechte schlug auf und ab. Von Mrs. Ayscough war weit und breit nichts zu bemerken. Als sich das helle, duftende Etwas

Das offizielle Hochzeitsbild, 15. März 1939, mit geliehenem Cutaway des Bräutigams und einer Küchenschürze als Unterkleid der Braut.

neben mir auf die Knie niederließ, flüsterte es mir zu: »Mutter ist verschwunden.«

Man muß wissen, daß um ihretwillen die aufwendige Angelegenheit überhaupt veranstaltet worden war. Wir hätten uns zugunsten einer längeren Hochzeitsreise gern mit weniger Blumen und einer standesamtlichen Trauung begnügt. Aber die Mutter war einige Tage zuvor extra nach Edinburgh gereist, um dort aus einer kleinen Erbschaft Christas Geld lockerzumachen. Ich glaube, es kam weniger dabei heraus, als Blumenschmuck und Orgelspieler kosteten. Jedenfalls saß, ohne daß ich davon etwas merken durfte, in diesen Tagen mehrmals ein Gerichtsvollzieher auf den Koffern und Teppichen der Familie. Und nach alldem nun sollte die eigentliche Hauptperson der feierlichen Handlung fehlen!

Inzwischen war der Geistliche bereits hinter seiner Säule hervorgeschossen. Selten wurden die Trauungsformeln mit solcher Geschwindigkeit heruntergeleiert. Ich verstand das Latein zur Not. Den Cockney-Dialekt des Gottesmannes mit seinen rapide gehackten Vokalen ohne ›h's‹ verstand ich nicht. Als ich einige der Formeln nachsprechen sollte, blieb mir nichts übrig, als Rhabarber, Rhabarber zu murmeln. Unter gewöhnlichen Umständen hätte so etwas das Wesen neben mir amüsiert. Die Braut blieb jedoch merkwürdig beklommen. Auch als ich den Ring produzierte und eine Silbermünze, welche ich mir vorher von meinem Freund hatte borgen müssen; auch als ich beim Nachsprechen der acht komplizierten Vornamen Christas stockte und fragte, ob ich das wirklich alles aufzählen müsse; auch als die feierliche Handlung vor dem Altar zu Ende ging – und gerade dann zeigte die Braut große Unruhe. Das war kein Wunder, denn beim Aufstehen aus kniender Haltung konnte jederzeit die Katastrophe eintreten.

Beim Anlegen des Brautgewandes im Tageslicht hatte sich herausgestellt, wie gefährlich durchsichtig es war. Man trug damals in London offenbar nur rosa Untergewänder. Es fehlte in letzter Minute ein weißes. Die Schwiegermutter stürzte von dannen und blieb in einem Verkehrsstau stecken. Die Zeit drängte. Christa riß in ihrer Verzweiflung der Köchin die weiße Schürze vom Leib und wand sie mit fliegenden Händen unter das Kleid. Doch als sie durch den Mittelgang von Brompton Oratory schritt, merkte sie, daß bei der nächsten Bewegung die Küchenschürze auf dem purpurnen Teppich hinter ihr zurückbleiben würde. Sie selbst aber würde transparent gegen die hohen Kirchenfenster erscheinen. Selten ist eine Braut mit so viel aufatmender Inbrunst am Altar niedergesunken, und selten hat eine mit solcher Beklommenheit den Fortgang der Dinge nach dem Ja-Wort erwartet.

Die Zeremonie war vorbei, als die Mutter mit verweinten Augen eintraf. Sie trug ein Tütchen in der Hand, das nicht ganz zu dem feierlichen Ort paßte. Aber das war nun überflüssig. Dank eines jener Wunder, welche uns noch oft begleitet haben, hatte die Schürze gehalten.

Während die Gäste ins Freie traten und die Fotografen ihr Werk auf den Kirchenstufen begannen, riefen die Verkäufer des »Evening Standard« die Schlagzeilen aus: »War imminent!« Es war der 15. März 1939. Am frühen Morgen waren Hitlers Truppen in die Rumpf-Tschechoslowakei eingerückt und hatten bereits Prag besetzt. Der Krieg stand dicht bevor.

Berlin 1939

Wir verbrachten die Hochzeitsnacht in einem Hotel, von dessen literarischer Berühmtheit wir erst am nächsten Tage erfuhren. Kein Geringerer als Oscar Wilde war in unserem Zimmer wegen seiner Vergehen gegen die viktorianische Moral verhaftet worden. Nicht um das richtig auszukosten, sondern in Ansehung der unsicheren Weltsituation blieben wir vorerst in London. Zwischen dem sich auftürmenden Kriegsgewölk wurde aber noch einmal ein Stück blauer Himmel sichtbar. Wir packten in zwei Koffer, was wir besaßen, und reisten mit der Eisenbahn über Paris nach Freiburg. Auf dem Grenzbahnhof in Basel stieß sich ein deutscher Zollbeamter an einem großen Stück Torte, das wir in einer Blechschachtel mit uns führten. Es war der Rest unseres Hochzeitskuchens. Die Gäste eines Empfangs nach der Trauung waren zu satt und zu gesittet, als daß sie sich über dieses Kunstwerk hergemacht hätten. Mir aber widerstrebte es, Kuchen ungegessen stehenzulassen. Nun kam der Beamte und wollte das Stück mit einer unverschämten Summe verzollt haben. Ich weigerte mich. Das sei Wegzehrung. Man blieb unerbittlich. Ich bot dem Beamten den Kuchen an. Er könne ihn haben. Er wurde ungemütlich und bezichtigte mich der versuchten Beamtenbestechung. Es blieb mir nichts anderes übrig, als von dem Kuchen zu essen, soviel ich in der Eile verschlingen konnte, und den Rest in die Toilette zu werfen. »Wissen Sie nicht, daß die Toilette während des Halts auf dem Bahnhof nicht benutzt werden darf?« Ich verwies darauf, daß es Schweizer Boden sei. »Aber ein deutscher Wagen«, erwiderte der Beamte und bewies uns damit, daß wir wieder in Deutschland waren.

Wir reisten nun nach Sachsen, um die Familie mit der angelsächsischen Erweiterung bekannt zu machen. Mein ältester Bruder hatte sie im Vorjahr bei einem Besuch in Freiburg bereits in Augenschein genommen und für akzeptabel befunden. Ihn besuchten wir zuerst. Er war damals als Regierungsrat damit beschäftigt, die Folgen der stürmischen Umwandlung von Landschaft und Siedlung im Braunkohlengebiet bei Leipzig zu lindern und zu dämpfen. Es war der erste Besuch Christas in der deutschen Industrieprovinz. Sie kannte nur Baden und Bayern, da, wo es hübsch ist. Sie verstand den sächsischen Dialekt sowenig wie ich das Cockney des Geistlichen in Brompton Oratory. Dennoch bemerkte sie ohne Mühe, daß sich dieses Land auf unheimliche Dinge rüstete. Uniformen aller Art gaben dem Straßenbild etwas Martialisches. Beim geringsten und auch bei gar keinem Anlaß wehten rote Banner mit Hakenkreuzen. Spruchbänder in gotisch verkrampfter Schrift befahlen und ermahnten, trieben und herrschten an. Die Porträts von Parteigrößen hingen in allen Amtsstuben. Ohne Unterlaß schnellten die Arme der Passanten in die Höhe. Selbst Leute, welche gerade festgestellt hatten, daß Fleisch und Butter knapp wurden, verließen den Laden nicht mit einem Fluch auf den Lippen, sondern mit einem »Heil Hitler«. Zwischen all dem kam sich eine Dame aus England vor wie auf einem fremden, unheimlichen Stern.

Dresden war weniger melancholisch, ja, es zeigte sich für einige Tage in einem berückenden Licht. Die Stadtsilhouette – von den Loschwitzer Höhen aus gesehen – war glorreich. Zwinger und Grünes Gewölbe, Gemäldegalerie und Oper milderten den Anprall des Verhängnisses, das sich in den Bürgerhäusern mit hysterischem Gerede und beklommenem Tuscheln ankündigte. Eine Fahrt in die Puppenlandschaft der Sächsischen Schweiz war noch Frieden. Die Messe in der katholischen Hofkirche konnte es sein. Aber selbst bei einer Wanderung durch die Dresdner Heide fiel einem unbefangenen Auge auf, wie sehr die Kiefern in Reih und Glied standen. Als exerzierten sie auf einem nadeligen Kasernenhof. Der »Heller« war voller robbender, kriechender und aufspringender Soldaten. Über die erhöhten Gleise des Hauptbahnhofs rollten Güterzüge mit Gegenständen, die unter Planen versteckt waren. Kein Zweifel, daß wir alle, aber besonders die europäische Frau, schweren Zeiten entgegengingen.

Was mich betraf, so sollte ich nun im bekanntesten und größten Verlagshaus Deutschlands arbeiten. Die gelben Ullstein-Bücher – Vorläufer der Taschenbuch- und Sachbuchserien der heutigen Zeit – hatten mein Erwachen aus der Kindheit begleitet. Als Zehnjähriger begeisterte ich mich für den »Roten Kampfflieger« oder den »Flieger von Tsingtau«, dann ließ man die patriotischen Reißer hin-

Während des ersten Besuchs der Neuverheirateten in Dresden wurde ein Familienfoto aufgenommen, auf dem besonders prächtig die Boule-Uhr zur Geltung kommt, die nach dem Krieg gegen Lebensmittel getauscht werden mußte.

ter sich und griff zu dem großen Wurf der »Propyläen Weltgeschichte«. Das war eine ganz neue, aufregende Art von Geschichtsdarstellung – gespickt mit Tausenden von Abbildungen und Dokumenten, die im Faksimile so täuschend echt dargeboten wurden, als sei der Schuß, der das Pergament zerrissen hatte, auf den Leser selbst gezielt gewesen. Die »Propyläen Kunstgeschichte« folgte in ähnlich vollkommener Ausstattung. An meinem Geburtstag 1929 war bei Ullstein »Im Westen nichts Neues« als Buch erschienen. Binnen kurzem hatte Erich Maria Remarque mit dieser nüchternen Nahaufnahme des Krieges die höchste Auflage nächst der Bibel erzielt und den allerhöchsten Zorn der Nazis erregt. Die Verleger und Autoren von Ullstein gehörten zu den Aushängeschildern der Weimarer Republik; liberal, weltläufig, tolerant und rasant formten sie während der zwanziger Jahre die Lesegewohnheiten eines Publikums, das in der geistigen Welt Schritt halten wollte. Mehr noch als die »Berliner Illustrirte« waren der »Querschnitt« und der »UHU« Ausdruck dieses modernen, großstädtischen Lebenszuschnitts gewesen – das war genau die wunderbare Asphaltliteratur, gegen die der nach rechts abgewanderte Albert Langen-Georg Müller Verlag so urdeutsch Sturm gelaufen war –; übrigens war es ja auch der Ullstein-Vertreter in München gewesen, der mich sieben Jahre zuvor vor einer Verirrung in den völkischen Treibsand der Literatur freundschaftlich bewahrt hatte.

Den Ullsteins war bereits 1935 der Konzern mit List und Gewalt geraubt worden. Die Räuberhäuptlinge hatten ihn sich selbst zugedacht. Ein Weilchen behielt der Verlag noch den einträglichen Namen Ullstein, dann firmierte er als »Deutscher Verlag«. Überraschend für den Neuankömmling war, daß soviel »Ullstein« bewahrt blieb. Man arbeitete inmitten des alten Berliner Zeitungsviertels in einem hohen, verwinkelten Gebäude an der Kochstraße, etwa da, wo heute das Springer-Hochhaus steht. Ursprünglich waren es wohl mehrere Häuser gewesen. Die Korridore paßten nicht richtig aneinander, verschiedene Ebenen mußten hier und da durch scheinbar unmotiviert angebrachte Türen und Treppchen verbunden werden. Die Dielen knarrten, das Mobiliar war alt und verschlissen. Irrte man durch dieses Labyrinth, so erwartete man, hinter mancher Tür – nein, nicht Vicki Baum, die war ja längst in Hollywood – einen bebrillten Greis zu treffen, der da seit Jahren vergessen zwischen Spinnweben und vergilbten Manuskripten lebte und nur am Tage der Gehaltszahlung auftauchte. Tatsächlich ernährte und beschützte der Verlag unter der Direktion von Dr. Roeseler eine Reihe von Autoren, die den Kulturfunktionären des Dritten Reiches ein Greuel waren und nur unter Pseudonym veröffentlichen konnten. Das gilt für Hans Thomas (= Hans Zehrer), Ehm Welk (= Thomas Trimm); vorsorglich geschützt wurden auch die Lyriker Wilhelm von Scholz und Friedrich Bischoff. Nach dem Krieg übernahmen sie als Intendanten den Bayerischen Rundfunk und den Südwestfunk – zwei Institute, die heute zusammen noch immer nicht so viele Angestellte haben wie der Ullstein Verlag in seinen guten Zeiten.

Die jüdischen oder prononciert linken Mitarbeiter des Ullstein Konzerns waren schon vor seiner Arisierung ausgeschieden und nach Paris, London oder New York emigriert. Mit ihnen verschwand Salz und Pfeffer aus dem literarischen Menü. Es blieben aber Hunderte von Redakteuren, Lektoren und Angestellten mittlerer Positionen, die nach der Umfirmierung genauso dachten und arbeiteten wie zuvor. Obwohl der Besitzer des Verlages nicht mehr Ullstein hieß, sondern ein NSDAP-Konzern war, mußte man Nazis mit der Lupe suchen. In der Abteilung Buchwerbung arbeiteten nur Leute, bei denen man vor Denunziationen sicher sein konnte. Wir alle waren durch ein sechsjähriges Intensivtraining gut darin geschult, aus dem Verhalten eines zunächst Unbekannten seine Sinnesart zu erschließen. Wie einer den vorgeschriebenen Gruß vermied oder in Ton und Bewegung abwertete, gab die ersten Erkennungssignale. Aus Dutzenden solcher Zeichen bildete sich ein besonderer Ton, der das Arbeiten behaglich machte. Der Krieg und ein paar Sprengbomben zerstreuten die Träger dieses Tons bis auf einen kaum noch vernehmbaren Nachhall im zweigeteilten Berlin.

Der Leiter der Buchwerbung, Kukowka, war überzeugter und praktizierender Katholik. Er besaß einen scharfen Verstand und brachte mir auf die liebenswürdigste Weise bei, wie die Buchwerbung in der Wechselwirkung zwischen Text und Bild eine Steigerung beider Elemente erzielt. Der Senior unter den Werbetextern hieß Richard Drews – wortmächtig, voll schwarzem Humor, Quartalsäufer. Als einziger ist er imstande gewesen, die Größen des Naziregimes so nachzuahmen, daß man sich zugleich vor Lachen wie vor Grauen schütteln mußte. All die anderen Persiflagen, die umliefen, beschränkten sich auf die Übertreibung von Dialekt, Lautstärke und Gestik der Hitler, Göring, Goebbels und Ley; sie verfehlten das Gefährliche und abgründig Böse in diesen Kreaturen, indem sie es zu lächerlicher Dummheit schrumpfen ließen. Solche Versuche erregten in mir regelmäßig das Gefühl, an rostigem Blech geleckt zu haben. Drews besaß die Gabe, in seinen eigenen Worten Hitler noch hitlerischer erscheinen zu lassen und Goebbels zu einem Super-Goebbels zu steigern, besonders wenn er im Umhergehen die absurden Unterhaltungen der beiden über das Weltende improvisierte. Drews fand sich nach dem Krieg im NWDR Hamburg ein und schrieb uns Texte für das Funk-Kabarett. Er ging dann nach Ost-Berlin – warum, hat er mir nie erklären können.

Wir hatten uns eine fein möblierte Wohnung am Kaiserdamm gemietet und merkten sehr schnell, daß sie für mein geringes Gehalt – 310 Mark im Monat – viel zu teuer war. Manchmal mußten wir dem mitgemieteten Kater die Kieler Sprotten wegessen. Das einzige Gericht, welches meine Frau beherrschte, war eine französische

Zwiebelsuppe. Sie hatte ihr ganzes Leben in Hotels, Pensionen oder als Gast bei reichen Verwandten zugebracht und war daran gewöhnt, daß jemand hinter ihr aufräumte. Sie hatte nie am Herd gestanden, Herrenhemden gebügelt oder gar einen Haushalt geführt. Ihre Schulzeit belief sich auf ungefähr zwei Jahre Unterricht bei einem Hauslehrer in Vevey am Genfer See und ein halbes Jahr in der Dorfschule von Garmisch.

Einen englischen Brief zu schreiben, hatte sie bei ihrem Vater gelernt, seine Manuskripte tippte sie auf der Maschine. In den Intervallen zwischen zwei Manuskripten las sie Shakespeare. Ihre Orthographie ließ in allen drei Sprachen, die sie beherrschte, zu wünschen übrig. Zählen und rechnen konnte sie nur vermittels ihrer zehn Finger. Diese Hilflosigkeit trieb mir manchmal Tränen der Zärtlichkeit und der Rührung in die Augen.

Andererseits bewunderte ich die souveräne Art, mit der sie sich über die Lücken in ihren Sprachkenntnissen hinwegsetzte. Einkäufe in diesem harten und ungeduldigen Berlin begannen mit Desastern und endeten mit ewiger Freundschaft zwischen Christa und der Verkäuferin. Man versteht, was ich meine, wenn man sich erinnert, daß zu dieser Zeit des Tausendjährigen Reiches die Lebensmittel knapp zu werden begannen und vieles nur hintenherum zu bekommen war. Wenn Christas Charme versagte, so half ihr die angeborene Schlagfertigkeit. Als sie einmal in der Straßenbahn saß, ohne bezahlt zu haben, wurde sie von einer Frau beim Schaffner angezeigt und mußte eine Strafe entrichten. Die Denunziantin musterte sie von Kopf bis Fuß, stieß sich an dem Schick des Kostüms und den rotlackierten Fingernägeln und sagte höhnisch zu ihrer Nachbarin: »Und das will eine Dame sein!« Worauf Christa sie anfuhr: »Ich bin keine Dame! Sie sind eine Dame, merken Sie sich das!« Alle Fahrgäste waren plötzlich auf ihrer Seite. Den Satz: »Eine deutsche Frau schminkt sich nicht«, ignorierte sie, wenn sie ihn zu hören bekam, da sie ja nur dem Reisepaß nach Deutsche war. Bis ins hohe Alter blieb sie bei der Überzeugung, daß der Durchschnittsdeutsche ein Kind der britischen Inseln weder versteht noch leiden kann. Allen anglophilen Zirkeln in den Hansestädten zum Trotz ist daran viel Wahres.

Im Mittelpunkt der Gespräche jener Tage in Berlin stand der Krieg. Der eben noch abgewendete, der nicht zu vermeidende, der nie zu gewinnende, der bereits vor seinem Ausbruch gewonnene, der ersehnte oder verfluchte Krieg. Jeder, bei dem man in der Hauptstadt eingeladen war, besaß einen Sonderzugang zu prophetischen Informationsquellen oder glaubte, ihn zu besitzen: Oberstleutnants im Generalstab, Vettern in Ribbentrops Auswärtigem Amt, Schulfreunde in SS-Uniform, Schauspielerinnen, die mit Goebbels an einem Tisch gesessen, wenn nicht gar in einem Bett gelegen hatten, amerikanische Journalisten, Schweizer Vertreter des Roten Kreuzes, Vertraute des päpstlichen Nuntius, Hellseher, Wahrsagerinnen und Leute, die bereits den Hitlerputsch von 1923 richtig vorausgesehen haben wollten. Niemand wußte Genaues, außer daß Polen als nächstes an der Reihe sein würde – aber dazu brauchte man eigentlich nur die Zeitungen aufzuschlagen.

Berlin mußte zur Gerüchteküche werden, da die großen politischen Entscheidungen ausschließlich von Hitler und keinem anderen gefällt wurden. Das Dritte Reich brüstete sich mit dieser Methode ganz offen – und auch zu Recht, denn das war so ungefähr die einzige wahrheitsgemäße Mitteilung über die Systematik der Hitlerschen Politik. Alle Deutschen waren auf Vermutungen angewiesen, die sich aus der jeweiligen Einschätzung von Affekten und Kalkulationen Hitlers ergaben. Die deutsche Presse war ein Instrument zur Irreführung der öffentlichen Meinung. Spätestens seit 1936, als die Berichterstattung über die britische Verfassungskrise wochenlang untersagt wurde, bestand diese Presse in der Hauptsache aus Informationslücken. Alle Welt sprach von Edward VIII. und Mrs. Simpson. Nur die Deutschen durften nichts davon wissen. Was sich in Deutschland anbahnte, erfuhr man aus den Zeitungen des westlichen Auslands besser als aus der deutschen Presse. Doch die »Neue Zürcher Zeitung«, die »Times« und »Le Temps« – sie waren nicht an jedem Kiosk erhältlich, wie das heute der Fall ist. Außerdem gebrach es selbst den gewitzten und durch keinen Maulkorb, keine Sprachregelung behelligten Reportern der ausländischen Presse an der richtigen Vorstellung von der Ruchlosigkeit der deutschen Außenpolitik. Noch gehörte es zur gängigen Weisheit, Hitlers Manöver als Bluff zu verharmlosen. Diese Fehlinterpretation war nichts anderes als Defätismus. Man steckte den Kopf in den Sand, und zwar aus Angst, es möchte wirklich zu dem kommen, was sich wie eine düstere Gewitterwand vor einem erhob.

Über die internationale Situation war in meiner Bekanntschaft am besten Michael Vermehren orientiert. Er hatte sein Studium abgebrochen und arbeitete jetzt in der Nachrichtenagentur Transozean. Das war ein Ableger des Reichspropagandaministeriums, der sich so gab, als sei er eine unabhängige Organisation. Ihre Mitarbeiter konnten jedenfalls die Nachrichten der internationalen Agenturen wie Reuters oder Associated Press in Ruhe verfolgen und sich ein ungeschminktes Bild der Lage machen.

Bisweilen tauchte Michaels Mutter Petra Vermehren aus Athen oder Belgrad auf, von wo sie damals für die »Deutsche Allgemeine Zeitung« berichtete. Das erweiterte den Horizont auch für die Freunde dieser hanseatischen Familie, die immer für eine Überraschung gut war. Die folgenreichste Überraschung war, daß Isa unter dem Einfluß der Gräfin Plettenberg zum Katholizismus übertrat und daß ihr Bruder Erich nicht nur diesem Akt des Glaubens folgte, sondern die Gräfin vom Fleck weg heiratete. Vier Jahre später hob ich an einer Waldecke tief in Rußland ein Flugblatt aus dem Schnee und las, daß Erich Vermehren aus einem Büro der deutschen Abwehr in Istanbul geflohen und auf einer alliierten Pressekonferenz in Kairo seine Gründe dafür dargelegt habe. Mir schwante nichts Gutes für die Vermehrens, aber tun konnte ich an meinem Waldrand nichts. Auf die bloße Kenntnisnahme eines solchen Flugblatts stand die Todesstrafe.

Der spanische Bürgerkrieg war zu Ende gegangen. Eines schönen Junitages kehrte die Legion Condor, 20000 Mann stark, ins Reich zurück und marschierte unter unseren Fenstern vorbei den Kaiserdamm hinunter. Kamen ausländische Staatsmänner nach Berlin zur Unterschrift von Beistands-, Freundschafts-, Nichtangriffs- und Unterwerfungspakten, so wunderte man sich schon gar nicht mehr, daß in der Portiersloge unseres Hauses ein Mann der Gestapo Platz nahm. Er sollte wohl verhindern, daß jemand Bomben auf die vorbeibrausenden Staatskarossen warf. Er tat jedoch mehr als nur das. Die Überprüfung der Personalien abendlicher Gäste fand meine Frau übertrieben. Sie war deshalb nicht unglücklich, als wir den Prunkbau am Kaiserdamm mit einer kleinen Mietwohnung in Tempelhof vertauschten. Das sollte unsere Finanzen aufbessern. Allerdings besaßen wir noch gar keine Möbel. Christa malte sie an die Wand und malte noch einen offenen Kamin dazu. Der Anblick seiner lodernden Scheite sollte uns bei Kälte wärmen. Zunächst herrschten aber noch hochsommerliche Temperaturen. Auf den Truppenübungsplätzen des Großdeutschen Reiches schwitzten die frisch eingezogenen Reservisten; in England war die allgemeine Wehrpflicht eingeführt worden, überall fanden Luftwaffen- und Marinemanöver statt.

Meine Schwiegereltern hatten London verlassen und sich auf eine Insel zurückgezogen, die bei einem Krieg ganz bestimmt weitab vom Schuß liegen würde. Auf Jersey bei einem Bruder meines Schwiegervaters kamen sie unter. Dessen Krankheit hatte sich verschlimmert, er wurde bettlägerig, und Christa wäre gern hingefahren. Den richtigen Zeitpunkt verpaßten wir jedoch, weil ihr eine Fehlgeburt drohte. Ich wollte der Ärztin nicht glauben und bat telefonisch die Schauspielerin Ursula Herking, eine Freundin aus Studientagen, sie möge mir die beste Spezialistin Berlins finden. Sie versprach, mich sogleich zurückzurufen, und meldete nach einigen Minuten mit Grabesstimme: »Es ist dieselbe.« Das war peinlich. Es wurde mir aber Verzeihung gewährt und gesagt: Das kennen wir schon bei jungen Vätern. Die gleiche Frau Dr. Bongers überwachte anderthalb Jahre später die Geburt der ersten unserer insgesamt fünf Töchter. Ihr Mann arbeitete bei der Lufthansa. Nach dem Kriege war er in leitender Position am Wiederaufbau der Gesellschaft beteiligt. Zu Zeiten der Windrose-Reporter flog ich mit der Lufthansa zwischen Amerika und Europa so häufig hin und her, daß mir Bongers den Erwerb einer Knipskarte nahelegte.

Die Fehlgeburt nahm den vorausgesagten Verlauf. Christa mußte ein paar Tage in der möbellosen Wohnung auf einer Matratze verbringen, während ich im Verlag die neuesten Gerüchte aufsog. Die Verhandlungen zwischen Großbritannien, Frankreich und der Sowjetunion über eine gemeinsame Militärhilfe für Polen waren in eine Sackgasse geraten, die Lage in Oberschlesien und im Polnischen Korridor spitzte sich zu. Junge Franzosen hatten keine Lust, für Danzig zu sterben, der Völkerbundkommissar für diese Stadt, Carl Burckhardt, sah sie aber ungefährdet, da sie kein weltpolitisches Problem darstelle. Darauf schlug die Nachricht vom Molotow-Rippentrop-Pakt wie eine Zehnzentnerbombe ein.

Ich sehe noch unsere Runde im Verlag. Die Layouts der Anzeigen im »Börsenblatt für den Deutschen Buchhandel« lagen achtlos verstreut. Kukowka sprach von Unmoral, Drews von Dämonie, andere gaben ihrer widerwilligen Bewunderung für Hitlers Coup Ausdruck. Scharfsinnige Beobachter mögen sich aus Indizien schon einige Tage oder Wochen zuvor so etwas zusammengereimt haben;

der Durchschnittsdeutsche war jedoch völlig überrascht, mehr als das, er war überrumpelt und verdutzt, wenn nicht gar in seinem Glauben an Hitlers Antibolschewismus verstört. Mein Schwager und meine Schwester waren inzwischen nach Berlin gezogen. Was sie über Stalins Sinneswandlung dachten, wagte ich mir gar nicht auszumalen. Die meisten Deutschen fanden sich aber mit diesem Frontwechsel recht gut ab. Allgemein herrschte das Gefühl, Polens Ende sei nun gekommen; die Westmächte würden doch wohl nicht gegen einen von Rußland gestützten Hitler marschieren. Zu erwarten wäre also vielleicht ein begrenzter, aber noch nicht der große Krieg. Wie der Mensch nun einmal beschaffen ist, klammert er sich an einen solchen Strohhalm. Ich hatte mindestens seit dem Einmarsch Hitlers in die Tschechoslowakei den großen europäischen Krieg und als Folge davon Hitlers Sturz vorausgesagt – nun war alle Klarsicht dahin, und ich war froh darüber, nur – nur! – einen kurzen Polenkrieg erwarten zu können. Danach müßten ja die Karten neu gemischt werden. Man würde vielleicht doch noch nach Jersey ausweichen können.

Daß dieser Pakt zweier Halunken immenses Unheil über die Welt bringen würde, ahnte man, scheute sich aber, der Wirklichkeit ins Gesicht zu sehen. Innerhalb weniger Tage wurde man eines Besseren belehrt. England sprach eine Grenzgarantie für Polen aus. Noch ein paar Tage weiter und morgens kurz nach Arbeitsbeginn hallte die Radiostimme Hitlers mit schrecklichen Ankündigungen durch die Räume des Verlags. Der Krieg hatte begonnen. Am 3. September abends fuhren wir mit Pierre Papst und Ernst-Herbert Falkenhausen in der offenen Droschke, eine Flasche schwingend, über den Kurfürstendamm. Ringsum in der noch nicht totalen Verdunkelung eine Menschenmenge, die sich benahm, als gälte es, noch schnell vor Toresschluß den letzten Heller zu verjubeln. Bei der Heimkehr fand ich unter der Wohnungstür den Einberufungsbefehl. Christa fiel, ohne ein Wort zu sagen, in Ohnmacht.

»Sitzkrieg«

Die Begeisterung der Deutschen beim Ausbruch des Ersten Weltkrieges ist oft beschrieben und häufig kontrastiert worden mit der dumpfen Beklommenheit von 1939. Tatsächlich gab es bei den Berlinern keinen mitreißenden Jubel, höchstens ein skeptisches Grinsen. Selbst der gläubigste Anhänger Hitlers wußte im Innersten, daß dieser Krieg ohne Not vom Zaun gebrochen war. An die Leiden der Polen verschwendete in jenen Tagen kaum einer einen Gedanken – eher kalkulierte man das Risiko eines Krieges, an dessen Ende sich vielleicht doch wieder alle Welt gegen Deutschland vereint finden würde, und in den Winkeln und Falten des Gewissens war die bange Frage nicht zu verdrängen: Was für eine Strafe wird uns treffen?

Mit Blut, Schweiß und Tränen des Krieges kam ich erst während seiner zweiten Hälfte in Berührung. Die ersten drei Jahre beobachtete ich die Geschehnisse wie aus weiter Entfernung. Im Oberkommando des Heeres sah man Feldzüge aus der Vogelperspektive. Der Mensch trat nur in Erscheinung als Kopfstärke einer arabisch benummerten Division, als Anzahl der Verwundeten in einem mit römischen Ziffern bezeichneten Armeekorps, als »betr.« in einem Befehl über Entlausungsanstalten oder Kriegsgerichte, als Abkürzung also und häufig mit Decknamen versehen. Mehr bleibt vom Menschen nicht übrig, wenn zehn Millionen seiner Art bewegt werden.

Genaugenommen erlebte ich den Krieg aber nicht nur aus der Vogel-, sondern auch aus der Froschperspektive. Ich saß meistens in einem unterirdischen Bunker, entweder in Zossen bei Berlin oder neben der Wolfsschanze im Mauerwald bei Angerburg in Ostpreußen. Dort liefen die Kommandostränge zusammen, über die hinweg riskante Angriffskriege an allen Ecken Europas und ein streng geregelter Papierkrieg innerhalb der deutschen Militärbürokratien geführt wurden. Der Kriegsschauplatz des Gefreiten v. Zahn war ein langer Tisch tief unter den Baracken des Oberkommandos des Heeres. Meine Waffe war der Fernschreiber, meine Munition bestand aus unendlich langen Papierstreifen, meine Kampfgenossen waren Postbeamte und Techniker von Siemens, hin und wieder auch mal ein fehlgeleiteter Rechtsanwalt oder Amtsrichter. Wir arbeiteten im Schichtdienst rund um die Uhr in fensterlosen Räumen und wußten manchmal nicht genau, ob es Tag war oder Nacht. Wir gaben die Befehle durch, die Hunderttausende von Menschen in Feld- und Ersatzheer bewegten, anhielten, bekleideten, verköstigten, verärgerten und selten heiter stimmten. Wir nahmen die Meldungen entgegen, die aus allen Himmelsrichtungen einliefen. Wir klebten sie auf Formulare wie Steinchen eines Riesenmosaiks des Krieges, der durch Europa raste, und leiteten die Berichte weiter. Wir wußten, wo eine jede Division zwischen Narvik und Tobruk, zwischen Bordeaux und Borodino im Augenblick stand, stürmte oder zerschlagen wurde. Wir erfuhren, wie die Militärattachés in Washington und Tokio die Lage beurteilten, und wie viele Munitionszüge in obskure Orte an der Grenze noch nicht eroberter Länder abgefertigt werden sollten. Wir entschlüsselten Geheime Kommandosachen und verschlüsselten Befehle, die jeweils einen bestimmten Prozentsatz kriegführender Völker ins Unglück stürzen würden. Wir unterstanden strenger Schweigepflicht und unterhielten uns nur unter Vorsichtsmaßregeln über den Stand der Dinge, aber wir kannten ihn besser als der Wehrmachtsbericht.

Mein Platz war ein Aussichtspunkt fast oben an der Spitze und zugleich tief unten in der Hierarchie. Es war kein besonders anstrengender Platz. Man saß bequem wie ein Archivrat und sammelte Geschichte ein, wie sie sich bildete. Vor Luftangriffen war man sicher. Ich war jung genug, mich an den verlorenen Schlaf jeder dritten Nacht zu gewöhnen. Mit Gamaschendienst wurden wir nicht geplagt. Solange wir in Zossen saßen, konnte ich jeden dritten Tag mit der S-Bahn nach Berlin fahren und meine Frau besuchen. Nachdem dieser Sitzkrieg des Winters 1939/40 vorbei war und die Installation unserer Fernschreiber am Rhein, in Frankreich, in Wien oder Ostpreußen erforderlich wurde, konnte ich mit ihr wenigstens umsonst telefonieren, auch wenn das tausendmal verboten war. Das Telefon und die häufige Heimfahrt ließen mir meine Lage als paradiesisch erscheinen, verglichen mit den Ungewißheiten und stupiden Betätigungen, die mir bei einem anderen Truppenteil geblüht hätten.

Die höheren Stäbe frühstückten gern lange. Die Flut der Fernschreiben schwoll deshalb erst gegen zehn Uhr an. Bis dahin, und natürlich in mancher Nachtstunde, hatte ich viel Zeit, zu lesen und zu schreiben. Ich studierte vornehmlich historisches Material zum deutsch-englischen Verhältnis, da ich ja in doppeltem Sinne davon besonders betroffen war. Anmerkungen zu meiner Sitzkrieg-Lektüre haben Bomben und Umzüge überlebt.

Bei ihrer Durchsicht fand ich eine Prognose für 1940, die enthält, was sich ein Gefreiter aus der Lektüre von Fernschreiben der deutschen Stäbe damals zusammenreimen konnte:

Der finnisch-russische Winterkrieg war bereits im Gange. Die Besetzung Norwegens und Dänemarks durch deutsche Truppen sah ich als nahe bevorstehend an und prophezeite unter dem Datum des 22. Januar 1940 die baldige Offensive im Westen mit einem Stoß durch das neutrale Belgien zur Kanalküste. Die Landung in England als weiteres Ziel ließ sich offenbar damals schon aus Indizien erschließen. Churchill war in meinen Augen der Nachfolger Chamberlains, Franco und Mussolini betrachtete ich als Staatsmänner, die ihre Völker möglichst lange aus dem Krieg heraushalten und sich jedenfalls nur dem Meistbietenden anschließen wollten. Die Vereinigten Staaten von Amerika würden erst bei äußerster Gefährdung Englands in den Krieg eingreifen. Insoweit war die Prognose Allgemeingut, man mußte dazu nicht in den Nachrichtenzentralen des OKH sitzen.

Interessant aus heutiger Sicht ist die Einschätzung der Sowjetunion. Rußland sei, so schrieb ich in meinem Essay, »offensichtlich von Deutschland abhängig, d. h. vor ihm zitternd. Könnte erst umschwenken, wenn die alliierten Heere – sei es in Finnland, sei es in Rumänien – wirksame Hilfe bringen könnten. Ob freilich Deutschland so lange warten kann, ist sehr fraglich. Offenbar versucht es, Rußlands innere Kraft zu unterhöhlen, und was die Organisationshilfe anbetrifft, so zeigt es sich vorläufig wohl noch knauserig. Auf Rußland, so könnte ich mir denken, wird sich die Hauptlast des Kampfes legen. Wie knurrende Hunde werden sich alle ein Maulvoll abzureißen und im übrigen die Seele des russischen Volkes zu fangen versuchen. Man wird sich in Rußland wahrscheinlich darüber klar sein, daß Erbarmen nicht bei Deutschland, sondern nur bei den weiter entfernten und verhältnismäßig uninteressierten Westmächten besteht.«

Der Roten Armee bescheinigte ich, daß sie sich in eine »ausschlaggebende Stellung hineinspielen« würde. Dem deutschen Heer sagte ich dagegen nach, daß es Hitler sicher sei, solange es nicht in eine politisch und militärisch aussichtslose Situation geriete und »solange keine unerfüllbaren Aufgaben gestellt werden«.

Bereits ein halbes Jahr später war die gesamte Atlantikküste von der Biskaya bis zum Nordkap in deutscher Hand. Das Reich geriet in Siegestaumel. Doch brachte der Luftkrieg gegen England nicht den geplanten Erfolg, Italien griff in den Kampf ein, verlor Abessinien und mußte in Nordafrika unterstützt werden. Die Siegesstimmung wurde mühselig durch Meldungen über versenkte englische Handelsschiffe gespeist.

Ich war vor dem Beginn des Frankreich-Feldzuges in eine langweilige Außenstelle nach Bad Godesberg versetzt worden und zog von dort mit meinen Fernschreibern in eine ärmliche Arbeitersiedlung in Belgien. Die Bevölkerung war nach Westen geflohen, ringsum war das Land von den rasch durchziehenden Heeren verwüstet und menschenleer hinterlassen worden. Das Vieh wurde nicht gefüttert und gemolken. Überall sah man Anschläge »Wer plündert, wird erschossen«, es war aber nichts zum Plündern da, außer hin und wieder ein verirrtes Huhn. Der Stab, dem wir zugeteilt waren, hatte in einem Kloster den Weinkeller erobert und teilte jedem Soldaten eine Flasche Châteauneuf du Pape des Jahrgangs 1936 zu. Ich hätte mich zu Tode trinken können, denn meine Kompanie bestand aus Berlinern, die ihr Lebtag noch keinen Wein getrunken hatten. Da das Wasser knapp war, spülten sie die Toiletten mit Châteauneuf du Pape.

War das Quartier in Belgien proletarisch karg gewesen, so entschädigte uns die nächste Etappe fürstlich. Wir arbeiteten in einem Seitenflügel des Schlosses von Fontainebleau und lümmelten uns auf Sesseln, die mit rotem Samt bezogen waren. Während des Nachtdienstes allerdings hatten wir auf den langen, mondbeschienenen Korridoren schreckliche Angst vor marokkanischen Marodeuren, über die Mordsgeschichten umliefen. Bei Tage vergegenwärtigte ich mir mit Rührung die Szene, wie Napoleon abdankt und vor der Hufeisentreppe von seinen Garden Abschied nimmt – war er nicht ein Jahr zuvor noch mit den Sachsen verbündet gewesen? Auch studierte ich an Hand der Bildnisse in den Salons und Galerien des Schlosses die Geschichte so manches französischen Königs und seiner jagd- und liebesfreudigen Mätressen.

Das Leben in Fontainebleau war wie ein langer Sommerurlaub. Wir wohnten in kleinen Villen zwischen hochummauerten Gärten, an deren Sonnenseite das Spalierobst gedieh. Die Besitzer waren geflohen, ich teilte mein Quartier mit einer Familie, die auf der Flucht aus dem Elsaß hier zur Ruhe gekommen war.

Meine Kameraden waren unaufdringlich und nachdenklich. Wir fuhren mit dem Rad an die Marne oder durch die märchenhaften Wälder nach Barbizon. Dort servierte man auf einer hübschen Terrasse ein erschwingliches und gutes Diner. Es machte auf unsere Sitzkriegs-Gemüter einen stärkeren Eindruck als die weit berühmtere, aber wenig aufregende Malerschule von Barbizon.

Der Zufall wollte es, daß ich ausgerechnet am 14. Juli einen Ausflug nach Paris machen konnte. Ich ging in der Nähe der Place Vendôme am »Hôtel de France et Choiseul« vorbei, in dem ich mit Christa ein Jahr zuvor gewohnt hatte. Der wunderhübsche Innenhof hatte mir damals gefallen. Als ich ihn betrat, fiel der erste Blick auf einen Tisch mit vier SS-Männern. Die Jacken mit den schwarzsilbernen Emblemen waren über die Stuhllehnen gehängt. Man sah, daß sie sich in Paris bereits ganz zu Hause fühlten, so wie sich das Heer in der stillen Schönheit der französischen Provinz wie zum Urlaub eingerichtet hatte. Ich fühlte plötzlich ein tiefes Mitleid mit dem Frankreich, das ich liebte, und trat schnell wieder auf die Straße. Der maurische Bau von Sacré-Cœur auf dem Montmartre war gedrängt voll mit Pariser Bürgern, alle trotz der Hitze in Trauerkleidung. Viele Frauen weinten. Ich fühlte, daß meine Anwesenheit in deutscher Uniform so angebracht war wie ein Faschingskostüm bei einem Begräbnis. Außerdem war ich der einzige Deutsche weit und breit zwischen Tausenden von Franzosen. Meine Bewaffnung bestand aus einem Seitengewehr. Aber die Besucher des Gottesdienstes verhielten sich wie unter der Wirkung eines Schocks.

Von der Radioansprache de Gaulles am 18. Juni 1940 sprach noch niemand. Pétain war, wenn überhaupt jemand, die Personifikation von Frankreich. An den Plakatwänden klebte ein ertrinkender Matrose, der vor dem Hintergrund sinkender Kriegsschiffe die Trikolore aus dem Wasser reckt. Mirs el Kebir. Rache am heimtückischen Albion für die Dezimierung der französischen Mittelmeerflotte. Das Plakat war offensichtlich von deutschen Propaganda-Dienststellen zur Pflege der antibritischen Affekte in Frankreichs Bevölkerung inspiriert.

Herbst und Winter 1940 sahen mich wieder an meinem alten Arbeitsplatz in Zossen. Zweimal die Woche erschien ich für 24 Stunden in Berlin. Wir hatten nach meiner Einberufung die Wohnung in Tempelhof aufgegeben. Meine Frau war erst bei Pierre Papst und seiner Freundin, dann in verschiedenen möblierten Zimmern, auch eine Weile in Oberschlesien bei Falkenhausens untergekrochen. Dort war ihre englische Herkunft kein Nachteil, während sich Zimmervermieterinnen in der Reichshauptstadt bisweilen als anglophobe Drachen entpuppten und Christa schikanierten; besonders die Gespräche in den Luftschutzkellern, die man bisweilen aufsuchen mußte, gingen auf die Nerven. Bestenfalls sagten die um den Schlaf betrogenen Hausfrauen: »Sie können ja nichts dafür, daß Sie Engländerin sind«, aber nur, um sich dann in allerhand Greuelmärchen zu ergehen und den Plutokraten, Demokraten, Kapitalisten und Imperialisten des Westens die Pest an den Hals zu wünschen. Widerspruch mußte man sich angesichts der Block- und Luftschutzwarte versagen.

Wir hatten wenig Geld. Der Staat zahlte eine nicht üppige Familienunterstützung. Außerdem schoß der Verlag einen kleinen Betrag zu. In Ansehung der vier Monate, die ich für ihn gearbeitet hatte, mußte das als großzügig gelten und wurde auch den ganzen Krieg über gezahlt. Es genügte allerdings nicht für den Zukauf von Lebensmitteln unter dem Ladentisch. Christa erwartete wieder ein Kind. Die Umstände legten die Suche nach einer billigen Wohnung in der Nähe von Freunden und Bekannten nahe. Wir fanden zum Glück, was wir brauchten: ein Atelier im Dachgeschoß eines Mietshauses auf der Stubenrauchstraße in Friedenau. Es war billig, weil in jenen Zeiten niemand außer uns unter einer großen, schrägen Fensterscheibe schlafen wollte. Wir hatten es notdürftig möbliert, als die erste Tochter Sabine geboren wurde – ein dunkelrotschopfiges Wesen von zehn Pfund Gewicht mit blauen Pupillen, die manchmal in die Augenwinkel rutschten wie bei einer Wachspuppe.

Kurze Zeit danach wurde ich zu einer Unteroffiziersausbildung nach Gießen abkommandiert und von dort nach Wien, wo die deutschen Heere meiner bedurften, denn sie beschäftigten sich mit der Besetzung des ganzen Balkans, einschließlich Griechenlands und der vorgelagerten Inseln. Außer einigen Opern- und Burgtheaterbesuchen sind diese Wochen meiner Erinnerung völlig entschwunden. Ähnliches gilt für die anschließende Zeit in Zoppot. Niemand hatte eine Ahnung, warum wir dort in der Sonne faulenzen und auf die Ostsee hinausblinzeln durften – übende U-Boote im Vordergrund, das Schlachtschiff »Prinz Eugen« im Hintergrund. Hatte diese trügerische Ruhe irgend etwas mit dem Flug von Rudolf Heß nach Schottland zu tun? Meine Einheit hatte seit der Eroberung von Kreta keine Fernsprechvermittlung und keinen Fernschreiber mehr bedient. Wir waren völlig desorientiert, als wir nach Angerburg in Ostpreußen verlegt und mit den verbunkerten Nachrichtenzentren im Mauerwald neben dem »Führerhauptquartier« vertraut gemacht wurden.

Es dauerte noch eine Woche, ehe der Fall »Barbarossa« ausgelöst wurde. In meiner Erinnerung herrschte das schönste Wetter. Ich hatte schon seit einiger Zeit das Rauchen aufgegeben und war körperlich in guter Verfassung: Ein Lauf über zehn oder auch fünfzehn Kilometer täglich war gar nichts Besonderes. Ich schrieb an einer Verskomödie, die in Theaterkreisen spielte. Die Kameraden spielten Skat oder befaßten sich mit der Idee, im Verein mit Rußland über den Kaukasus zu marschieren und Persien zu besetzen. Alle waren darauf vorbereitet, daß deutsche Truppen die sowjetrussischen Grenzen überschreiten würden; daß sie jedoch dabei schießen sollten, war für die meisten eine Überraschung, mit der sie nicht leicht fertig wurden. Wir blickten auf die Landkarten und sahen uns zweifelnd an. Es war einer der seltenen Fälle, in denen der gesunde Menschenverstand vor dem Ablauf der Ereignisse nicht kapitulieren wollte.

Ich wünschte mir eine Niederlage der Sowjetunion, weil mir Stalin und sein System unheimlich und widerwärtig waren. Ich ersehnte aus naheliegenden Gründen den Sturz des Nationalsozialismus und einen Frieden mit England. Er sollte das Deutsche Reich einer demokratischen Ordnung öffnen, ohne es zu demolieren. Diese drei Hoffnungskonstanten schlossen einander aus. Siege wie Niederlagen in Rußland eliminierten immer mindestens eine der wünschbaren Zukunftschancen. Wer Hitler und Stalin als zwei Skorpione in der Flasche verstand, die sich gegenseitig umbringen würden, täuschte sich gründlich. Der Eintritt der USA in die Anti-Hitler-Kriegsallianz würde die Lösung des Problems geringfügig in Richtung auf mehr Demokratie verschieben – anderes war im Juni 1941 noch nicht abzusehen.

Der Winter hatte noch nicht eingesetzt, da erschienen die Verluste und Niederlagen der russischen Armeen so gewaltig, daß die deutsche Führung auf die Dienste einiger tausend angehender Akademiker zeitweilig verzichten zu können glaubte. Studenten vor dem Examen wurde ein längerer Arbeitsurlaub angeboten, damit sie ihre Prüfungen ablegen konnten. Es war das erste und letzte Mal in der Geschichte der Hitlerherrschaft, daß den Intellektuellen ein Vorteil zugeschanzt wurde. Ich schob die Drucklegung meiner Doktorarbeit als Voraussetzung für die Komplettierung meines Examens vor. Ein wohlwollender Kompaniechef drückte beide Augen zu. Ende November stand ich vor der eisernen Ateliertür in Berlin-Friedenau. Es war schnell festgestellt, daß infolge der Papierbewirtschaftung ein Kontingent für gedruckte Exemplare der »Sozialen Ideen der Wiedertäufer« nicht verfügbar sein würde. Wenn es wenigstens eine Dissertation über »Lützows wilde, verwegene Jagd« gewesen wäre! Aber Thomas Müntzer fachte die Kriegsbegeisterung nicht an. So reichte ich also die bereits vorgelegte und angenommene Arbeit in säuberlicher Maschinenschrift mit einigen Korrekturen und in zehn Exemplaren erneut beim Dekan der philosophischen Fakultät der Universität Freiburg ein. In diesem Zustand liegt sie noch heute in einigen Bibliotheken.

Die deutsche Front bei Moskau brach zusammen. Der Überfall auf Pearl Harbor zog die Vereinigten Staaten in den Krieg. Die große Wende zeichnete sich ab, und ich hatte mehrere Monate ohne Kontakt zu den gewohnten Informationen vor mir. Ich empfand das als peinigend. Dank Michael Vermehrens Vermittlung konnte ich mich in der Nachrichtenagentur Transozean anstellen lassen. Man brauchte einen zusätzlichen Mann für eine kleine Redaktion, die mehrmals täglich die interessantesten Meldungen der großen Nachrichtenagenturen des Auslands zusammenstellte. Der sogenannte »I-Dienst« ging als Geheimmappe an einige Dutzend Ministerien und andere Staats- und Parteidienststellen. Neben der Innenpolitik Amerikas, Rußlands und Englands stand vornehmlich die Entwicklung auf den Kriegsschauplätzen im Vordergrund – nunmehr rund um den Globus. Um unser Publikum bei Laune zu halten, mengten wir hier und da auch eine Portion Klatsch und human interest stories in die Mappe. Der »I-Dienst« war imstande, Reden von Roosevelt vor dem Congress oder Churchills vor dem Parlament mit nur wenigen Viertelstunden Zeitverzug vorzulegen. Wir lieferten den vollen Text – ohne Zensur. Die gleichen Reden waren nicht mehr wiederzuerkennen, wenn sie nach erfolgter Reinigung und Bügelung durch das Propagandaministerium in der deutschen Presse erschienen.

Nachdem ich monatelang allnächtlich im Hauptquartier die Berichte der Militärattachés und Gesandten an der deutschen Botschaft in Washington und anderen Metropolen aufgenommen hatte, war mir die Thematik geläufig. Ich blieb den Geschehnissen auf den Fersen und lernte außerdem die unwägbaren Vorzüge der angelsächsischen Nachrichtensprache zu schätzen. Die festen Grundsätze der amerikanischen Reporter und Redakteure wurden durch den Kriegszustand nicht aufgehoben. Alle Meldungen waren so formuliert, daß man nützliche Rückschlüsse auf die Quelle der Nachricht ziehen konnte. Außerdem waren sie nach der Wichtigkeit ihrer Einzelbestandteile gegliedert. In deutschen Meldungen wurden dagegen vor der Mitteilung der Tatsachen häufig die Ansichten und Meinungen des Reporters verbreitet. Wenn diese Ansichten das Publikum im Sinne des Propagandaministeriums weichklopften, war diese Technik sogar gewollt. Sie war jedoch dem Verständnis der Sache abträglich. Besonders wenn atmosphärische Störungen in der Mitte der Meldung die Unterscheidung zwischen facts und fiction erschwerten, müssen die Abhördienste in London über deutsche Berichte in gelinde Verzweiflung geraten sein.

Die Methode, Tatsachen mit einem Wust von Meinungen zu umhüllen, mußte dem deutschen Nachrichtenjournalisten nach dem Kriege mühsam abgewöhnt werden. Es gelang auch ganz gut, bis in den sechziger Jahren die Ideologisierung des Journalismus die alten Laster aufleben ließ. Die Nachricht verkam wieder zur Waffe im Kampf für den eigenen Ismus gegen den Ismus der anderen.

Zur Propaganda-Kompanie

Mit meinem Urlaub ging auch meine Tätigkeit bei Transozean zu Ende. Mitte März 1942 traf ich wieder im »Mauerwald« in Ostpreußen ein. Der Aufmarsch für die deutsche Sommeroffensive an der Ostfront hatte bereits begonnen. Die Lagekarten in unseren Räumen zeigten, wie der Winterkrieg gewütet hatte. Die Angriffspfeile des vergangenen Herbstes hatten sich in Abwehrlinien mit tiefen Einbuchtungen verwandelt. Begriffe für den Kampf in Rußland tauchten auf, die man früher und an anderen Fronten kaum gehört hatte. »Hinhaltender Widerstand« bedeutete, daß ein Rückzug nicht in panikartige Flucht ausgeartet war. Das Heer konnte nur noch im Süden der Front ausreichende Kräfte für einen Durchbruch konzentrieren. Ich nahm ein Fernschreiben des Militärattachés in Tokio an, dem zufolge Japan nur dann gegen Rußland anzutreten beabsichtige, wenn die Deutschen die Wolga auf breiter Front erreicht hätten. Man spürte, daß sich auch im Fernen Osten das Blatt zu wenden begann.

Im Mai wurde ich zum Kompaniechef befohlen. Er kündigte mir meine Versetzung an. Fronteinsatz sei infolge meiner bisherigen Verwendung ausgeschlossen. Im Falle einer Gefangennahme wisse ich zuviel. Meinen Fähigkeiten könne aber andernorts besser entsprochen werden als hinter den Schlüsselmaschinen. Ob ich wohl Interesse daran hätte, meinen Berufserfahrungen entsprechend zur PK überzuwechseln? In dem Fall könne ich mich in einigen Tagen bei der Propaganda-Ersatzabteilung in Potsdam melden.

Wann ist jemals in der deutschen Heeresgeschichte ein Unteroffizier nach seinen Interessen befragt worden? Ich schloß aus der vorsichtigen Redeweise meines Vorgesetzten, daß Sicherheitsbedenken gegen mich bestanden, daß sie jedoch nicht für drastische Maßnahmen genügten. Ein Wunder war diese Besorgnis nicht; da waren der kommunistische Schwager, die englische Frau, die offensichtliche Reserve gegenüber den Zielen dieses Kriegs oder den Maßnahmen der Partei. Vielleicht hatte es auch Verdacht erregt, daß ich den Transport meines schwerkranken Schwiegervaters von der besetzten Kanalinsel Jersey in eine Klinik in Kassel zu organisieren versuchte. Mein Vetter Fritz Ruge, der Teile der Marine an der Atlantikküste befehligte, hatte mir Plätze auf einem Schiff für meine Schwiegereltern zugesichert; wenn einem Abwehroffizier im Hauptquartier all diese Tatsachen gesammelt auf den Tisch gelegt worden wären, hätte er wahrscheinlich einen Entsetzensschrei ausgestoßen. Es genügte eines dieser Indizien, um meine Tätigkeit an der sensibelsten Stelle der deutschen Kriegführung höchst bedenklich erscheinen zu lassen.

Ich nahm also Abschied von Kameraden, die mir zu Freunden geworden waren, und fand mich bereits zwei Monate nach meinem letzten Abschied aus Berlin wieder bei Weib und Kind im Atelier. Der Dienst in der Propaganda-Ersatzabteilung ließ mir viel freie Zeit und fand häufig in Berlin statt. Ich hörte Vorträge im Oberkommando der Wehrmacht und im Propagandaministerium. In lebhafter Erinnerung ist mir nur der Vortrag des Ministerialdirektors Taubert über die Lage in der Sowjetunion und an der Ostfront. Der zackig daherredende Mann in Zivilkleidung bedachte die politischen und militärischen Führer Englands und der Vereinigten Staaten mit Verachtung als kleine Gernegroße, Schwächlinge und kranke Narren. Stalin dagegen, das sei ein Gegner, eisenhart und konsequent, des Führers würdig! Selbstverständlich werde man auch den Georgier besiegen, aber es werde sich zu einem Kampf auf Leben und Tod entwickeln, einem Kampf, der die härtesten Maßnahmen rechtfertige.

Bereits zu Beginn des Rußlandfeldzuges hatte ich den sogenannten Kommissarbefehl – sofortige Exekution der gefangenen politischen Kommissare der sowjetischen Verbände – als Fernschreiben in den Händen gehabt und wie viele andere geglaubt, daß damit die Grenzen des Völkerrechts und der Haager Landkriegsordnung ohne Not schwer verletzt wurden. Wieviel schlimmer sollte es nun kommen? Ich würde es bald mit eigenen Augen sehen.

Der Vortragsredner Taubert hat den Zweiten Weltkrieg überlebt und Ende der vierziger Jahre für die Schwächlinge und kranken Narren des Westens Propaganda-Kreuzzüge betrieben. Gegen wen? Gegen den einzigen Gegner, den er des Führers für würdig erachtet hatte.

Bis ich nach Potsdam zur Ersatzabteilung kam, war ich der Meinung gewesen, die PK sei die Truppe der Wort- und Bildreporter, der Journalisten, die einer wißbegierigen Heimat über den Krieg berichten. Wenn ich meine Versetzung begrüßte, so gründete sich das auf die Erwartung, daß ich als Kriegsberichter eingesetzt werden würde. Das war aber zunächst nicht der Fall. Die PK war eine Mehrzweck-Truppe. Die deutsche Bevölkerung durch Wochenschau, Rundfunk und Presse über den Ernst der Kriegslage zu täuschen, war nicht ihre einzige Aufgabe. Sie betrieb auch, was man heute psychologische Kriegführung nennt. Sie war eine militärische Formation, und ihr nicht unstatthafter Auftrag lautete, durch Lautsprechereinsätze, Flugblätter, Broschüren, Plakate und so weiter die Widerstandskraft des Feindes zu schwächen, Überläufer zu produzieren und die Bevölkerung in Feindesland zur Unterstützung der deutschen Maßnahmen zu gewinnen.

Die Trupps, die mit kleinen Mörsern oder mit Ballons Flugblätter in die gegnerischen Reihen schossen und damit zum Überlaufen, zur Übergabe oder zum Weglaufen aufforderten, hielten den Kopf hin, wie alle anderen Soldaten in der Hauptkampflinie. Die Einsätze großer Lautsprecher im vordersten Graben mit entsprechenden Sendungen erforderten sogar ein gewisses Maß an Wagemut. Man befand sich bei Nacht in unbekanntem Gelände und konnte leicht ausgehoben werden. Man zog das Feuer des Gegners auf sich und gefährdete die umliegenden Truppen. Es gehörte Hartnäckigkeit dazu, diese Aktionen gegenüber dem örtlichen Kommandeur durchzusetzen. Die Resultate waren nur selten meßbar. Doch ist es noch in den letzten Wochen des Krieges vorgekommen, daß sich auf Grund von Lautsprecherpropaganda oder Flugblattaktionen plötzlich russische Überläufer bei bereits eingekesselten deutschen Verbänden meldeten.

Damit waren die Aufgaben der PK noch nicht erschöpft. Die deutschen Soldaten mußten unterhalten und aufgemuntert werden. Jede Armee hatte eine PK, und jede PK besaß einen Kinowagen. Der konnte für die Bevölkerung eingesetzt werden, dann diente er der Beeinflussung der Stimmung hinter der Front. Er wurde aber auch für die Betreuung der eigenen Truppe gebraucht. Begreiflich, daß sie sich um Filmvorführungen riß, wo immer dafür Raum und Zeit vorhanden waren. Ein Kinovorführer war wohlgenährt. Die Verfügung über Filme und Vorführgerät machte den Chef einer PK zu einem gesuchten Mann. Die Vorführung eines Zarah-Leander-Films war so viel des knappen Treibstoffs wert, daß die ganze PK mit ihren Fahrzeugen noch rechtzeitig vor den feindlichen Panzerspitzen das Weite suchen konnte. Die PK besaß außerdem Kameras und Filmmaterial für die Verewigung festlicher Ereignisse in den Kasinos, für Paraden und Porträtaufnahmen des Generals. Treuer Dienst an der Eitelkeit der Vorgesetzten erleichterte die Bewältigung der übrigen Aufgaben. Es waren also höchst unterschiedliche Tätigkeiten, die unter dem Namen PK liefen.

Ich machte bereits in Potsdam die Erfahrung, daß nicht jeder PK-Mann ein Nazi war. Nur wenige kamen aus der Parteihierarchie. Die eingezogenen Funktionäre befanden sich vorwiegend in Dienststellen, die sich mit der Zivilbevölkerung befaßten. Das war nicht weiter verwunderlich. Seiner Ausbildung und Erfahrung nach bot sich ein Ortsgruppen- oder Kreisleiter, den man in Wehrmachtsuniform gesteckt hatte, weder als Kriegsberichter noch als Führer eines Lautsprechertrupps an. Man traute ihm aber zu, in der Zivilbevölkerung der Ukraine auf wirksame Weise die Stimmung zugunsten der Besatzung beeinflussen zu können. Eine ähnliche Funktion hatte er schließlich in Deutschland ausgeübt, und sogar mit Erfolg. Ebenfalls brauchbar konnte so ein Mann sein für die innere Organisation einer PK oder Propagandaabteilung, als Kompanie- oder Zugführer zum Beispiel, wenn es sich um den Zusammenhalt einer über ein ganzes Armeegebiet verstreuten Einheit mit kompliziertem Gerät handelte.

Der rauhe Krieger, der mit der Kamera an einer Aktion in vorderster Linie teilgenommen hatte, fühlte sich erhaben über die »Goldfasanen«, und das ganz besonders, wenn sie Phrasen über den Endsieg verbreiteten. Nicht alle taten das. Ich habe die peinlichen Wandlungen von Männern miterlebt, die sich als getreue Gefolgsleute von Adolf Hitler fühlten, als sie zur PK kamen, und die zwischen Resignation, Ekel und Verzweiflung schwankten, als sie merkten, wie betrogen sie waren.

Meist merkten sie das rasch. Die berufsmäßigen Nazis erfuhren durch die Kriegsberichter eine Konfrontation mit der unterdrückten und beschönigten Wirklichkeit des Krieges. Die Kriegsberichter waren meist Journalisten mit Berufserfahrung und als solche kaltschnäuzig und gewitzt in der Kunst der Doppelzüngigkeit. Diese Fähigkeit war Voraussetzung für das berufsmäßige Schreiben im Dritten Reich. Was wirklich los war, konnte man zur Not andeuten, durfte es aber beileibe nicht hinschreiben. Ein jeder wußte, daß er mit seinen Berichten auf einem schmalen Grat zwischen »unerwünscht« und »übertrieben« wandelte. Alle Berichte durchliefen mehrere Arten von Zensur. Zunächst die, welche im eigenen Kopf stattfand und vor der Niederschrift bereits eliminierte, was Zweifel und Kritik an der Kriegführung erregen konnte. Das war die politische Selbstzensur. Danach war die militärische Zensur zu berücksichtigen; besonders dann, wenn die Feldzeitung der Armee als Abnehmer in Frage kam. Der Gegner sollte nichts militärisch Wertvolles erfahren, wenn ihm ein Exemplar der Feldzeitung in die Hände fiel. In ihr klang es deshalb immer etwas optimistischer, als die Flüche in der Hauptkampflinie vermuten ließen. Aber die kämpfende Truppe wollte auch ihre Leistungen in der Abwehr des Gegners gewürdigt sehen, womöglich mit Namensnennung. Haute aber einer mit der Besingung von Heldentaten der 23. Division zu sehr auf die Pauke, so lief er Gefahr, in der 47. Division ausgelacht zu werden.

Ideologische oder moralische Begründungen für die Inferiorität des Feindes hatten bereits 1942 kaum noch Zugkraft. Sie mußten sich messen lassen an dem, was der Soldat um sich sah. Im allgemeinen war er mit den Stärken des russischen Gegners wohl vertraut und hatte Respekt vor ihm. Wer den Kampfeswillen in den deutschen Linien stärken wollte – und kaum einer im Osten wollte ihn schwächen –, der betonte während der drei Jahre dauernden Abwehr- und Rückzugskämpfe seit 1942 vornehmlich die Professionalität der ausgedünnten deutschen Verbände und ihrer Einzelkämpfer.

Durchhalteparolen und penetrante Heldenepen finden sich denn auch seltener in den Feldzeitungen als in den Berichten, die in die Heimatpresse gelangten. Vorher mußten sie die ideologische Zensur des Propagandaministeriums passiert haben. Ein Understatement konnte da leicht als Anflug von Defätismus angesehen werden – nur rundweg positive Beschreibungen eines auf den Endsieg hineilenden Krieges waren erwünscht und wurden geduldet. Das galt besonders für Filmberichte, die in die Wochenschauen übernommen wurden, und für Fotos und Zeichnungen. Soldaten mit erhobenen Händen konnten nur Russen sein; ebenso Leichen – während die kameradschaftliche Versorgung von verwundeten Deutschen dem Zensor nicht notwendigerweise zum Opfer fiel. Die Texte zur Wochenschau entstanden in Berlin und haben mit dem markigen Pathos der Sprecherstimmen selbst die Wochenschauen der Nachkriegsjahre noch lange Zeit verunstaltet. Die Kameramänner hatten keine Kontrolle über die Präsentation ihrer Aufnahmen – geschweige denn der Texte dazu. Daraus entstand viel Ärger.

Alles in allem war die PK kein günstiger Nährboden für Männer, die »an den Führer glaubten«. Der von oben geforderte Enthusiasmus war geheuchelt, bevor er noch das Papier erreichte. Der Stolz auf einen professionell errungenen Abwehrerfolg war dagegen echt und infizierte selbst eingefleischte Gegner des Systems.

Im Unterschied zu den PKs an der Front arbeiteten in den rückwärtigen Heeresgebieten sogenannte Propaganda-Abteilungen, die sich vorwiegend um die Beeinflussung der Zivilbevölkerung kümmerten. Ich wurde Ende Juni 1942 nach Krementschug am Dnjepr zur »Propaganda-Abteilung Ukraine« geschickt. Vierzig Millionen Ukrainer, verteilt über ein Land von der Größe Deutschlands, warteten mit Spannung darauf, was ihnen der Unteroffizier v. Zahn mitzuteilen haben würde.

Ukrainischer Sommer

Das Städtchen Nowgorod-Sewersk liegt auf einem Steilufer über der Desna und machte im Sommer 1942 den Eindruck, als solle gleich »Wallensteins Lager« aufgeführt werden. Auf den Straßen wimmelte es von Soldaten. Vor jedem dritten Haus stand ein ungarischer Posten. Ihre zahlreichen Uniformknöpfe trugen die Stephanskrone. Die Kgl. Ungarische Honved muß daran einen solchen Überfluß gehabt haben, daß sie diesen Zierat auch an Stellen anbringen ließ, wo es gar nichts zum Knöpfen gab.

In der Nähe des antiken Triumphbogens, den Fürst Potemkin für die durchreisende Zarin Katharina errichten ließ, standen in langen Reihen die Troßwagen und Pferde der Kosaken. Abends trabten die Burschen den Hohlweg hinab und ritten ihre Gäule in die Desna. Sie trugen deutsche Monturen, saßen aber nach ihrer Art gebückt zu Pferd. Gegen die Partisanen waren sie gut zu gebrauchen. Besser waren vielleicht noch die Tataren, wild dreinblickende, untersetzte Gesellen, deren gelbe Gesichter und glanzlose schwarze Haare sich fremdartig genug unter den deutschen Mützen ausnahmen. Sie haßten die Bolschewisten mit ihrem ganzen mohammedanischen Fanatismus.

An allen Ecken schließlich lungerte ukrainische Miliz herum, große Kerle in Blusen und weichen Lederstiefeln. Sie trugen das russische Schnellfeuergewehr mal rechts, mal links, drehten sich unentwegt Zigaretten aus Machorka und Packpapier und rochen dementsprechend streng. Am seltensten sah man deutsche Soldaten. Nur oben im Park am Kloster und unten bei meinem Haus an der Kirche lag eine deutsche Panzerkompanie. Ihre rasselnden Ungetüme waren nicht gerade die modernsten. Die Besatzungen fluchten Mord und Brand über diese europäische Mischrasse aus französischem Chassis, deutschem Turm und tschechischer Kanone. Auch mit besseren Panzern wäre bei diesem Kleinkrieg gegen einen gut bewaffneten Feind nicht viel auszurichten gewesen. Die Partisanen waren meistens versprengte Rotarmisten, die durch die deutsche Oktoberoffensive 1941 in den Brjansker Wald gedrängt wurden. In dem dünnbesiedelten und unwegsamen Gelände im Norden von Nowgorod-Sewersk waren sie kaum zu fassen. In kleinen Trupps kamen sie ins Freie und trieben das Vieh aus den Dörfern weg. An den Straßen legten sie sich in den Hinterhalt und lauerten einzeln fahrenden Wagen auf. Angesichts kleiner Detachements erschienen sie in Übermacht und waren wie vom Erdboden verschwunden, wenn stärkerer Einsatz sich näherte. Am gefährdetsten waren die von den Deutschen eingesetzten ukrainischen Dorfbürgermeister und Polizisten. Sie hatten nichts zu lachen, wenn sie sich fangen ließen.

Im großen und ganzen waren die Partisanen noch keine Gefahr für die rückwärtigen Verbindungen des deutschen Heeres. Aber sie stellten einen unangenehmen Infektionsherd dar, deutlich sichtbar an den Elendszügen von Bauern, deren Dörfer von der einen oder anderen Seite niedergebrannt worden waren und die für ihre Familie eine Bleibe suchten.

Meine Aufgabe war es, unter die Bevölkerung Propagandamaterial zu verteilen. Es sollte sie von der Aussichtslosigkeit des Kampfes der Partisanen überzeugen und zur aktiven Unterstützung der Besatzungstruppen bewegen. Leichter gesagt, als getan – leichter gedruckt, als geglaubt.

Ich bewohnte ein weißgestrichenes einstöckiges Gebäude, die Drahtfunkstation. Sie lag am sonnenheißen Rande des Abhangs zur Desna, genau in der Mitte zwischen dem Kloster und der Burgruine. Diese Drahtfunkstation leitete Ingenieur Keller, ein blonder, hübscher Mann von dreißig Jahren, dessen Manieren von denen der Ukrainer aufs angenehmste abstachen. Seine Angestellten nannten ihn Kjelljer. Sein Vater stammte aus Danzig und war im Lubjanka-Gefängnis umgekommen, wovon man damals soviel Aufhebens machte, als wäre er an einem Schnupfen gestorben. Keller hatte in Moskau Vorlesungen an der Technischen Hochschule über Feinmechanik gehalten. Nach Kriegsbeginn wurde er als Funker eingezogen. »Nun, ich nicht dumm im Kopf«, erzählte er mir, »ich immer abends deutsche Sendungen hören und immer genau weiß, wo Deutsche sind. Dann manchmal Kommandeur kommen und sagen: Keller, wir zwei – kluge Leute, wir hören deutsche Sendungen. Dann ich sagen: Kommandeur, ist streng verboten, deutsche

Sendungen hören. Ich kein Saboteur. Dann Kommandeur traurig. Nach einer Weile Kommissar kommen und auch bitten um deutsche Sendung. Ich wieder sagen: Streng verboten – ich kein Saboteur. Kommissar auch traurig. Dann Deutsche kommen, und ich mit zwanzig Kameraden und allen Funkapparaten übergelaufen.«

Er blieb nur einen Monat in Gefangenschaft. Im Winter brachte er das Elektrizitätswerk der Stadt vermittels eines kleinen Holzgenerators in Ordnung und flickte die Leitungen. Er gab mir russischen Unterricht. Da meine Zunge die feinen Unterschiede zwischen einem harten und einem weichen ›l‹ schlechterdings nicht bewältigte, war er nie zufrieden mit mir und hielt mir Standpauken: »Sie zu Anfang Russisch nicht richtig sprechen – nie richtig Russisch sprechen.« Das war wohl so, trotz der Lektionen, die ich vorsorglich in Freiburg bei Lektor Kressling genommen hatte. Mit Müh und Not konnte ich meiner kleinen Aufwartung erklären, daß sie morgens erst um halb acht statt um sieben kommen solle. Aber wenn es sich darum handelte, eine gebildete Konversation mit dem Rayonchef zu führen, dann versagten meine kleinen Künste. Ich war mitunter ganz niedergeschlagen, raffte mich aber immer wieder auf und stürzte mich in Unterhaltungen. Alle Russen wurden für mich aus sprachlichen Gründen das Interessanteste in der Welt. Am Vormittag trieb ich mich in der Stadt herum und besuchte den Rayonbürgermeister, die Erziehungsbehörde, die Bibliothek und die Zeitung. An jeder Straßenecke hielt ich einen Schwatz mit Bekannten. Hatte ich sonst keinen Partner zum Russisch üben, so blieb mir ja immer noch Pan Alexander.

Auch nachts. Dann steckte er manchmal seinen struppigen Kopf zur Tür herein und sagte, er könne nicht schlafen. Pan Alexander sollte eigentlich auch gar nicht schlafen, denn er war der Wächter der Drahtfunkstation. Er bewohnte ein kleines Gelaß neben meinem Zimmer. Meistens hockte er aber auf der Holztreppe vor seiner Tür und spuckte in regelmäßigen Abständen sinnend vor sich hin. Mich hatte er sehr ins Herz geschlossen. Wenn er mit seinen schnapsseligen, roten Äuglein so recht erbarmungswürdig rollte und tat, als wäre er dem Sterben nahe, dann wußte ich schon, was ihm fehlte, und schenkte ihm Tabak. Seine Schlaflosigkeit rührte in erster Linie von der Kenntnis einer gefüllten Zigarrenschachtel her, die bei mir stand und von mir als Lockmittel zum Austausch russischer Phrasen benutzt wurde.

Vornehmlich war sein Sinnen und Trachten auf den Tausch von Schnaps gegen Eier gerichtet. Er hatte drei Liebschaften in drei verschiedenen Stadtteilen. Von ihnen, die natürlich nichts voneinander wissen durften, erhielt er für jedes Vergnügen, das er gab und sich nahm, obendrein noch Eier. Diese Eier wollte er in den üblichen 90prozentigen Industriesprit umtauschen, bis ich ihm mit Händen und Füßen klargemacht hatte, daß die Flasche Schnaps in der Ecke nicht mir gehörte, folglich auch nicht zu seiner Verfügung stand wie alles andere, was ich besaß.

Ich fand das Studium der Ukrainer während der ersten Monate kurzweiliger als das der Deutschen meiner Abteilung. Solange ich mich in der Zentrale in Krementschug einarbeitete, hatte ich wenig Glück mit ihnen. Ich wurde an einen Sonderführer gekettet, der ein paar Slogans für die Winterhilfe erfunden hatte und sie unaufhörlich auf die Werbung von ukrainischen Arbeitern für deutsche Fabriken anwenden wollte. Er konnte über nicht viel anderes reden als über sich selbst und seine Heldentaten in den Propaganda-Organisationen der NSDAP. Unter seiner Aufsicht pappte ich ohne Schere, Leim, Buntstifte und geeignetes Papier eine Broschüre zusammen, die den Ukrainern zeigen sollte, was sie in Deutschland erwartete. Anläßlich dieser Arbeit geriet ich mit dem Chef der Aktion in Streit. Er war Deutschrusse von Geburt. Als Deutscher blickte er auf die Russen, als Russe auf die Ukrainer herab. Die hätte er am liebsten ausgemerzt gesehen. Ich gab mir die Blöße aufzustehen, als ich einen Ukrainer begrüßte. Zur Rede gestellt, plädierte ich für höfliche Behandlung von Leuten, die wir doch befreit hatten, und erlaubte mir die Ansicht, daß sie als Bundesgenossen vielleicht nützlicher wären denn als Feinde. Das erregte den höchsten Unwillen und führte zu meiner Versetzung nach Nowgorod-Sewersk. Es war als Strafe gedacht. Diese Außenstelle war aber ein Paradies, gemessen an der wenig einladenden Industriestadt Krementschug und den anderen Großstädten, die ich bei Reisen zu Druckereien und Kommandanturen kennenlernte, Charkow zum Beispiel und Poltawa.

Eines Tages wagte ich es, in dem gesteckt vollen Theater einen Vortrag über Deutschland zu halten. Ich hatte nicht viel Zeit gehabt, mir Gedanken über den Inhalt zu machen, und improvisierte munter drauflos. Vielleicht lag es an der Unbekümmertheit dieses Auftretens, daß die Zuhörer interessiert blieben. Ab und zu gab es ein erstauntes Gemurmel über diese oder jene überraschende Behauptung des jungen Deutschen auf der Bühne. Ich ließ mir im Anschluß an meine Ausführungen Fragen stellen – schriftlich natürlich und anonym, damit niemand Denunziationen fürchten mußte. Wieviel kostet ein Paar Schuhe? Wieviel verdienen Sie? Es waren provozierende Fragen darunter wie etwa: »Werden die Deutschen die Klöster wieder öffnen?« oder »Wer in Deutschland nicht in der Partei ist, wird der als Bürger zweiter Klasse behandelt?«, aber auch einfache: »Kann in Deutschland der Arbeiter Kurorte besuchen?« und natürlich ganz knifflige: »Was ist der Unterschied zwischen dem Sozialismus Hitlers und Stalins?« Wie ich mich dabei aus der Affäre zog, weiß ich nicht mehr. Das große Gelächter kam, als einer wissen wollte, ob in Deutschland alte Jungfern bestraft würden, wenn sie keinen Mann fänden.

Es waren an jenem Nachmittag viele Popen zugegen. Man schlidderte über dünnes Eis, wenn die Frage nach dem Verhältnis zwischen Kirche und Staat in Deutschland aufkam, oder wenn nach der Zukunft der Konfessionen in der Ukraine gefragt wurde. Die Vergangenheit stand noch deutlich vor aller Augen. Die Kirchen der Stadt waren bis auf eine geschlossen gewesen. Sie hatten als Lagerräume gedient oder, wie in Neshin, als Schnapsfabriken. Popen, Mönche und Nonnen waren eingesperrt oder vertrieben. Während der ersten Jahre nach der Revolution schlichen noch einige Bauern zur Kirche und nahmen an kurzen Gottesdiensten teil; dann hörte auch das auf. Die Popen betätigten sich in schlechtbezahlten Zivilberufen. Für einen Angestellten oder Beamten der Sowjetrepublik Ukraine war es nicht ratsam, auch nur vor dem Eingang der Kirche gesehen zu werden. Das konnte die Stellung kosten. Die Kultgegenstände waren teils vernichtet, teils nach Kiew ins Museum verbracht worden – in das antireligiöse natürlich. So kam es, daß nach dem Einrücken der deutschen Truppen und der Wiederaufnahme des Gottesdienstes in der ganzen Stadt keine einzige Bibel aufzutreiben war, außer einer, die ein listiger Gymnasiallehrer gerettet hatte. Es war eine deutsche Bibel aus dem 17. Jahrhundert.

Nun hatten die Geistlichen ihre Tarnung abgeworfen. Als Lehrer oder Beamter konnte man sich wieder im Gottesdienst sehen lassen. Aber es war den gewitzteren der Popen nicht entgangen, daß die Haltung der deutschen Behörden zu den orthodoxen und katholischen ukrainischen Konfessionen alles andere als wohlwollend, jedenfalls nie eindeutig war. Einig waren sich die Dienststellen der deutschen Besatzungsmacht wohl hauptsächlich darin, die nationalukrainischen Bestrebungen nicht unter die Führung der Geistlichkeit geraten zu lassen. Die Besatzungspolitik, kurzsichtig wie sie infolge des Hitlerschen Rassenwahns war, taumelte von Gesten der Befreiung über die Beschwichtigung von Beschwerden zu Gleichgültigkeit und wirtschaftlicher Ausbeutung. Nach anfänglich schönen Worten entschied sie sich am Ende für Maßnahmen der Unterjochung. Sie arbeitete dabei in der Nordukraine den Partisanen in die Hände. Das war mir im Sommer 1942, zur Zeit dieses Vortrags im Theater von Nowgorod-Sewersk, noch nicht klar. Ein Jahr nach der »Befreiung« waren die Vorzeichen gemischt. Noch konnte man in den Dörfern am Unterlauf des Dnjepr als Soldat ohne Waffe umhergehen und nachts die Türe unverschlossen lassen. Und selbst in Nowgorod-Sewersk, am Rande des großen Partisanengebiets, lebte mancher so gut wie mein Ingenieur Keller. Es konnte sogar ein Fest der Befreiung zum ersten Jahrestag gefeiert werden.

An diesem Tage sollte eine Zeitung das Licht der Welt erblicken. Ich redete täglich in der Druckerei mit Händen und Füßen, bis mir der Schweiß von der Stirn lief und ich merkte, daß ich völlig mißverstanden wurde. Es war, als ob ein Blinder Bilderrätsel erklärte. Wo ich einen Absatz haben wollte, machten die Setzer eine dicke Linie, und wo eine dünne senkrechte Linie die Spalten trennen sollte, fabrizierten sie ein Schlängelband. Die einfachsten Regeln für ein sauberes Satzbild waren den Druckern fremd. Alles hing wie Kraut und Rüben durcheinander, alle Arten von Schriftgrößen wurden unterschiedslos verwandt, man hatte die größte Mühe, wenigstens eine einheitliche Zeilenbreite zu erreichen. Dagegen verblaßte beinahe der Umstand, daß ich die Zeitung, weil ukrainisch geschrieben, selbst nicht lesen konnte.

Inzwischen liefen die Festvorbereitungen auf Hochtouren. Der Rayonbürgermeister und ich entwarfen ein Programm. Er verstand kein Deutsch, ich nur wenig von seinem Russisch. Es war wie ein Duell mit Leimruten. An jedem Wort blieb man kleben, bei jedem Satz verfing man sich wie in einer Schlinge. Fahnen und eine ukrainische Musikkapelle hatten wir mit Glück erbettelt. Wir bestellten die Tribüne, planten den Aufmarsch der Bevölkerung und der »Befreier«, kümmerten uns um Blumen und Grünzeug, er ließ ein ukrainisches Gedicht für die Festvorstellung im Theater schreiben, ich schrieb ein deutsches dazu und studierte es mit einem Mädchen ein, das zwar hübsch war, aber einen überaus starken Akzent hatte. Ferner wurde ein Schaukasten für aufmunternde Bilder beschafft und gesäubert. Unterschriften der Fotos wurden verfaßt und übersetzt. Vorsorglich mußte das Programm der Drahtfunkstation gegen politische Sabotageakte gesichert werden. Leicht war eine Auswahl von Broschüren für das Turkmenen-Bataillon getroffen, schwieriger war der sichere Transport. Zigarettenpapier war eben überall rar. Ich lernte vom Rayonchef, daß es am besten war, man tat alles selbst. Die Delegation von Aufgaben, wie sie in Managerkursen heute angepriesen wird, erwies sich immer wieder als Fehlschlag. Die Einheimischen brachten mit erstaunlicher Treffsicherheit Maßnahmen zu Fall, die man als narrensicher betrachtet hatte.

So kam die Musikkapelle einfach eine halbe Stunde zu spät. Außerdem blies sie falsch. Die Einwohner der Stadt Nowgorod-Sewersk hatten in Dankbarkeit für die vor einem Jahr erfolgte Befreiung vom bolschewistischen Joch eine Gedenktafel malen lassen. Sie geriet in einen Platzregen, der den Farben nicht zuträglich war. Unseren Uniformen tat das nicht viel. Aber die weißen Blusen der Ukrainer und die blumenbunten Kostüme ihrer Frauen und Töchter sahen bald ganz schäbig aus. Man konnte es den guten Leutchen nicht verdenken, daß sie immer wieder und trotz der Drohungen der ukrainischen Polizisten vom Festplatz und unseren Festreden wegliefen und Schutz unter den Bäumen suchten.

Der Rayonchef sprach zündend. Professor Sberanowski mußte diese Rede ins Deutsche übersetzen. Nun verstand er Deutsch ganz gut, sprach es aber schlecht. Wenn er beim Dolmetschen die Hände und Füße zu Hilfe nahm, lachten sich die deutschen Soldaten krumm. Es war nur gut, daß der anwesende Oberstleutnant von alldem nicht viel verstand. Er war wie üblich ziemlich blau. Der Ortskommandant hielt eine Rede, bei der sich uns allen die Haare sträubten. Die Ukrainer dachten sich ihren Teil. Als er zum Schluß kam, brach in der Menge ein donnerndes Klatschen aus, welches das übliche »Sieg Heil« übertönte. Vorher hatte auch ich eine zündende Ansprache gehalten. Sie war sehr schön konzipiert. Leider konnte niemand die Übersetzung durch Professor Sberanowski verstehen, weil der Regen so laut prasselte. Als es zu regnen nachließ, bekam ich einen heftigen Hustenanfall und mußte zum großen Vergnügen der Bevölkerung das Rednerpult räumen.

An einem solchen Abend feierte die ukrainische Gastfreundschaft trotz der knappen Verhältnisse ihre Triumphe. Wie üblich wurde aufgetischt, was Küche und Keller, was Kooperative und Schwarzhandel zu bieten vermochten. Ich war es schon gewöhnt, daß die weiblichen Mitglieder der Haushalte dauernd am Kochen und Brutzeln, am Einschenken und Nötigen waren. »Bitte essen Sie mittags wenig und nachmittags nichts, damit Sie heute abend bei uns ordentlich essen können.« Es beginnt mit einem Schnaps. »Zum Wohl, na starowje.« Anstoßen, das Wasserglas hinunterkippen und dann versuchen, wieder zu Atem zu kommen. Die Tränen werden aus den Augen gewischt und der Drang zum Aufstoßen unterdrückt. Der Schnaps ist aus 96prozentigem Industriesprit gebraut und hat einen teuflischen Nachgeschmack. Nur die Frau des Rayonchefs, gewissermaßen Herrin über einen Bezirk, so groß wie ein Viertel des Landes Sachsen, aber barfuß und mit Kopftuch, braut einen guten Brombeerlikör. Sie hat allerdings Zucker, den sonst niemand hat. Nach den obligaten Sakuska ist inzwischen eine große Schüssel mit gebratenem Flußfisch aufgetischt. Er wird kalt serviert. Mindestens vier solcher Fische, mit der entsprechenden Anzahl von Gurken und halben Kartoffeln, muß der Gast vertilgen, will er nicht Unwillen erregen. Dem folgt – jedenfalls bei den Honoratioren – das Fleischgericht, und das ist meistens Huhn. Vom Gast wird verlangt, daß er ein halbes verzehrt. Nun eine große Platte sehr delikater Omeletten. Dazwischen immer eifrig das Schnapsglas hochgehoben. Zum Essen Kwaß, ein erfrischendes Getränk aus Wasser und gegorenem Brot, mit Birnensaft versetzt. Es schmeckt ein wenig wie Zitronenlimonade. Ergänzt wird das alles durch Tee aus dem Samowar, Milchsuppe und Bienenhonig. Dazu Kekse, aus dunklem Mehl gebacken. Deshalb sind die Gastgeber untröstlich. Sonst nicht verwöhnt, behaupteten sie doch, in Moskau die Auswahl gehabt zu haben unter 200 Sorten Brot und Brötchen aus weißem Mehl.

Nur die Honoratioren konnten sich so viel Luxus leisten. Die große Mehrzahl der Einwohner von Nowgorod-Sewersk hatte kaum genug Brot, um satt zu werden. Aber auch sie hätten ihr Letztes hergegeben, wäre man in ihrem Haus zu Gast gewesen. Diese Freigebigkeit ließ vergessen, daß die Häuser klein, die Wohnungen eng waren. Kein Wohnzimmer, in dem nicht ein Bett gestanden hätte. War die fünfzigjährige Schwester des Rayonchefs krank, so lag sie eben neben dem Eßtisch und blieb da, wenn Besuch kam. Das Mobiliar ist mir als kleinbürgerlich und verschlissen in Erinnerung. Die Tischdecken waren fleckig, die Bilder wahre Greuel, kleine Scheußlichkeiten von Nippes bedeckten alle freien Stellen, doch entschädigte der Anblick vieler Blumen. Die Eßbestecke hätten wir kaum für die Küche verwendet. Kein Teller paßte zum anderen. Der Fisch wurde manchmal auch in einer Waschschüssel aufgetragen, die man bei anderer Gelegenheit als Depositum für schmutzige Kinderhöschen gesehen hatte.

Schwärme von Fliegen kreisten über dem Tisch, und man mußte abends bei dem knappen Kerzenlicht aufpassen, daß man nicht eins der vorwitzigen Insekten verschluckte. Da diesen Tieren niemand ein Leid tat, nahmen sie sich alle Freiheiten heraus. Unter dem Tisch drängten sich Katzen und Hunde und warteten auf ihr Teil.

Entsprechend der Umgebung ließen auch die Eßsitten zu wünschen übrig. Der Theaterdirektor umfaßte den Stiel der Gabel mit der ganzen Faust, stieß die Zinken ins Hühnerbein, riß mit der anderen Hand die Bissen ab und verschlang sie schmatzend. Die Suppe wurde grundsätzlich mit soviel Lautstärke geschlürft, als gälte es, eine erregte Unterhaltung zu übertönen. Eine Unterhaltung fand aber gar nicht statt. »Solange ich esse, bin ich taub und stumm«, pflegte der Rayonchef zu sagen.

Um so lebhafter war dann das Gespräch nach dem Hauptgang der Mahlzeit (deren Ausläufer sich noch einige Stunden weit erstreckten). Da wurde immer viel gelacht; am meisten über die falschen Betonungen des deutschen Gastes. Da wurde viel gefragt und mit Weitläufigkeit erzählt. Der Rayonchef war ein intelligenter Mann, dessen dauernde Heiserkeit von fünf Jahren Haft in einem sibirischen Konzentrationslager herrührte. Er wußte gut zu schildern und gab klare, sichere Urteile ab. Der Theaterdirektor hingegen war vor Jahren auf den Kopf gefallen und seither etwas schwerfällig in der Ausdrucksweise. Mit Kunst hatte er nichts zu tun, er war nur für den Geschäftsbetrieb zuständig. Dafür war seine Frau – die einzige in der Stadt, die gepflegte Haare und rotlackierte Fingernägel trug – ebenso amüsant wie sie schlecht und ungeniert Klavier spielte. Ein wahrer Genuß war immer die Unterhaltung mit dem dicken Trunkenbold Professor Sberanowski. Er hatte in Heidelberg studiert, seine Wangen waberten vor Rührung, wenn er von der Neckarbrücke sprach. Er schmückte seine artig gedrechselten Perioden gern mit lateinischen Zitaten. Als ich ihn fragte, was die russische Redensart »An die Decke spucken« bedeute, antwortete er ohne langes Nachdenken mit Cicero: »Otium cum dignitate.« Seine Muße in Würde verbringen.

Es war nicht immer leicht, von den Ukrainern, die ich kennenlernte, Genaueres über ihre Vergangenheit zu erfragen. Selbst der Schnaps lockerte die Zungen nicht. Insgeheim fürchteten sie doch immer, daß die Roten eines Tages zurückkommen würden, soweit sie das nicht sogar heftig zu wünschen schienen. Diese letzteren waren 1942 vielleicht noch in der Minderheit; die Mehrzahl aber schwieg lieber, als daß sie von sich erzählte und dabei Urteile abgeben mußte über das, was der Ukraine während der stalinistischen Zwangskollektivierung angetan wurde. Öffnete dann doch einer den Mund, dann war es um so greulicher. In der ganzen Stadt kann es kaum ein Haus gegeben haben, aus dem nicht in den Jahren vor 1939 mindestens ein Familienmitglied verschleppt, getötet oder verschwunden war. Von den Deportierten wurde häufig nichts mehr gehört, sie wurden als billiges Arbeitsvieh irgendwohin ans Eismeer oder in die Tundren getrieben.

Deportation und Zwangsarbeit waren ein so feststehender Begriff für die Ukrainer, daß die Anwerbung von Arbeitern nach Deutschland auf starke Widerstände stieß. Im Sommer 1942 wurde tatsächlich noch geworben. Ich verteilte eine Broschüre mit dem Titel »Deutschland ist nicht Sibirien«. Ich glaube, sagen zu können, daß ich die Ukrainer, die darin lasen, nicht vorsätzlich irreführen oder in eine Falle locken wollte. Die Aussicht, in Deutschland zu arbeiten, war äußerlich gesehen sicher nicht schlimmer, als in der Ukraine zu bleiben. Die Lebensmittelvorräte waren von den sowjetischen Behörden bereits im vorangegangenen Jahre vernichtet oder mit fortgenommen worden. Alle irgendwie lebenswichtigen Anlagen und Maschinen waren beschädigt, häufig sogar irreparabel. Die Aussaat war entsprechend klein gewesen, so daß in diesem Lande, das früher Überschüsse verkaufen konnte, viele Leute hungerten. Es fehlten Traktoren und Erntemaschinen aller Art, aber auch Sensen und Pflüge, von Zugvieh ganz zu schweigen. Die deutschen und verbündeten Truppen verlangten von dem bereits vor Kriegsbeginn ausgebeuteten Lande immense Lieferungen. Die deutschen Heimatbehörden knüpften übertriebene Erwartungen an das ukrainische Füllhorn. Es war tatsächlich fast leer. Der Prozeß der Auspressung des Landes lief jedoch gerade an. Den größeren Städten stand ein Winter ohne Kohle, Strom und Gas bevor. Das alles konnte man sich an den fünf Fingern abzählen und des Glaubens sein, daß es einem ukrainischen Arbeiter an der Ruhr nicht schlechter gehen würde als in Djnepropetrowsk.

Doch darin irrte ich mich gewaltig. Mochte der Schmied Propenko aus Neshin der Hungersnot, der verbrannten Erde, der Partisanenrache entgehen, er tauschte das gegen Bombenangriffe in Deutschland und die schnöde Behandlung durch seine neuen Brotgeber ein. Mochte die einheimische Polizei stumpf und rücksichtslos sein, wie er es gewohnt war, die deutsche Polizei würde ihn unter dem Stichwort »Ordnung und Sauberkeit« mit einer kalten, systematischen Brutalität bekannt machen. Dieses alles zog ich nicht in Betracht oder verdrängte den Gedanken, daß ich mit meinen noch so dürftigen propagandistischen Fähigkeiten einem unwürdigen System diente.

Mit den Wölfen heulen

Der Sommer in der Ukraine war idyllisch, verglichen mit dem Winter, der mörderisch wurde. Unvergessen das Gesicht einer Frau in einem fast leeren Dorf. Ich winkte sie zu mir, sie trat zögernd aus ihrer Tür, rang die Hände und sagte: »Ach, ich fürchte mich so!« Auf die Frage: »Vor wem denn?«, antwortete sie zitternd: »Vor allen.«

Im tiefen Winter 1942 schickte mich die Propaganda-Abteilung in ein Partisanengebiet der Nordukraine. Die deutsche Verwaltung hatte dort so gut wie nichts mehr zu sagen. Sie saß verschüchtert und verschanzt in den wenigen größeren Ortschaften und war froh, wenn sie in Ruhe gelassen wurde. Ein jeder ahnte, daß die Schlacht von Stalingrad verloren war. Es drohte ein Riesenloch in der Ostfront, während gleichzeitig durch die amerikanische Landung in Marokko die West- und Südfront in Bewegung geraten war.

Ich wurde einem Sonderkommando des SD unterstellt. Während seiner Einsätze und Streifzüge südlich des Brjansker Waldes sollte ich es begleiten und durch Flugblätter, Broschüren, Vorträge und Plakate auf die Bevölkerung der Dörfer und kleinen Städte einwirken. Das Kommando war mit den dortigen Verhältnissen gut vertraut. Es hatte bereits im Sommer 1942 mit dem Partisanenführer Kolpak ein Katz-und-Maus-Spiel aufgeführt – wobei nie ganz klar wurde, wer Katze war und wer Maus. Nachdem das Kommando in den ersten Winterwochen mehrere Gefechte glücklich hinter sich gebracht hatte, führte es eine Massenexekution von mehreren hundert Partisanenanhängern durch. Die Namen und angeblichen Verfehlungen der Verhafteten wurden von der örtlichen ukrainischen Miliz geliefert. Bei solchen Gelegenheiten wurden eine Menge privater Rechnungen beglichen. Kein Wunder, denn die von der deutschen Besatzung eingesetzte Polizei rekrutierte sich vornehmlich aus Ukrainern, die selbst oder deren Familien vor dem Kriege von den Bolschewisten drangsaliert worden waren. Sie zahlten nun mit gleicher Münze heim, kühlten aber auch ihr Mütchen an den Opfern von Denunziationen.

Die Vernehmungen wurden von – meist sprachunkundigen – Männern des SD geführt. Sie verließen sich auf ihre Dolmetscher und auf höhere SS-Stellen, welche die Anlegung »schärfster Maßstäbe« befohlen hatten. Geständnisse, soweit man sie für nötig erachtete, wurden durch Prügel erpreßt. Sowohl die ordentliche wie die militärische Gerichtsbarkeit waren ausgeschaltet. Im allgemeinen genügte es, daß einer als Sympathisant der Partisanen in den Listen der örtlichen Miliz geführt wurde. Ankläger gab es genug, Verteidiger fehlten, und statt eines Richters trat gleich der Henker in Aktion.

Das Einsatzkommando stand außerhalb der normalen Befehlsstränge und war niemandem verantwortlich außer einem SS-Stab irgendwo im Hinterland. Der setzte seinerseits die Befehle von Himmler nach bürokratischer Manier um, indem er Kopfquoten festlegte. Die Technik der Massenexekution entsprach der, welche die sowjetrussische GPU seit langem geübt und zum Beispiel an polnischen Offizieren im Walde von Katyn angewandt hatte; wer da wem Lehren im Genickschuß am laufenden Band erteilte, sei dahingestellt. Der SD hatte bereits in anderen Teilen der Ukraine Erfahrung darin gesammelt. Er gab sich keine große Mühe, diese Praktiken vor der Bevölkerung zu verheimlichen. Es handelte sich ja darum, Furcht und Schrecken zu verbreiten.

Das Einsatzkommando bestand aus zwei Dutzend Männern, denen es auf einen Toten mehr oder weniger nicht ankam. An ihnen gemessen waren die professionellen Indianertöter im amerikanischen Westen des 19. Jahrhunderts liebenswürdige Philanthropen. Sie sonderten sich von der eigentlichen Wehrmacht ab, und das nicht ohne Zeichen der Geringschätzung. Die meisten waren deutsche SS-Männer, es gab aber auch ein paar Holländer und Rumäniendeutsche unter ihnen, ferner deutsch-russische Dolmetscher und Fahrer, alle in SS-Uniformen, mit Waffen, Winterkleidung, Fahrzeugen und Marketenderwaren gut ausgerüstet. Das Handwerk des Tötens hatten sie in der Waffen-SS, als Wachmannschaften in KZs oder als Gestapobeamte gelernt.

Das Kommando führte ein Sturmbannführer. Er sah aus wie der Kriegsgott selbst und hätte in seinem weißen Pelz als Major in einem vornehmen Kavallerieregiment eine gute Figur abgegeben. Tatsächlich stammte er aus kleinen Verhältnissen und hatte sich im SD, dem harten Kern der SS, emporgedient. Seinen Erzählungen zufolge verließ er vorzeitig die Schule und war als Assistent eines Zirkus-Zauberers in der Welt umhergereist, in Südafrika, Südamerika und sonstwo. Während der großen Wirtschaftskrise schwemmte es ihn wieder in seine Vaterstadt Hamburg. Er fand etwas zu tun in den blutigen Straßenschlachten zwischen SA und Rotfront. Perplex war er, als er zum ersten Mal mit ansah, wie sein damaliger Mentor im Gängeviertel einen Kommunisten kaltblütig erschoß und in den Fleet warf. Daran müsse er sich gewöhnen, wurde ihm erklärt, und er gewöhnte sich daran.

Er war bereits in die SS übergewechselt, als die große »Bewährungsprobe« kam: die Exekutionen im Verlauf des »Röhm-Putsches«. Seinen Andeutungen entnahm ich, daß er auch die Hinrichtung von zwei SS-Kameraden auf dem Kerbholz hatte und daß ihm das schwergefallen war. Sie hatten sich gegen irgendeinen Teil des SS-Ehrenkodex vergangen. Von damals datierte seine Fixierung auf Heydrich. Dessen rücksichtsloser Drang zur Vernichtung eines jeden, der sich irgendwie als Feind deklarieren ließ, wurde des Sturmbannführers Credo und rechtfertigte seinen Lebensweg.

Zwei Monate lang wurde ich beinah in jeder der unruhigen Winternächte an seinen Tisch zu einer Flasche Armagnac geholt. Ich weiß nicht, ob er von mir Beifall erwartete oder ob er nur einem Gast seiner Einheit mit jovialen Erzählungen ein paar gute Stunden machen wollte. Jedenfalls schilderte er seinen Aufstieg und die damit verbundenen Mordtaten, wie man eine gute Anekdote erzählt; mit heiterem Sarkasmus und immer scharf die Reaktion seines Gesprächspartners beobachtend. Niemals pries er Hitler, selten erwähnte er Himmler, häufig dagegen stellte er als seine Leitfigur den Mann dar, der ein halbes Jahr zuvor in der Nähe von Prag als »Reichsprotektor von Böhmen und Mähren« von Exil-Tschechen erschossen worden war. »In meinem Büro in Berlin hängt kein Bild vom Führer, nur eines von Heydrich.« Es kann sein, daß seine Faszination mit diesem skrupellosesten unter lauter skrupellosen Männern auch mit der Förderung zusammenhing, die ihm von Heydrich zuteil wurde. Jedenfalls erwarb er sich ohne eigentliche Berufserfahrung Verdienste im Reichssicherheitshauptamt als Agent der Abwehr in Spanien und nun seit einiger Zeit als Henker in der Ukraine. Seine Aufgabe war, und daraus machte er kein Hehl, die physische Vernichtung von Juden, Kommunisten, Zigeunern, »Erbkranken« und »sonstigem Gesindel«, das in einem großgermanischen Reich nichts zu suchen hatte.

Es ging dabei nicht immer logisch zu. So erzählte er, wie ihm bei einer Aktion in Charkow gegen untergetauchte kommunistische Parteifunktionäre ein Mädchen vorgeführt wurde, das wie ein Modell nordischer Schönheit aussah, gescheit argumentierte und über einen gewissen herben Charme verfügte. Adrett gekleidet und ungeschminkt wie eine deutsche Frau, mit sauberem Haar und gepflegten Fingernägeln, ablehnend, aber nicht unhöflich gegenüber dem Mann, der sie vernahm, mit einem Wort: ein Mädchen, das er auf der Stelle der BDM-Führung empfohlen hätte, wäre es ihm in Deutschland begegnet; aber eben auch imponierend freimütig im Bekenntnis zu Lenin, Stalin und den Helden des Vaterländischen Krieges war sie und überzeugt vom Sieg ihrer Sache. »Was denken Sie, was ich mit ihr gemacht habe?« – »Sie haben sie laufen lassen«, sagte ich. »I wo, erschießen lassen hab ich sie«, sagte er gemütlich. »Gerade diese Überbleibsel der nordischen Rasse müssen in Rußland ausgemerzt werden. Das sind die, welche uns gefährlich werden können.« Ich hielt es für der Weisheit besseren Teil, solche Bemerkungen ohne Kommentar an mir abgleiten zu lassen.

Nach einer tagelangen Fahrt über tiefverschneite oder vereiste Straßen bei 35 Grad Kälte langte ich zusammen mit dem Einsatzkommando an unserem vorgesehenen Standquartier in Esman an. Fest in deutscher Hand war nur der Ort selbst, ein langgestrecktes Dorf zwischen kleinen Waldstücken und Schluchten. Esman war bis dahin von einem Zug Ungarn und zwei Kompanien ukrainischer Schutzmannschaften verteidigt worden. Die letzteren hatte man erst kürzlich in diese Gegend verlegt. Ein Kompanieführer lief sofort mit einigen seiner Männer zu den Partisanen über. Das war kein vielversprechender Auftakt. An Streitkräften waren ferner 50 Mann ortskundiger und zuverlässiger Milizionäre vorhanden. Zuverlässig wahrscheinlich deswegen, weil sie als Einheimische von den Partisanen stärkere Repressalien zu befürchten hatten als die von weither kommenden Schutzmannschaften.

Bei allen Unternehmungen stellten die zwei Dutzend Mann des Einsatzkommandos den harten Kern dar. Als Pluspunkt konnte man die Anwesenheit von zwei deutschen Panzern buchen. Auf Grund der Schneeverhältnisse besaßen sie aber mehr dekorativen

Wert als Kampfkraft. Sie traten auch nur einmal in Aktion. Alles in allem war es ein bunt zusammengewürfelter Haufen. Die scheckige Kleidung und die Vielzahl der Sprachen erinnerten an ein Detachement der Großen Armee Napoleons auf dem Rückzug von Moskau.

Uns gegenüber lagen insgesamt wohl 3000 bis 4000 Mann, also die mehr als zehnfache Überzahl, gut ausgerüstet mit Maschinengewehren, Granatwerfern, Schlitten und Pferden. In Gruppen von etwa 300 Mann durchzogen sie von ihren befestigten Lagern im Brjansker Wald aus bei Tage und bei Nacht den Bezirk, machten die Wege unsicher, drangsalierten die Bevölkerung oder versammelten sie zu großen Ansprachen, nahmen sich an Getreide und Vieh, soviel sie brauchten, und beherrschten das Gebiet so ungeniert, daß in manchen Dörfern noch die roten Bürgermeister von ehedem amtieren konnten. Die Dorfmiliz war meistens nach Esman geflüchtet; ebenso die Starosten mit ihren Familien. Selbst bei Tage trauten sie sich nicht in die Nachbardörfer.

Das Kräfteverhältnis war also ungünstig. Der Sturmbannführer wollte aber bei den Partisanenverbänden gar nicht erst das Gefühl der Überlegenheit aufkommen lassen. Er plante einen Überraschungsvorstoß in ein Dorf, wo der Gegner bisher unangefochten den Platzhirsch gespielt hatte, und berief eine Versammlung der Unterführer ein, in der die Aufgaben verteilt werden sollten. Diese Abendbesprechung erinnerte an eine berühmte Szene aus dem Film »Les Perles de la Couronne« von Sascha Guitry: Um eine Verständigung zwischen dem abessinischen König und dem französischen Gesandten zustande zu bringen, sind drei hintereinandergeschaltete Dolmetscher notwendig. Ähnlich komische Sprachklüfte hatten der ungarische Fähnrich und der ukrainische Milizchef zu überbrücken, ehe sie sich darüber einigen konnten, wann die rotgepunkteten Armbinden angelegt und ob sie am rechten oder linken Arm getragen werden sollten.

Der Sturmbannführer verabschiedete den Kriegsrat mit den Worten: »Guckt euch noch mal im Spiegel an, damit ihr wißt, wie ihr ausgesehen habt, wenn ihr morgen tot seid.«

Ich wachte in der Nacht vom Motorengeräusch der Panzer auf, die angewärmt wurden. In der Dämmerung stand die Dorfstraße voller Schlitten. Die Miliz in Räuberzivil, das ungleiche Grau des SD, ein paar Schneehemden deutscher Polizisten, das russische Braun der Schutzabteilung, das hellere Braun der Ungarn. Nach etlichem Geschrei und Geschimpfe der Kutscher trabten die kleinen Pferde los. Auf jedem Schlitten lagen drei Mann. Ich stellte mich auf das breite, brummende Heck des Führungspanzers. Am Bahndamm grüßten die letzten Feldwachen. Dann begann das Niemandsland. Eine Weile lang begleiteten uns noch niedere Hütten, aus deren Schornsteinen der Rauch in Fetzen davonflog. Er vermischte sich mit dem feinen, grauen Schnee, der die Öde der Landschaft dahinter verschleierte. Unsere Mäntel, Hauben und Waffen waren bald mit einer Eisschicht bedeckt. Die Panzer mahlten über die Felder durch tiefen Schnee.

Nach zwei Stunden Marsch kam Pustogorod in Sicht. Aus einer Windmühle flüchteten ein paar Gestalten. Wir stiegen auf die Schlitten über und näherten uns vorsichtig den ersten Hütten. Sie waren entweder leer oder verschlossen. Die Kolonne schob sich durch einen Hohlweg ins Dorf hinein wie eine Schlange mit gepanzertem Schwanz. Alles schien verlassen. Schule und Clubgebäude starrten aus zerschossenen Fensterhöhlen über das von kleinen Hütten besiedelte Tal. Schließlich fanden wir einige weinende Frauen. Die Partisanen waren am frühen Morgen mit 50 Schlitten durchs Dorf gezogen und hatten eine Kuh mitgenommen.

Alles war sehr ruhig. Das zur Sicherung am Clubgebäude aufgestellte schwere Maschinengewehr der Ungarn schien überflüssig. Das Kommando zerstreute sich im Dorf, um die Einwohnerschaft in der Schule zu versammeln. Ein kleiner, verheulter Bursche versprach mir, Flugblätter der Partisanen zu zeigen. Er stöberte eine Weile in seiner unordentlichen Behausung umher, warf eine weiße Katze vom Ofen und fand schließlich zwei Flugblätter älteren Datums in seiner schmierigen Brieftasche. Unterhalb seines Hauses, fast am Ende des Dorfes, lagen Gänse auf dem vereisten Bachgrund. Einige Ungarn trugen wohlgemut abgestochene Ferkel und die schwarzen Federbündel toter Hühner auf ihre Schlitten. Der Zweck unserer Unternehmung mußte ihnen erst klargemacht werden.

Am Clubgebäude standen in wildem Durcheinander Panzer und Schlitten, fressende Pferde und rauchende Soldaten. An ihnen vorbei schob sich ein jammernder, stöhnender Zug von Dorfbewohnern in die Schule. Dort wurden die einzelnen gemäß vorher angelegter Listen unseres Milizchefs klassifiziert und verhört. Die Kinder waren in Tücher eingeschlagen, die Frauen und Greise trugen Bastschuhe und braune Lammpelze oder zerrissene Wattejacken.

Männer sah man kaum, sie waren bei den Partisanen. Während ich meinen Kiosk herrichtete und Bündelchen von Broschüren für die Familien sortierte – bei zwanzig Grad Kälte kein reines Vergnügen –, wurde eine Frau mit straffem Bubikopf vorgeführt. Man fand bei ihr unabgeschickte Feldpostbriefe eines ungarischen Soldaten, der vermißt war. Noch schlimmer für sie war, daß sie den Namen Ahrendstein trug. »Deine Ohren sitzen um einen Zentimeter zu tief«, sagte der rassekundige Sturmbannführer und ließ sie abführen.

Ich war gerade über meine bunten Heftchen gebeugt, als draußen Schüsse fielen. Wir stürzten hinaus und gewannen im ersten Augenblick den Eindruck, daß wir vom Feind in nicht mehr als 500 Meter Entfernung völlig umringt seien. Das ungarische MG gab die Dorfstraße hinab Dauerfeuer. Andere Ungarn brachten eilig ein MG im Clubgebäude in Stellung. Ringsum schossen die Männer in verschiedene Richtungen. Die Kutscher lagen bäuchlings auf ihren Schlitten und trieben in tollem Durcheinander ihre Pferde in den Hohlweg, aus dem wir kamen. Im Tal wurde geschossen, hinter uns feuerte es. Die Ungarn ratterten einen Streifen nach dem anderen hinaus und betätigten obendrein ihren kleinen Granatwerfer. Die Panzer drehten ihre Türme und richteten die Rohre empor. Unwillkürlich fühlte man, daß der Gegner recht weit weg sein müsse. Der schlesische Feldwebel wurde in der seitlich offenen Kommandantenkuppel sichtbar und rief Entfernungswerte. Knallend flog der längliche Feuerpilz aus dem Rohr. Die Granaten waren noch lange zu hören, so als würden sie durch eine dünnwandige Blechröhre gezogen. Ich kletterte auf das Heck des Panzers, um zu erfahren, was eigentlich los sei. »Vierzig Schlitten, da drüben ein MG, und dort ist auch was!« Die Dorfstraße ist in Brand geraten, Flammen züngeln aus den Strohdächern, dicker gelber Qualm und schwarzer Rauch wälzen sich durch das Tal und verdecken die Sicht. Plötzlich singt es viermal unangenehm nahe an unseren Ohren vorbei. Der Feldwebel verschwindet wie ein Kaninchen in seinem Eisenbau. Die Propaganda beeilt sich, den Panzer mit einer flachen Mulde im Schnee zu vertauschen.

Der Sturmbannführer in seinem weißen Pelz kommt betont gemächlich die Dorfstraße herauf. Er sammelt hinter einem Schuppen die einzelnen Führer. Er verbeißt seinen Ärger über das unzeitige Geknalle in Richtungen, wo höchstens Kühe zu erlegen sind. Es dauert nicht lange und die Verwirrung hat sich gelegt. Wir folgen den Panzern auf unserer Seite des Tales, um die Gegner daran zu hindern, sich festzusetzen. Die braunen Gestalten der Schutzabteilung gehen außen, geduckt und aus der Hüfte schießend – ganz sinnlos ist das. Sie sehen nichts, da vor uns eine Kolchosenscheuer in Brand geraten ist. Nach einigen hundert Metern muß ich zurück, um das ungarische MG zu einem Zielwechsel zu bewegen. Es schießt dauernd in unsere Richtung. Außerdem ist mir eingefallen, daß ich zwei Handgranaten auf dem Fenstersims der Schule habe liegen lassen. Der Raum ist voll ängstlicher Menschen ohne Bewachung. Die Handgranaten liegen noch da.

Eine Viertelstunde vergeht, ehe ich den Anschluß wiedergewonnen habe. Kühe irren neben den brennenden Häusern und Zäunen umher, ein Pferd trabt mit erhobenem Schweif und aufgeregten Augen über den Schnee. An der brennenden Scheune, wo geschwärzte Balken zusammenkrachen, blickt alles mit Ferngläsern auf den jenseitigen Talhang. Neben einem Strohschober sind Punkte erkennbar, die sich bewegen, verschwinden, wieder bewegen. Der Panzer schießt, drüben spritzt eine schwarze Wolke aus dem Schnee. Alles brüllt vor Freude, wie ein Einschlag unmittelbar zwischen den Punkten landet.

Wir gehen weiter vor, stehen über dem Ende des Dorfes, wo es ans Nachbardorf anstößt. Weithin ist der Schnee schwärzlich von Brand, Rauch und Asche. Neben uns lodert ein großes Haus. Plötzlich wird zwischen den Hütten und Bäumen im Talgrund, da, wo die Gänse lagen, eine lange Schlittenkolonne sichtbar, die von uns weg hügelaufwärts galoppiert. Die Maschinengewehre der Panzer schießen knallende Lichtpfeile, alles hält freihändig mit dem Gewehr drauf, die Leuchtspur läßt sich über das Tal hinweg verfolgen, aber immer mehr Schlitten verschwinden zwischen den schützenden Häusern des nächsten Dorfes. Ein Schlitten steht für einen Moment quer, dann ist auch er verschwunden. Die Burschen sind weg, Verfolgung ist sinnlos. Unsere Verbündeten sind nur mit Mühe zur Einstellung des Feuers zu bewegen. Wir schämen uns vor den Partisanen, die uns mit ein paar MG-Garben Tausende von Schuß entlockt haben.

An den Häusern sitzen Hühner mit halbverkohltem Gefieder. Es riecht nach Asche und Pulver. Kälber blöken zwischen kahlen Obstbäumen. Gelber Qualm wirbelt zwischen den Häusern entlang. Die Aktion muß vor Einbruch der Dunkelheit zum Abschluß gebracht werden. Die Dorfbewohner stecken immer noch dicht gedrängt und heulend in zwei Klassenräumen der Schule. Die Ansprache, die ich ihnen halte, bevor sie mit Broschüren beladen von dannen ziehen, gehört nicht zu den Meisterstücken der Redekunst, wird aber durch die grellen Farben der brennenden Umgebung effektvoll untermalt. Die Freigelassenen strömen hinaus, die Frauen bedanken sich mit tiefen Verneigungen. Währenddessen werden von einer Gruppe SD-Männern die Partisanenanhänger in einen abseits gelegenen Schuppen geführt. Kein Standgericht, keine Verhandlung, keine Gnade, kein Begräbnis. Die Schüsse klingen dünn durch den Nachmittag. Der Schuppen geht in Flammen auf. Dem Blutdurst ist Genüge getan.

Der Rückmarsch wurde durch den Motorschaden eines der beiden Panzer verlangsamt. Ich stapfte vor ihm her. Ein eisiger Wind wehte über die dunkelnden Höhen. Hinter dem Tal stieg die tiefrote Wölbung des Mondes empor. Ergebnis des Tages: die Bevölkerung eines Dorfes zum Feind gemacht. Auf unserer Seite: ein Ungar verletzt, und zwar durch den verfluchten Granatwerfer, den wir seitdem immer zu Haus gelassen haben.

Am folgenden Tag gab ich eine Meldung an meine Vorgesetzten in der Propaganda-Abteilung durch. Die feine, schwebende Stilisierung der Vorfälle hätte einem französischen Diplomaten aus der Schule Talleyrands Ehre gemacht. Dann formulierte ich 21 Fragen, welche die Dolmetscher bei der Aktion am folgenden Tage stellen sollten, und beobachtete die SD-Männer beim Pokern. Ich hätte gedacht, das müsse die Hohe Schule des Fallenstellens sein. Aber es wurde wie überall gepokert, und manche regten sich sogar schrecklich auf, wenn sie verloren.

Allem Anschein nach waren es Partisanen, wilde Gestalten, die sich am frühen Morgen des nächsten Tages bei geringerer Kälte und tauendem Schnee vor dem Haus versammelten. Einer stand in Kommissarsuniform da, mit Sowjetstern und Schulterriemen, sogar einen Orden hatte er angelegt. Die anderen, in nach außen gedrehten Pelzen und Fellmützen, trugen russische Maschinenpistolen mit den dazugehörigen runden Magazinen. Die Angehörigen der Schutzabteilung konnte man von weitem ihrer komischen Mützen wegen für Rotarmisten halten. Nach dem üblichen Aufbruchstrubel verschwand diese Kolonne im Dunst des trüben Morgens. Das Gros folgte anderthalb Stunden später. Die Ungarn hatten sich für die

Fahrt nach dem Dorf Studenok weibliche Kutscher und damit ein Spezialvergnügen gesichert.

Am Ziel angekommen, erfuhr man folgendes: Die Schlitten der »Partisanengruppe« waren am frühen Morgen rasch ins Zentrum des Dorfes gefahren. Einer von den SD-Männern hatte sich im Schlitten auf den Bauch gelegt, das Gesicht in den Händen verborgen, unter sich Maschinenpistole und Munition, und hatte einen deutschen Gefangenen gespielt. Alle anderen, soweit sie gut russisch sprachen, begannen Gespräche mit den Einwohnern. Das ganze Dorf war auf den Beinen. Kinder liefen den Schlitten nach, die Mütter winkten und riefen: »Unsere, unsere! Endlich seid ihr mal gekommen!« Ein altes Weib versicherte, mit Mistgabel und Beil wollte sie den Deutschen zu Leibe gehen. Sie schenkte sofort ein schönes, rötliches Pferd her, weil es ja sonst doch nur die Deutschen wegnähmen. Ein junges Mädchen war über den Besuch wild begeistert und wollte sofort mitgehen, da ja ihr Bruder schon bei den Partisanen sei. Man drückte ihr ein Gewehr in die Hand, mit dem sie zu den Nachbarn lief, um Speck und Honig für die Partisanen zu requirieren. Als sie zwei andere Mädchen werben wollte, lehnten die allerdings ab.

Das Benehmen der Dörfler gegenüber den vermeintlichen Partisanen war nicht überall gleich. Die beiden Kolchos-Sekretäre, die für die Deutschen arbeiteten, schlichen sich durch Gärten und Zäune und verbargen sich im mannshohen Schilf des Wiesengrundes. Die Lehrerin sprang aus dem Fenster und versteckte sich in einem Schweinekoben. Einem alten Mann wurde ein Hitlerbild angeboten. Er wollte es nehmen. Darauf wurde ihm mit Erschießen gedroht, er gab aber nicht nach. Eine alte Frau sagte vor dem Schulhaus ganz laut: »Vierundzwanzig Jahre lang habt ihr uns nichts Gutes gebracht, nun seid ihr schon wieder da!«

Alles in allem war es das Dorf jedoch zufrieden, mal wieder Partisanen zu sehen. Um so größer das Erschrecken, als sich die Wahrheit langsam herausstellte. Ich sah, wie sich das hübsche Antlitz des jungen Mädchens vor Entsetzen, Wut und immer noch schwacher Hoffnung verzerrte, als sie abgeführt wurde. Ihre Augen waren weit aufgerissen und standen voller Tränen. Aber sie starb gefaßt. »Wenigstens zwei Stunden bin ich bei den Partisanen gewesen!«

Das traurige Handwerk begann. Die ersten Häuser brannten, und der Himmel färbte sich gelb vor Qualm. Überall kreisten die Schlitten mit Milizsoldaten durchs Dorf. Kein Mensch verließ mehr sein Haus. Ich fuhr mit dem sechzehnjährigen Polizeidolmetscher durchs Dorf, um die verschüchterten Einwohner mit Lesematerial zu versehen. Es war ein schweres Geschäft. Die meisten verbargen sich. Wo sich Frauen zeigten, weinten sie, wiesen auf die brennenden Häuser und riefen: »Mein Gott, mein Gott!« Manche Frauen, die sicher ganz flüssig die Flugblätter der Partisanen lasen, behaupteten, Analphabeten zu sein. Männer stellten sich taubstumm oder als Trottel. Nur die Kinder griffen mit Begierde nach den kleinen braunen Heften. Es war keine gute Propaganda, höchstens eine gelungene Abschreckung.

Beim Abmarsch waren die Schlitten mit Kälbern, Schafen, Geflügel und auch Hausgerät beladen. Eine Kuh wurde mitgetrieben. Den geschenkten Gaul, ein stämmiges rotes Tier, ritt ein Milizionär. Ich war müde und niedergeschlagen und betrachtete lange den nickenden Kopf des Pferdes hinter uns. Manchmal tauchte sein weißes Gesicht mit den rosa Nüstern ganz dicht über mir auf, es war in der einfallenden Dämmerung ein dämonischer Anblick.

Ich saß anderntags wohl eine Stunde mit dem Sturmbannführer in einer Kate von Batschewsk. Ein hinkendes Weiblein war um einen riesigen Ofen bemüht. In halber Manneshöhe befand sich das Ofenloch, in dem sie kochte, darunter gab es ein gleich großes, in dem getrocknet wurde, darunter zu ebener Erde wohnte das Ferkel. Es lief aber meistens frei herum und schnüffelte auf dem Lehmboden. Wer es gut mit ihm meinte, scheuerte es am Bauch. Dann grunzte es wohlig und streckte die Hinterbeine steif von sich weg. Hinter dem Ofen war der erhöhte Ausschnitt zum Schlafen – bedeckt mit Lumpen und Fetzen. Darüber, dicht unter dem Dach der Hütte, wohnte die Katze. Dieser Teil erhielt seine Wärme durch drei kleinere Löcher. Ferner gab es neben dem Ofen einen gesondert heizbaren Aufsatz, gedacht als kleines Ruhelager oder als Bank. So war es ein Gebirge, mit Gipfeln und Tälern, das den wärmenden Mittelpunkt des Lebens im Winter darstellte. Neben dem Ofen stand ein Bettgestell, mit selbstgewebtem, groben Leinen bedeckt, und eine Bank, über der Photographien von Rotarmisten hingen. Davor ein Tisch, um den und auf dem sich die wilden, ungewaschenen Gestalten der Fuhrleute versammelten. Sie spuckten kunstfertig die Schalen von Sonnenblumenkernen in die Winkel und fingen bald an zu schnarchen.

Ich hatte gleich nach dem Eintreffen im Ort mein Material an die zitternde Bevölkerung verteilt. Ein Dolmetscher half, die Weiber und alten Männlein zu beruhigen. Es war aber eine Farce, denn auf ein Zeichen fingen die 32 Häuser angeblicher Partisanen zu brennen an. Das Tal war im Nu in eine dicke, braune Qualmwolke eingehüllt. Sie begleitete unseren Rückweg viele Meilen weit. Ein langer, elender, weinender Schlittenzug von Milizfamilien folgte uns.

In der folgenden Nacht kamen die Partisanen nach Batschewsk, steckten die Häuser der Milizfamilien an und erschossen dem Vernehmen nach einige Leute, die sich am Vortage nicht mit evakuieren ließen. Ich wußte nicht mehr, wozu ich noch da war. Das Ganze erinnerte an die Mühen eines Fleischermeisters, der dazu verdammt ist, den Hammeln auf dem Schlachthof zu erklären, daß sie für einen guten Zweck abgeschlachtet werden. Und das wäre immer noch ein lohnenderer Versuch gewesen, schien mir, verglichen mit einer Tätigkeit, die den armen Hammeln vor ihrem Dahinscheiden Bilderbücher gibt, aus denen sie ersehen, wie gut sie es hätten haben können.

Der Teufel hatte mich geritten, als ich mich ohne den Versuch eines Widerspruchs zum Anhängsel einer Mörderbande hatte machen lassen. Ich hätte mich krank melden oder schlicht als unfähig oder unwillig erklären können, an dieser Operation teilzunehmen. Zwar wußte ich bei Übernahme meines Auftrags noch nicht, was mich erwartete. Irgendwie war man im Partisanengebiet aber auf ein Räuber-und-Gendarm-Spiel gefaßt, und zwei oder drei Abende in Gesellschaft der SD-Männer genügten zur Aufklärung über die Methoden, die ich beobachten würde. Da wäre wohl noch Zeit gewesen, sich herauszuwinden, den Befehl zu unterlaufen. Die Greuel schlugen allen gültigen Gesetzen, dem Völker- und Menschenrecht, der abendländischen Moral ins Gesicht. Ich machte mich schuldig durch Anwesenheit. Spätestens nach dem ersten Durchkämmen eines Dorfes hätte mir klar sein müssen: Mit anzusehen, was dort geschah, kam einem Mitmachen fast gleich.

Spielte ich nicht sogar mit? Die Verteilung von Propagandamaterial in der Bevölkerung mußte die Illusion erwecken, die deutsche Besatzung führe einen gerechten Krieg gegen Banditen. Deren Beseitigung sei Notwehr oder mindestens Teil eines Planes, der Ukraine die Unabhängigkeit vom Sowjetsystem zu verschaffen. Im Sommer zuvor konnte ich daran noch selbst glauben. Inzwischen hatte ich aber die Absichten der deutschen Führung besser kennengelernt. Was sie im besetzten Gebiet anordnete, sprach eine deutliche Sprache. Das Land sollte nicht befreit werden. Es war ein Objekt der Ausbeutung. Dem Volk war künftige Sklavenarbeit zugedacht. Ich beteiligte mich also den eigenen Einsichten zufolge an einer bösen Irreführung.

Wieso ich mich darauf einließ? Ich habe mir diese Frage oft gestellt und kann bis heute keinen Grund finden, der sich rechtfertigen läßt. Da war der Befehlszwang. Aber ich wurde ja nicht in Ketten nach Esman geschleppt oder mit vorgehaltener Pistole gezwungen, der Vernehmung von Bauersfrauen beizuwohnen. Ich ging so freiwillig hin, wie man im Krieg eben Befehlen nachkommt. Die Berufung auf den Zwang des Befehls ist in der überwiegenden Mehrzahl der Fälle nichts als eine Ausrede. Vielleicht gab es das Bedürfnis, mich selbst auf die Probe zu stellen. Angesichts von Schrecknissen und Gefahr wollte ich weder Schwäche noch Angst zeigen. Statt Empörung zu äußern, spielte ich also den Kaltblütigen. Zugegeben, es war lebensgefährlich, vor dem Sturmbannführer oder einem seiner Untergebenen die Moral ihres Tuns anzuzweifeln. Ein Hohnlachen über solche Gefühlsduselei wäre noch die geringste der Reaktionen gewesen. Allenfalls konnte man im Gespräch die Frage stellen, ob es zweckmäßig sei, einen ganzen Landstrich zu terrorisieren. Auch dabei mußte man Vorsicht walten lassen. Hartnäckige Kritik war in diesem Kreise keine geringere Gefahr als die Kugel des Partisanen. Henker haben von der Zweckmäßigkeit ihres Tuns eigentümliche Ansichten und lassen nicht gern mit sich rechten. Einwendungen und Proteste hätten wenig gefruchtet. Vor der Behandlung durch den SD hatte ich mehr Angst als vor der Rache der Partisanen, sollte ich ihnen in die Hände fallen.

In jedem Fall wurde der Widerstreit der Gefühle überlagert durch die Neugier des Reporters und seinen Drang, den Dingen auf den Grund zu gehen. Gerüchte über die Methoden der SS im Guerillakrieg liefen genug um. Was davon war Wahrheit, was Propaganda? Ein Propagandist auf der Suche nach der Wahrheit! Die Vorstellung ist lächerlich, wenn ich sie aus der Rückschau späterer Jahre betrachte.

Welchen Sinn hatte diese Propaganda überhaupt? Wenn sie die Partisanen oder die in ihre Reihen gepreßten Bauern zur Desertion oder Kapitulation zu bewegen versuchte, ließ sich das rechtfertigen. Es sparte Menschenleben auf der eigenen Seite und schwächte die andere. Doch galten Überläufer häufig als potentielle Spione. Sie wurden dementsprechend behandelt. Das mußte hundert Zweifler vom Desertieren abschrecken. Die primitive Fühllosigkeit der deutschen Besatzung machte die Wirkung der eigenen Propaganda zunichte. Was die Bevölkerung anbetraf, so suchte man ihre Unterstützung und trachtete, den Rückhalt der Partisanen in den Ortschaften zu verringern. Flugblätter, Handzettel, Broschüren, Reden und Diskussionen zielten darauf ab. Sie standen aber im Widerspruch zu der Behandlung, welche der Bevölkerung von der Hand einer verrohten und undisziplinierten Soldateska widerfuhr. Nur das Versprechen einer von Deutschen wie von Russen unabhängigen Ukraine schien mir damals noch Aussicht auf Erfolg zu haben. Die Ukrainer hatten ihre unguten Erfahrungen mit dem Bolschewismus in den Jahren vor dem Krieg gemacht und wiegten sich vielfach in der Hoffnung, mit unserer Hilfe die Roten loswerden zu können. In diesem Punkt war aber die deutsche Propaganda besonders doppelzüngig. Sie durfte von Unabhängigkeit nur so sprechen, daß sich niemand an dieses Konzept gebunden fühlen mußte. Die Deutschen waren als Befreier gekommen und standen nach einem Jahr als Unterdrücker da. Der Vaterländische Krieg der Sowjetrussen war eine glaubhaftere Art der Beschwörung.

Sicher war eines: Wenn man mit der Propaganda überzeugte, so half man den Ukrainern gar nicht, kurzfristig vielleicht der eigenen Truppe, langfristig aber sicher nur Hitler. Dem nicht absichtlich zu helfen, hatte ich mir jahrelang vorgenommen. Nun saß ich in der Patsche und fand mit den spitzfindigsten Argumenten nicht heraus. Sabotage spielte in die Hände Stalins, den ich eher als feindlichen Zwilling und Kumpanen Hitlers sah denn als Erzfeind der Nationalsozialisten. Der Konflikt hätte nur durch das Opfer der eigenen Person gelöst werden können. Der Selbsterhaltungstrieb war mächtiger. Er riet, mit den Wölfen zu heulen und sich äußerlich an die herrschenden Gepflogenheiten anzupassen. Wurde man auch innerlich angepaßt? Jedenfalls ließ man sich zum Werkzeug eines Eroberungs- und Vernichtungskrieges machen, den nichts rechtfertigen konnte.

Ich ermordete niemanden. Aber ich schaute dem Morden zu. Oder blickte weg, ohne den Opfern beizuspringen. Der handwerkliche Stolz, mit dem die SS-Männer auf ihre blutige Arbeit blickten, war grausig. Wenn es in der SS eine Philosophie gab, die diesen

Namen verdiente, so war es die Verachtung der Schwäche. Mitleid war Schwäche. Erbarmen gehörte sich nicht, jedenfalls nicht für den germanischen Mann. Einige Sätze aus Nietzsches »Antichrist« hätten gut als Motto über dem Einsatzbefehl für die Aktion Esman stehen können:

»Die Schwachen und Mißratenen sollen zugrunde gehn: erster Satz *unserer* Menschenliebe. Und man soll ihnen noch dazu helfen.

Was ist schädlicher als irgendein Laster? – Das Mitleiden der Tat mit allen Mißratnen und Schwachen – das Christentum ...«

Der Anblick des Wütens und der allgemeinen Mordlust im Guerillakrieg versetzte mir einen Schock, der lange nachzitterte. Was ihm eine besondere Tiefe verlieh, war der Umstand, daß ich mit niemandem darüber sprechen konnte. Angesichts der schnellen und rabiaten Justiz jener Jahre hütete man sich vor Äußerungen, die als defätistisch denunziert werden konnten. Es wäre eine Tollkühnheit gewesen, sich einem Mann des SD zu eröffnen.

Wir lebten in diesen Wochen ohne Radio und Zeitungen wie auf einer abgeschiedenen, etwas wilden Insel. Nur von ferne und undeutlich hörten wir etwas aus der großen Welt. Zuerst unbestimmt, dann immer aufdringlicher drang die Nachricht zu uns, daß die Front auch in unserem Abschnitt der Ukraine im Rückzug begriffen sei. Wer es nicht glauben wollte, dem sagten es bei einem Besuch in der Bezirksstadt Gluchow die nach rückwärts rollenden Kolonnen der Luftwaffe. Die Feldkommandantur hatte mich hinbestellt und wollte, daß ich die Bevölkerung beruhige. Ich ließ ein Flugblatt drucken, aber es war längst nicht so wirkungsvoll wie die Reden von Göring über das eingekesselte Stalingrad und von Goebbels über den totalen Krieg. Daran orientierten sich die Ukrainer. Die Erregung des Rückzugs griff auch auf das SD-Kommando über. Durch einen kurzen Appell wurden alle auf den Ernst der Lage aufmerksam gemacht. Wenige zeigten Niedergeschlagenheit. Die meisten verbargen ihre weitergehenden Zweifel geschickt. Kaum einer konnte sich vorstellen, daß dies der Anfang vom Ende sein könnte.

Der Befehl traf ein, zuverlässige Anhänger in Sicherheit zu bringen und dann die Gegend zu räumen. Die letzte Aufgabe war, ein tapferes Häuflein ukrainischer Miliz zu evakuieren, das 30 Kilometer östlich von Esman seit einem Jahr das Dorf Ssopytsch gegen alle Angriffe der Partisanen verteidigt hatte.

Am 11. Februar 1943 zog die lange Schlittenkolonne ein letztes Mal durch die eisige Landschaft. Wohl dem, der gute Filzstiefel hatte! Gegen Mittag kamen wir halb erfroren vor Ssopytsch an. Der dreifach gestaffelte Glockenturm der Kirche beherrscht die Mulde bis zu den finsteren Wäldern, die eine halbe Wegstunde entfernt das Dorf rings umgeben. Vom Milizchef hatte man uns Wunderdinge erzählt. Er war klein von Statur, untersetzt und krummbeinig. Sein Gesicht erinnerte bis auf die Haarlocke an Napoleon. Meistens schob er noch das Kinn energisch vor wie Mussolini. Seine Augen blickten ernst und dunkel drein. Er trennte sich nicht für eine Sekunde von seiner Maschinenpistole. Das Reservemagazin trug er mit einem Bändchen an der Hand. Seine Sprache war langsam und laut, als ob er stets am Kommandieren sei.

Weder er noch seine Männer wollten den Platz verlassen. Es wurde ihm erklärt, daß es nicht der Partisanen wegen notwendig sei, Ssopytsch zu räumen, sondern daß die Frontlage zur Evakuierung zwinge. »Wenn der General es befiehlt, dann werden wir natürlich gehorchen«, antwortete er langsam, »aber lieber würden wir hier auf dem Platz sterben.«

Auf unsere Bitte zeigte er uns die Kirche. An der Altarwand unter der hohen Kuppel hingen noch die Ikonen. An manchen Stellen waren die verblaßten Fresken von Schüssen durchlöchert. In den Ecken standen Munitionskisten, bis zur halben Höhe hingen Strohmatten vor den vergitterten Fenstern. Am Boden hatte man nach allen Richtungen hin Schießluken in die Mauern geschlagen. Kein Punkt der umliegenden Straßen und Gehöfte, der nicht von zwei Seiten bestrichen werden konnte. Wir stiegen eine schmale Treppe ins zweite Geschoß des Glockenturms empor. Dort stand Tag und Nacht ein Posten, der jede Bewegung im Umkreis des Dorfes sofort herabmeldete. Der Milizchef erklärte uns knapp die Anlage der heftigeren Partisanenangriffe und bezeichnete das unferne Haus, aus dem ein russisches Panzerabwehrgeschütz in die Kirche geschossen hatte, bis seine Bedienungsmannschaft durch das zusammengefaßte Feuer von drei Maschinengewehren getötet worden war. Bei ihrem größten, drei Tage währenden Angriff verloren die Partisanen 150 Mann. Überall gab es verdeckte Gräben, Erdbunker, Schießscharten. Vor allen Türen waren Ziegelmauern errichtet. Jeder der 60 Milizionäre verstand mit allen Waffen umzugehen, einschließlich des großen Granatwerfers, der das Wachlokal zierte. Jeder Dorfbewohner, der das Nest verließ, mußte sich abmelden oder wurde zurückgeholt. Widerstand im Dorf gegen die drakonischen Maßnahmen des Milizchefs schien es schon seit geraumer Zeit nicht mehr gegeben zu haben – und man konnte sich denken, warum nicht. Die SD-Männer behandelten den kleinen Napoleon wie einen der ihren. Die sonst nicht zimperlichen Dolmetscher sprachen ihn respektvoll mit Gospodin Natschalnik an, und der Sturmbannführer machte bei jedem Satz eine höfliche Verneigung.

Vor dem Getreidelager drängten sich am Nachmittag zahlreiche Frauen und beförderten auf kleinen Schlitten die Kornsäcke weg. Alles mußte verteilt werden, sonst würde es den Partisanen in die Hände fallen. Die Nacht verbrachte ich in der Wachstube der Miliz. Gospodin Natschalnik erzählte seine Geschichte. Er war »entkulakisiert« und nach Sibirien verbannt worden. Von dort entkam er in den Kaukasus und führte ein Räuberleben. Von seiner Familie hatte er seit 1929 nichts mehr gehört. Bevor er nach Ssopytsch kam, besaß er nichts, und wenn er nun ging, besaß er wieder nichts. Sein Lebenswerk lag hinter den Schießscharten der Kirche.

Die Männer vom SD ließen sich von ihm am nächsten Morgen ein wundertätiges Bild des Johannes aus der Kirche verehren. Es sollte nicht in die Hände der Partisanen fallen. Der Milizchef fand nichts dabei. Die Kirche war ihm nur im übertragenen Sinne ein heiliger Ort, nämlich als Platz eines heiligen Kampfes. Bei den sonst so antikirchlichen SS-Männern entdeckte ich einen letzten Rest von Idolatrie, einen Versuch, sich der magischen Kraft der Heiligtümer zu versichern – getarnt als museales Interesse.

Ich fragte vor dem Abmarsch die zurückbleibenden Dorfmädchen aus, die uns Milch gebracht hatten. Sie würden sich in Zukunft langweilen, lästerten sie. Angst hätten sie während der Kämpfe nicht gehabt. Auf meinen Einwurf, daß Soldaten einer hübschen Frau nichts täten, antwortete ein Mädchen schlagfertig: »Die Kugel fragt nicht nach der Schönheit.«

Die Kirche wurde von innen verrammelt, der Posten ließ sich an einem Strick vom Turm herab. Er hatte in der Nacht den Widerschein der Abschüsse von der sich nähernden Front beobachtet. Als letzter verließ der Milizchef das Dorf. Als die lange Kolonne in Esman anlangte, traf eine Einheit deutscher Landesschützen ein, die auf dem Rückmarsch aus Gebieten näher der Front in einen Hinterhalt geraten waren. Ein Armdurchschuß, ein Fußdurchschuß und eine Verbrennung an einem unter elektrischer Spannung stehenden Stolperdraht wurden in meinem Zimmer behandelt. Schließlich wurde noch ein deutscher Stabsfeldwebel mit einem Kopfsteckschuß auf mein Lager gelegt. Zwei ukrainische Ärzte und unsere Sanitäter bemühten sich um ihn, aber ohne Erfolg. Er starb am frühen Abend, ohne das Bewußtsein wiedererlangt zu haben.

Die Aktion war beendet. Sie hatte nichts Bleibendes erbracht außer Haß, Zerstörung und Tod. Als ich die Handgranaten abgab und zu meiner Propaganda-Abteilung zurückreiste, war ich mir darüber im klaren, daß es solche Aktionen waren, Tausende an der Zahl, die uns mehr als alles andere der Niederlage entgegentrieben. Weder Tapferkeit noch Milliarden von Flugblättern und Broschüren konnten das ändern; sie konnten das unwiderrufliche Ende noch nicht einmal hinauszögern. Beim SD wurde das nicht ausgesprochen. In anderen Einheiten aber hörte man damals halblaut die Meinung: Wenn Hitler die Völker der Sowjetunion nicht so abscheulich behandelt hätte, obwohl sie sich ihm als Bundesgenossen anboten, wäre der Krieg gegen Stalin zu gewinnen gewesen. Das war womöglich richtig; nur wäre Hitler dann eben nicht Hitler gewesen – und nur ein Hitler konnte diesen Krieg beginnen.

Weder dem Milizchef von Ssopytsch noch dem Sturmbannführer bin ich wiederbegegnet. Wäre ich dem letzteren anderthalb Jahre später im Prinz-Albrecht-Palais über den Weg gelaufen, als ich im Reichssicherheitshauptamt für das Leben meiner Frau plädierte, dann wäre die Unterhaltung vermutlich weniger ausführlich gewesen als in der Ukraine. Er hätte sich, vor dem Bild von Heydrich sitzend, mit der gleichen freundlichen Energie um mein Ende gekümmert, wie er mir in einer ukrainischen Bauernkate Cognac einschenkte.

Offiziersausbildung

Mein Bruder Klaus war in den Vorbergen des Kaukasus gefallen. Er hinterließ in Pirna bei Dresden eine Frau und vier Kinder. Eines Tages würden sich mein Bruder Friedrich und ich um sie kümmern müssen. Ich mußte aber inzwischen auch für die Eltern meiner Frau sorgen. Sie waren auf einem Kriegsschiff meines Vetters Fritz Ruge von den Kanalinseln übergesetzt worden. Es grenzte an Hellseherei, daß meine Schwiegermutter zu Beginn des Krieges ausgerechnet den Teil des Vereinigten Königreichs als Aufenthaltsort gewählt hatte, der allen Betrachtern als besonders sicher erschien und ein Jahr später dennoch als einziger von Deutschen besetzt wurde. Sie hatte sich sogleich als Dolmetscherin in der Feldkommandantur der Insel Jersey nützlich gemacht und mit der ihr eigenen Energie und Zähigkeit den Plan verfolgt, ihren schwerkranken Mann in eine deutsche Klinik zu überführen. Dafür mußten alle möglichen und unmöglichen Umstände zusammentreffen und taten es am Ende auch. Allerdings kam mein Schwiegervater als Pflegefall auf der Bahre an und starb nach kurzer Zeit in einer Kasseler Klinik. Es war nach dem aufwühlenden Wiedersehen im Bombenhagel eines britischen Luftangriffs ein schwerer Schock für meine Frau. Aber sie hatte bei den nun kommenden Irrfahrten ihre Mutter bei sich, und das war alles in allem gut für sie und eine Beruhigung für mich.

Meine Frau würde im Sommer wieder ein Kind bekommen. Der Aufenthalt im Berliner Atelier war wegen der zunehmend schlechter werdenden Versorgung mit Lebensmitteln und der häufigeren Luftangriffe nicht empfehlenswert. So siedelten die beiden Damen mit der inzwischen zwei Jahre alten Sabine zu unserer Freundin Mady Marschall in das verfallende Schlößchen am Kaiserstuhl über. Auch das sollte nur eine Zwischenstation werden. Im heißen Hochsommer 1943 wurde ich nach Potsdam auf die Kriegsschule zu einem Offizierslehrgang abkommandiert. Ich ließ Pelze, Filzstiefel, russische Lehrbücher, den kleinen Hund Mumu und zwiespältige Erinnerungen in der Ukraine zurück. Die deutsche Sommeroffensive an der Ostfront war gescheitert. Es konnte dort nur noch rückwärts gehen. Amerikaner und Engländer beherrschten das Mittelmeer und drangen in den »weichen Unterleib« der Achse vor. Italien hatte die Seiten gewechselt, Mussolini saß, von den eigenen Leuten gefangen, in den Abruzzen. Nun fehlte nur noch die Invasion quer über den Ärmelkanal. Dem hatte die deutsche Führung nicht viel mehr als die Kameras der PK entgegenzusetzen. Mit ihrer Hilfe wurden die Hochbunker und Artilleriestellungen des Atlantikwalls für die Wochenschau so aufbereitet, daß sie absolut uneinnehmbar aussahen. Es war lehrreich, die Ansichten und Erfahrungen der hundert PK-Teilnehmer des Offizierskursus zu vergleichen. Sie kamen aus allen Teilen Europas, von Nordfinnland und aus Kreta, von der Krim, aus Bordeaux und Berlin. Keiner war richtig siegesgewiß, wie es die tägliche Fütterung aus dem Propagandaministerium seit Jahren verlangte.

Wir wurden einer unbarmherzigen Folge von Veranstaltungen unterworfen, die uns moralische Korsettstangen einziehen sollten. Dazu gehörte der Besuch einer Sitzung des Volksgerichtshofes. Wir wurden Zeugen, wie Roland Freisler unter gewaltigem Stimmaufwand einen katholischen Geistlichen erst nicht zu Wort kommen und dann zum Tode verurteilen ließ, weil er Sendungen der zersetzenden BBC abgehört und ihren Inhalt verbreitet hatte. Die zersetzenden Äußerungen des Priesters liefen darauf hinaus, daß es uns Deutschen schon recht geschehe mit den Terrorangriffen, denn wir hätten ja den Bombenkrieg angefangen und außerdem den totalen Krieg gewollt. Der Geistliche trug keinen Kragen und stand aschfahl zwischen zwei Polizisten. Der Verteidiger beschränkte sich auf nur zwei Sätze. Unter der Last der Beweise und Geständnisse habe er keine Möglichkeit, mildernde Umstände vorzubringen, weshalb er das Urteil dem Gericht anheimstelle. Nach anderthalb Stunden Verhandlung und Verlesung des Urteils verfiel das Gesicht des Priesters so entsetzlich, daß man hätte glauben können, er sei schon gestorben. Die Zuschauer auf ihren Bänken hinter Holzbarrieren folgten den Vorgängen ohne einen Laut. Man konnte aus der Zurschaustellung dieses Justizmordes nur schließen, daß die Verbreitung von Furcht und Schrecken – neben der Selbstdarstellung Freislers – zum eigentlichen Zweck der Rechtspflege degeneriert war.

Zu den erwähnten Korsettstangen gehörten auch zwei Stunden

Nachdenken über die Lage während der Gefechtsausbildung in der Kriegsschule Potsdam (1943).

mit Hans Fritzsche, dem Rundfunkkommentator des Propagandaministeriums. Fritzsche, etwa 38 Jahre alt, war ein hochgewachsener Mann mit dem geschniegelten Äußeren eines Vertreters für hygienische Gummiwaren. Er brachte es fertig, in seinem Referat sämtliche Fragen zu umgehen, welche hundert PK-Fahnenjunkern aller Kriegsschauplätze auf den Nägeln brannten. Er umging sie in der geschmeidigsten Form, ließ sie unerwähnt oder streifte sie nur. Ich sah ihn wieder, als er auf der Anklagebank des Internationalen Militärtribunals in Nürnberg saß. Er wurde bekanntlich freigesprochen – ich nehme an, weil er in seinen Rundfunkkommentaren bei näherer Betrachtung auch nicht mehr gesagt hat, als er uns Fahnenjunkern mitteilte; und das war sehr wenig.

Instruktiver war ein Vortrag über das »falsch« und »richtig« der Kriegsberichterstattung aus dem Munde eines Mannes, den ich bereits ein Jahr zuvor über das gleiche Thema hatte sprechen hören. Die Wandlung war für unsere geschärften Ohren bezeichnend. Damals beantwortete er Fragen ganz dogmatisch. Soll man in der Berichterstattung human interest stories bevorzugen? Nein, das wäre eine Ablenkung von der heldischen Verpflichtung des Soldaten. Warum darf der deutsche Reporter nicht in der Ich-Form schreiben? – Weil der Soldat hinter seine Aufgabe zurücktritt. Ein Jahr später nun wurden die gleichen Fragen – A und O für jeden Reporter – in ganz liberalem Sinne beantwortet. »Ja, man kann! Ja, man soll!« Also schien sich in den höchsten Kreisen der Gedanke durchgesetzt zu haben, daß man über den Krieg auch für den Menschen im Helden berichten darf und nicht nur für den Helden im Menschen.

Unwilliges Geraune störte diesen Vortrag, als beiläufig zur Sprache kam, daß Ende des Monats die »Frankfurter Zeitung« ihr Erscheinen einstellen müsse. Das erschien dem gesammelten Sachverstand des Lehrgangs als eine höchst törichte Maßnahme. Sie beraubte die deutsche Außenpolitik einer noch halbwegs glaubhaften Stimme. Die »Frankfurter Zeitung« wurde in den Kanzleien der neutralen Staaten immerhin noch zur Kenntnis genommen. Im Innersten waren wir PK-Reporter wohl ärgerlich darüber, daß uns der kühne Seiltanz mancher Leitartikel der »Frankfurter Zeitung« in Zukunft nicht mehr geboten werden würde. Die »Deutsche Allgemeine Zeitung« im ehemaligen Ullstein Verlag, also gewissermaßen meine Hauszeitung, gewann im gleichen Moment 50000 neue Abonnenten. Aber das stimmte mich nicht fröhlicher.

Zwei besonders dicke Korsettstangen wurden während der letzten Wochen des Lehrgangs angeliefert. Über Nacht wurden wir in einem Sonderzug nach Breslau gekarrt und fanden uns in der Jahrhunderthalle inmitten Tausender von Fahnenjunkern aus allen Kriegsschulen des Reiches wieder. Ein paar gut gezielte Fliegerbomben hätten den Offiziersnachwuchs eines ganzen Jahres ausradieren können. Doch standen so viele Flakgeschütze um die Halle, daß wir schon ahnten, es müsse sich um mehr als einen bloßen Abschiedsappell handeln. Tatsächlich nahm nach einer Weile ein gut Teil der höheren Generalität goldstrotzend auf dem Podium Platz. Generalfeldmarschall Keitel gab uns Anweisungen, was am Ende der Veranstaltung von uns erwartet wurde. Dann meldete er uns mit erhobenem Marschallstab seinem »geliebten Führer«.

Da stand er nun, blaß und müde aussehend, und hielt eine blasse und müde Rede. Die Revolution, welche der Nationalsozialismus in Deutschland zum Siege geführt habe, sei eine der friedlichsten aller Zeiten gewesen. Geduldig habe er abgewartet und warte noch, bis die Generation von Reaktionären ausgestorben sei, die sich mit dem Neuen nicht abfinden könne. Ein leichtes wäre es gewesen, alle Kapitalisten einen Kopf kürzer zu machen. Aber das eben unterscheide seine Revolution von der französischen und der bolschewistischen, daß er auf die Wirkung der Zeit und nicht der Guillotine und des Genickschusses gesetzt habe, um die Volksgemeinschaft herzustellen. Die Juden vergaß er in diesem Zusammenhange zu erwähnen. Die Kommunisten hätten sich dank der ihnen gewährten Schonung in der Mehrzahl zu ihm bekannt und täten brav ihre Pflicht. Die Vorsehung gebe ihm, wenn nur alle Deutschen ihre Pflicht täten, die Mittel und die Kraft auch zum Siege über den äußeren Feind. Er bewies das an Hand von Analogieschlüssen. So wie die Sonne sich nach langer Winternacht erhebt, so unwiderstehlich werde auch... So wie seine nationalsozialistische Revolution nach dem Rückschlag an der Feldherrnhalle doch gesiegt habe, so werde die Vorsehung alle Opfer und Mühsal mit dem Endsieg belohnen; der aber werde kommen, weil er kommen müsse usw. usw.

Es herrschte Stille, während Hitler sprach. Als er endete, gab es ein von Keitel dirigiertes Heilrufen, dem der Enthusiasmus fehlte. Man sah nicht die leuchtenden Augen, welche man aus den Parteitagsfilmen von Leni Riefenstahl so gut kannte. Daß sie in den Gesichtern der abgebrühten PK-Fahnenjunker fehlten, war kein Wunder. Aber auch die blutjungen Gesichter der anderen Waffenlehrgänge blieben reserviert. Die Rede wurde während des langen Staus vor dem Abmarsch weder diskutiert noch überhaupt erwähnt.

Die letzte Korsettstange wurde uns von Baldur von Schirach verpaßt. So total war der Krieg noch nicht, daß wir PK-Männer eine Einladung für drei Tage nach Wien hätten ausschlagen wollen. Wir sahen Willi Forst bei der Arbeit im Filmstudio zu und aßen mit hübschen Starlets der Wienfilm im Hotel Imperial zu Mittag. Am letzten Abend lud uns der Reichsstatthalter und Reichsjugendführer

Baldur von Schirach in einen großen Saal des Wiener Rathauses zum Diner ein. Es gab reichlich Wein aus guten Lagen. Schirach hielt eine Tischrede, die uns zumutete, als Offiziere die uns anvertrauten Soldaten durch somnambules Vertrauen auf und unerschütterlichen Glauben an Adolf Hitler zum Siege, das heißt in den Tod zu führen. Ich geriet danach in eine Auseinandersetzung mit meinem Tischnachbarn, einem höheren Parteifunktionär aus Schirachs Stab. Er sah den Sieg in greifbarer Nähe. Der Einsatz noch geheimer Wunderwaffen werde die Lage völlig verändern. Es gelte nur noch ein wenig auszuharren, bis sie fertig und bereit seien. Ich brachte vorsichtig die Analogien zu dem enttäuschten Vertrauen des Volkes auf Görings Luftwaffe und Dönitz' U-Boote ins Spiel. Das widersprach aber den Losungen der Partei. Jeder Bezug auf die Realitäten war ärgerlich. Wenn mein Gesprächspartner nicht so betrunken gewesen wäre, hätte der Wortwechsel Folgen gehabt.

Das Geheimnis des Nationalsozialismus bestand immer aus seinen Widersprüchen. Der Journalist sollte groteske Kompromisse suchen zwischen dem Vertrauen auf die Logik der Maschine und dem blinden Glauben an einen Wundermann. Die Hoffnung auf den Triumph deutscher Technik sollte man durch Furcht vor dem Terror der Gestapo und unbedingten Glauben an den Führer ergänzen. Auf die einfachste Formel gebracht bestand die reine Lehre zu jener Zeit aus »Augenschließen plus Kohleverflüssigung und V2«.

Ende November 1943 näherte sich der Lehrgang in der Kriegsschule seinem Ende. Wir machten wenig Dienst, statt dessen wurde von den künftigen Leutnants der PK ein kämpferischer Abschlußbericht erwartet. In der Kaserne wurde man dauernd gestört, ich schrieb deshalb meist in Berlin und übernachtete lieber im Atelier, als für die Nacht nach Potsdam zurückzukehren. An die relativ harmlosen Luftangriffe hatte man sich gewöhnt. Statt bei Alarm in den Luftschutzkeller zu gehen, hielt ich mich in Anwandlungen von Wurschtigkeit zwischen den invaliden Möbeln und unter dem Glasdach des Ateliers für sicherer. Den unerwartet schweren Angriff auf Berlin in der Nacht vom 22. zum 23. November verschlief ich. Als ich durch die Entwarnung erwachte und aufs Dach stieg, täuschten mich die niedrig hängenden Wolken. Die riesigen Brände in naher Entfernung waren durch Qualm und Rauch verhüllt.

Ich schrieb am Morgen meiner Frau den täglichen Brief, erwähnte die Geringfügigkeit des Angriffs und verließ gegen Mittag das Atelier. Nach einer halben Minute merkte ich, daß ich mich getäuscht hatte. Sämtliche Verkehrsmittel innerhalb des Stadtbahnrings waren ausgefallen. Man konnte in die innere Stadt nur zu Fuß gelangen. Der Himmel war dunkelgrau und gelb. Alle Augenblicke war ein Straßenzug gesperrt. Männer in Stahlhelmen mit rußgeschwärzten Gesichtern verschwanden in Qualmwolken und Funkenregen. Anfangs sah noch alles aus wie an einem Aschermittwoch: zerschlagenes Glas und Papierfetzen auf den Straßen, die Leute damit beschäftigt, demolierte Läden mit Brettern zu vernageln. Dann wurde der Anblick düsterer. Mütter mit kleinen Bündeln und vor Müdigkeit apathischen Kindern schlichen an den Bahndämmen entlang, ungewiß, wohin sie sich wenden sollten. Schlauchleitungen liefen über die Straßen, Kohlenlager brannten lichterloh.

Ich gelangte bis zum Ullstein Verlag in der Kochstraße. Dort erst erfuhr ich von Kollegen das Ausmaß der Katastrophe. Die Flugzeuge hatten einen breiten, glühenden Streifen von Süd nach Nord und von West nach Ost gezogen – ein flammendes, rauchendes Kreuz durch die Stadt. In der Leipziger Straße brannten noch immer ganze Häuserblocks, andere starrten aus geschwärzten Fensterhöhlen traurig auf die ebenso demolierten Nachbarn. In den großen Geschäften waren Leute dabei, Einrichtungsgegenstände zu retten. Gardinen flatterten weit über die Straße, die an manchen Stellen schier unpassierbar schienen vor Schutt und den herabgerissenen elektrischen Drähten. Überall standen bräunliche Blechhaufen – früher einmal Straßenbahnen.

Der Potsdamer Bahnhof brannte noch hell. Im Regierungsviertel war mehr heil geblieben als zerstört. Mit Mühe gelangte ich über eine teilweise befahrbare U-Bahn-Strecke nach dem Westen. Zur selben Zeit wollte offenbar ganz Berlin mitfahren. So kam ich an die Stelle, wo der Hauptangriff wie ein Untier aus Feuer und Explosionen niedergegangen war. Wo ich am Vortage noch Salate eingekauft hatte, brannten die Häuser. Das Restaurant »Stöckler« bestand aus Schutt und Trümmern. In der »Königin-Bar« brannte das Mobiliar, und das »Romanische Café« gab es nicht mehr. Die Kaiser-Wilhelm-Gedächtniskirche stand noch, doch konnte man durch die Mauern in den gelblichen Himmel sehen. Die Fahrbahnen waren mit Koffern, Stühlen und Couches vollgestellt. Dazwischen Wasserpfützen. Elegante Frauen mit zerrissenen Strümpfen, versengten Pelzen und Tüchern vor der Nase wickelten Brot aus Zeitungspapier. Die Tauentzienstraße war ein einziger Qualmherd. Auf dem Trottoir lagen unzählige rote Kinderschuhe.

Das Viertel südlich des Kurfürstendammes bis zur Güntzel- und Martin-Luther-Straße stand nicht mehr. Die Kaiserallee war von Ruinen umrahmt. Es brannte das Stadthaus, es brannten die Gebäude an der Pariser Straße. Überall Feuerwehr, Wehrmacht und Gefangene bei ihrer schier unmöglichen Arbeit. Irgendwo drängten sich Leute vor einem heilgebliebenen Milchgeschäft. In die Schaperstraße, wo Michael Vermehren wohnte, konnte ich nicht gelangen. Wo einst Häuser standen, waren nur Schutthaufen zu sehen. In dieser Gegend war alle dreißig Meter eine Sprengbombe gefallen. Der Rauch zwang einen, die Hände vors Gesicht zu halten, wenn man durchkommen wollte.

Ich half einem alten Ehepaar, zum Kaiserplatz zu humpeln. Ein paar Aktentaschen, das war alles, was sie gerettet hatten. Sie erzählten von wenigen Todesopfern, aber sie kamen aus einem Viertel, wo fast ausschließlich Brandbomben gefallen waren. Ich schätzte um diese Zeit, daß der Angriff in einer einzigen regnerischen Stunde hunderttausend Menschen obdachlos gemacht hatte. Es gab übrigens fast nirgends eine Panik. Man befleißigte sich im Gedränge der Verkehrsmittel einiger Vernunft und Höflichkeit. Die Oberfähnriche, die sich an diesem Abend fast alle in Berlin befanden, wußten davon schöne Geschichten zu erzählen. Ich hatte keine Zeit, sie aufzuschreiben, denn nachts fiel noch einmal die gleiche Menge Feuer vom Himmel in die rauchende Stadt. Ich wurde zusammen mit meinen Kameraden in den U-Bahn-Schächten am Alexanderplatz eingesetzt, um Trümmer zu räumen und Leichen zu bergen.

Erst danach gelang es mir, nach Moabit vorzustoßen. Dort fand ich an der Stelle des Hauses, in dem meine Schwester und ihr Mann gewohnt hatten, ein tiefes Loch. Jedoch war auch ein Zettel an einem der stehengebliebenen Bäume angeheftet, dem zufolge sie nach Klein-Machnow gegangen waren.

Die drei Monate Potsdam waren schnell herum. Ich wurde zum Leutnant befördert, mußte mir eine neue Uniform schneidern lassen und bestellte für teures Geld Stiefel, die sich als zu eng erwiesen. Außerdem bekam ich zwei Wochen Urlaub und den Befehl, mich nach Neujahr bei der PK 501 irgendwo tief in Rußland zu melden.

Hätte ich damals die Kriegsschule beurteilen müssen, so wäre mir sicher viel Kritisches eingefallen. Aus dem Abstand von fast 50 Jahren gesehen, bleibt von den negativen Eindrücken nicht viel übrig. Es überwiegt die Erinnerung an eine gut ausgedachte, abwechslungsreiche und kurze Ausbildung. Die weltanschaulichen Korsettstangen konnte man von sich abgleiten lassen oder mit der Ironie des Zeithistorikers erdulden. Der militärische Teil des Kursus war ganz auf die Praxis ausgerichtet und frei von stumpfer Routine. Wir wußten am Ende, was wir von den Waffen des Gegners zu erwarten hatten und was wir mit den eigenen anfangen konnten. Niemand erwartete, daß ein Leutnant der PK ein Bataillon zu einem Gegenstoß führen würde. Die Taktik der deutschen und der alliierten Heere wurde uns jedoch in gedrängter Form so beigebracht, daß wir als Beobachter die unordentlichen und verwirrenden Vorgänge einer Schlacht zu durchschauen in der Lage waren.

Man lernte, daß ein guter Bericht ohne die richtigen Fragen nicht zustande kommt. Die mußte man in unserem Falle dem Ersten Generalstabsoffizier eines Divisionsstabes mit der korrekten Wahl der Fachausdrücke stellen können. Die Beschreibung der Kampflage durch einen Fachmann erfolgte in einer aufs äußerste genormten Sprache, in der jedes Wort eine festgelegte Bedeutung hatte und nicht durch ein anderes ersetzbar war. Das mußte begriffen sein, bevor sich die Fachsprache in eine farbige, journalistische Darstellung auflösen ließ. Wir lernten, eine Situation an der Front gleichzeitig mit den Augen eines Divisionskommandeurs und eines Zugführers zu sehen, um sie dann wiederzugeben mit dem Wortschatz des Schützen Kümmel für das Verständnis der Putzfrau Pfeffer. Nichts anderes betreibt ja auch der Lokalreporter bei einem Brand in der Margarinefabrik. Der Gerichtsreporter beachtet nach der Aburteilung eines Eifersuchtsdelikts instinktiv die gleiche Methode. Der Rundfunkreporter folgt diesen Regeln fast automatisch, wenn er was kann. Sie alle haben, wenn sie gut sind, bei der richtigen Stelle recherchiert, beherrschen den Fachjargon und wissen, wie man einen Vorgang aus drei Perspektiven schildert.

Das alles ist erlernbar und kann mit mehr oder weniger Talent geübt werden. Die Kriegsschule versuchte nicht, dem journalistischen Handwerk eine Zwangsjacke überzuziehen. Sie machte uns keine Vorschriften, wie wir berichten sollten, sondern lehrte uns, mit den Vorschriften umzugehen, gemäß denen im Jahre 1943 der Krieg praktiziert wurde.

Infolge der nationalsozialistischen Führermystik konnte eine klare Theorie der militärischen Menschenführung auf der Kriegsschule nicht gelehrt werden. Doch waren die Ausbilder praktische Köpfe. Unsere »Inspektion« führte ein hochdekorierter Major Heuss. Er grüßte seine Fahnenjunker statt mit dem vorgeschriebenen »Heil Hitler« mit einem »Guten Morgen« in unverfälschtem Schwäbisch. Im Unterricht vermied er jede Konzession an die Nazisprache. Er hatte die undankbare Aufgabe, unter anderem über den »Sinn des Krieges« zu unterrichten, und leitete das Thema mit den Worten ein: »Meine Herren – der Sinn dieses Krieges ... na ja, um offen zu sein, der Krieg hat einen Zweck, aber einen Sinn habe ich in ihm noch nicht zu entdecken vermocht.« Im letzten Jahr des Krieges ist er gefallen – sehr zum Kummer seines Onkels, des späteren Bundespräsidenten Theodor Heuss.

Nicht lange nach der Geburt unserer zweiten Tochter, Dominika, boten Bekannte aus früheren Jahren meiner Frau ein Refugium an, das noch sicherer schien als das Schlößchen von Mady Marschall. Es war das oberschwäbische Wilflingen bei Sigmaringen, Sitz der Freiherren von Stauffenberg. Deren einer, etwa gleichaltrig mit mir, hatte eine Dame aus irischem und amerikanischem Uradel geheiratet. Camilla Stauffenberg freute sich über den angelsächsischen Zuzug in ihre ländliche Einsamkeit und über die Aussicht auf Spielgefährten für ihre Söhne. Das Stauffenbergsche Gut konnte den Zuwachs an Essern bewältigen. Dennoch war es angesichts der unsicheren Zeiten kein geringes Opfer, das die Stauffenbergsche Familie brachte, wenn sie sich zwei Damen aus England, zwei kleine Kinder und eine Gouvernante auflud.

Weihnachten 1943 verbrachte ich in Wilflingen, glücklich über die Geborgenheit meiner Familie inmitten der tiefen Wälder Oberschwabens. Die großen alten Kachelöfen des Schlosses strömten behagliche Wärme aus, ohne daß jemand die Holzscheite zählte. Ähnlich stand es mit dem, was auf den Tisch kam. Die Gespräche hielten sich in Bahnen, welche die Abneigung gegen die politische Führung erkennen ließen – mehr nicht. Sie waren nach angelsächsischer Manier frei von Herzensergüssen, Geständnissen oder missionarischen Zumutungen. Camillas Mann war Dolmetscher in einer Dienststelle, die gefangene alliierte Offiziere vernahm. Wir tauschten nützliche Erkenntnisse aus. Ich stöberte in der unerschöpflichen Schloßbibliothek, las Churchill und Macaulay und das instruktive, zweibändige Werk eines Amerikaners namens Kennan über seine Reisen und Erfahrungen im zaristischen Rußland zu Ende des 19. Jahrhunderts. Das Land und die Menschen, die er beschrieb, hatte der Bolschewismus nicht so verändert, daß man sie nicht auch nach meinen russischen Erfahrungen wiedererkennen konnte. Der Neffe George Kennan würde drei Jahre nach dieser Weihnacht die amerikanische Politik der Eindämmung formulieren, die für weitere vierzig Jahre das Verhältnis der beiden Weltmächte bestimmt hat.

Bei einem Abstecher nach Freiburg zeigte sich mein Lehrer und Doktorvater Gerhard Ritter als nicht besonders glücklich über meine Tätigkeit in einer Propaganda-Kompanie. In seinen Augen war das nichts als Hilfe für Hitler. Die feinen Unterschiede, die ich wahrzunehmen glaubte, wischte er vom Tisch. In die Pläne zu einer neuen Verfassung nach Hitlers Sturz, die er für das Oberhaupt der Verschwörung, den ehemaligen Leipziger Oberbürgermeister Dr. Goerdeler, entwarf, weihte er mich nicht ein.

Davongekommen

Am Neujahrstag 1944 befand ich mich auf dem Wege zum Stab der 16. Armee. Irgendwo zwischen Pleskow und Welikije Luki sollte ich mich bei meiner neuen Einheit melden. Den ersten Brief des Jahres an meine Frau schrieb ich aus Tauroggen. Der Historiker spitzt bei der Erwähnung dieses Ortes gleich die Ohren. Ich ließ mir jedoch die Besichtigung der Poscheruner Mühle entgehen. Dort war General von Yorck mit seinem preußischen Korps kurz vor Silvester 1812 aus dem Verband der geschlagenen Großen Armee Kaiser Napoleons ausgeschieden, um sich den siegreich vordringenden Russen anzuschließen. Es war ein Entschluß, der die preußisch-deutschen Geschicke für fast hundert Jahre an das Zarenreich band. Seitenwechsel in Allianzkriegen! Italien hatte ihn gerade perfekt vorgeführt. Ungefähr eine Million Soldaten aus der Sowjetunion kämpften auf seiten der Deutschen gegen Stalin. General Wlassow bemühte sich um den Aufbau einer antibolschewistischen Nationalarmee. Er tat das gegen beträchtliche psychologische und bürokratische Widerstände in deutschen Gehirnen und mit allerhand russischen Hintergedanken. Jede deutsche Einheit beschäftigte russische »Hiwis«. Überall im Hinterland deutscher Fronten, selbst in Frankreich, lagen Verbände von Kosaken, Tataren, Turkmenen, Aserbaidschanern, Ukrainern und wie sie alle hießen – sämtlich in deutschen Uniformen. Der Gedanke an ein neuerliches Bündnis Stalins mit Hitler gegen die Westmächte hatte mir noch vor kurzem Sorge bereitet. Nun wurde die neue Waffenbrüderschaft zu einer Quelle der Besorgnis. Das wurde mir auf die einfachste Weise vor Augen geführt. Als ich bei zunehmender Kälte meine Kompanie erreicht hatte und mir Filzstiefel und einen Winter-Tarnanzug aushändigen lassen wollte, gab es keine. Der Kompanieschneider, ein Russe, war gerade mit acht seiner Landsleute zu den Partisanen übergewechselt. Nicht ohne seine Kameraden vorher mit dem Feinsten vom Feinen ausgestattet zu haben. Ich glaubte mich in die

Ukraine zurückversetzt. Den Krieg lernte ich aber nun von einer anderen Seite kennen.

In Nordwestrußland herrschte Stellungskrieg. Wenn die Sowjets gelegentlich starken Druck ausübten, wurde er durch Begradigungen der Front ausgeglichen. Mitunter fiel tagelang kaum ein Schuß. Zwischen den erstarrten Fronten wurden Gefangene selten eingebracht. Da aber jeder General gern wissen wollte, was der Gegner im Schilde führte, erwartete er viel von der PK. Sie sollte Überläufer produzieren, sei es durch nächtliche Lautsprecherpropaganda in der Hauptkampflinie, sei es durch verlockende Flugblätter mit dem Versprechen freien Geleits. Daneben waren aber beim Armee-Oberkommando auch lobende Berichte in der Feldzeitung geschätzt, wenn einmal ein Stoßtrupp-Unternehmen gelungen war. Und schließlich brachte der Vorrat an Spielfilmen bei unseren Filmtrupps ein wenig Farbe ins Bunkerleben.

Die PK hatte also besonders gut zu tun, wenn die Front ruhig war. Ich führte einen Zug, der dem Stabe eines Armeekorps zugeteilt war, und dirigierte aus einer überheizten und überfüllten Bauernstube meine Männer an die Brennpunkte des Geschehens, oder was ich dafür hielt. Die Kriegsberichter, die dem Zug zugeteilt waren, wechselten mehrmals. Walter Steigner saß ernst in seiner Ecke und stenografierte seine Frontberichte; es war der Anfang einer jahrzehntelangen beruflichen Zusammenarbeit, die sich bis in seine Zeit als Intendant der Deutschen Welle fortsetzte. Wilhelm M. Busch, in der anderen Stubenecke, warf mit dem Stift ein feines Rankengewirr aufs Papier, und siehe, es wurde unsere Lydia daraus, wie sie die Kuh melkte. Busch kannte ich bereits aus Berlin, wo er mir für meine Buchprospekte seine zarten Illustrationen gezeichnet hatte. Nun konnte man ihn durch das verschneite Dorf stapfen sehen, gefolgt von kleinen Kindern, die seine Sahnebonbons schätzten. Er schritt aus wie ein Elch, ein wenig unsicher, mit langen, irgendwie knotigen Beinen. Seine Arme schlenkerten dabei. In der Sauna bemerkte man, daß er ein Bäuchlein ansetzte. Sein Gesicht war brünett und oval, die Haare, damals schwarz, konnten immer einen Kamm gebrauchen. Seine Augen waren von einem immerwährenden Glanz wie die von Kindern vor dem Weihnachtsbaum. Er sprach eine Mischung aus Schlesisch und Berlinerisch, gepfeffert mit zahllosen Kraftausdrücken, und was er sprach, hatte stets Seltenheitswert.

Es war ein Vergnügen, dabeizusein, wenn er sich mit einem viel jüngeren Kriegszeichner, einem netten Zwei-Meter-Riesen, über die Arbeit unterhielt. Busch gab ihm unaufdringliche kleine Winke und Ratschläge. Er enthüllte ihm sein Geheimnis, von dem er behauptete, es sei genaues Sehen. Genaues Sehen und nochmals genaues Sehen. Nur nicht schwindeln, sondern genau hingucken. Keine großen Töne spucken, sondern gediegene Arbeit leisten. Seine Art des Korrigierens, wenn man diese Winke überhaupt so nennen durfte, konnte niemandem den Mut rauben, eher im Gegenteil – beflügeln konnte sie.

In Buschs ganzem Wesen war nichts aus zweiter Hand. Er bestand auf gründlicher Beobachtung, die er jederzeit auch mit treffenden und einfachen Worten wiedergeben konnte. Ich schrieb in irgendeinem Bericht: »Habichte kreisen über den Wäldern«, und er sagte: »Ja, richtig. Der Habicht kreist über den Wäldern.« Er glaubte, den Vorgängen und Dingen ihre Farbe, ihre Bewegung, ihr Eigentümliches lassen zu können, indem er sich in sie hineinversetzte, statt sie zu zergliedern. Was immer er sagte, war bescheiden und mit Respekt vor anderen Ansichten geäußert. Zu jedem war er von der größten Höflichkeit, niemals schimpfte er, außer auf Schwindler. Das zeigte sich in seiner Vorliebe für den Zirkus. Dort kann man nicht schwindeln und spricht Fraktur.

Wenn im Korpsbereich etwas los war, erfuhr ich es in der IC-Abteilung. Am liebsten unterhielt ich mich dort mit dem Grafen Moy. Sein Vater war bayerischer Gesandter beim Zaren in St. Petersburg gewesen. Moy hatte ein inniges Verhältnis zu den großen Männern der russischen Literatur. Man ging nicht von ihm, ohne ein Zitat von Lermontow gehört zu haben. Da er die Lagekarten führte, bekam er als erster Wind davon, daß nach einer bevorstehenden Frontbegradigung die deutsche Verteidigungsstellung quer durch das Gut führen würde, in dem Puschkin seine Verbannung vom Zarenhofe verbrachte. Man durfte sicher sein, daß dieses Haus nicht mehr lange stehen würde. Es war nach Moys Beschreibung von etwa der gleichen Bedeutung für die Russen wie für uns die Einbeziehung von Goethes Gartenhaus in eine Hauptkampflinie vor Weimar sein würde.

Moy lud Busch, meinen Photographen und mich zu einer Bestandsaufnahme von Michailowskoje ein. Der General gab uns seinen Mercedes für die lange Fahrt über einsame, verschneite Straßen.

Wir bestiegen in der Mittagssonne eines frühen Märztages die Bastion hinter einem klassizistischen Kirchlein, wo neben Puschkins einfachem Grabmal auch sein Großvater Hannibal liegt – jener abessinische Fürstensohn, der als türkische Geisel und Waffenkamerad Peters des Großen am Zarenhof lebte. Wir ließen den Wagen in einer Artilleriestellung zurück und durchwanderten eine halbe Stunde lang einen märchenhaften Hochwald von Tannen, Föhren und Fichten. Der Weg ging unmerklich in eine Allee über. Plötzlich standen wir zwischen zwei Kavaliershäuschen, öffneten ein Holztor und fanden jenseits eines Rondells von kugelig beschnittenen Rotdornbäumen das einstöckige Wohnhaus mit der breiten Freitreppe aus Holz. Architektonisch stellten weißgestrichene Pilaster den einzigen Schmuck des Gebäudes dar. Die Scheiben in den ungewöhnlich großen Fenstern waren noch heil. Die sechs größeren, schön bemessenen Wohnräume fanden wir leer. Die Möbel waren fort. Wo einmal Bilder gehangen hatten, sah man Flecken an den Wänden.

Eine Terrasse, von einem Geländer aus hölzernen Säulen umgeben, gestattete den Blick über die Landschaft, über den Frieden selbst, wie es auf den ersten Blick schien. Am Fuße des Abhangs gab es ein Flüßchen, das aufgetaut war und in der Sonne blau schimmerte. Es verlor sich unter dem Eis eines Teiches. Dahinter verschneite Wiesen, wellig zu kleinen Gehölzen aufsteigend. Auf den Höhen in der Ferne standen wie dauerhafte Explosionen weißbereifte Birken. Nichts hätte an den Krieg erinnert, wenn sich nicht die deutsche Artillerie auf irgendwelche Ziele in der Ferne eingeschossen hätte. In regelmäßigen Abständen flogen die Granaten von weither mit feinem Singen über uns hinweg, um jenseits der Birken wie mit einem Hammerschlag einzuhauen. Bei genauer Betrachtung erblickte man unterhalb der Terrasse im Gebüsch einen Kampfstand, einen Graben und am Fluß das Drahthindernis. Wir spazierten in unseren gescheckten Tarnanzügen auf der Terrasse hin und her, wie es vielleicht Puschkin einst getan hatte, in braunkarierter Hose und schwarzem Zylinderhut. Nur daß er kein so starkes Fernglas besaß wie wir, durch das wir in der Entfernung von tausend Metern zwei Russen beobachten konnten, die uns ihrerseits durchs Fernglas beäugten und sich vielleicht darüber unterhielten, ob Puschkin in diesem einfachen Landhaus am »Eugen Onegin« geschrieben habe oder nicht.

Moy brach ein Stück Rinde von einer Eiche vor dem Haus ab. Er wollte es an Bernt von Heiseler schicken, den Übersetzer Puschkins. Busch verlor keine Zeit mit Notizen, sondern ließ seine genauen Augen einsammeln, was bald nicht mehr dasein würde. Er setzte sich während der nächsten Tage in unsere Bauernstube und zeichnete Dutzende von Illustrationen aus der Erinnerung – so genau in den Proportionen von Landschaft und Architektur und in den Details der Gesichter von Babuschkas, Popen und Soldaten, als habe er die Photos zu Rate gezogen, die wir gemacht hatten. Die kamen aber erst aus dem Kompanielabor, als Busch längst fertig war.

Ich bin Wochen später noch ein zweites Mal in Michailowskoje gewesen. Doch konnte man bei Tag die Terrasse nicht mehr betreten. Die Dielen der Wohnräume, die Puschkins Schritte zum Knarren gebracht hatte, waren in die Bunkeröfen gewandert. Die klassizistische Kirche hatte ihre Turmspitze verloren. Kurze Zeit danach wurde gemeldet, das Gutshaus sei in Flammen aufgegangen. Zu Beginn des allgemeinen Rückzugs im Sommer 1944 näherte ich mich dem Haus noch einmal, um Abschied zu nehmen. Ich wurde aber bereits weit vor dem Ort aus dem Straßengraben heraus vor der Weiterfahrt gewarnt. Die Ruinen habe ich also nicht mehr gesehen. Wir spielten monatelang immer, wenn wir schwermütig sein wollten, auf dem Grammophon die zwölf russischen Schallplatten von Tschaikowskys Oper »Eugen Onegin«.

Die Episode hat ein Nachspiel. Zwei Jahre nach dem Krieg las ich eine Zeitungsnotiz über die Feier anläßlich der Wiedererrichtung des Puschkin-Hauses. Genau so, wie es war, sei es wieder aufgebaut worden. Und das, wurde berichtet, habe man nun zum dritten Mal getan, denn zweimal bereits sei das Haus im vorhergehenden Jahrhundert abgebrannt. Da hatten wir also, Moy, Busch, der Photograph und ich, gar nicht die echten Dielen betreten, auf denen Puschkin hin- und hergegangen war, in braunkarierten Hosen und schwarzem Zylinderhut. Nur das Stück Rinde für Bernt von Heiseler war echt, außer der Empfindung, die uns am Ort der Verbannung des Dichters verzaubert hatte.

Ich erzählte die Geschichte dem Kurator des Goethehauses am Hirschgraben in Frankfurt, Professor Beutler. Er lag mit den Behörden seiner Stadt im Streit, ob das völlig zerstörte Gebäude im Originalstil wieder aufgebaut oder durch ein modernes Mahnmal ersetzt werden sollte. Wo anders, ereiferte sich Beutler, sollte man die er-

Leutnant und Zugführer
bei der PK 501.

haltenen echten Möbel aufstellen als in einer Kopie des alten Hauses, das ja zentimetergenau vermessen und fotografiert worden war vor den Luftangriffen? Etwa im Museum? Nach einer Weile würde doch nur der Fachmann Bescheid wissen. Beutler tischte in der entscheidenden Sitzung den Autoritäten die Geschichte vom dreimal abgebrannten Puschkin-Haus auf und gewann die Versammlung für die Kopie des alten Hirschgraben-Hauses statt des Mahnmals.

Während der vielen Rückzugsgefechte jener Zeit achtete man sorgfältig darauf, welche Division rechts, welches Regiment links vom eigenen Abschnitt lag. Lehnte man sich an eine ostpreußische oder schwäbische Einheit an, so war nicht zu befürchten, das der Feind dort durchgelassen würde. Die Ostpreußen waren stur, die Schwaben schlau. Truppenteile dagegen, die sich aus Großstädten rekrutierten, galten als weniger verläßlich. Eine schwache Stelle in unserem Korpsbereich war die im Umkreis von Berlin beheimatete

23. Infanteriedivision mit dem Traditionsregiment der Potsdamer Kaiserlichen Garde, dem I.R.9. Offenbar waren die Berliner im fünften Kriegswinter zu gewitzt, als daß sie sich für andere hätten aufreiben lassen. Als ich das erste Mal zum I.R.9 kam, in der Absicht, mit kleinen Raketen Flugblätter in die feindlichen Linien zu schießen, war dort gerade ein russischer Einbruch mit Mühe und Not abgeriegelt worden. Major Axel von dem Bussche hatte sein Bataillon zum Stehen gebracht, war dabei aber verwundet worden. Als er während des Abtransports merkte, daß seine Truppe erneut Gelände preisgab, ließ er sich, auf einem Schlitten liegend, nach vorn bringen und konsolidierte die Lage ein zweites Mal. Dabei wurde ihm ein Bein abgeschossen. Niemand wußte, ob er überleben würde. Seine Leutnants erzählten es mir erschöpft und mit Tränen in den Augen.

Ich ließ mich zum Regimentsgefechtsstand bringen und wurde dort durch Geschrei alarmiert, das bestimmt auch in den Erdlöchern der russischen Seite Angst und Schrecken verbreitete. Das Gebrüll drang aus einem Bunker. »Wer schreit denn da so?« fragte ich und bekam von meinem Begleiter die Auskunft: »Das ist der Regimentsadjutant, Oberleutnant von Weizsäcker. Er spricht mit seinem Vater in Rom.« Ich konnte die Frage nicht unterdrücken, warum man ihm nicht ein Telefon zur Verfügung stellte, und hatte damit die erste, flüchtige Bekanntschaft mit dem späteren Bundespräsidenten gemacht. Sein Vater war zu dieser Zeit nicht mehr Staatssekretär im Auswärtigen Amt, sondern Botschafter am Vatikan. Für meine Kenntnis der damaligen Nachrichtentechnik war der Telefonkontakt aus einem Waldbunker bei Newel fast so sensationell wie die Leistung des Majors von dem Bussche.

Seine Bedeutung wurde mir erst Jahre später klar, als ich seine Bekanntschaft machte. Er war der Offizier, der, von den Verschwörern des kommenden 20. Juli ausgerüstet, wochenlang im Führerhauptquartier saß, um Hitler eine neue Felduniform vorzuführen. Die Uniform war mit Sprengstoff ausgepolstert und konnte von Bussche im geeigneten Moment zur Explosion gebracht werden. Er hätte sich dann zusammen mit dem gehaßten Mann in die Luft gesprengt. Der geeignete Moment kam jedoch nicht. Die Besichtigung wurde aus unerforschlichen Gründen abgesagt. Die Uniform blieb in Bussches Gepäck, als er zu seinem Regiment nach Rußland zurückkehrte. Sie folgte dem Schwerverwundeten in ein Lazarett bei

Berlin, wo besonders viele verwundete SS-Offiziere und Parteifunktionäre lagen. Die Uniform war nach wie vor mit Sprengstoff gefüllt und hing am 20. Juli und in den Tagen danach in Bussches Schrank neben seinem Bett.

Am 6. Juni landeten die Amerikaner und Briten an der französischen Kanalküste. Wenige Wochen danach brachten die Russen die deutsche Ostfront zum Einsturz. Sie stießen im Süden unserer Heeresgruppe durch und schnitten uns den Weg nach Westen ab. Eine PK hat während eines solchen Debakels keine Existenzberechtigung. Niemand will Berichte über eine Flucht, die nur mit Mühe als Absetzbewegung beschrieben werden kann. Flugblätter wirken lächerlich auf einen Gegner, bei dem es vorwärts geht. Für Truppenkino ist keine Zeit. Man ist froh, wenn man genügend Sprit auftreiben kann, um die Männer und ihr Gerät durch das Tohuwabohu zerfahrener Straßen und bombardierter Ortsausgänge in Gegenden zu bringen, wo nicht im Morgengrauen bereits russische Panzer auftauchen. Wir wurden zur Ostseeküste hin abgedrängt. Bei Dünaburg sahen die Bauernhöfe reicher aus, die Wiesen standen voller Vieh, wir waren in Litauen.

Ich lag im Halbschlaf in einer Hängematte, die zwischen zwei Apfelbäumen in einem Bauerngarten ausgespannt war, als im Radio die Meldung von einem Attentat auf Hitler durchkam. Es sei mißlungen. Am nächsten Tag, wir waren schon einige Fahrstunden weiter, fragte mich jemand: »Wohnt Ihre Frau nicht bei diesen Stauffenbergs?« Ich kannte keinen Oberst Stauffenberg, verfiel aber der größten Besorgnis über eine Rede von Dr. Ley, in der er dem deutschen Volke die Vertilgung eines »englischen Schlangennestes« in seiner Mitte versprach. Auf Post war nicht zu rechnen. Wir waren inzwischen eingekesselt.

Der Versuch einer Gruppe hoher und höchster Offiziere, Hitler zu beseitigen, wurde von meiner Umgebung mit gemischten Gefühlen aufgenommen. Wir waren in diesem Augenblick gehetztes Wild. Das erklärte manches. Ich beobachtete keine offen geäußerte Enttäuschung über das Mißlingen des Attentats. Wer enttäuscht war, hielt sich mit einer Bewertung des Vorgangs zurück. Es war schon sehr kühn, wenn einer sagte: »Deutsche können so etwas eben nicht.« Bei sofortiger Kapitulation der deutschen Heere im Westen und zügigem Vordringen der Amerikaner wäre es vielleicht anders gewesen. Aber ohne diese Konsequenz herrschte Erleichterung über die rasche Niederschlagung des Aufstands. Wäre Stauffenberg erfolgreich gewesen, so hätte das nach allgemeiner Ansicht die bewaffnete Auseinandersetzung zwischen Teilen der Wehrmacht und der SS zur Folge gehabt. Wie wäre das denen bekommen, die irgendwo zwischen Litauen, Lettland, Rußland und Polen eingekesselt waren? Eine naheliegende Frage. Niemand wünschte sich, zwischen Bürgerkrieg und der Gefangennahme durch den »Iwan« wählen zu müssen.

Wenn es unter uns Leute mit klaren Vorstellungen von der Kriegslage gab, dann mußten sie eigentlich ein schnelles Ende herbeiwünschen, sei es auch mit Schrecken. Das sagte aber niemand laut. Höchstens gestand man sich die Hoffnung auf die Amerikaner und Briten ein, die vielleicht eher in Berlin sein würden als die Russen. Das beließ den abgerissenen Flügel der Ostfront aber immer noch in seiner peinlichen Lage. Viele gaben das Nachdenken auf, kämpften weiter wie bisher und streckten statt des traditionellen Grußes der Wehrmacht mit der Hand am Helm den rechten Arm aus, wie nunmehr angeordnet.

Das Blutbad, das unter den Verschwörern angerichtet wurde, betraf Kameraden und Freunde vieler der höheren Offiziere an der Front. Ich wurde in stockfinsterer Nacht in einem Wald Zeuge einer Diskussion zwischen Offizieren eines Divisionsstabes. Der Wortführer sprach von einem Mitverschwörer und vielleicht inzwischen schon Gehenkten (ich glaube, es war der Generalquartiermeister Wagner) in dem Sinne: »Er war immer viel zu ehrgeizig.« Hier und da mochten solche Urteile mit den Berechnungen der eigenen Beförderungschancen verbunden gewesen sein. Andere Urteile wurden aber nicht laut. Man hütete nun seine Zunge mit doppeltem Bedacht. Dem Offizierkorps, soweit es sich als solches empfand, war das Rückgrat gebrochen. Das ging Hand in Hand mit der Inflation des Wortes »Fahneneid«. Auf Gehorsam und Disziplin der Truppe wurde jedoch nun eher mehr geachtet als vorher. Im letzten Stadium des Krieges bekamen die Kriegsgerichte viel zu tun. Die nationalsozialistischen Führungsoffiziere, unbeliebt wie sie wegen ihrer törichten Vorträge waren, wurden nicht einfach beiseite geschoben, sondern zähneknirschend angehört.

Während wir erfolglos versuchten, in Richtung Ostpreußen durchzubrechen, erreichte mich ein Brief meiner Frau. Er kam aus dem Landesgefängnis in Hechingen. Mein Kompanieführer, ehemals Adjutant von Goebbels, ging für mich zum Kommandierenden General. Dessen rechte Hand war Herr von Halberg, im Zivilberuf Kabinettschef des Fürsten von Hohenzollern-Sigmaringen. Er kannte mich flüchtig aus Freiburg, stellte Marschpapiere aus und ließ mir sagen, mit Glück könne man noch nach Riga gelangen und von dort mit dem Flugzeug nach Deutschland. Am nächsten Morgen wurde ich auf dem Flugplatz in Riga zurückgewiesen. Halberg intervenierte früh um sechs telefonisch mit der ganzen Autorität seines Generals. Drei Stunden später landete ich in Königsberg, einen Tag darauf klingelte ich beim Direktor des Landesgefängnisses von Hechingen, und eine halbe Stunde danach wurde meine Frau in ein kahles Besuchszimmer geführt. Sie trug ein grobes Kopftuch über den Haaren und trocknete sich die Hände an ihrer Schürze ab. Sie hatte gerade für die Gefangenen Kartoffeln geschält.

Eine halbe Stunde war uns vergönnt. Meine Frau war am Tag nach dem Attentat zusammen mit ihrer Mutter und all den Stauffenbergs, die sich gerade in Wilflingen befanden, von der Gestapo nach Hechingen gebracht worden. Es hatte bis zum Augenblick noch keine Vernehmung gegeben. Ich konnte ihr nur mitteilen, was ich vom Staatsanwalt des Amtsgerichts erfahren hatte. Die Entscheidung über ihr Schicksal lag nicht bei den örtlichen Behörden oder in Stuttgart, sondern im Reichssicherheitshauptamt in Berlin. So gering der Unterschied im Endeffekt war, mir war um ein weniges leichter zumute, solange Christa in einem Gefängnis unter ziviler Leitung saß. Andere Verwandte des Grafen Stauffenberg und seiner Offiziere waren in Konzentrationslager eingeliefert worden und standen dort unter der Obhut der SS. Deren Vernehmungsmethoden kannte ich ja. Deshalb überwand ich mich und fragte: »Kann man aus dir das Geständnis irgendwelcher staatsfeindlicher Handlungen herauspressen?« Sie antwortete, daß sie von solchen Handlungen nichts wüßte. Ihre Überzeugungen werde sie nicht proklamieren, allerdings auch nicht verleugnen. Einen Kampf um ihre Freilassung konnte ich mit dieser Kenntnis leichter planen.

Die Behandlung im Gefängnis war anständig. Die Gruppe war in Einzelzellen untergebracht, behielt aber über den Korridor tagsüber Kontakt miteinander. Aus einem Gasthof konnte man sich etwas zur Aufbesserung der knappen Gefängniskost besorgen lassen. Aufs Gemüt lastete die Trennung von den Kindern. Die waren in Wilflingen unter der Aufsicht der Gouvernante geblieben. Viel später bekam ich auf dem Umwege über alle möglichen Dienststellen der Gestapo Briefe von Christa, die sie in den ersten Tagen der Haft geschrieben hatte. Sie versuchte mir darin die Sorgen zu nehmen, zum Beispiel durch die Schilderung der Vorteile einer Gefängnishaft:

»Du wirst lachen, aber es gibt Vorteile. Viele. Zum Beispiel das Ungestörtsein. Beim Lesen nicht das Gefühl zu haben, man müßte eigentlich diesen Knopf annähen, diese Windeln waschen, diesen langweiligen Brief an Sowieso schreiben. Im Gegensatz zu dem Gefühl, eingesperrt zu sein, habe ich das Gefühl, daß die ganze Welt ausgesperrt ist. Ein Riegel ist vorgeschoben zwischen mir und dem täglichen Leben – das heutzutage niemand mehr erfreulich finden kann. Den ganzen Zwang ist man los, den man sich dauernd auferlegen muß. Allein das lächelnde Gesicht, das man beim Frühstück schon aufsetzen muß! Das Bedürfnis, allein zu sein, ist bei mir immer so stark, und das wollte mir in letzter Zeit überhaupt nicht mehr gelingen. Davon habe ich Ferien. Du solltest mein mürrisches Gesicht beim Frühstück sehen! Hurrah, ich brauche heute zu niemandem liebenswürdig zu sein, oder nur ganz kurz – denn in der halben Stunde, die wir hinausgelassen werden, bringe ich es ganz leicht auf.

Ich habe in der letzten Zeit so viel Shakespeare gelesen, daß die Gegenwart ganz zurückgedrängt wurde. Ich sah alles ringsum als Shakespeare-Gestalten und mußte mir immer einen Ruck geben, um mir klarzumachen, wann und wo – ich meine, in welchem Zeitalter – ich mich befinde. Den Herrn Oberwachtmeister mit seinen rasselnden Schlüsseln, seinem guten Herzen und seinem starken Pflichtgefühl kann ich nur als Shakespearesche Gestalt sehen. Wenn er hinter der Gittertür verschwindet, murmele ich vor mich hin: ›Exit. Schlüsselrasseln.‹«

Die ersten Schauprozesse vor dem Volksgerichtshof hatten stattgefunden, die ersten Todesurteile waren vollstreckt. Man mußte auf das Schlimmste gefaßt sein. Ich hatte der Frau, die mir aus der Sicherheit in England gefolgt war, diese Suppe eingebrockt. Ich war fest entschlossen, sie notfalls mit ihr zusammen auszulöffeln. Bevor ich nach Berlin fuhr, verbrachte ich einen Tag bei unseren Kindern in Wilflingen. Gegenüber dem Schloßportal, im Speisezimmer des kleinen Forsthauses, saßen Beamte der Gestapo, bei denen man sich anmelden mußte. Im Schloß war eine Kollektion des deutschen Hochadels interniert, allen voran die Fürstin von Hohenzollern-Sigmaringen, geborene Prinzessin von Sachsen. Dazu ihre Zwillingsschwester, die mit dem Zwillingsbruder des Fürsten verheiratet war. Ferner der junge Prinz Konstantin von Bayern. Die Fürstin kannte ich von Faschingsfesten in Freiburg. Selbstverständlich durften wir nicht miteinander reden, taten es aber trotzdem recht fleißig. Die Gestapobeamten konnten einen Rest angestammter Untertanentreue einfach nicht ablegen.

In Berlin war Vorsicht geboten. Mein Schwager Helm war kurz vor meinem Eintreffen in Haft genommen und ohne weitere Begründung ins Landgerichtsgefängnis Bautzen gebracht worden. Auch der Bruder meiner Tante Agnes von Zahn-Harnack, ehemals Regierungspräsident von Magdeburg, befand sich in Haft. Michael Vermehren, seine Schwester und seine Eltern saßen auf Grund des Seitenwechsels von Erich Vermehren im Konzentrationslager.

Ich wohnte bei meiner Schwester in Klein-Machnow. Wir kamen überein, die Bemühungen um die Freilassung ihres Mannes und meiner Frau streng getrennt zu halten. Das war sicher notwendig, aber auch nicht zu schwierig. Das Durcheinander bei den Dienststellen der Polizei und des SD war groß und wurde durch die ständigen Luftangriffe auf Berlin noch größer. Ich wußte, wo die Fäden zusammenliefen, nämlich im Reichssicherheitshauptamt beim SD, aber wer war der zuständige »Sachbearbeiter« für die inhaftierte Christabel von Zahn, geborene Ayscough? Die SD-Offiziere ließen sich nicht gern am Telefon, geschweige denn persönlich sprechen. Ihre Sekretärinnen schienen gut gedrillt im Abwimmeln, vielleicht auch im Legen falscher Fährten. Eine zentrale Auskunftsstelle gab es nicht. Was man unter normalen Umständen in wenigen Stunden mit ein paar Telefongesprächen hätte klären können, erforderte Tage.

Schließlich gelang es mir, ins Reichssicherheitshauptamt bestellt zu werden. Dort fand ich, daß der leitende Beamte für Fälle wie den meiner Frau – Kennzeichen: bei Stauffenbergs lebend, adlig, katholisch – gar nicht in der Zentrale residierte, sondern in einem Büro in der Meinekestraße im Berliner Westen. Was ich bei dem kurzen Aufenthalt im Prinz-Albrecht-Palais beobachtete, konnte keine Zuversicht wecken. Die Wachen waren Volksdeutsche aus dem Balkan, die deutsch weder gut sprachen noch verstanden. Aus den Kellern wurden über die breiten, von Schutt bedeckten Treppen und Korridore gefesselte Gefangene geführt, einige davon Generale in Uniform, alle mit Gesichtern, denen man die Haft in den Kellern des Gebäudes ansah. Viele Räume waren von Bombeneinschlägen zerstört, manche waren wieder funktionsfähig gemacht, allerdings mit sehr dünnen Trennwänden. Ich mußte eine Viertelstunde in einem provisorischen Wartezimmer verbringen. Durch die Türritzen und Behelfswände wurde ich Zeuge einer Vernehmung. Der Offizier, mit roten Generalstabsbiesen an den Hosen, saß in Handschellen vor dem Schreibtisch eines SS-Obersturmführers in grauer Uniform und gab auf die gestellten Fragen Antworten, die von einer Sekretärin in die Maschine protokolliert wurden. Ich machte mich bemerkbar und sagte, daß ich alles hören könne. Der SD-Offizier, schmales Milchgesicht mit rotblonden Haaren, die Uniform elegant auf Taille gearbeitet, sah meine Leutnantsuniform, legte lächelnd den Finger an den Mund und ließ sich nicht weiter stören.

Nach einem Trommelfeuer von Telefonanrufen konnte ich endlich den zuständigen Beamten in der Meinekestraße aufsuchen. Der Obersturmbannführer Neuhaus, so stellte es sich heraus, war Sachbearbeiter für die Komplexe »Sippenhaft« und »Kirchliche Angelegenheiten«. Er trug Zivilkleidung. Ich schilderte ihm den Zweck meines Besuchs so knapp und entschieden, wie ich nur konnte. Er gab mir ebenso kurz zur Antwort, man werde herausfinden, ob meine Frau »an der Sache« beteiligt war. Wenn nicht, werde sie selbstverständlich sofort freigelassen. Er sei mit dem Fall nicht vertraut. Vor allem müsse er sich die Akten kommen lassen. Aus Stuttgart wahrscheinlich.

Ich erinnerte an die beiden Kinder. Er hob die Achseln, um anzudeuten, daß das ein Problem jenseits seiner Verantwortung sei. Er hatte ein gerötetes Bulldoggengesicht und war offenbar im Moment mit den Gedanken bei größerer Jagdbeute, denn er brach das Gespräch ab und sagte zur Sekretärin, er müsse sogleich zu einer Vernehmung ins KZ Oranienburg fahren. In einer Ablage seines Vorzimmers lagen lederne Aktentaschen mit der Beschriftung »General Fellgiebel« und »Generalleutnant Thiele«. Beide Taschen waren »ausgewertet«. Ich hatte ihre Besitzer während meiner Zeit im ostpreußischen Mauerwald gelegentlich in der Nähe unseres Fernschreibbunkers gesehen. Es waren die beiden wichtigsten Offiziere der Nachrichtentruppe, und wahrscheinlich waren sie um diese Zeit schon nicht mehr am Leben.

Ich wußte damals zwar noch nicht, wie groß der Sonderstab des SD war und wie enorm das Netz, das er über die entlegensten Ausläufer des Stauffenberg-Komplotts geworfen hatte – ein Netz, das schließlich für fünftausend Menschen das Ende darstellte –, ich kannte aber aus eigenen Einblicken die Arbeitsweise des SD. Sie war ein Gemisch aus kriminalistischer Akribie und krimineller Ermessensfreiheit. Daß immerhin vor Entscheidungen die Akten befragt werden sollten, ließ hoffen. Infolge der »Ermessensfreiheit« konnten jedoch auch ganze Gruppen von Menschen ausgetilgt werden, wie Juden, Zigeuner, Rote Kommissare – warum also nicht auch Engländerinnen, Adlige, Freunde der Stauffenbergs? »Mitgefangen, mitgehangen« wäre die Begründung gewesen, wenn es denn überhaupt eine gegeben hätte. Alles kam also darauf an, den Fluß der Akten zu beschleunigen, bevor irgendwelche Ermessensfreiheiten eintraten. Gleichzeitig mußte man für meine Frau hoffen, daß nicht mehrere Sachbearbeiter ihre Aktenkenntnisse austauschten und feststellten, daß drei weitere Mitglieder meines Freundes- und Verwandtenkreises als Männer der Opposition verhaftet worden waren. Das hätte dann natürlich genauer untersucht werden müssen. Ein Glück, daß es damals noch keine Computer gab.

Aus dem ersten Zusammentreffen mit Obersturmbannführer Neuhaus entwickelte sich ein Nervenkrieg. Ich fragte telefonisch an, ob die Akten gekommen seien. War die Antwort der Sekretärin einige Tage lang unbefriedigend, so nahm ich unangemeldet in Neuhaus' Vorzimmer Platz. Das war bei der Konstruktion des großen, wilhelminischen Mietshauses auf der Meinekestraße möglich. Die Sekretärin erwies sich als neutral, wenn nicht sogar hilfreich. Sie gab mir zum Beispiel die Privatadresse des Obersturmbannführers. Eines Tages hatte er meine Zudringlichkeit satt. Ich möge zur Kenntnis nehmen, daß die Akten noch nicht da seien und daß er Wichtigeres zu tun habe, als nach ihnen zu fahnden. Meine Antwort war wahrscheinlich zu spontan: Ich könne nicht ewig in Berlin herumsitzen. Das gab ihm die Gelegenheit zu sagen, es habe mich ja niemand herbestellt. Wieso ich überhaupt so lange von der Front wegbleiben dürfe?

Ein Wort gab das andere. Ich bestand darauf, daß niemand von mir verlangen könne, Jubelartikel über die Kämpfe an der Kurlandfront zu schreiben, solange meine Frau unschuldig eingesperrt sei und noch nicht einmal vernommen werde. Darauf er: »Müßten Sie nicht gerade dann etwas schreiben, was Ihren Glauben an den Endsieg überzeugend zum Ausdruck bringt?«

Diese Frage signalisierte etwas. Es konnte immerhin sein oder vielmehr, es war ganz sicher, daß es irgendwo ein Dossier über mich gab. Vielleicht hatte er sich das kommen lassen. Stimmte diese Vermutung, so sah er in mir einen unsicheren Kantonisten. Das wäre für die Sache meiner Frau nicht gut gewesen. Nach einigen Tagen legte ich der Sekretärin einen Leitartikel der Wochenzeitung »Front und Heimat« auf den Tisch. »Unser Trotz« pries unter meinem Namen den Durchhaltewillen des deutschen Soldaten angesichts kulturell inferiorer Feinde über die Maßen und in schamloser Weise. Zwei meiner Lehrgangskameraden aus der Kriegsschule arbeiteten in der Redaktion »Front und Heimat«. Ich kannte ihre Einstellung. Sie kannten die Gründe für meine Geschichte. Sie schmunzelten, als ich den Artikel brachte. Sie zahlten mir sogar noch Honorar dafür.

Es war meine ureigene Entscheidung, mich zu prostituieren. Ich erzählte noch nicht einmal meiner Schwester davon. Sie trug ohnehin schwer genug an der Ungewißheit über das Schicksal ihres Mannes und am Tod ihres ältesten Sohnes, der kurze Zeit zuvor bei einem Nachtjäger-Einsatz abgeschossen worden war. Einem Polizeistaat schuldet man keine Loyalität. Er setzt dem Journalisten die Daumenschrauben an und preßt ein Loyalitätsbekenntnis aus ihm heraus, das bei Gefahr für Leib und Leben Dritter nicht verweigert werden kann. Ich muß gestehen, daß mir das Leben und die Freiheit meiner Frau in diesem Augenblick wichtiger waren als die eher theoretischen Erwägungen, die man über die Wirkung von Zeitungsartikeln auf den Todesmut flüchtender Soldaten anstellen kann. Es war mir nicht gegeben, diese Prüfung als Held zu bestehen. Aber lieber wollte ich mich biegen als knicken lassen. Ich wünsche jedem, daß er in den Bann eines Systems, das solches fordert, niemals geraten möge.

Die Tage gingen dahin. In Berlin herrschte eine unheimliche Atmosphäre. Immer mehr Stadtteile sanken in Schutt und Trümmer. Immer mehr Verdächtige wurden öffentlich oder unter der Hand als verhaftet gemeldet. Ich frühstückte täglich mit meiner Schwester, bevor sie zu Zeiss Ikon ging, wo sie dienstverpflichtet war, und besprach mit ihr die Aussichten dieses oder jenes Kontakts und welche Schritte unternommen werden mußten, um sie nutzbar zu machen. Dann ging ich auf die Jagd nach Informationen. Ich suchte Empfehlungen von Bekannten an diesen oder jenen einflußreichen Menschen, der vielleicht zugunsten zweier Engländerinnen intervenieren würde. Der einzige Mann von hohem Rang, den ich in Berlin kannte, war mein Vetter. Fritz Ruge war zwar Admiral und auch in Berlin, aber er war in Ungnade gefallen. Er hatte eng mit Generalfeldmarschall Rommel und seinem Stabschef Speidel zusammengearbeitet. Rommel war unter nicht ganz geklärten Umständen umgekommen, Speidel eine Zeitlang verhaftet gewesen. Man hatte meinen Vetter trotz seiner großen Fähigkeiten in der Abteilung Kriegsschiffbau eingedockt – unter den Umständen von 1944 ein schlechter Witz.

Ich schöpfte neue Hoffnung, als ich zum Vorgesetzten des Obersturmbannführers Neuhaus ins Prinz-Albrecht-Palais bestellt wurde. Wieder der Anblick von Offizieren in Handschellen und von riesigen volksdeutschen SS-Männern. Ich wurde bei einem Mann in Zivil gemeldet, der sich während unserer Unterhaltung so stellte, daß ich sein Gesicht gegen ein großes Fenster nicht gut sehen konnte. Meiner Erinnerung nach hieß er Berger und wurde mit Oberführer angeredet, war also im Generalsrang. Er ließ sich einen Bericht über die Situation meiner Frau und ihrer Mutter geben, stellte ein oder zwei gelangweilte Fragen und entließ mich dann mit dem Auftrag, mich wieder in der Meinekestraße einzufinden. Dort wurde mir geschäftsmäßig eröffnet: »Sie können Ihre Familienangehörigen morgen aus dem Gefängnis Hechingen abholen.«

Dies geschah. Ich durfte mir die Zelle ansehen, deren Ausblick auf die Landschaft durch einen Fensterspalt mir meine Frau in ihren Briefen geschildert hatte. Ich begrüßte Camilla Stauffenberg und ihren Schwager, denen ich nicht die erwartete Nachricht, aber doch Hoffnung auf Entlassung bringen konnte. Wir fuhren nach Wilflingen und wurden, da unsere Zimmer von Fürstlichkeiten belegt waren, im Rentamt einquartiert. Das war ein Zugeständnis der Gestapo. Auf dem Entlassungsschein meiner Frau war vermerkt: »Der Frau von Zahn wurde von der Geheimen Staatspolizeileitstelle in Stuttgart zur Auflage gemacht, ihre bisherige Wohnung im Schloß in Wilflingen bei Riedlingen nicht mehr zu bewohnen. Stempel, Name, Oberstaatsanwalt.«

Es war nun Ende September geworden. Überall standen Körbe mit Äpfeln. Die Sonne schien freundlich. Dominika konnte in ihrem

Laufstall im Schloßhof stehen. Ich versuchte den bayerischen Prinzen Konstantin davon zu überzeugen, daß nach der Niederlage des Reiches die Wiederherstellung einer Monarchie unter anderen als den Hohenzollerischen Vorzeichen durchaus wünschbar sei. Das entbehrte nicht der Komik, denn ein paar Meter weiter ging der mitgefangene Bruder des Fürsten von Hohenzollern-Sigmaringen mit meiner Frau spazieren. Aber er gehörte ja zur süddeutschen Linie, die seit 1870 keine internationalen Verwicklungen mehr verursacht hatte. Die Fürstin wollte von mir alles über Berlin wissen und steuerte die Geschichte vom Bet-Sofa bei: Sie hatte einen ausländischen Sender gehört, indem sie den Radioapparat in die Sofaecke gestellt und sich selbst mit einem Kissen über Kopf und Radio eng davor gekniet hatte. In dieser Stellung überraschte sie der Gestapobeamte. Er entfernte sich sogleich wieder

Auf dem Schloßhof in Wilflingen nach Christas Entlassung aus dem Landesgefängnis Hechingen im September 1944 mit den Kindern Sabine und Dominika.

mit den ehrerbietigen Worten: »Oh, Frau Fürstin sind am Beten.« Sie war eine liebenswürdige, exzentrische Frau, immer mit dem Herzen vorweg und spontan mit ihrer Hilfe bei der Hand, wenn es nottat.

Meine Abwesenheit von der Truppe war nun nicht mehr länger zu rechtfertigen. Doch es mußte etwas für die Unterkunft der Familie getan werden. Christa begleitete mich nach Berlin. Admiral Ruge ließ seine goldenen Ärmelstreifen spielen und erwirkte bei meinen Vorgesetzten im OKW eine nochmalige Verlängerung meines Urlaubs. Wir hofften insgeheim auf einen rechtzeitigen Durchbruch der Amerikaner durch die Westfront, sie hielten aber vor dem Westwall inne. Dem Obersturmbannführer Neuhaus wurde die fernschriftliche Anweisung an die Stuttgarter Gestapo entlockt, meine Familie weiterhin in Wilflingen wohnen zu lassen. Ich konnte also einigermaßen beruhigt nach Danzig fahren, von wo ich zu Schiff nach dem Hafen Libau in Kurland gelangte.

Als Christa wieder in Wilflingen ankam, wollte von der in Berlin erteilten Wohnerlaubnis keiner etwas gehört haben. Die Fürstin bot ihr an, mitsamt Mutter, Kindern und Gouvernante bei ihr in Umkirch am Kaiserstuhl unterzuschlüpfen. Dort blieb sie, bis Freiburg zerstört wurde und auch am Oberrhein die Front wankte. Wilflingen war verschlossen, da dort inzwischen der Chef der französischen Vichy-Regierung einquartiert war. Pierre Laval logierte in meinem Zimmer. Ich vermute, daß er es war, der dort meinen verborgenen Zigarrenschatz gefunden, geraubt und geraucht hat. Die Kinder wurden von Frau von Halberg auf dem Schloß in Sigmaringen aufgenommen und ließen sich während ihrer Spaziergänge ab und zu von einem gutaussehenden Greis ein Bonbon anbieten. Es war der Präsident des inzwischen nicht mehr existierenden Vichy-Frankreich, Marschall Pétain, der Held von Verdun.

Ehe wir ihn vergessen, sei dem Obersturmbannführer Neuhaus noch ein Nachruf gewidmet.

Solange er mich hinhielt, malte ich mir aus, was ich mit ihm machen würde, wenn meiner Frau ein Leid geschähe. Die Nächte in Berlin mit ihren Bombenangriffen und Verwüstungen ließen mich an Rache und Vergeltung, an ein Auflauern nahe seiner Haustür, an einen dünnen Schuß unter der akustischen Deckung bellender Flakbatterien denken. Dazu kam es nicht. Aber unbewußt lief die Rachsucht weiter, nachdem er uns mit der Wohnerlaubnis hinterging. Eines Tages stellte ich fest, daß ich mich seines Namens nicht mehr entsinnen konnte. Ich sah ihn vor mir mit seinem geröteten Gesicht und war nicht imstande, von ihm mit Namen zu erzählen.

Mein Gedächtnis war wie verhext. Es wiederholte auf seine Weise, was ich physisch vorgehabt hatte. Neuhaus war ausgelöscht. Bis zu einem Tage Anfang der fünfziger Jahre. Da stieß ich in Amerika bei der Lektüre deutscher Zeitungen auf die Notiz, der Obersturmbannführer Neuhaus aus dem ehemaligen Reichssicherheitshauptamt sei entlarvt und vor Gericht gestellt worden. Er hatte jahrelang unter falschem Namen an einer hessischen Schule Unterricht erteilt. Er wurde besonders wegen der Quälereien gesucht, mit denen er den späteren Bundestagspräsidenten Eugen Gerstenmaier während dessen Haft im Konzentrationslager zu Geständnissen zwingen wollte.

Kriegsende

Der sechste Kriegswinter war für die meisten Deutschen ein Alptraum. Ich empfand ihn eher als eine Erholung. Allerdings als eine zwangsweise. Wir waren zu dreihunderttausend Mann in Kurland eingeschlossen. Ab und zu sollten wir ins Meer geworfen werden. Dann stießen die sowjetrussischen Armeen an irgendeinem Punkt des langen Frontbogens zwischen Libau und Riga vor und lieferten uns eine »Kurlandschlacht«, wie es der Wehrmachtsbericht mit großer Fanfare nannte. Tatsächlich wehrten wir alle Angriffe ab. Aber bei Licht besehen waren das keine Operationen von großer Bedeutung für die Schlußphase des Krieges. Die Russen strengten sich nicht übermäßig an. Sie fesselten uns da, wo wir standen, und ließen uns nicht weg, bis die Heeresgruppe Nord im Mai 1945 kapitulieren mußte. Bis dahin bekamen wir Nachschub über die Ostsee. Munition und Benzin wurden allmählich knapp, aber Zigaretten und Schnaps gab es noch. Die Post funktionierte nicht besonders gut, aber das lag eher an den turbulenten Verhältnissen im Reichsgebiet als an torpedierten Schiffen und versagenden Feldpostämtern in Kurland. Meistens herrschte das, was der deutsche Soldat am meisten liebte: Ruhe und Ordnung.

Die Städte und Dörfer Lettlands waren nicht so zerstört, wie wir es aus Rußland kannten. Die lettische Damenwelt verlieh ihnen einen herben Charme. Natürlich fragten sich die Letten voller böser Vorahnungen, was nach unserer Kapitulation wohl aus ihnen werden würde. Aber diese Unruhe wurde nicht militant. Es gab kein Partisanenproblem ukrainischer Ausmaße. Verglichen mit den kräftefressenden Rückzügen aus Rußland durchlebten wir einen Kuraufenthalt. Ich residierte in der kleinen Stadt Kandau und betätigte mich als Verwaltungsbonze. Der Kompanieführer, jener, der einmal Adjutant von Goebbels gewesen war, bekam Kreislaufstörungen und wurde nach Hause geschickt. Bis ein anderer kam, verging viel Zeit. Währenddessen führte ich die Geschäfte der Kompanie, schrieb Briefe, wartete auf Post, spielte Schach, studierte eine »Geschichte Lettlands, Livlands und Estlands«, jagte Ratten, ging wohl auch in den Keller, wenn nachts die russischen Flugzeuge auf der Suche nach ergiebigen Zielen über der Stadt kreisten, und strengte mich an, von der immer dünner werdenden Kasinokost beim Armeeoberkommando satt zu werden.

Eine Zeitlang wurde auf der Halbinsel Sworbe heftig gekämpft. Sie zu räumen, wäre eine Sache des gesunden Menschenverstands gewesen. Der war aber selten geworden. Busch und ich ließen uns nachts auf einer Fähre übersetzen. Wir fuhren in einem Geleitzug, dessen Spitzenschiff das Schlußlicht für einen russischen Angreifer hielt und über unsere Köpfe hinweg unter Feuer nahm. Natürlich wurde zurückgeschossen. Ehe sich der Irrtum aufklärte, dauerte es bange Minuten. Wir begannen die Kriegsmarine zu hassen. Wie haben wir ihr später Abbitte geleistet! Als wir im Morgengrauen in Sworbe an Land gingen, erfuhren wir, daß am gleichen Tag Feldmarschall Schörner der Insel einen Besuch abstattete. Der war noch gefährlicher als die Marineartillerie. Schörner stand in dem Ruf, Männer auf der Stelle erschießen zu lassen, wenn er sie ohne Marschbefehl hinter der Front aufgriff. Man erzählte sich Schauergeschichten über diesen ehemaligen Polizisten, der sich in den letzten Monaten des Krieges als ein Schießhund des Regimes aufspielte und nach Kriegsartikeln handelte, die er sich wohl selbst zurechtgeschneidert hatte.

Busch und ich waren Schlachtenbummler und keine Kombattanten. Wir zogen es vor, im Straßengraben zu verschwinden, als wir seiner Kolonne ansichtig wurden. Verglichen mit dieser Gefahr ging es im vordersten Graben ganz kommod zu – jedenfalls hielten sich die Russen an diesem Tage zurück. Wir konnten bei alten Bekannten aus der Zeit vor den großen Rückzügen Genaueres über die Opfer erfahren, die es kostet, wenn eine unhaltbare Position um jeden Preis verteidigt werden soll.

Zurück auf dem Festland, blieben wir in Windau, bis Busch seine Illustrationen gezeichnet und ich meinen Bericht geschrieben hatte. An den Abenden wurde mit unserem Freund Walter Steigner, Chefredakteur der Feldzeitung der 16. Armee, über die Zukunft gesprochen. Das verengte sich meistens auf die Frage, wie kommen wir aus Kurland heraus. Wir gaben Steigner den Auftrag, für alle Fälle eine Schiffskarte zu besorgen. Wie in Deutschland nach dem Ende der

Naziherrschaft eine neue Ordnung begründet werden könnte, darüber entwickelten wir nur sehr unklare Vorstellungen. Daß das rapide schrumpfende Großdeutsche Reich binnen kurzem gemäß vier verschiedenen Staats- und Rechtsauffassungen regiert werden würde, kam uns natürlich nicht in den Sinn. Die Wiederherstellung des Rechtsstaates hielten wir aber alle für die vordringlichste Aufgabe der Nachkriegsgesellschaft – wie auch immer sie aussehen würde.

Der Krieg trieb seinem Ende zu. Das Großdeutsche Reich war bereits auf den Umfang von Großberlin reduziert. Dennoch tat die nationalsozialistische Militärjustiz in Kurland so, als müsse der Wille Hitlers auch über seinen Tod hinaus immer noch mehr gelten als ein auf Grundsätzen der Moral beruhendes Recht. Das war auf makabre Weise noch zehn Tage vor der Kapitulation zu spüren. Einer unserer Unteroffiziere namens Krause war wegen defätistischer Äußerungen denunziert worden und stand vor einem Kriegsgericht. Angesichts der Ereignisse, die Krauses Beurteilung der Lage recht gaben, konnte sich das Kriegsgericht nicht zu einem Todesurteil entschließen, wollte aber doch den Vorschriften Genüge tun. Die Rechtsmaschinerie wurde von sanften, geübten Händen bedient und spuckte unter Berücksichtigung mildernder Umstände eine langjährige Zuchthausstrafe aus. In solchen Augenblicken des Zusammenbruchs prächtiger Fassaden hält jeder am liebsten am Gewohnten fest.

So auch die »Knobelbecher« – ein Frontvarieté zur Unterhaltung der Truppe. Es gastierte in Kandau am 21. April 1945, unter anderem mit einer Satire auf England. Die Schlußpointe war, daß sich zwei Tommys aus Kummer über den Rangverlust Englands erschossen. Man fühlte sich im Zuschauerraum an eine Leiche erinnert, die sich über einen Kranken amüsiert, weil er noch nicht gestorben ist.

Am 24. April notierte ich: »Gestern verschiedene aufregende Nachrichten. Angeblich Abzug der deutschen Divisionen aus dem Westen nach Berlin. Hitler will in Berlin bleiben. Die Stimmung beim Abendessen im Casino war von hektischer Heiterkeit. Wir sahen uns alle hell erleuchtet in der Seitenloge agieren. Die einen halten das für das Ende, die anderen für einen grandiosen Neuanfang. Die ersteren sind durchaus in der Überzahl. Aber die Bande der Furcht beginnen sich zu lockern. Die Wachsmasken schmelzen. Man glaubt, hinter den Witzen auch diebische Belustigung herauszuhören, nicht nur Galgenhumor. Erleichtertes Aufatmen all derer, die ihre Familie plötzlich als ›Neu-Amerikaner‹ wissen. Das ist der offizielle Landser-Ausdruck. ›Ick bün Neu-Amerikaner. Ick kämpfe nur noch freiwillig.‹«

Unter dem 2. Mai 1945 steht in meinem Tagebuch: »Ich saß gestern gerade beim Schach, da wurde Hitlers Tod gemeldet. Er kam nicht als Überraschung, jedenfalls für mich nicht. Trotzdem war der Eindruck groß. Ein vorgestelltes Gewitter ist selten so imposant wie ein wirkliches. Wir empfinden keine Trauer, nicht mehr Leid als ohnehin, kein Mitleid – im Gegenteil. Über Mitleid war er erhaben. Es beherrschte uns das Gefühl der schrecklichsten Erhebung angesichts dieses zu Ende gegangenen Schauspiels, dessen Inhalt war: Konsequenz bis zur Raserei. Der Hauptakteur: ein wahrhaft Besessener, ein Weltbeweger, dessen Hand in wenige Jahre zusammenpreßte, was die Geschichte gewöhnlich in Jahrzehnten, wenn nicht Jahrhunderten vollbringt. Mußte dieses Zusammenpressen nicht furchtbare Schmerzen erzeugen? Es gibt niemand, den es nicht erschüttert hätte, zu Haß, zu Schrecken, zu Abscheu erschüttert, aber eben doch bewegt, vertieft, gewandelt. Seinetwegen mußte alles neu überdacht, frisch überprüft werden. Aber hat denn die Überprüfung was Gutes gehabt? Sie hat den Bestand an heilsamen Gedanken nicht gemehrt, sondern vermindert. Die Welt ist durch ihn ärmer geworden, und das nicht nur an Gütern, sondern hauptsächlich an Illusionen über Höhen und Tiefen des menschlichen Lebens. Der schreckliche Vereinfacher – das war er –, aber sollen wir denn einfacher werden? Er war kein Scharlatan, sondern der fleischgewordene Dämon dieses Volkes. Es betete in ihm die Kraft an, die es nicht besaß – und merkwürdig: diese Anbetung erzeugte ungeahnte Kräfte und eine wundergläubige oder eine sarkastische Tapferkeit ohne viel Beispiel in der Geschichte. Zudem ist er der letzte gewaltige Europäer. Nicht als Freund dieses Begriffs, sondern als Feind des Erdteils.«

Da es kaum noch deutsche Rundfunkstationen gab, bastelten wir in den ersten Maitagen einen Soldatensender zusammen, der angeblich im ganzen Armeebereich zu hören gewesen ist. Ich war für das Programm zuständig. Es bestand im wesentlichen aus Nachrichten und Musik. Die Nachrichten fischte ich nach Transozean-Manier – natürlich ohne Nennung der Quelle – aus englischen und amerikanischen Sendungen heraus. Was die Unterhaltung anbetraf, so waren wir schlecht dran. Doch meldete sich immerhin ein Mann namens Plassberg, der als erfahrener Rundfunkmann harmlose Sketche improvisierte und Witze erzählte, die uralt waren. Zensur war unnötig. Zwei Jahre später konnte ich mich für seine Hilfe revanchieren und sorgte dafür, daß er unter dem Namen Gertberg im Nordwestdeutschen Rundfunk Leiter des damals sehr beliebten »Schnelldenker-Turniers« wurde.

Am Abend des 7. Mai hörte ich eine englische Reportage ab. Sie beschrieb die Kapitulation der deutschen Wehrmacht in einem Schulhaus in Reims. Das bewog mich, meinen Beruf als Sendeleiter an den Nagel zu hängen. Noch war nicht bekannt, was mit der Kurlandarmee geschehen sollte. Noch war das Gerüst intakt, noch galt die Regel, daß unerlaubte Entfernung von der Truppe im höchsten Maße strafbar sei. Ein mächtiger Magnet in Oberschwaben wischte solche Erwägungen jedoch beiseite. Ohnehin hielt ich einen Rucksack bereit, der mit Karten bis zur ostpreußischen Grenze, mit eisernen Rationen, Batterien für die Taschenlampe und ein wenig Pistolenmunition gefüllt war. Bevor wir in ein Bunkerlager umgezogen waren, hatte ich meine Uniform gegen eine neue, leichtere getauscht. Die Hose erwies sich allerdings als zu kurz, die Jacke als zu eng. Steigner ließ mich am frühen Morgen des 8. Mai wissen, daß es Schiffsbillets gebe. Das war besser als die Aussicht auf einen Fußmarsch von tausend Kilometern mitten durch die Rote Armee.

Ich steckte für alle Fälle meine geladene und entsicherte Pistole in die Hosentasche und betrat den Bunker meines Kompanieführers. »Ich möchte mich abmelden«, sagte ich. »Nehmen Sie mich mit«, sagte er, als habe er auf einen gewartet, der die Initiative ergriff. Ich ließ mich bei Halberg melden, der mir schon einmal aus der Einkesselung geholfen hatte, und bat um einen Marschbefehl nach Windau. Reisezweck: Auflösung der PK-Außenstelle und Entlassung ihrer nichtdeutschen Mitarbeiter. Er kniff ein Auge zu. »Grüßen Sie meine Frau.« Er fühlte sich verpflichtet, bei seinem General zu bleiben.

Unsere Züge und Trupps waren über den ganzen Armeebereich verteilt und befanden sich zum Teil weit weg von der Küste. Wir beorderten telefonisch alle, die wir erreichen konnten, nach Windau. Dann machten wir uns zusammen mit den Männern der Schreibstube in einem offenen VW auf den Weg. Niemand hielt uns an, bis wir auf der Mole in Windau standen. Den leeren Wagen ließen wir ins Wasser plumpsen. Es war ein wunderschöner Frühlingstag. Wir hatten aber keine Augen für Naturschönheiten, sondern nur für Schiffe. Der Hafen lag voller Minensuchboote und Hilfsfahrzeuge. Welche machten sich fertig zum Auslaufen? Der ganze Abwehr-Stab der Armee und einige sonstige Geheimnisträger standen bereits am Kai, wünschten glückliche Reise und bestiegen ein Wasserflugzeug.

Ab und zu schoß die Flak auf russische Flugzeuge. Das Marineproviantamt drohte geplündert zu werden, sein Inhalt wurde jedoch befehlsgemäß in die Luft gesprengt, bevor er in die unbefugten Hände deutscher Landser fallen konnte. Mehrere der von uns alarmierten Trupps trudelten ein. Wir mußten zweimal das Schiff wechseln, auf dem wir es uns schon bequem gemacht hatten, weil es aus irgendwelchen technischen Gründen doch nicht auslaufen sollte. Es war eine Nervenprobe.

Schließlich sprangen wir auf das Minensuchboot KFK 03, einen umgebauten Fischkutter mit etwa zwanzig Mann Besatzung, auf den sich nunmehr weit über 200 Landratten drängelten. Gegen acht Uhr abends legten wir ab. Über der brennenden Stadt standen große Rauchwolken. Im Außenhafen legte das Boot noch einmal an. Eine Reihe von Marinesoldaten, die nicht zur Besatzung gehörten, wurden wieder ausgeschifft. Niemand wußte, warum. Es dunkelte. Die See vor uns war ruhig. Mit Steigner zusammen machte ich es mir in der Backbordnock unter freiem Himmel so bequem, wie es die Umstände auf einem Kriegsschiff zuließen. Wir hätten auf eine Mine laufen, von einer Flugzeugbombe erwischt oder von einem U-Boot torpediert werden können. Aber diese Angst beschlich mich in keinem Augenblick. Ich war felsenfest davon überzeugt, den Russen nicht entkommen zu sein, um auf dem Meeresgrunde zu enden. Außerdem wollte ich zu meiner Frau und den Kindern.

Als es hell wurde, kam die Küste der schwedischen Insel Gotland in Sicht. Wir blieben auf unserem Kurs hart außerhalb der Dreimeilenzone, jederzeit bereit, vor plötzlich auftauchenden, überlegenen Kräften in neutrale Gewässer zu flüchten. Auf der Küstenstraße fuhren bunte Wagen hin und her – keiner hatte einen Tarnanstrich, die Häuser und Gehöfte sahen behäbig und schmuck aus, Rauch kräuselte sich aus den Kaminen. Das war nicht der Rauch von Lagerfeuern oder Explosionen. Wir taten den ersten Blick in den Frieden. Ein schwedisches Kriegsschiff verließ einen kleinen Hafen, näherte sich uns und fragte an, ob wir uns internieren lassen wollten. »Bloß nicht!« murmelte neben mir der prächtige Oberst von Vietinghoff. Über diesen Stoßseufzer herrschte Verwunderung: Seine Frau war Schwedin. Sie hatte sich schon einige Zeit vorher aus Sachsen zu ihren Eltern nach Schweden in Sicherheit gebracht. Im Falle einer Internierung hätte er sie wahrscheinlich bald wiedergesehen. Aber er kannte die schwedische Situation besser als wir und prophezeite, daß die Regierung in Stockholm uns ohne lange zu fackeln an die Russen ausliefern würde. Er glaubte, daß sich die Schweden dem Sieger gefällig erweisen würden. Wegen gewisser Hilfen für die deutschen Truppen in Finnland fürchteten sie Stalins Rachedurst.

Der Führer unseres Geleitzuges lehnte das schwedische Angebot höflich ab. Später erfuhr man, daß sich Truppenteile auf ähnliche Angebote der Schweden eingelassen hatten, nur um kurze Zeit danach in russischen Lagern zu landen.

Der Funker des Bootes hörte ab, wie eine deutsche Küstenstation nach der anderen meldete, daß die Russen vor der Tür standen und daß der Funkverkehr nunmehr eingestellt würde. Die letzten Worte dieser Mitteilung aus Memel wurden noch mit einem ordentlichen »Heil Hitler« unterstrichen.

Wir saßen im Sonnenschein auf der Brücke, jemand spielte die Ziehharmonika, es herrschte eine beinahe übermütige Stimmung. Sie schlug um, als gegen Abend Mastspitzen in einer Himmelsrichtung auftauchten, aus der man russische Seestreitkräfte erwartete. Es war jedoch der Geleitzug aus Libau, der sich alsbald mit unserem vereinte. Dann begann es zu regnen, wurde es stürmisch, Brecher kamen über, die See bewegte sich wie ein graues Tier unter uns. So ziemlich alles, was an Bord nicht zur Marine gehörte, wurde seekrank. Unter Deck herrschte nicht nur Überfüllung, sondern auch kotzendes Elend.

Am nächsten Morgen war die See wieder spiegelglatt. Der erste britische Bomber, der uns bei der Insel Bornholm in geringer Höhe überflog, wirkte wie eine Friedenstaube im Tarngewand. Meine Leica, die ich aus Kompaniebeständen mitgenommen hatte, verewigte Steigner beim Umsteigen von unserem kleinen Boot auf ein großes Versorgungsschiff und wie er beinahe vom Fallreep gefallen wäre. Ich machte auch Aufnahmen vom letzten Einholen der Kriegsflagge auf der Brücke. Die Offiziere des KFK 03 nahmen stramme Haltung an und reckten die Arme zum deutschen Gruß.

Was sie sich dabei dachten, habe ich nicht ergründet; vielleicht hatte es mehr mit jener Anhänglichkeit zu tun, die der Seefahrer seinem Schiff entgegenbringt, als dem System, welches dieses Schiff in den Krieg geschickt hat. Die Landser sahen teilnahmslos zu, während es für die Marine ein wichtiger Moment war; noch viele Jahre danach wurde ich um Abzüge dieser Bilder gebeten.

Am 11. Mai nachmittags suchte Vietinghoff mit dem Fernglas die sich nähernden Ufer der Kieler Bucht ab und sagte mit der tiefen Befriedigung des Landedelmannes: »Da blüht ja schon der Raps.« Auch ich bewunderte den grellgelben Fleck nach so viel grauem Wasser und glaubte sogar einen Storch auf seinem Nest über einem Strohdach zu erspähen. Gegen vier Uhr liefen wir in die Strander Bucht bei Kiel ein.

Unglaubliche Mengen von Schiffen lagen bereits da, alle von Männern in grauen Uniformen bis über die Aufbauten besetzt. Das Menschengewimmel war aus allen Häfen Skandinaviens und aus den letzten Kampfstätten an der deutschen Ostseeküste in die Strander Bucht dirigiert worden – ein guter Name für die Hunderttausende, die nicht wußten, was mit ihnen geschehen würde.

Zunächst wurden sie in kleinen Gruppen ausgeschifft. Ich ruderte an Land und machte Aufnahmen, wie jeweils ein rotbackiger Soldat der britischen »Büffel«-Division fünfzig deutsche Angelandete zum Abmarsch zu bewegen suchte, Offiziere und Mannschaften wild durcheinander. Die meisten waren ganz friedlich, einigen war die Prozedur zu ungewohnt. Sie warfen dem Tommy ihre Gewehre vor die Füße. Der sammelte sie ein und drängte sie den Besitzern zum Mitnehmen wieder auf. Es sah aus, als schikanierten die Deutschen ihre Bewacher. Genaueres über das Ziel des Abmarsches war nicht zu erfahren. So schwirrten die Gerüchte ungehemmt.

In den Spinden der Seeleute befand sich noch einiges an Alkohol. Es dauerte nicht lange, und der Alkohol war in den Seeleuten. Die Disziplin ließ sichtlich nach. Reden und Blicke wurden feindselig. Zunächst schien es, als würde diese Lockerung der Sitten durch ein richtiges Wort im richtigen Moment leicht zu steuern sein. Dann trat ein betrunkener Hauptmann einem Landser auf die Hand. Daraus entwickelte sich binnen kurzem eine häßliche Gereiztheit gegen die Offiziere an Bord. Für einige Minuten löste sich die Spannung, als einem Maat einfiel, wieviel Signalmunition man doch an Bord hatte. Im Nu war die wunderschöne Mainacht rot, grün und violett illuminiert. Über der Bucht bildete sich ein bunter Baldachin, eine funkelnde, sprühende, knallende Pracht. Eine Stunde lang krachte, puffte und pfiff es über uns. Die anderen Schiffe schlossen sich an. Der Vorrat schien unerschöpflich. Es regnete verkokelte Stückchen Metall. Man mußte aufpassen, daß einem nicht der schmelzende, glühende Regen die Haare verbrannte.

Jede andere Bewachertruppe wäre wahrscheinlich nervös geworden. Nicht so die Briten. Sie richteten von den Höhen der Umgebung ihre Scheinwerfer auf das Schauspiel und taten weiter nichts, was diesen brillanten Schlußpunkt hinter den Krieg hätte stören können.

Das besorgten wir schon selbst. Der Kommandant des Bootes machte den Versuch, Ordnung herzustellen, und ließ dabei seine Waffe sehen. Bevor die große und ganz selbstverständliche Autorität des Obersten von Vietinghoff intervenieren konnte, hatte sich bereits eine Prügelei entsponnen. Die Besatzung der Nachbarboote drohte einzugreifen. Auf der Brücke brüllte ein Maat, der so taumelte, daß er sich am Geländer festhalten mußte. Er ließ ein über das andere Mal die Revolution und die Arbeiter hochleben. Er heizte die Stimmung gegen die Offiziere an und glaubte offenbar, die Zeit zu einer Wiederholung der Vorgänge von 1918 sei gekommen. Wie damals spielte aber das Heer nicht mit. Die Offiziere – ein gutes Dutzend an der Zahl – zogen sich geschlossen auf das Achterdeck zurück und nahmen damit den Seeleuten den Wind aus den Segeln. Landser und Feldwebel des Heeres stellten die entwaffnende Frage, was die Briten wohl von uns denken sollten. Das half. Die Sternbündel flogen noch eine Weile durch die weißen Balken der Scheinwerfer hindurch, Musik, Gejohle und Gebrüll hielten an, aber der Maat wurde in seiner Koje verstaut, die Ruhe war wiederhergestellt. Sechs Jahre unterdrückter Wut und strikten Gehorsams waren explodiert, ohne Schaden anzurichten. Ich dachte, wie gut, daß auch die kleinsten Kriegsschiffe soviel Signalmunition mit sich führen. Da können sie doch ordentlich Dampf ablassen.

Am nächsten Tag verbarg ich meine Leica in einem ausgehöhlten Kommißbrot, warf die Pistole samt Munition über Bord und wartete der Dinge, die da kommen würden. Die Bucht war bedeckt mit schwimmenden Kisten und Gasmasken-Büchsen. Das Boot setzte uns unterhalb des Marine-Ehrenmals an Land. Wir winkten dem

KFK 03 dankbar nach. Fünf Mann des Royal Marine Corps führten uns in ein wüstes Gelände voller rostiger Schienen und Eisenstangen. Unser Gepäck wurde durchsucht, die Schreibmaschine weggenommen, die Leica nicht gefunden. Ein Offizier hatte seine Pistole zwischen Kaffeebohnen verborgen und wurde ertappt. Es geschah ihm, soviel ich weiß, nichts.

Ich unterhielt mich bis in die Nacht hinein mit Sergeantmajor Brown. Er hatte neunzehn Dienstjahre auf dem Buckel, war in Indien, Ägypten, Dünkirchen dabei und schließlich zu Fuß vom Ärmelkanal bis zum Kieler Kanal marschiert. Er hatte das KZ Bergen-Belsen befreit und hätte am liebsten jeden SS-Mann erschossen. Als guter Soldat klagte er über die britische Desorganisation und über die Blasen an seinen Füßen. Ob wir an die Russen ausgeliefert oder nach Belgien zu Aufräumungsarbeiten verschickt würden, wisse er nicht. Wie fast alle Briten, denen wir in der Folgezeit begegneten, war er korrekt und kriegsmüde.

Am nächsten Morgen befielen mich Gewissensbisse wegen der geschmuggelten Leica, und ich schenkte sie einem Fischer, der mit seinem Boot am Ufer lag. Eine Gruppe von 230 Offizieren wurde zusammengestellt. Sie marschierte hinter einem britischen Geländewagen, der die Geschwindigkeit regelte, an der Spitze einer unendlich langen Kolonne, die sich in ruhigem Tempo durch die behagliche holsteinische Landschaft wand. In den Vorgärten der Dörfer gab es die ersten Tulpen und auch schon Flieder zu sehen. Die Bevölkerung war zunächst zurückhaltend, dann sehr freundlich und hilfsbereit mit Wasser oder Milch. Viele verhärmte Frauen waren zu sehen, die uns aufs Geratewohl nach Mann oder Sohn fragten und Zettel zu befördern versprachen, auf die wir ein paar Worte an unsere Frauen gekritzelt hatten. Da die Post erst ein Vierteljahr später wieder funktionierte – und das auch nur sporadisch –, ist keines meiner Zettelchen angekommen.

Es kommt uns heute unglaublich vor, aber ich war unter den 230 Offizieren allem Anschein nach der einzige, der geläufig englisch sprach. So fiel mir die Rolle des Dolmetschers, Vermittlers und Schlichters zu. Viele Offiziere empfanden, was hier geschah, als Zumutung und schimpften wie die Rohrspatzen. Fast alle hatten zuviel Gepäck zu schleppen. Es wurde mittags glühend heiß. Ein englischer Korporal mit blondem Schnurrbärtchen hatte die Führung übernommen und legte ein verschärftes Tempo vor. Wenn wir nicht mitkamen, warf er uns Flüche und ironische Redensarten an den Kopf, die zum Glück niemand verstand. Ich war stundenlang hin- und hergelaufen, hatte Beschwerden übersetzt und auf die deutschen Offiziere begütigend eingewirkt oder meinem Kompanieführer unter die Arme gegriffen. Schließlich fiel ich während einer kurzen Rast um und blieb liegen mit dem Gefühl, das Herz werde mir beim nächsten Schlage aus dem Munde springen. Nach einer Weile brachte mir ein Pole oder Jugoslawe etwas Milch. Später gaben mir zwei Holländerinnen Wasser zu trinken. Sie waren bildhübsch. Das brachte mich wieder auf die Beine. Ein paar Mann meiner Kompanie kamen gerade vorbei, sie hängten meinen Rucksack an einen hochbepackten Leiterwagen und torkelten mit mir weiter, bis wir mit schmerzenden Blasen an den Füßen in dem vorgesehenen Freiluftlager an einem See eintrafen. Ein Offizier war ins Gesicht geschlagen worden. Ich mußte seine Klage beim englischen Kommandanten vorbringen. Er entgegnete sehr reserviert und wies auf die schlechte Reputation hin, die wir als deutsche Offiziere genossen. Das war peinlich und nicht aus der Luft gegriffen.

Die Gerüchteküche brodelte: Die Gefangenenlager sollen von Deutschen geleitet werden. Die Russen sollen bis zur Oder räumen. Die Russen sollen bis zur Elbmündung vorgehen. Wir sollen ausgeliefert werden. Wir sollen entlassen werden. Alle Offiziere sollen entlassen werden. Alle Männer über dreißig sollen entlassen werden.

Nach einer weiteren Nacht bei Sturm und Regen wurde ich von einem Auffangstab für angelandete deutsche Truppen als dritter Ordonnanzoffizier, Dolmetscher und Herausgeber eines Nachrichtenblättchens verpflichtet. Ich bekam Quartier in einem weitläufigen Bauernhaus mit hohem Giebel im Dorfe Pülsen. Der Anblick der friedlichen Gehöfte ringsherum konnte den Betrachter auf die Idee bringen, der Krieg sei zu Ende. Und dann fiel mir plötzlich ein: Der Krieg war ja zu Ende. Nur fehlte mir die einzige Person, mit der ich diese Sensation wirklich hätte feiern können.

Als Dolmetscher fuhr ich mit mannigfachen Aufträgen viel umher zwischen englischen und deutschen Dienststellen in Schlössern Holsteins, inmitten der Ruinen Kiels oder in Hamburger Baracken. Eine Fahrt nach Lübeck längs der Ostseeküste ist mir in besonderer Erinnerung, weil man binnen weniger Minuten Angehörige aller europäischen und mancher außereuropäischen Rassen und Völker passierte. Wären nicht befreite KZ-Häftlinge in ihren gestreiften Schlafanzügen oder benummerten Jacken eine stete Mahnung gewesen, so hätte man an ein internationales Reitturnier denken müssen, so viel verschieden gefärbte und geschnittene Uniformen versammelten sich auf kleinstem Fleck. In Haffkrug befand man sich in einem rein polnischen Ort und kam sich in deutscher Offiziersuniform, allein und ohne Waffe, nach den Erfahrungen des Krieges etwas verloren vor. Zahllose Streifen und Kontrollen trugen zwar britische Uniformen, sprachen aber kein Englisch. Der eine verstand nur Französisch, dem anderen konnte man sich nur auf dem Umwege über Russisch verständlich machen. Jeder zweite hatte irgendwelche Kokarden, Flaggen, Fähnchen, Symbole im Knopfloch, am Kragen, am Ärmel, an der Mütze, die in Rot, Weiß, Blau und Grün das Erkennungszeichen gaben: Achtung – Alliierter.

Alle waren Ausnahmeerscheinungen. Auch ich war das, weil ich frei herumlief. Frauen sprachen einen auf der Straße an und wollten Auskunft über das Schicksal ihrer Männer, die wer weiß bei welcher unbekannten Einheit irgendwo waren oder nicht mehr waren. Es hätte ja möglich sein können, daß man es ausnahmsweise wußte. Die Hoffnung findet in allem eine Krücke. Ein jeder studierte aufmerksam die handgekritzelten Fragen, die in Schaufenstern und an Plakatsäulen hingen.

Man fragte sich, wie dieser aufgescheuchte Insektenhaufen je wieder zur Ruhe kommen sollte. Aber man wunderte sich nicht über Zelte in öffentlichen Parkanlagen, über umgestürzte Denkmäler, über Wäscheleinen zwischen Ruinen, Wohnwagen auf Sportplätzen, Wanderer mit einer leeren Konservenbüchse als einzigem erkennbaren Besitz. Man wunderte sich nicht über die endlosen Ketten von Handwagen und Schiebkarren und über die seltsamen Radgestelle mit menschlicher Zugkraft davor. Alle Augen waren auf ein fernes, lockendes Ziel gerichtet, das sich womöglich bei näherer Betrachtung als ein Haufen geschwärzter Balken und Steine herausstellen würde.

Welche Auflösung und zugleich welcher Wille zur Ordnung! Die durcheinandergewirbelten Völker passierten einander auf der Suche nach alter und neuer Heimat. Ihre Angehörigen waren kühl, manchmal sogar freundlich zueinander – selten feindselig. So, als hätte nach sechs Jahren Krieg ein jeder den Haß recht herzlich satt. Kein Aufstand, verhältnismäßig wenig Übergriffe, Racheakte, Raub und Plünderungen. Nur der Drang, zur Ruhe, zur Besinnung, zu einem

Stück Boden unter den Füßen zu kommen, zu einem Nest wie der Storch nach dem Winterzug. Sich zurecht- und zueinander finden. Das Leben war zwar für den Augenblick durch bunte Warnsignale, Uniformen und Kontrollen in enge, voneinander abgeschlossene Bezirke und Krale zerteilt. Aber überall schlüpfte der einzelne durch und machte eine Ausnahme und half, daß sich das alte Muster des Lebens wieder zusammenfand. Die Techniken waren unterschiedlich, je nach Charakter. Der eine duckte sich, der andere floh, der dritte rannte hinterdrein. Der eine wartete, der andere faßte einen wilden Entschluß, jener überhaupt keinen, und am Ende stellte sich heraus, daß der Mensch zu klein ist, als daß ihn die gigantische Maschinerie eines Weltkriegs immer richtig erfassen kann. Es gibt Ritzen und Spalten, in denen die Körnchen liegen bleiben, die sich dem Mahlgang entziehen.

Von einem Dorf zum anderen ohne schriftliche Erlaubnis irgendeines Kommandanten zu gehen, war nicht ungefährlich, denn noch spukte der »Werwolf« in den Köpfen der Sieger. Die Eisenbahn fuhr nicht. Das Telefon war außer Betrieb. Briefpost wurde nicht befördert. Ich zerbrach mir den Kopf, wie ich nach Süddeutschland gelangen könne, und schmiedete abenteuerliche Pläne, nachdem ich von einem einfallsreichen Mann gehört hatte, der mit einem Begräbniskranz am Arm unbehelligt von Kontrollen durch ganz Deutschland gepilgert war. Ein anderer war ohne Ausweis auf dem Bahndamm von München nach Hamburg marschiert. Wenn eine Streife kam, schlug er mit einem Schraubenschlüssel prüfend gegen die Schienen. Es wurde einem in jenen Maitagen recht deutlich vor Augen geführt, was dem einzelnen alles möglich ist.

Keineswegs war das die »Stunde Null«, von der später soviel Aufhebens gemacht wurde. Gewiß wurde einem jeden ein Neubeginn nahegelegt, aber jeder schleppte mit sich, was er gelernt und erfahren hatte; Gewohnheiten, Ansichten, Überzeugungen sind nicht wie fortgeblasen, weil ein neuer Tag graut oder ein neuer Herr winkt. Der Prozeß der Anpassung an neue Lebenslagen und neue Lebenslügen ging nur langsam vonstatten. Wer als Zivilist im Inneren des großen »Krals« lebte, den die Engländer im Zipfel Ostholsteins errichtet hatten, der machte weiter wie bisher. In den Rathäusern wurde viel Papier vollgeschrieben, und die neuen Bürgermeister, die häufig die gleichen waren wie die alten, entschieden ohne Ortsgruppenleiter wieder nach Ermessen und Tradition wie ehedem. Das tägliche Leben der hunderttausend oder mehr Kriegsgefangenen wurde von deutschen Dienststellen geregelt. Die Briten kontrollierten nur lässig die Straßen, die in den »Kral« hineinführten, und sorgten für ein Mindestmaß an Verpflegung. Begegnungen mit dem Feind von gestern hatten die deutschen Soldaten selten. Sie halfen auf den Feldern, flickten ihre Wäsche und machten einen Morgenlauf. Sie veranstalteten Vorträge und Theaterabende und unterrichteten sich gegenseitig in Sprachen oder Mathematik. Hauptsächlich aber tauschten sie Latrinengerüchte aus, die um die baldige Entlassung in eine Zeche an der Ruhr oder die bevorstehende Deportation in russische Bergwerke kreisten. Aus den Gesprächen war der hohe Druck gewichen, der so lange dem einzelnen den Mund verschlossen hatte. Es bestand keine Gefahr für Leib und Leben, wenn einer laut aussprach, wer den Krieg begonnen und die Juden ermordet hatte. Andererseits stand es nicht unter Strafe, nostalgisch vom Nationalsozialismus zu reden mit der Pointe am Ende: »Die Idee bleibt uns ja.« »Ein dünner Trost«, bemerkte dann vielleicht ein anderer. Der Glaube war nämlich gering, daß man mit Großdeutschland, Rassenpolitik, Volkstum und Führung durch die Partei noch einmal einen Blumentopf gewinnen könne.

Trotzdem hätte sich wohl eine erstaunliche Zahl gemeldet, wären die Engländer und Amerikaner auf die Idee gekommen, mit deutschen Legionen oder Landsknechtsverbänden gegen Sowjetrußland zu Felde zu ziehen. Daß es zwischen den Alliierten kriselte, sprach sich herum. Für die meisten deutschen Offiziere war es ein Axiom, daß Stalin weitergehende Absichten hatte als nur auf Mecklenburg; sie wären nicht erstaunt gewesen, hätten sich die beiden westlichen Demokratien nach Erledigung des einen Diktators auf den anderen gestürzt, der noch ihr Bundesgenosse war. Daß die Politik in Demokratien auf andere Weise verläuft, war den wenigsten klar. Ich glaubte nicht an eine Neuauflage des Krieges – jedenfalls nicht so bald –, hielt aber mit meiner Ansicht nicht hinter dem Berg, daß Deutschland oder die Deutschen oder was von ihnen übrig war, sich eindeutig nach Westen orientieren müßten, und zwar am besten nach England. Eine Art von Dominionstatus wäre anderen Lösungen vorzuziehen. Das würde die Bewahrung der überkommenen gesellschaftlichen Struktur und den Anschluß an die Welt verbürgen. Die Trennung vom deutschen Osten sei in Kauf zu nehmen. Die Elbe werde wie vor tausend Jahren die Grenze Europas bezeichnen.

Als Herausgeber eines täglichen Informationsbulletins für die Kriegsgefangenen war mir die brutale Nachrichtengebung der westlichen Alliierten im Gegensatz zu den Flötentönen der Bolschewisten in Berlin aufgefallen. Ich empfand diese Flötentöne als gefährlich. Auch der Deutsche sei empfindlich gegen diskriminierende Behandlung. Er erhalte jetzt – am 22. Mai 1945 – den Eindruck, daß allein die westlichen Alliierten es auf Rache an den Deutschen abgesehen haben. Ich bedauerte, daß die Engländer das nicht erkannten; »eines Tages werden sie uns brauchen«, vertraute ich meinem Tagebuch an, »wenn es wirklich und endgültig um Europa geht. Daß die Sowjets brutal handeln können, daran besteht kein Zweifel. Aber ihre Reden sind süß. Außerdem sieht man ihnen die Brutalität nach; sie entspricht nur den allgemeinen Vorstellungen von ihnen und bestätigt sie. Dagegen ist jede Uhr, die ein englischer Korporal stiehlt, ein schweres Gewicht an der Waage unserer Zuneigung.«

Nach drei Wochen schrieb ich mir auf: »Die Überzeugung, daß unsere Zukunft bei England liegt, setzt sich dermaßen durch, daß man schon wieder unschlüssig werden könnte, ob eine so allgemein gewordene Ansicht gute Folgen haben kann. Das Radio sagt, die Demarkationslinien stehen noch nicht fest. Alle knüpfen Hoffnungen daran wie dereinst an die Geheimwaffen. Freilich, ein Konflikt zwischen Rußland und den Westmächten würde *unsere,* nicht Deutschlands, Stellung stärken; man würde um uns – als Soldaten, Techniker, Sachkenner – werben, und über einem zerstampften Boden würde vielleicht ein wenigstens geachtetes Geschlecht heranwachsen – dezimiert, aber lebensfähig. Durch dieses zweite Blutbad durchzugehen, wäre aber viel verlangt, und ich glaube, daß die anderen Völker nicht von der Raserei des ›Alles-zu-Ende-Bringens‹ befallen sind.«

Nach sechs Wochen hielt es mich nicht mehr in Pülsen. Ich hatte Sorgen um meine Familie. Über meinen Kartoffeln mit dem täglichen Sauerampfer-Gemüse fragte ich mich, wovon sie wohl lebten und wo, und was ich tun könnte, um Frau und Kinder wiederzusehen und für ihre Zukunft zu sorgen. Ich heuchelte Verbindungen zum Roten Kreuz und wurde nach Hamburg entsandt, um Decken, Bücher, Kleidung, womöglich Schokolade oder sogar Zigaretten für die Truppen zu ergattern. Wen traf ich dort? Petra Vermehren, die Mutter meines Freundes. Die KZ-Haft saß ihr noch in den Knochen, aber sie überredete mit Talent und kombinierte wie nur je eine gewiefte Auslandskorrespondentin, und versprühte ihren Charme so reizend wie je. Die Leiter des Roten Kreuzes ließen sich von ihr gern um den Finger wickeln und stifteten aus ihren Beständen einen Lastwagen voller Dinge, die ausgehungerten Landsern wie eine himmlische Bescherung vorkommen mußten. Ich bekam die Auflage, die Ladung mit einer Abteilung ungarischer Halbwüchsiger in Uniform zu teilen. Der Krieg hatte sie an die Ostseeküste verschlagen. Das tat ich unter Aufsicht von Mutter Vermehren und brachte die andere Hälfte des Fischzugs zu meiner Einheit. Wen wundert's, daß mein Prestige ungeahnte Höhen erklomm?

Ich fuhr nun häufiger nach Hamburg und hielt mich oft bei Vermehrens auf. Michael und Elisabeth kehrten von einer Reise nach Süddeutschland zurück. Michael ließ sich die lange KZ-Haft nicht anmerken. Er war so gesprächig und voller witziger Beobachtungen wie eh und je. Elisabeth drängte es, Deutschland so schnell wie möglich zu verlassen. Sie hatte panische Angst vor einer plötzlichen Fortsetzung des Krieges in anderer Konstellation. Es sollte jedoch fast zwei Jahre dauern, bis sich ihr Wunsch erfüllte. Von Michaels Schwester Isa war nur bekannt, daß sie in den letzten Tagen des Krieges mit einem Transport prominenter Häftlinge aus dem KZ Sachsenhausen abtransportiert worden war. Eines Abends stand sie lachend in der Tür. Wir folgten ihren Erzählungen eine ganze Nacht lang. Die Gruppe wurde in die Alpen verbracht, wo die SS-Wächter Anstalten trafen, sie allesamt umzubringen. Dann die Befreiung durch Soldaten der Wehrmacht und alliierte Vortrupps. Dem folgte ein Triumphzug durch Italien in eine Villa zur Erholung. Dort erst fiel es den amerikanischen Gastgebern auf, daß Martin Niemöller, Hjalmar Schacht, Isa Vermehren und andere eigentlich nach Deutschland gehörten. Die Rückbeförderung erfolgte daher wieder nach Art einfacher, wenn auch freundlich behandelter Gefangener. Isa beschrieb ihre Erlebnisse später in einem vielgelesenen Buch und ging, da ihr Verlobter nicht aus dem Krieg heimkehrte, ins Kloster.

Als ich mich in Pülsen zurückmeldete, vertraute mir der General eine weitere heikle Mission an. Ich sprach eines Tages in der Kaufmannsvilla an der Rothenbaumchaussee in Hamburg vor, die den Reichssender Hamburg beherbergt hatte und nun Sitz von »Radio Hamburg, ein Sender der alliierten Militärregierung« war. Ein junger Captain namens Everitt hörte sich mein Begehren an. Ich schlug eine regelmäßige Rundfunkberichterstattung aus dem großen Kriegsgefangenenlager in Holstein vor. Wir könnten mit dem vorhandenen Talent gut und gern jede Woche eine Unterhaltungssendung auf die Beine stellen. Es gab keine Zeitungen, kein Telefon, keine Post. Die Angehörigen wußten nicht, wo ihre Väter, Söhne oder Brüder waren. Die Söhne, Brüder und Väter wußten nicht, wo sich Mütter und Schwestern, Frauen und Töchter befanden. Wir wollten mit dieser Sendung Verbindungen schlagen über den Äther und ein wenig Hoffnung geben und sagen können: Wir leben. Wir sind hier fünfzigtausend gefangene Soldaten. Es geht uns leidlich, wir denken an euch.

Ich sagte es mit Wärme, wie man sie leicht aufbringt, wenn man an sich und seine Frau denkt. Außerdem gab ich ein paar bezeichnende Anekdoten als Lockspeise dazu. Captain Everitt versprach, sich mit seinen Kollegen zu besprechen. Am nächsten Tag sagte er, man werde unseren Wunsch nicht erfüllen können. »Aber was Sie aus dem Lager erzählen, ist interessant. Wollen Sie darüber bei uns einen Kommentar sprechen?«

Das war, wie sich herausstellte, meine »Stunde Eins«.

Maharadscha des Radios

Mein Bericht war zehn Minuten lang. Er gefiel dem Captain Everitt. Wie es damals üblich war, wurde eine Schallplatte besprochen. Meine Sprachmelodie erregte Bedenken. Die Schallplatte wurde dem Experten unter den englischen Kontrolleuren vorgespielt. Er hieß Alexander Maass und war ehemals Ansager des Kölner Rundfunksenders gewesen. Nach zwölf Jahren Exil war er in englischer Uniform nach Deutschland zurückgekehrt.

Er hörte sich die Reportage an und wiegte bedenklich den Kopf. »Was er sagt, ist nicht schlecht. Aber wie er es sagt, das ist unmöglich. Er spricht nicht wie ein Deutscher. Niemand wird es sich anhören. Er kommandiert ja nicht.«

Beinahe wäre meine Reportage dann von ihm gesprochen worden. In seiner rheinischen Dialektfärbung. Wegen der mangelnden Authentizität erhob jedoch Captain Everitt dagegen Einwände. Es war der erste hausgemachte Bericht eines Deutschen mit politischen Untertönen, den die englische Kontrolleinheit über den Sender gehen lassen wollte. Deshalb die Vorsicht. Schließlich einigte man sich aber auf das Original, und so wurde es ausgestrahlt.

Alexander Maass hatte von seiner Erfahrung her durchaus recht. So seltsam wie ich sprach damals am Rundfunk keiner. Der deutsche Radiohörer war zwölf Jahre lang der betont zackigen, gewollt schneidigen Sprechweise ausgesetzt gewesen, die uns aus alten Wochenschauen noch in die Ohren gellt; was nicht im Kommandoton mit norddeutscher Färbung gesagt wurde, konnte wohl nur von Emigranten, Juden und »sonstigen Verrätern« stammen. Es dauerte lange, bis sich die deutschen Radiohörer daran gewöhnten, daß man ihnen nichts befehlen, sondern nur etwas mitteilen wollte.

Ein Wort noch zu Alexander Maass: Er floh 1933 aus Deutschland und nahm in der III. Internationalen Brigade am spanischen Bürgerkrieg teil. Als er gelegentlich eines Besuchs bei einem russischen Kommissar in dessen Schrank einen geknebelten Mann entdeckte, der offenbar seit Stunden mit dem Kopf nach unten hing, bekam er Zweifel an den Methoden der GPU. Nach dem Sieg Francos entkam er dem Erschießungspeloton und wurde in Frankreich interniert. Auf dem Umweg über Mexiko und Kanada gelang ihm der Sprung zum englischen Soldatensender »Calais«. Dann wurde er der Information Control Unit No. 8 in Hamburg zugeteilt. Er trug zwar eine englische Uniform, sprach aber nur das notdürftigste Englisch. Sollten doch die britischen Offiziere Deutsch lernen, wenn sie sich mit ihm unterhalten wollten! Solche Unterhaltungen waren fast immer amüsant. In zwölf Jahren Emigration hatte er einiges an Katastrophen erlebt. Er gab es mit grausamer Sachlichkeit zum besten. Später wurde er Leiter unserer Rundfunkschule. Viele Rundfunkgewaltige, die heute pensioniert sind, haben bei ihm gelernt und erinnern sich seiner hageren Gestalt und der Augen ohne Brauen, die nackt und schutzlos dreinblickten, wenn man die Pointe seiner Erzählung ausnahmsweise nicht komisch fand.

Mein Bericht über den »Kral« in Holstein verschaffte mir, bevor er noch ausgestrahlt wurde, wertvolle Einblicke in die Zähigkeit, mit der das deutsche Militär in außergewöhnlichen Lagen an alten Gewohnheiten festhielt. Ich wollte meinem Stab in Pülsen mitteilen, was bevorstand. Die Engländer stellten mir ihre Feldleitung zur Verfügung, und ich hatte nach ein oder zwei Stunden Wartezeit die kaum vernehmbare Stimme eines Adjutanten am Apparat. Er bestand darauf, daß mein Bericht nicht ohne vorherige Kenntnisnahme durch seinen General über den Rundfunk gehen dürfe. Ich müsse ihn zurückziehen und ordnungsgemäß bei ihm einreichen. Als ich ihm mitteilte, daß sich der Bericht bereits unabhängig von mir gemacht habe und daß ich mich neben der englischen nicht auch noch einer deutschen Zensur unterziehen wolle, hörte ich die weit entfernte Stimme wie aus einem windverwehten Kasernenhof: »Das wird Sie den Kopf kosten!«

Dieses surrealistische Gespräch fand sechs Wochen nach der Kapitulation und Gefangennahme statt. Stand ich eigentlich noch unter dem Kommando deutscher Generale? Es war höchste Zeit, an die eigene Zukunft zu denken. Die Briten hatten bisher nur Programme aus Luxemburg und von der BBC übernommen und gerade erst angefangen, eine eigene deutsche Nachrichtensendung aufzubauen. Ich wurde gefragt, ob ich Lust hätte, bei »Radio Hamburg« einzusteigen. Ich hatte Lust und sah meine Chance. Erst aber, sagte ich zu Captain Everitt, müsse ich meine Frau finden.

Er rüstete mich mit einem roten Passierschein aus, dessen Angaben so vage gehalten waren, daß sie mir eine Reise nach China gestattet hätten. Ein anderes Papier beauftragte mich, dringend benötigte Arzneimittel aus Sigmaringen zu besorgen. Wohlgesinnte Vorgesetzte in Pülsen gaben mir einen großen Wandererwagen mit Fahrer, das Rote Kreuz versah mich mit Schokolade, Zigaretten und Benzinmarken als Wegzehrung. Das war soviel wie bares Geld – während unsere Reichsmark nur noch eine arg zusammengeschmolzene Kaufkraft hatte.

Am liebsten hätte ich meine Uniform gleich an den Nagel gehängt. Ich hatte aber nichts anderes anzuziehen. So reiste also ein Leutnant in zu kurzer Hose und zu enger Jacke mit einem Gefreiten, den nichts erschüttern konnte, nach Süden. Die Reise war wie eine Hindernisfahrt zwischen Schlaglöchern, Reifenpannen, zerstörten Brücken, über Fähren, in Trümmerlandschaften, zwischen Panzerkolonnen und durch zahllose Kontrollen, deren Angehörige angesichts des roten Passierscheins manchmal respektvoll salutierten. Wo genau die Grenzen zwischen den Besatzungsarmeen verliefen, konnten wir nicht immer voraussehen. Im entscheidenden Augenblick bewahrte uns ein Schutzengel davor, in die französisch besetzte Zone zu fahren. Dort wurden rüstige Männer in Uniform sofort arretiert, um in die Bergwerke Nordfrankreichs abtransportiert zu werden. Vor Stuttgart kam ein banger Augenblick – war es noch von den Franzosen besetzt, wie mit Bestimmtheit an den Tankstellen behauptet wurde, oder hatten dort schon die Amerikaner das Sagen?

Das letztere war der Fall. Ich hatte eine Empfehlung an das Rote Kreuz und fand dort zu meiner schönsten Überraschung die Schwester des Münchener Freundes Poerschke in leitender Stelle. Sie erbot sich, mit einem Krankenwagen in die französische Zone zu fahren, meine Frau zu suchen, auf eine Bahre zu schnallen und mitzubringen.

Ich wartete zwei Tage. Dann kam die kostbare Fracht munter durch die Tür, und das Leben war mit einem Schlage so schön wie nie. Die Rettungsexpedition war nach längerer Suche in einem Forsthaus bei Balingen fündig geworden. Dort im Keller hatte meine Familie den Einmarsch der Franzosen erlebt. Auf Geheiß des französischen Kommandanten vertauschte nunmehr der Ortsgruppenleiter seine hübsche Wohnung im ersten Stock mit dem Keller. Die Kinder blieben unter Aufsicht von Großmutter und Gouvernante zurück, während Christa und ich auszogen, uns einen Platz in der Zukunft zu suchen.

Ich hatte meiner Frau ausrichten lassen, für mich Zivilkleidung und den Smoking mitzubringen. Sie behauptete noch viele Jahre später in Momenten des Unmuts, daß ich sie überhaupt nur aus diesem Grunde aufgestöbert habe. Oder hatte ich sie nur als englischen Lockvogel gebraucht, wenn wir von alliierten Soldaten Benzin schnorren mußten? Die Rückreise nach Hamburg war jedenfalls kaum weniger abenteuerlich als die Hinfahrt. Am 20. Juli 1945 füllte ich beim Sicherheitsoffizier von »Radio Hamburg« einen riesigen Fragebogen aus und bekam einen Ausweis mit Photographie, der mich ermächtigte, das Funkhaus zu betreten, ungeachtet der britischen Soldaten, die nachts mit aufgepflanztem Bajonett das Gebäude bewachten. Everitt fragte mich, ob ich den Landfunk übernehmen oder die übergeordnete Abteilung für Wortsendungen aufbauen wolle. Die Wahl fiel mir nicht schwer. Jeder wußte damals, was der Zugang zu einem Bauernhof, was schöner Schinken und frische Eier für einen guten Start in den Frieden wert waren. Von Wortsendungen konnte man nicht satt werden. Ich heuchelte solide landwirtschaftliche Kenntnisse. Aber man durchschaute mich und sagte: »Gut, wenn Sie Landfunk machen wollen, dann geben wir Ihnen die Abteilung ›Talks and Features‹, und Sie passen unter anderem auch auf die Landfunkredaktion auf.« Es gab noch gar keine richtigen Redakteure, da war ich schon provisorischer Abteilungsleiter.

In der schwer getroffenen Stadt eine Unterkunft zu finden, stellte sich als unmöglich heraus. Nach einigen Nächten im Wagen oder bei Bekannten unternahmen wir eine letzte verzweifelte Suchaktion zwischen Gänsemarkt und Stephansplatz. Eine schwarze Katze lief uns über den Weg. Meine Frau, im Besitz eines reichen Repertoires an abergläubischen Vorstellungen, warnte mich davor, den Weg der schwarzen Katze zu kreuzen. »Man muß ihr aus dem Wege gehen, also um sie herum.« In diesem Augenblick verschwand das Tier in einem Hausflur und stieg, als wir sie zu umrunden trachteten, eine steile Treppe empor. Es roch stark nach verdorbenem Fisch. Wir befanden uns vor der Portiersloge des Hotels »Zur Oper«. Das

Die »erste Stunde« beginnt mit Ausweisen.
Sehr wichtig war der Rundfunkpaß, der im Jahre 1946
bei Behörden Tür und Tor öffnete.

Gebäude fiel später dem Opernneubau zum Opfer, aber ich kann auch heute noch nicht ohne zärtliche Empfindungen an dieser Stelle vorbeigehen. Denn das Unglaubliche, das schier Unmögliche trat ein. Einige Minuten zuvor hatte eine lettische Familie ein Zimmer mit einem riesigen eisernen Bett geräumt. Wir konnten es für zwei Wochen mieten. Vom Fenster aus blickte man auf englische Soldaten, die sich vor einem Einkaufszentrum der Besatzung darüber amüsierten, wie sich deutsche Zivilisten nach den weggeworfenen Kippen bückten. Die Etagen über uns bestanden aus feuergeschwärzten Balken, zwischen denen der Himmel durchschien. In unseren Augen war das alles ein Paradies.

Auf Anordnung der englischen Behörden wurden wir nach Ablauf der zwei Wochen in eine Dreizimmerwohnung an der Außenalster eingewiesen. Sie hatte zwar weder Heizung noch Fensterscheiben – aber es war ja noch Hochsommer, und wer dachte an die kommenden Winter, wenn man sich doch erst einmal wieder hatte!

Die Engländer waren am 4. Mai 1945 in das Rundfunkgebäude an der Rothenbaumchaussee in Hamburg eingezogen. Die deutschen Programm-Macher, Redakteure, Reporter und Sprecher des ehemaligen Reichssenders waren in alle Winde zerstoben. Aber die Techniker waren da. Sie standen wie Osterhasen aufgereiht, als die drei britischen Offiziere vorfuhren, und erwarteten Befehle. Der erste Befehl lautete: Setzt diesen Sender wieder in Betrieb. Das geschah am gleichen Abend. Die Militärregierung mußte Anweisungen und Verlautbarungen für die Zivilbevölkerung durchgeben: Waffenabgabe, Sperrstunde, Passierscheine, Stromabschaltung usw. Es galt, die verwirrten Flüchtlingsströme zu ordnen, nichtdeutsche Zwangsarbeiter zu repatriieren, die zum Stillstand gekommene Wirtschaft in Gang zu setzen, die Bauern zur Ablieferung von Getreide zu bewegen. Den Besiegten waren Post, Zeitung und Telefon abgeschnitten.

Die einzig verläßliche Informationsquelle war das Radio, es konnte Sendungen aus Luxemburg oder von der BBC übernehmen und ausstrahlen, eigene Programme aber nicht, solange deutsche Mitarbeiter fehlten. Soweit sie bereits im Reichsrundfunk mitgearbeitet hatten, waren sie verdächtig und durften auf Befehl der Militärregierung nicht ohne weiteres ans Mikrophon gelassen werden. Andere, die vielleicht geeignet gewesen wären, saßen in Kriegsgefangenenlagern. Oder sie hatten die Uniform weggeworfen, waren aber nun ohne Papiere. Sie konnten nicht nach Hamburg kommen, weil keine Aussicht auf Unterkunft in der zerbombten, hungernden Stadt bestand. Manche durften sich nicht blicken lassen, weil sie Nazis gewesen waren und Angst haben mußten, daß man sie einsperrte. Unter diesen Umständen Mitarbeiter für ein deutschsprachiges Programm zu gewinnen, war nicht einfach. Die britische Militärregierung war im Gegensatz zur amerikanischen oder russischen anfangs gegen die Besetzung wichtiger Positionen im Funk mit deutschen Emigranten. Sie wollte deutsches Personal, das sich Vertrauen bei der Bevölkerung verschaffte und zugleich Verständnis für die Bedürfnisse der britischen Politik hatte. Jeder, der sich bewarb oder aufgefordert wurde mitzuarbeiten, unterwarf sich nach der Ausfüllung des Fragebogens einer hochnotpeinlichen Inquisition durch den Sicherheitsoffizier. Bei uns war es zunächst ein Major namens McKay. Nach einem halben Jahr Arbeit seufzte er, immer noch keinen Nazi, sondern nur Widerstandskämpfer kennengelernt zu haben.

Sein Nachfolger war ein Mr. Leiser. Er legte seine Vorschriften überscharf aus und bereitete sogar denen Schwierigkeiten bei der Einstellung, die nachweislich im Dritten Reich Kopf und Kragen gegen die Machthaber riskiert hatten. Eines Tages waren wir darüber so wütend, daß auf unserem Flur die Leuchtschilder »Ruhe« ersetzt wurden durch »Leiser treten«. Dem Verhalten Leisers kam es übrigens entgegen, daß so mancher die Gepflogenheiten des Dritten Reichs nicht loswerden konnte und sich durch eine faustdicke Denunziation einen Stein im Brett des Siegers zu verdienen gedachte. Es gab im Symphonie-Orchester einen Bratschisten, der nach und nach alle seine Kollegen denunzierte, bis er zum ersten Bratschisten aufgerückt war. Am Ende stellte sich heraus, daß er selbst Parteigenosse gewesen war.

Wem sollten die Briten trauen, wen sich holen? Sie mußten sich auf den Zufall verlassen, da sie nicht vorgesorgt hatten. Von denen, welche in den ersten Jahren am Nordwestdeutschen Rundfunk tätig waren, hat nur einer während des Krieges auf der englischen Liste politisch vertrauenswürdiger Deutscher gestanden: Axel Eggebrecht. Man hatte in London gehört, daß dieser ehemalige Freikorps-Kämpfer, Kommunist und Mitarbeiter der »Weltbühne« nach seiner Haft in den KZs des Dritten Reichs politisch sauber geblieben war.

Gelebt hatte Eggebrecht von Drehbüchern, die er für Willi Forst schrieb. Er war mager und überlebhaft. Von einer schweren Verwundung im Ersten Weltkrieg waren ihm eine Menge Löcher und Eisensplitter im Körper verblieben. Die letzteren wanderten hin und her und brachten ihn alle naselang auf den Operationstisch. Infolge einer Blutvergiftung hatte er die Beweglichkeit der Arm- und Handgelenke verloren. Das gab seinen Bewegungen etwas Weitausholendes und zugleich Hölzernes. Ungelenk hätte der gesagt, der nicht wußte, daß er früher gern Fußball spielte. Wenn er mit einer raschen Bewegung ein Buch ergriff und aufschlug, bildeten die Finger eine Klaue. Infolge seiner Verletzungen saß er auch mit steifen Armen am Steuerrad. Es sah gefährlich aus.

Im Gegensatz zu Balzac, dem er in seiner Vorliebe für starken Kaffee ähnelte, stand Eggebrecht immer früh auf. Man hörte bereits gegen sieben Uhr morgens aus seinem Zimmer das fleißige Hämmern auf der Schreibmaschine. Das Papier, welches er in rascher Folge einspannte und wegwarf, beschrieb er, indem er kurze Zeilen bildete und große Zwischenräume ließ. Es sah immer sehr angenehm geordnet aus, was er geschrieben hatte. Wie überhaupt in seinem Leben eine Ordnung herrschte, die nichts mit Pedanterie zu tun hatte. Wie hätte er auch pedantisch sein können, da er Siamkatzen, Pokerspielen, jüdische Witze und rasches Autofahren liebte?

Was die Natur anbetrifft, so hatte er vor ihr keine Hochachtung. Soweit sie nicht im wildfarbenen Fell der Siamkatze oder in gebratenem Zustand auftrat, verfolgte er sie mit einer Anwandlung von Haß. Seinetwegen konnten die Bäume abgeschafft und die Wiesen mit Asphalt ausgegossen werden. Mit dem Großstädter sympathisierte er, als wäre der eine bedrohte Rasse. Es war ganz unmöglich, ihn sich auf einer Almhütte vorzustellen.

Seinen Vorträgen und Schriften mischte er gern einen Tropfen marxistischen Öls bei. Jedoch bewahrte er sich vor der eigentümlichen Verhärtung durch marxistische Dogmatik. Marx müsse neu geschrieben werden, predigte er. Und führte gern zum Beweis dafür die Tatsache an, daß der Nationalsozialismus in die marxistische Prognose von der Zukunft des Sozialismus nicht hineinpasse. Er sagte das im Ton eines leichten Vorwurfs gegen die Nazis.

Seine Sprache war klar. Manchmal so klar wie destilliertes Wasser. Gewissermaßen keimfrei. Leichtigkeit der Definition paarte sich dabei mit Eleganz und Flüssigkeit des Ausdrucks. Sein Lieblingswort war »redlich«. Kein schlechtes Wappenwort. Redlich war er wie kaum einer; in allem, was er für Freunde tat und für die Öffentlichkeit schrieb, kam das zum Ausdruck. Besonders in seinem hellen und klaren Stil, der einer scheinbar mühelosen Entwicklung vernunftbetonter Gedanken so dienlich war. Die Vernunft ging allerdings häufig mit ihm durch; ihre höchste Stufe sah er in der Verwirklichung des Sozialismus. Er wollte aber trotz Hitler nicht einsehen, wie wenig Einfluß die Vernunft auf das Verhalten des Menschen hat. Er erklärte: Sozialismus ist glaubensfeindlich und aus klarem, uneingeschränkten Vernunftgebrauch geboren. Er war also gleichzeitig Aufklärer aus Leidenschaft und Sozialist aus gläubiger Inbrunst. Eine stalinistische Diktatur war ihm immer noch lieber als »kein Sozialismus«. Oder anders ausgedrückt: Er hätte es lieber gehabt, wenn es den Menschen in einem sozialistischen Staat etwas schlechter als in einem kapitalistischen Lande etwas besser ginge. Sein utopisch-sozialistischer Glaube geriet angesichts der zunehmenden Intensität des kalten Krieges mehr und mehr in Konflikt mit der politischen Wirklichkeit.

Wir waren also in vielem sehr unterschiedlicher, ja geradezu gegensätzlicher Ansicht, arbeiteten aber harmonisch dem gleichen Ziel entgegen: unseren Hörern mit unseren Programmen gute Wegbereiter und Wegbegleiter zu einem erneuerten Deutschland in Europa zu sein.

Eggebrecht war bereits da, als ich meine Arbeit aufnahm. Wir bezogen nebeneinanderliegende Räume, die durch ein Loch in der Wand und eine meist offenstehende Holzklappe verbunden waren. Viele Probleme traten bei uns nicht auf, die andere Organisationen behelligten. Man kann es mit dieser Klappe erklären. Wir kamen uns nicht ins Gehege, aber wir hatten uns meist schon durch die Klappe eine gemeinsame Meinung über den gordischen Knoten des Tages gebildet, bevor er uns zur Lösung aufgetischt wurde. Ich widmete mich dem Kontakt mit den Engländern, der Organisation von Programmen und dem Aufbau von Redaktionen, die sie verwirklichen sollten; Eggebrecht bereitete zunächst Sendungen vor, die einem widerwillig lauschenden Publikum die dunklen Hintergründe des Dritten Reichs zur Einsichtnahme eröffneten. Wir waren hochgestimmt und wagemutig – und das vielleicht auch deswegen, weil wir in den Engländern gleichgesinnte Bundesgenossen witterten.

Heiter wurde es im Rundfunk, als Peter Bamm erschien. Er kam als Oberstabsarzt klirrend und mit Orden bedeckt unmittelbar aus dem Kriegsgefangenenlager in mein Zimmer und fragte, ob er bei uns einen Job bekommen könnte. Ich war davon überzeugt, mußte aber erst mit Everitt sprechen. Der prallte zurück, als er am Kragen von Bamm den »Pour le mérite« und den sächsischen »Prinz-Albrechts-Orden« baumeln sah. Bamm hatte eine liebenswürdige Art, das zu erklären. Der eine Orden sei ihm vom Enkel der britischen Königin Victoria verliehen worden, den könne er ja nicht zur Vorstellung bei einem Engländer in die Tasche stecken. Der andere sei von einem polnischen König, zugleich sächsischem Kurfürsten gestiftet worden. Den müsse er tragen, solange er keine Zivilbekleidung habe. Alle Engländer lauschten Peter Bamms Geschichten mit Amüsement, obwohl er kein Hehl daraus machte, deutscher Patriot und im ganzen recht konservativ zu sein. Er war einer unserer begabtesten Feuilletonisten und außerdem Arzt. Als junger Mann hatte er auf dem Wedding in Berlin praktiziert, dann war er als Vertreter einer Pharmafirma nach China gegangen. Er liebte zu erzählen, daß in 50 Millionen chinesischer Karl-Marx-Ausgaben sein Name mit dankbarer Widmung stehe, weil er dem chinesischen Übersetzer geholfen hatte. Der Aufenthalt in China war nicht spurlos an ihm vorübergegangen. Er hatte viel Sinn dafür, anderen das Gesicht zu wahren. Sein Zeitgefühl war asiatisch. Mein Assistent Dr. Krollpfeiffer, Bamm und ich nahmen anfangs das Mittagessen in der Kantine des immer noch existierenden deutschen Generalkommandos ein. Es lag nicht weit vom Rundfunk entfernt. Manchmal schlug ich aus Zeitgründen vor, mit meinem Auto hinzufahren. Da ich ein kühner Fahrer war, sagte dann wohl Bamm: »Wenn wir Zeit haben, nehmen wir den Wagen. Haben wir es eilig, gehen wir lieber zu Fuß.«

Ich hatte viele Feuilletons von Peter Bamm gelesen und kannte ihn aus den Erzählungen meines Onkels, des Gymnasialdirektors in Bautzen, bei dem er in die Schule gegangen war. Als Mann der kleinen, geschliffenen Form kam mir Bamm gerade gelegen: Wir suchten einen Leiter für das »Echo des Tages«. Wir hatten diese Sendung ins Leben gerufen und stellten erst danach fest, daß wir nicht genug Autoren besaßen; ich mußte häufig selbst einspringen und schrieb bisweilen noch am Schlußabsatz des letzten Beitrags, wenn der Anfang bereits verlesen wurde.

Diese Sendung erfreute sich binnen kurzem großer Beliebtheit bei den Hörern zwischen Aachen und Berlin, Flensburg und Kassel. Bamm führte die Redaktion mit Witz und Charme. Er hatte die Gabe, Autoren zu gewinnen, selbst wenn sie sich der unwürdigen Aufgabe einer Reportage über nassen Torf oder das Schlachten von zwölf Karnickeln zu unterziehen hatten. Er verbesserte den unter den Nazis und im Krieg verlotterten deutschen Stil. Nur einmal ließ er ein Manuskript so über den Sender gehen, wie es eingereicht wurde. Es stammte von Siegfried Lenz, den damals noch keiner kannte.

Bamm vermittelte uns Bruno E. Werner, den ehemaligen Herausgeber der »Neuen Linie«. Werner hat später als Feuilletonchef der von den Amerikanern gegründeten »Neuen Zeitung« in München, noch später als Kulturattaché an der deutschen Botschaft in Washington die Wiederanknüpfung der kulturellen Beziehungen zwischen der Bundesrepublik und den USA mit viel Erfolg betrieben.

In einem Marinemantel tauchte Ernst Schnabel auf, eine flüchtige Schülerbekanntschaft von der Meißner Fürstenschule. Er war der fruchtbarste unter uns Rundfunkautoren. Als Dramaturg, Intendant, später Leiter des Dritten Programms am SFB hat der ehemalige Schiffsjunge und Seekapitän unzählige literarische Versuche angeregt und, was ebenso wichtig war, finanziert. Ein Autor hat ja selten mehr als eine Idee, und damals hatte er auch noch Hunger. Wie soll er zu Geld kommen? Er braucht jemanden, dem er die Idee verkauft und der ihm einen Vorschuß vermittelt. Der Vorschuß ist ein integrierender Bestandteil der Literatur, so hieß es bei uns, und Schnabel arbeitete nach diesem Grundsatz. Wir hatten Geld zu verteilen. Die Hörergebühren von zwei Mark wurden von der Post ohne merkliches Intervall wieder eingetrieben. Sie sollten nach unserer Auffassung weniger dem Verwaltungspersonal des Rundfunks als seinen Autoren und Künstlern, kurz, einem guten Programm zugute kommen.

Die Garde der ersten Mitarbeiter stammte samt und sonders aus Sachsen und kannte sich von daher. Wir nannten uns den »Niedersächsischen Rundfunk in obersächsischer Besetzung«. Manchmal hätte man glauben können, die Sendungen kämen aus Dresden oder Leipzig. Wir nahmen, was unseren Akzent anbetraf, kein Blatt vor den Mund. In Hamburg machte uns das suspekt. Aber wir mußten im Unterschied zur »Zone« auch sonst aus unseren Herzen keine Mördergrube machen. Wir sprachen schon frei von der Leber weg, als in den Rundfunkstationen der anderen Zonen noch jedes Wort schriftlich fixiert und überprüft werden mußte.

Wir wunderten uns nicht, daß es eine Zensur gab. Wunderbar war, wie wenig wir davon merkten. Zunächst konnten die Engländer nicht sicher sein, ob ihr deutscher Stab nicht über diesen Sender getarntes Gedankengut des Nationalsozialismus verbreiten würde. Deshalb mußten anfangs alle Sendungen getippt, vorgelegt und abgezeichnet werden. Manchmal wurden sie sogar gelesen. Später ließ die Lesewut nach. Die Engländer drückten ein Auge zu, wenn wir mit unschuldigen Tricks arbeiteten, um die Zensur zu umgehen. Ich zum Beispiel machte es mir zur Regel, mit meinen Beiträgen und Kommentaren erst in allerletzter Minute fertig zu werden. Dann blieb für Zensur keine Zeit, oder der betreffende englische Offizier hatte sich bereits zum Dinner begeben.

Gelegentlich kam es infolge unserer frechen Kommentare im Schoß der Besatzungsmächte zu diplomatischen Demarchen. Die Auffassungen von Meinungsfreiheit waren doch sehr unterschiedlich. Die Amerikaner beschwerten sich bei den Briten hochoffiziell über die Unziemlichkeiten, die über den britisch kontrollierten Sender gingen. Ein vielzitiertes Beispiel war mein Kommentar »Umgang mit Siegern«.

Er ging von der Haager Landkriegsordnung aus, die es dem Besiegten untersagt, eine Handgranate unter das Bett des Siegers zu legen. Der Besiegte darf weder zum Verhungern noch zum Erfrieren verurteilt werden. Unter gewissen Umständen muß er dem Sieger sein Haus zur Verfügung stellen. Die Tochter fällt jedoch nicht unter den Oberbegriff »Haus«.

Dieser Anfang versprach dem gereizten, hungrigen und frierenden Zeitgenossen viel grimmigen Spaß auf Kosten der Besatzungsmächte, und so erklärt sich wohl auch der Ärger der Amerikaner; nach wenigen Minuten mußten es aber die deutschen Hörer merken, daß die Ironie ihnen galt, die sich in jener Zeit häufig mehr durch larmoyante Unterwürfigkeit als durch Würde, Distanz und Reserve auszeichneten. Die psychologische Situation des Besatzungssoldaten hatten sie vor kurzer Zeit noch in Smolensk und Bordeaux an sich selbst verspürt, nun galt es daran anzuknüpfen und ein paar simple Faustregeln für den Umgang miteinander zu entwickeln – jedenfalls mußte eine Methode gefunden werden, die zu begreifen erlaubte, warum »die Sieger mit fester Hand die Zügel ergriffen, um die deutsche Karre aus dem Dreck herauszuziehen«, und warum sie dann vielerorts statt der Zügel die Bremse angezogen haben.

Was verstanden meine Freunde und ich als die überragende Aufgabe des Journalisten in den ersten Jahren nach dem Krieg? Er mußte den Deutschen beibringen, sich selbst zu verstehen. Sie waren ein halbes Jahrhundert lang darüber getäuscht worden oder hatten sich selbst getäuscht in der Rolle, die sie in der Welt spielten. Sie wußten nicht, warum sie als ewige Spielverderber galten. Dem Journalisten oblag es damals, sie darüber aufzuklären und ihnen voranzugehen beim Analysieren der Vergangenheit. Es gab zwar schon wieder politische und andere Prediger. Aber den Lautsprecher hatten die Sieger uns ausgehändigt. Wir bedienten ihn mit Hingabe.

Gegenüber Eingriffen in unsere Texte verteidigten wir natürlich unsere Auffassungen, manchmal in langen und hartnäckigen Sitzungen. Setzten die Briten ihren Standpunkt durch, so mußten sie jedenfalls dadurch büßen, daß wir ihren Vorrat an Whisky und Pfeifentabak brandschatzten. Mit Kritik an den Maßnahmen der Besatzungsmächte hielten wir nicht hinterm Berg, wenn wir davon überzeugt waren, daß die Kritik hilfreich sein würde. Hilfreich war sie nach unserer Auffassung immer dann, wenn sie unseren Ruf als unabhängig und gerecht urteilende Deutsche festigte. Nur dann konnten wir guten Gewissens unpopuläre aber notwendige Verordnungen der Militärregierung erläutern und vertreten. Unser Glück war, daß sich die Briten nicht stur an Sprachregelungen ihrer Regierung hielten, wenn es die überhaupt gab. Das deutsche Team wiederum wies in seinen politischen Anschauungen zwischen erzkonservativ und ultralinks viele flexible Schattierungen auf. Gemeinsam waren uns allen – und das war ein starkes Band – der Haß auf Hitler und der Wille zum demokratischen Rechtsstaat. Zwischen Eggebrecht und Bamm lagen philosophische Welten, aber sie erlaubten sich den Luxus, einander für Gentlemen zu halten. Aus der Reihe tanzten nur Herbert Blank, ein ehemaliger Gefolgsmann Otto Strassers und langjähriger KZ-Gefangener Himmlers, und Karl-Eduard von Schnitzler. Nach zwölf Jahren Meinungsknebelung konnten sie es nicht ertragen, wenn einer eine andere Meinung hatte als sie.

Angesichts der verdrehten, verhärteten und verwundeten Psyche der Deutschen nach ihrer Niederlage erforderte die Bildung eines breiten, bunten Regenbogens politischer Anschauungen ein großes Maß an Fingerspitzengefühl. Davon brachten die Briten viel mit. Ohne die große Fairneß der englischen Kontrolleure hätte sich der Sender seinen Ruf als liberale und tolerante Stimme der Besiegten nicht erwerben können. Es waren alles keine Dogmatiker, sondern Praktiker des Journalismus, die aus ihrer eigenen Presse und von der BBC eine Vielfalt von Meinungen gewohnt waren. Sie waren sich im klaren darüber, daß neues politisches Denken in Deutschland eine ständige Überprüfung der politischen Sprache erforderte. In Mr. Fletcher hatten die jungen deutschen Nachrichtenredakteure einen gestrengen Lehrmeister. Das deutsche Erbübel, die Vermischung von Nachricht und Meinung, bekämpfte er mit Klauen und Zähnen. Er wies seinen Schützlingen nach, wieviel Meinung und Vorurteil hinter einem harmlos klingenden Adjektiv stecken kann und wieviel Emotion in der falschen Richtung durch eine süffisante Betonung ausgelöst wird. Von den üblen Spielen, die das Fernsehen mit Bildern treiben kann, war noch nicht die Rede. Fletcher war das Urbild des Engländers mit seinem schmalen Kopf und dem Pferdegebiß, das er hinter einem blonden Schnurrbart zu tarnen versuchte. Er sprach besser deutsch als die meisten jungen Deutschen seiner Nachrichtenredaktion. An ihm haben sich Generationen deutscher Rundfunkredakteure und Sprecher orientiert, ohne auch nur seinen Namen zu kennen.

Wir wurden von den Engländern zur Kühnheit ermuntert. Als kühn galt damals schon ein Gespräch, das nicht vorher geprobt, sondern »live« geführt wurde. Bereits kurz nach dem 23. September 1945, an dem aus »Radio Hamburg« der »Nordwestdeutsche Rundfunk« wurde, begannen wir mit der Live-Sendung »Am runden Tisch«. Der Titel wurde zum Markenzeichen für Programme, in denen frei diskutiert werden konnte über Themen, die auf den Nägeln brannten. Es gab kein Manuskript und keine Zensur. Das kommt uns heute, da wir eine Talkshow nach der anderen erdulden müssen, als vollkommen selbstverständlich vor. Damals war es aber unerhört und in der Geschichte des deutschen Rundfunks noch gar nicht dagewesen. »Live« war schon nicht mehr üblich gewesen in den letzten Jahren der Weimarer Republik: Rundfunkmanuskripte mußten auch vor 1933 einer Zensur vorgelegt werden, selbst wenn sie so entkernt und entpolitisiert waren, wie das aus Furcht vor Krach in der Weimarer Republik gang und gäbe wurde.

Wir begannen mit großen politischen Reportagen. Eggebrecht berichtete jeden Abend live in unserer Nachrichtensendung über den ersten KZ-Prozeß in Bergen-Belsen. Der Hörer sollte bis in die Einzelheiten wissen, was sich an jedem Tage vor dem Militärgericht zugetragen hatte. Eggebrechts Berichte waren präzis, objektiv und von stilistischem Geschmack. Nach dem Urteilsspruch stellte er sich ans Mikrophon und hielt als Gegner der Todesstrafe ein Plädoyer für die Umwandlung des Todesurteils in Freiheitsstrafen. Keiner unserer Kontrolleure widersprach, mochte er vielleicht auch anderer Meinung sein.

Den Nürnberger Kriegsverbrecherprozessen widmeten wir eine tägliche Sonderberichterstattung. Die deutsche Bevölkerung war mit der angelsächsischen Prozeßordnung nicht vertraut und hielt die Kreuzverhöre durch die Anklagevertreter, denen zunächst kein Wort der Verteidigung folgte, für eine flagrante Rechtsbeugung. Wir versuchten diesen Eindruck richtigzustellen. Die Berichterstattung wurde auch während der folgenden Industriellen- und Diplomatenprozesse fortgesetzt. Daß die juristische Konstruktion der

Nürnberger Prozesse bedenkliche Schwächen und das Verfahren große Schönheitsfehler aufwies, war uns klar – die Abwürgung des Komplexes »Katyn« war nur ein Beispiel. Eine brauchbare Alternative konnte aber damals nicht in Gang gesetzt werden, und als Erinnerungsstärkung für das deutsche Volk waren die Prozesse durch nichts zu ersetzen.

In den Schulen wurde fast nirgends Geschichtsunterricht erteilt. Die Schulbücher der Nazizeit waren unverwendbar und verboten. Wir sendeten daher unter dem Titel »An Kreuzwegen deutscher Geschichte« einen Abriß der deutschen Geschichte im 19. und 20. Jahrhundert – in dramatischer Form. Dem kam der neue Begriff »Feature« entgegen. Ich war Leiter der Abteilung »Talks and Features« und wußte anfangs noch nicht einmal, was mit »Features« gemeint war. Für englische Journalisten ist das ein festumrissener Begriff. Wir versuchten ihn mit »Hörfolge« zu übersetzen, gaben das aber auf, als wir merkten, daß Feature ein Korb ist, in den man alles packen kann, was nicht gerade aktuelle Nachricht oder Kommentar ist. Wir entwickelten das Feature zu einer eigenen Kunstform. Wenn ich in späterer Zeit seine Naturgesetze erklären wollte, legte ich eine Schallplatte auf und spielte die ersten zehn Minuten der Matthäus-Passion von Bach. Erzähler, Chor, Solisten im Monolog und Dialog, musikalische Zwischenspiele, Reportagen und lyrische Betrachtung – alles deutet darauf hin, daß Passionen, Motetten und Oratorien des Barock das Feature auf vollendete Weise vorweggenommen haben.

Manche der Features, die in den ersten Jahren des NWDR über den Äther gingen, haben Epoche gemacht. Das aktuelle Tagesgeschehen konnte so komprimiert und dramatisiert werden. »Was wäre, wenn« von Eggebrecht galt der Moskauer Außenministerkonferenz von 1947. Es entwickelte eine Utopie, jawohl, aber eine anregende. Der »29. Januar« von Ernst Schnabel faßte in poetischer Form zusammen, was Zehntausende an diesem Tag erlebt und empfunden hatten, die uns Briefe darüber aus ihren Hütten, Lagern und Schweineställen schickten. »Goethe erzählt sein Leben« hieß eine Featurereihe, die wir zur 200. Wiederkehr seines Geburtsjahres produzierten. Mathias Wieman lieh der Gestalt des alten Goethe seine kultivierte Stimme. Wieman war im Dritten Reich eine Kultfigur des schwärmerischen Teils der Hitlerjugend gewesen. Seine Stimme entsprach den Vorstellungen von einem gefühlsseligen Helden. In seinem »Schatzkästlein« hatte er im Reichsrundfunk jeden Sonntagmorgen Innerlichkeit so recht nach dem Geschmack des Propagandaministeriums psalmodiert. In einem Sender der anderen Besatzungszonen wäre er nie ans Mikrophon gelassen worden. Wir arrangierten ein Live-Gespräch mit ihm und ließen ihn all die Fragen beantworten, die ihn und uns an seiner Vergangenheit peinigten. Am Ende wurde das eine Art von öffentlicher Reinigung. Wer von uns nun Wieman hörte, kannte seine Beweggründe. Auch wenn in denen viel falscher Glaube steckte, konnte man ihm glauben, daß er kein Nazi war.

Ein bedeutender Teil der deutschen Nachkriegsliteratur wurde von uns im Nordwestdeutschen Rundfunk erstmals als Vortrag, Hörfolge, Feature oder Hörspiel dargeboten. Erwähnt sei nur Borcherts Drama »Draußen vor der Tür«, das von Ernst Schnabel entdeckt und gefördert wurde. Es trug uns den Vorwurf des Nihilismus ein, entsprach aber haargenau den Enttäuschungen der Heimkehrer in jener Zeit. Leiter des »Nachtprogramms« war Jürgen Schüddekopf. Er knüpfte in den späten Abendstunden die Fäden wieder an zwischen den Amerikanern, der englischen Literatur, den französischen Philosophen und den italienischen Zynikern. Auch viele russische Schriftsteller gehörten damals zu den Neu- und Wiederentdeckungen, ganz zu schweigen von den Werken der deutschen Emigranten, die allmählich in zerlesenen Exemplaren die Runde im papierarmen Deutschland machten. Kontroversen zwischen den Emigranten und den in Deutschland gebliebenen Schriftstellern waren unvermeidlich. Frank Thiess trug über den NWDR seine umstrittene These von der »Inneren Emigration« vor.

Allmählich befreundeten wir uns mit unseren Kontrolleuren – oder war es umgekehrt? Gemeinsam war uns jedenfalls der Enthusiasmus für unsere Aufgabe. Wir fühlten uns als gottgesalbte Instrumente des demokratischen Wiederaufbaus. Auch die Engländer entwickelten einen gewaltigen Ehrgeiz. Sie sahen sich als Geburtshelfer des besten deutschen Rundfunkprogramms. Den kleinen amerikanischen Sendern wollten sie es mal zeigen. Am liebsten hätten sie ihren eigenen deutschen Dienst, den der BBC, ausgestochen. So wie zum politischen Orakel wollten sie auch zum deutschen Kultur-Sammelpunkt werden. Dieser Ehrgeiz war nicht ohne Arbeitswut zu befriedigen. Über die vielen durchwachten und durcharbeiteten Nächte hat sich niemand beklagt. Wir gaben einer physisch und geistig halb verhungerten, künstlerisch und emotionell schwer beschädigten Bevölkerung alles, was wir vermochten.

Manchmal ist Desorganisation ein Ansporn zu Höherem. Wir waren wunderbar desorganisiert. Keiner von uns hatte jemals mit der Verwaltung einer Fünfhundert-Mann-Organisation zu tun gehabt. So viele waren wir im Herbst 1945 immerhin schon geworden. Wir schalteten und walteten, wie uns der Geist bewegte. Keine Verwaltung kam uns in die Quere. Noch hatten sich die Wasserköpfe von heute im Rundfunk nicht gebildet. Auch die Briten waren der Ansicht, daß die Verwaltung für das Programm da sei – nicht umgekehrt. Sie erteilten auf diesem Gebiet so gut wie keine Anweisungen. Sie schöpften aus einer Tradition der Delegierung von Verantwortung. Ein riesiges Kolonialreich wurde mit delegierter Autorität gut gelenkt. Wir waren die Maharadschas des Radios. Wir taten, was wir für richtig befanden. Auch die Offiziere, mit denen wir zu tun hatten, bekamen wenig Anweisungen von oben. Man hätte doch denken sollen, daß ein neuer deutscher Sender ganz eng an der

Ein Interview mit Lord Beveridge über die Sozialleistungen des britischen Wohlfahrtsstaates wird unter Assistenz der britischen Kontrolloffiziere vorbereitet.

Auf Photos jener Jahre, die von Zeitungen und Zeitschriften gemacht wurden, sieht man immer wieder eine großmäulige Tabakspfeife. Es ist die »terrorpipe«, so genannt, weil die britischen Kontrolleure flüchteten, wenn Peter von Zahn kam, ihre knappen Tabakvorräte zu plündern.

Strippe der Londoner Ämter liegen müsse; aber nichts dergleichen. Der britische Außenminister Bevin interessierte sich wenig für die Deutschen. Von London nach Hamburg schien es sehr weit zu sein, von Berlin, wo die Kontrollkommission saß, nicht viel näher.

Keineswegs wurden alle journalistischen Kunststücke, auf die wir stolz waren, im Kreis der deutschen Mitarbeiter ausgebrütet. Vieles kam auf englische Anregung zustande; am fruchtbarsten erwies sich dabei Captain Everitt. Er hieß von Haus aus Walter Eberstadt, war in Hamburg als Sohn eines geachteten Bankiers aufgewachsen und mit seinen Eltern rechtzeitig nach England emigriert. Hätte er nicht das Bankgeschäft bereits mit der Muttermilch aufgesogen, so wäre er vielleicht ein vorzüglicher Wirtschaftsjournalist geworden – sein Verlangen nach Information war unersättlich, sein Gespür für das, was die Menschen bewegte und was sie erfahren wollten, todsicher, sein Widerwille gegen pompöse Worte und bombastische Phrasen bemerkenswert. Sein Deutsch war so gut wie sein Englisch; das setzte ihn in den Stand, in politischen Kommentaren Nuancen zu erkennen und manchmal zu beanstanden, die andere übersahen. Er vergaß nicht, daß er durch Hitler und seine Henker Teile der eigenen Familie und des Familienbesitzes verloren hatte – aber er ließ das die Deutschen, mit denen er zusammenarbeitete, durch keine Geste spüren. Wenn ihm etwas mißfiel, nahm er kein Blatt vor den Mund – andererseits, gefiel ihm einer, so half er ihm, wo er konnte. Wir begründeten damals eine Freundschaft, die eng geblieben ist bis heute, da er unter seinem angestammten Namen Partner in einem der angesehensten New Yorker Bankhäuser ist. Ich verdanke Walter Eberstadt, daß ich meine Tätigkeit im Nachkriegs-Rundfunk gleich auf einer der obersten Sprossen beginnen konnte statt mit der Ochsentour. Nicht vergessen werde ich ihm auch die Charakterstärke, mit der er mir ohne Seufzer seinen Tabaksbeutel überließ, während andere Kontrolleure unter nichtigen Vorwänden auseinanderstoben, sobald ich meine Pfeife hervorholte. Sie hieß die »terrorpipe«, so groß war ihr leerer Kopf.

Wir teilten viele Unannehmlichkeiten und Unbequemlichkeiten der ersten Zeit nach dem Kriege mit unseren englischen Kontrolloffizieren. Wir hatten nicht genug zu essen. Aber auch sie mußten in ihrem Kasino auf der Heilwegstraße den Gürtel enger schnallen. Ich wunderte mich, warum sie mich manchmal ohne besonderen Anlaß ins Offizierskasino zum Dinner einluden. Die Erklärung lautet: Sie hatten deutsches Küchenpersonal, das Mitleid empfand mit einem hungrigen Deutschen. Bei meinem Kommen wurden Fleischstücke aufgetischt, die das Personal ohne meinen Besuch selbst gegessen, jedenfalls niemals den Briten vorgesetzt hätte. Als der Winter kam, hatten wir in der Wohnung auf der Bellevue keine Heizmöglichkeit. Es kam vor, daß in der Wärmflasche meiner Frau das Wasser einfror. Meine vierjährige Tochter verbrachte manchen Tag in meinem Büro unter dem Schreibtisch; sie hatte ihn sich als Hundehütte ausgebaut und erschreckte nichtsahnende Besucher durch ihr Gebell. Aber auch unsere Kontrolleure froren und blieben abends lieber im geheizten Funkhaus als bei erkalteter Zentralheizung in ihren Quartieren. Peter Bamm erzählt in seinen »Erinnerungen«, wie Everitt einmal um Mitternacht in eine Redaktion kam. Er sah dort vier mütterliche Damen sitzen. Die eine strickte einen Strumpf, die andere flickte eine Hose. Ein Redakteur war eifrig am Redigieren.

»Was haben diese Damen hier zu suchen?« fragte Everitt streng. Darauf der Redakteur: »Wärme, Herr Hauptmann, Wärme.«

Ein geheiztes Büro und eine wunderbar aufregende Arbeit – das war alles, was wir dem deutschen Normalverbraucher voraushatten. Es soll nicht unterschlagen werden, daß der Durchschnittshörer diese Arbeit anfänglich wenig schätzte. Kaum funktionierte die Briefpost wieder, bekamen wir schon Zuschriften mit Todesdrohungen, anonym natürlich. Wir galten in weiten Kreisen als Quislinge, Verräter und Speichellecker. Viele gebildete Hamburger konnten in den notwendigerweise unpopulären Maßnahmen der britischen Militärregierung nichts als Konkurrenzneid erkennen. Wir galten bestenfalls als tumbe Werkzeuge dieses Konkurrenzneides, häufiger jedoch als »rot« und als Salonbolschewisten, weil wir die Frage »Verstaatlichung oder Sozialismus?« diskutierten und dabei in jenen Jahren mit unseren Sympathien häufig auf der Seite der Planwirtschaft landeten. Das war nicht sehr intelligent, aber auch nicht weiter verwunderlich in einem Lande, das bis zur Währungsreform nichts verwalten durfte als den Mangel. Erst eine Privatlektion von Everitt über die Funktion des Schwarzmarkts als des einzig verläßlichen Barometers und Regulators der Wirtschaft öffnete mir die Augen – ein wenig. Es bedurfte der Erfahrungen, die ich 1947 in England machte, ehe ich ein leidlich zusammenhängendes und vernünftiges Modell von wünschbaren Wirtschaftsvorgängen vertreten konnte.

Auf einem anderen Blatt stand die Abneigung der Rundfunkhörer gegen unser kulturelles Programm. Da war viel zuviel Jazz und Swing drin, mit einem Wort: Negermusik. Die Indoktrination mit nazistischen Rassegedanken saß viel tiefer, als wir gedacht hatten. Wenn man von einer Stunde Null reden will, dann war sie gekennzeichnet durch den Kulturschock, welcher der Niederlage Deutschlands folgte. Keine Märsche mehr, dafür das Leitmotiv der »Rhapsody in Blue« des Juden Gershwin, mit dem wir in einem Akt der akustischen Provokation das »Echo des Tages« einleiteten. Einige Wochen lang erklang übrigens als Erkennungssignal des Senders die Melodie der ersten Zeile von »Ich hab mich ergeben«. Wer den Text kennt, wird zugeben, daß es ein schönes und patriotisches Lied ist. Aber manche Hörer vernahmen darin nur eine üble Anspielung auf die bedingungslose Kapitulation.

Der Nordwestdeutsche Rundfunk

Als ich meinen ersten Bericht für »Radio Hamburg« sprach, zogen die drei Westalliierten gerade in ihre Berliner Sektoren ein und räumten für die Russen, was sie in Thüringen, Sachsen und Mecklenburg erobert hatten. Drei Tage bevor ich mein Anstellungspapier von den Engländern bekam, begann die Konferenz von Potsdam. Mit dem unermeßlich wertvollen Privileg, jeden Tag die »Times« lesen zu dürfen, erwarb ich auch Einsichten in den wachsenden Ärger zwischen West und Ost. Durch die Zeilen der Potsdamer Beschlüsse wurde er schon erkennbar. Das durfte ich noch nicht kommentieren; den Abwurf der ersten beiden Atombomben auf Hiroshima und Nagasaki konnte ich jedoch bereits mit technischen Erläuterungen versehen, für die meiner Redaktion eine Fülle von englischem und amerikanischem Material zur Verfügung stand.

Daß man moralische Zweifel am Gebrauch einer solchen Waffe zur Massenvernichtung haben konnte, wurde mir düster bewußt. Ich sah jedoch die Kriegslage. Die Blutopfer waren unabsehbar, welche die alliierte Seite bei der Eroberung Japans mit herkömmlichen Mitteln hätte erbringen müssen. Im Vergleich mit dem Leben, das der Abwurf der Atombombe bewahrte, war das Leiden, das über die beiden japanischen Städte kam, das geringere Übel. Der Krieg, der noch ein weiteres Jahr in Asien zu wüten drohte, war mit einem schrecklichen Ruck zu Ende. Japan kapitulierte. Es ersparte sich – und der Welt – die teilweise Besetzung durch Truppen der Sowjetunion und damit eine Quelle von Spannungen, deren weltpolitisches Ausmaß wir bereits im August 1945 ahnen konnten. Alles in allem schien mir der Einsatz der Atombombe gerechtfertigt. Dieser Ansicht bin ich noch heute, 45 Jahre später, wenn ich mir vergegenwärtige, wie viele blutige Kriege zwischen den Großmächten dank der Atombombe in amerikanischen Händen nicht geführt worden sind. Der Kampf um die Weltherrschaft, den Hitler und Stalin angezettelt hatten, schien zunächst in zivilisiertere Bahnen gelenkt. Der

Ausbruch eines Krieges zwischen den Vereinigten Staaten von Amerika und der Sowjetunion war trotz der Berliner Blockade bis zur Koreakrise, also sechs Jahre lang, nicht ernstlich zu befürchten. In der Gründung der Vereinten Nationen sah ich damals einen vielversprechenden Schritt auf dem Pfade zu einem weltumfassenden System, das auf festen Rechtsgrundlagen beruht und vielleicht auch die Verlockungen begrenzen konnte, die der Besitz von atomaren Zerstörungswaffen vorgaukelt.

Ende September 1945 wurde »Radio Hamburg« in »Nordwestdeutscher Rundfunk« umbenannt. Wir schrieben und sprachen nun eigene Kommentare. Erklärlich, daß sie sich vornehmlich mit der Frage beschäftigten, die im Titel einer Sendereihe zum Ausdruck kam: »Sind wir auf dem richtigen Wege?« Es war so etwas wie eine deutsche Nabelschau – notwendig und schwierig, aber doch recht introvertiert.

Kommentare zum Verhältnis der Sieger untereinander wurden zunächst noch taktvoll vermieden, konnten aber auf die Dauer nicht ausbleiben. Wie unterschiedlich und manchmal gegensätzlich die Deutschen von den einzelnen Besatzungsmächten regiert wurden, trat am deutlichsten in Berlin zutage. Das war wohl der Grund, weshalb mich der britische Programmdirektor Poston und Walter Everitt in die Reichshauptstadt auf eine Reportage-Mission schickten. Ein kleines Team mit mobilem Gerät begleitete mich. Wir fuhren nach Berlin in britischen Militärfahrzeugen und hatten als Aufpasser einen norwegischen Offizier namens Rasmussen dabei.

Dieser liebenswerte ältere Herr war sich inmitten der Berliner Trümmerlandschaft wohl bewußt, daß der Zeitgenosse eine bestimmte historische Stätte gesehen haben mußte. Ich begleitete ihn bei einem Besuch des Führerbunkers unter der Reichskanzlei. Deutsche Zivilisten durften eigentlich nicht hinein. Ich wurde jedoch als Dolmetscher deklariert. An jungen russischen Wachen mit aufgepflanztem Bajonett vorbei stiegen wir viele Treppen hinab in die Tiefe. Hier und da erleuchtete eine Glühbirne die Räume, die mich in ihrer kargen Ausstattung sehr an die Fernschreibbunker in Zossen und im Mauerwald erinnerten. Wir waren nicht die einzigen Besucher; ein russischer Sergeant erläuterte einigen seiner Landsleute den Zweck der Zimmer. Hier schlief Eva Braun – ihr Bett stand noch da, ihr Schrank war leer –, auf diesem großen Kartentisch fand man Goebbels und seine Familie, vergiftet, hier der Schlafraum Hitlers, hier sein Arbeitszimmer. Ein unauffälliger Schreibtisch mit einem Sessel davor und ein Sofa sind mir in Erinnerung. Ob es das Sofa war, auf dem Hitler seine ihm eben erst angetraute Frau und dann sich selbst erschossen hat, vermochte der russische Führer nicht zu sagen. Als die russische Gruppe weitergegangen war, schaute sich Rasmussen auf der Suche nach einem Souvenir um. Die Schreibtischkästen waren leer, an den Wänden hing kein Bild, keine Karte, kein aufmunternder Spruch, der kleinste bewegliche Gegenstand war der Schreibtischsessel Hitlers. Den konnten wir nicht gut mitnehmen, aber wie damals jeder vorsichtige Mensch besaß ich ein Taschenmesser. Ich schnitt aus der Rückenlehne des stoffbespannten Sessels ein Stück, so groß wie zwei Handflächen. Rasmussen steckte es ein und war selig. Mir lief kein Schauer über den Rücken, es sei denn ein Gefühl intensiver Befriedigung.

Wir besichtigten den Bunkereingang, wo die Leichen von Adolf und Eva Hitler durch SS-Leibgarden verbrannt worden waren, und gingen dann durch die riesige Halle der Neuen Reichskanzlei. Man kannte sie aus Fotos von bombastischen Staatsempfängen. Die Seitenwände waren durchlöchert, vom Dach tropfte es herab, und der kostbare Marmorboden stand voller Pfützen. Ein deutscher Zivilist, der Bedienter in der Reichskanzlei gewesen sein wollte, bot uns Porzellangeschirr an. Die Teller waren mit Hakenkreuzen, Adlern und den Initialen AH recht barbarisch geschmückt. Sie sollten, glaube ich, zehn Zigaretten pro Stück kosten, und da wir soviel nicht bei uns hatten, lud Rasmussen den Mann ein, ein Dutzend Teller in unser Quartier zu bringen. Er tat das auch, und zwar zufällig an dem Tag und in der Stunde, da ich dort Wilhelm Pieck empfing.

Den Kontakt zu Pieck hatte mir mein Schwager Rolf Helm vermittelt. Er war im Winter des letzten Kriegsjahres aus der Haft in Bautzen entlassen worden. Beinah wäre er noch – wehrunwürdig wie er war – als Führer einer Nachschubeinheit in Uniform gesteckt worden. Die Russen waren aber schneller. Meine Schwester und Rolf Helm überstanden halbverhungert die Eroberung Berlins. Als ich Rolf nun wiedertraf, brachte er mich in die Parteizentrale der KP. Er war Persona grata und arrangierte das Gespräch mit dem Genossen Pieck, der die deutschen Kommunisten während der Zeit des Exils in Moskau geführt hatte. Pieck war den russischen Kampftruppen auf dem Fuß nach Berlin gefolgt. Er war das für die Partei, was man heute eine Integrationsfigur nennen würde. Welche Rolle Ulbricht als Beherrscher des Apparats und Vertrauensmann der sowjetrussischen Militäradministration spielte, war mir einigermaßen bekannt und ließ ihn interessanter erscheinen; er legte aber keinen Wert darauf, sich für einen britisch kontrollierten Sender ausfragen zu lassen, sondern schob diese Aufgabe dem nominellen Oberhaupt der Partei zu.

Wilhelm Pieck war nicht das Urbild eines Revolutionärs. Seine rosige Gesichtsfarbe und sein silbergraues Haar ließen eher an den älteren Bonvivant in einer Boulevardkomödie denken. Diesen Eindruck unterstrich seine sorgfältig gewählte Kleidung. Er war vergnügt, schenkte meinen Technikern Zigaretten und verwies, statt meine Fragen zu beantworten, auf eine vorbereitete Erklärung, die er verlas. Sie enthielt nichts von dem rabiaten Wortschatz seiner Partei, sondern klang wie ein Aufruf zum friedlichen Pfote in Pfote von Löwe und Lamm beim Aufbau einer parlamentarisch-demokratischen Republik mit allen demokratischen Rechten und Freiheiten für das Volk. Deutschland das Sowjetsystem aufzuzwingen, entspräche nicht den gegenwärtigen Entwicklungsbedingungen.

Nur durch äußerliche Distanzierung vom Sowjetsystem konnte die neugegründete KPD breitere Wählerschichten für sich gewinnen. Nur durch ein Huckepack auf dem Rücken der populären Sozialdemokraten konnten sich die Kommunisten eine Massenbasis verschaffen. Es bedurfte keines besonders feinen Ohres, um die Schalmeientöne zur Zwangsvereinigung von KPD und SPD zu vernehmen.

Darüber wollte ich Näheres erfahren, aber ich erfuhr es weder von Pieck noch von seinem künftigen Kollegen Grotewohl. Den befragte ich in seinem Büro über die Aussichten der SPD, der Umarmung durch die Kommunisten zu entschlüpfen. Grotewohl bestritt, daß überhaupt ein solches Problem bestehe. Sein Augenaufschlag überzeugte nicht.

Klarer war die Auskunft des Kommunisten Gundelach, dem angeblich für später die Leitung der kommunistischen Organisation in Hamburg zugedacht war, der aber vorher starb. Er war überzeugt, daß es in den Westzonen zu einem harten Kampf um die Vereinigung der beiden historischen Arbeiterparteien kommen werde – was die Ostzone anbelangt, so sah er diese Entwicklung bereits als entschieden an. Ich konnte unsere Unterhaltung leider nicht auf

Tonband nach Hamburg zurückbringen. In Gegenwart eines Aufnahmegeräts wäre sie wohl auch weniger offen verlaufen.

In der Praxis war die Unterwerfung der Ostzone unter ein modifiziertes Sowjetsystem bereits in vollem Gange. Die Potsdamer Konferenz hatte die Einrichtung zentraler deutscher Verwaltungsbehörden unter dem alliierten Kontrollrat beschlossen. Ich besuchte in der Zentralverwaltung für Wirtschaft einen Bekannten. Er saß in einem Büro des ehemaligen Luftfahrtministeriums, wagte dort aber nicht, mit mir zu sprechen. Wir bedienten uns der Methode, die schon im Dritten Reich gang und gäbe gewesen war. Er setzte sich zu mir auf den Rücksitz des Wagens, und mein englischer Fahrer fuhr uns in langsamem Tempo kreuz und quer durch das Zentrum Berlins. Währenddessen wurde mir ein Beispiel nach dem anderen von der teils stillen, teils gewalttätigen Übernahme der Behörde durch kommunistische Funktionäre beschrieben. Großen Enthusiasmus für die Einheit Deutschlands unter diesen Bedingungen konnte ich nirgends in Berlin außer bei den Kommunisten feststellen. Noch gab es im Herbst 1945 kein Wohlstands- oder besser gesagt Armutsgefälle zwischen West und Ost. Das »Freiheitsgefälle« machte sich aber bereits bemerkbar.

Die Viersektorenstadt war zwar noch eine administrative Einheit, aber wenn es sich um die Freiheit des Wortes handelte, dann zeichneten sich deutliche Unterschiede zwischen den verschiedenen Sektoren ab. Meine Tante Agnes von Zahn-Harnack war als Leiterin des Frauenfunks im russisch kontrollierten Sender tätig. Sie klagte über ihre russischen Offiziere, die im Vergleich zu meinen englischen eine engstirnige Zensur ausübten. Sie hat es in der Masurenallee nicht lange ausgehalten. Dabei schanzten die Russen den Mitarbeitern ihrer Zeitungen und ihres Rundfunks etwas mehr als die gewöhnlichen Lebensmittelrationen zu. Wenn da einer nach Vorschrift schrieb, hing es nicht immer mit der Überzeugung, aber häufig mit einem Extrakilo Mehl am Monatsersten zusammen. Das wußten die Russen, aber sie setzten auf die Gewöhnung.

Meine Schwester hatte kurz vor Kriegsende noch ihren anderen Sohn verloren, erfuhr das aber erst nach mehreren Monaten. Was sie nun aufrechterhielt, war die Gewißheit, daß der Sieg ihrer Partei unaufhaltsam war. In einer ganz demütigen Parteiarbeit versuchte sie ihre Verluste zu vergessen. Anfangs wurden Maria und mein Schwager in den privaten Kreis der Mächtigen gezogen. Aber, wie mir meine Schwester einmal anvertraute, die zuchtlosen Feste waren nicht nach ihrem Geschmack. Ihr Leben blieb bescheiden, beinahe kleinbürgerlich, auch nachdem Rolf die höheren Sprossen in seinem Staat erklommen hatte.

Wir tauschten alle Nachrichten aus, die wir von Eltern, Freunden und Verwandten besaßen. Meine Eltern hatten in Frohburg bei Leipzig bereits vor der Zerstörung Dresdens Zuflucht gefunden. Das Haus wurde erst durch eine puertoricanische Kompanie der US-Army befreit, besetzt und verwüstet, dann durch asiatische Truppen der Roten Armee geplündert und besetzt, bis mein Vater sich zum Ortskommandanten führen ließ und in dessen Vorzimmer so brüllte, daß die Geister der Spartakisten von 1919 im Blockhaus zu Dresden erwachten; den Kommandanten – einen Oberstleutnant – sprach er russisch an und wurde sofort mit Respektbezeigungen für den gleichrangigen Offizier unter den besonderen Schutz der Kommandantur gestellt. Besitzer des Hauses in Frohburg war mein Bruder Friedrich; er, seine Frau und ihre Kinder hatten sich inzwischen aus Günzburg an der Donau gemeldet. Das Haus in Dresden war eine Ruine. Keine Ruine war unser Atelier in Friedenau, an dessen Stelle ich Trümmer und verkohlte Balken vermutete. Selbst die schräge Glasscheibe, die wir den Meeresspiegel nannten, war noch heil. Vor dem Eingang des Hauses lud der fromme Kohlenhändler gerade bröckelige Briketts ab, als ich vorbeikam. Er habe für die Stubenrauchstraße 48 gebetet, sagte er.

Die Interviews und Reportagen aus Berlin wurden vom NWDR nach und nach an mehreren Abenden gesendet. Für viele Hörer in ihren abgelegenen Flüchtlingsquartieren und Behelfsheimen war es die erste glaubwürdige Kunde aus einer Welt, die zwar nur ein paar hundert Kilometer entfernt war, aber wie auf einem anderen Stern zu liegen schien. Everitt amüsierte sich über die unangreifbar formulierten Spitzen, die ich in meinem Kommentar unterbrachte. Die Machthaber in Ost-Berlin waren über die Wirkung ihrer Aussagen nicht glücklich, ließen das aber meinen Schwager als den Vermittler dieser Interviews noch nicht büßen. Später hat er infolge der unverzeihlichen Sünden seiner zwei prominenten Verwandten in der Bundesrepublik an Einfluß verloren. Mein Bruder stieg ja hoch in der Hierarchie des Gesamtdeutschen Ministeriums, und ich wurde zum Sprachrohr des Kapitalismus. Vielleicht war Rolf Helm aber auch als Generalstaatsanwalt nicht scharf genug.

Dieser erste Reportage-Ausflug in eine gründlich veränderte politische Landschaft war ein Vorgeschmack auf meine spätere Auslandsberichterstattung; so empfand ich es jedenfalls. Ich war jedoch mit dem Ergebnis, als ich es abhörte, nicht glücklich. Meinen Interviews merkte man die mangelnde Routine an. Ich bestätigte die Aussagen meines Partners durch dazwischengeworfene Knurkslaute, als müsse ich den Hörer wissen lassen, daß ich noch da war. Ich stieß mit Fragen nicht unbarmherzig nach und meldete mit keinem »Was Sie nicht sagen!« einen Zweifel an den guten Absichten fragwürdiger Politiker an. Wenn ich die Atmosphäre einer Szene spontan einzufangen versuchte, erstickte ich sie unter Ähs und Ehems. Meine literarische Erziehung stellte mich dauernd vor die Wahl zwischen vier oder fünf Ausdrucksweisen, und nicht immer wählte ich schnell genug die treffende. Zudem verhält sich die Zunge des Sachsen vor Konsonanten wie ein störrisches Pferd, das sich verweigert, weil es nicht weiß, ob es auf ein weiches oder hartes Hindernis stößt. Kurzum, ich fühlte, daß ich noch einiges lernen mußte.

Das betraf in geringerem Maße den Kommentar. Den konnte man sich erst einmal aufschreiben, dann verbessern und schließlich zur Überprüfung laut vorlesen; darauf verwandte ich viel Zeit, manchmal ganze Nächte für eine Sendung von zehn oder fünfzehn Minuten. Zum Teil rührte diese Langsamkeit der Gestaltung einfach daher, daß ich von Satz zu Satz nicht wußte, worauf ich eigentlich hinauswollte. Plötzlich sah ich mich zu Urteilen über Dinge gezwungen, von denen ich wenig verstand – mein Steckenpferd war Sektengeschichte zur Zeit der Reformation gewesen und nicht die Bestrafung von Mitgliedern der Hitlerjugend oder die vorteilhafteste Größe bäuerlicher Betriebe. Was bei solch eminent praktischen Themen zu sagen notwendig war, mußte ich mir rasch anlesen oder mit eiserner Stirn erfinden. Rundfunkkommentatoren, Kabarettisten und Pfarrer können ein Lied davon singen, wie schwer es ist, unter Terminzwang über alles eine Meinung haben zu müssen.

Manche Sendung geriet mir damals zur Predigt. Man hatte wenig Gutes zu berichten. Für unzählige Familien ohne Dach über dem Kopf und ohne Suppe im Topf gab es nichts Tröstliches, außer daß die Kinder nachts nicht mehr in den Keller gerissen werden mußten. In dieser Lage war unter Menschen, die mit 1500 Kalorien am Tag leben mußten, die Verbreitung von Hoffnung ein Wagnis. Falsch

Auf dem alten HSV-Platz unweit des Funkhauses auf der Rothenbaumchaussee bei einem Benefiz-Fußballspiel (vermutlich 1946). Maxe Schmeling nahm auch teil.

angefaßt konnte es nur in völliger Unglaubwürdigkeit enden. Daß sich das deutsche Volk all das Unheil ringsum selbst zuzuschreiben hatte, wurde ihm von vielen Seiten gern und häufig eingerieben – es war jedoch eine Mitteilung, von der man weder satt werden noch eine Hoffnung nähren konnte. Besonders dann nicht, wenn ein schadenfroher Unterton diese Information begleitete. Um sich zu fangen, um moralisch wieder auf die Beine zu kommen, brauchten die Deutschen Mitgefühl mit den Irrenden, Verführten, Getäuschten. Von der Verantwortung für seine Verirrungen konnte dieses Volk niemanden lossprechen. Aber man konnte eine Stimme des Zuspruchs sein, wie am Bett eines Kranken, dem man die Schmerzen erleichtert, wenn man sie ihm als Teil der Genesung begreiflich macht.

In diesem Sinne bemühte ich mich zu sprechen und geriet dabei manchmal hart an ein larmoyantes Fahrwasser. Andererseits – allein mit brutaler Information über die Höhe der Schuld, die abzutragen war, erreichte man die Gefühlsebene der Hörer nicht. Zum Totengedenktag, zu Weihnachten, zu Silvester wollten sie an die Hand genommen und nicht gegen das Schienbein getreten werden. Ob mein Rezept für die Wiedergewinnung des seelischen Gleichgewichts der Deutschen von 1945 besser oder schlechter war als die Roßkur, mit der man es auch versucht hat, das kann 45 Jahre danach nicht mehr beweiskräftig geklärt werden. Als die bekanntesten Kommentatoren zwischen Berlin und Aachen sprachen Eggebrecht und ich ohne Verabredung mit verteilten Rollen. Der »Manchester Guardian« schrieb 1946 in einem langen Artikel über den Rundfunk in Deutschland: »Eggebrecht ist hart, kompromißlos und bissig, Zahn wirkt überzeugend und versöhnlich.« Beide werden wir im höheren Alter gelegentlich von hübschen Frauen mit den Worten erfreut: »Zu Hause mußten wir immer mucksmäuschenstill sein, wenn der Vater sagte: ›Ruhe, gleich spricht Peter von Zahn.‹« – oder Eggebrecht, je nachdem.

Die Größen des Dritten Reichs waren entweder tot oder hinter Gittern. Emigrierte Politiker und Schriftsteller mit großen Namen wurden von den Alliierten zunächst nicht nach Deutschland hereingelassen. Für Politiker und Autoren, die aus der »inneren Emigration« oder den KZs befreit waren, gab es noch kein Rednerpodest und nicht genug Zeitungspapier, um in weiteren Kreisen bekannt zu werden. Der Rundfunk war das einzige Mittel, den Dialog mit einer breiten und empfänglichen Öffentlichkeit zu führen. Wer im Rundfunk sprach, war urplötzlich bekannt; was er sagte, wurde allein schon dadurch erwägenswert, daß er es sagen durfte. Unsere Rolle war nicht nur die der Maharadschas. Wir galten auch als Wetterhähne, an denen sich messen ließ, woher bei den Alliierten der Wind wehte. Man erkannte uns an der Stimme. Der Tankwart fragte nicht, haben Sie Marken? Er sagte, Sie sind doch der Sowieso! Wenn man das bestätigte, konnten sich die Schleusen politischer Querköpfigkeit öffnen oder die Mitteilung ergehen, daß man mich vom Zuhören her immer als klein und dunkelhaarig mit Hornbrille eingestuft habe. Um so erstaunter sei man nun, einem jungen Mann mit blondem Haar zu begegnen! Ach, lassen Sie Ihre Marken doch stecken!

Wir bekamen sehr bald riesige Stöße von Post: Briefe mit der Bitte, so weiterzumachen, oder mit der Aufforderung, nach Palästina zurückzukehren. Oder Karten mit einem einfachen Dankeschön. Und natürlich Bittschriften, Anfragen, Suchmeldungen, engzeilig beschriebene Dissertationen zum Völkerrecht und immer wieder Empörung über die häßlichen Sieger. Wenn sich die Sekretärin auch noch so große Mühe gab, nur der geringste Teil dieser Korrespondenz ließ sich eingehend beantworten. Nichtbeantwortung konnte aber als Hochmut ausgelegt werden. Diesem jungen Mann ist wohl der plötzliche Ruhm zu Kopf gestiegen?

Mein Selbstgefühl hatte sicher nicht abgenommen, aber mehr als zuvor wurde ich durch den Umgang mit reiferen und klügeren Kollegen der Grenzen meines Wissens und Könnens gewahr. Das setzte der Eitelkeit einen Dämpfer auf und glich die Lawine von »Fanpost« aus. Zum Glück war man, solange es nur den Hörfunk gab, nicht so ein bunter Hund wie zu späteren Fernsehzeiten. Da bedurfte es nicht der Stimme, um erkannt zu werden. Als »unser Mann aus der Neuen Welt« wurde man wie ein Sagentier angestaunt, wo man ging und stand.

Ich hatte das große Glück, ohne besondere Anstrengung Menschen kennenzulernen, an deren Bekanntschaft ich vor wenigen Monaten kaum im Traume zu denken gewagt hätte. Daß sie mir fast alle wie von gleich zu gleich und mit auserlesener Höflichkeit, ja Herzlichkeit begegneten, hatte natürlich mehr mit meinem Posten als meinem Wesen zu tun; der Skeptiker in mir verwechselte das nicht. Doch wäre es unfair, hinter allen freundlichen Gesten nur Berechnung zu sehen. Was mir jene ersten Jahre nach dem Krieg so besonders glücklich erscheinen läßt, war das Gefühl der Brüderlichkeit, das die führende Schicht in Westdeutschland verband. Sie tat das über Partei- und Konfessionsgrenzen hinweg. Man hatte überlebt, meist nicht ohne die Hilfe Gleichgesinnter; man wußte, daß es nur wenige Hundert oder Tausend waren, die nun für ein Volk von siebzig Millionen die Karre aus dem Dreck ziehen sollten. Dieser anonymen Elite stand man mit den Gefühlen nahe, bevor man den einzelnen noch richtig kennengelernt hatte. Jeder, der wie ich zufällig von Anfang an diesem Kreise zugeschrieben wurde, fand in ihm eine Aufnahme als Kamerad, als Freund, als Mithelfer, selbst wenn man viel jünger war und vielleicht später einmal Konkurrent werden würde. Vertrauen galt etwas, und man vergalt es mit Vertrauen. Man befand sich in einer Gruppe gleichartiger Erfahrungen, ähnlicher Ziele, mit den nämlichen Feinden und einem geschärften Sinn für Anstand und bescheidene Würde. Diese Gemeinsamkeiten wurden kennzeichnend für die Schicht, welche sich 1945 anschickte, dem Land eine neue Ordnung zu geben – meistens zusammen mit den Angloamerikanern, manchmal gegen sie. Sie bestand, wie konnte es anders sein, vorwiegend aus Männern, die bereits in der Weimarer Republik Proben ihrer Fähigkeiten und ihres Charakters abgelegt hatten – ich denke da an Heuss und Adenauer, an Schumacher und Carlo Schmid, an Kopf und Arnold, Böckler und Grimme. In ihrer größeren Erfahrung sahen sie kein Hindernis, jüngeren Helfern der ersten Stunde ihre Chance zu geben.

Mehr noch als der Umgang mit den Politikern der Gründerzeit befriedigte mein Geltungsbedürfnis der Kontakt mit Schriftstellern, Regisseuren und Wissenschaftlern der ersten Stunde. Viele arbeiteten gelegentlich bei uns mit oder schrieben uns unaufgefordert Kommentare zu unseren Sendungen. Andere traf man ex officio bei Tagungen, die damals einem wirklichen Bedürfnis entsprachen. Für die Bücher einiger Autoren hatte ich bei Ullstein vor dem Kriege Werbetexte geschrieben. Nun begegnete ich ihnen leibhaftig, und zwar als geschätzter Kollege. Zu ihnen gehörten Wilhelm von Scholz, der erste Intendant des Bayerischen Rundfunks, und Friedrich Bischoff, Intendant des Südwestfunks – beides Autoren des Ullstein Verlages. Ähnliches galt für Hans Zehrer und Walther von Hollander. Der letztere wurde als Briefkastenonkel und Ratgeber in Fragen der Lebenskunst zum Nordwestdeutschen Rundfunk geholt.

Zu Weihnachten 1945 lud er mich das erste Mal zu einem Besuch in sein Haus bei Mölln ein. Ich fuhr ohne Reservereifen los und kam auch glücklich vor einem dunkelroten, geräumigen Gutshaus mit grünen Fensterläden an. Man wußte nicht, was man mehr bewundern sollte, die fünfhundertundachtundzwanzig seltenen Bäume des Parks oder die Zahl der Großmütter, Schwiegerväter, Töchter und Tanten an dem riesigen Familientisch. Zahlreiche Obstbäume schienen gut getragen zu haben, der Gemüsegarten hatte bis in den Spätherbst hinein ordentlich geliefert. Das Wasser lief einem im Mund zusammen, sah man die Kühe im Stall, die Schafe auf der Weide, das Federvieh und die potentiellen Braten im Ententümpel. Vier Katzen und eine Dogge, schwarz wie die Nacht, so groß wie meine Sekretärin und so gutmütig wie ich, sorgten für Gemütlichkeit. Hollander war der angenehmste Gastgeber, den man sich vorstellen konnte: altweltliche Höflichkeit und baltischer Humor, mit einer Prise moderner Lebenstechnik gemischt. Manche bestritten hinterrücks das letztere und sagten außerdem Hollanders Romanen mangelnde Qualität nach. Ich war der Meinung, daß ein Lebenskünstler ruhig Bücher schreiben darf, die nicht den höchsten Ansprüchen genügen. Sonst kann er ja nichts verdienen. Jedenfalls hatte ihm sein Buch »Das Leben beginnt mit vierzig« soviel eingebracht, daß er sich das kleine, verfallene Gut kaufen und aus ihm ein Juwel machen konnte. Ein Juwel für hungrige Stadtbewohner.

Hollander war auf Betreiben seiner charmanten und energischen Frau Vegetarier geworden. Die beiden aßen Erbsen, während die weitere Familie und ich mit dem besten Gewissen der Welt den Gänsebraten verzehrten. Zum Frühstück am nächsten Morgen gab es neben Dutzenden von Marmeladen und Gelees die gute Gänseleberpastete und mittags Schweinebraten, Puter und eimerweise Pudding. Daß die Hollanders Lebenskünstler waren, konnte man auch daran erkennen, daß sie keinem Gast ihren Vegetarismus aufnötigten. Im Gegenteil, sie vermehrten ihre Schafherde, um einquartierten Flüchtlingen und den eigenen hungrigen Gästen aus der Stadt etwas bieten zu können. Der Segen der Toleranz lag über dem Hause.

Damit sie ihren Vater etwas kennenlernte, hatten wir im Herbst unsere Tochter Sabine nach Hamburg geholt. Doch als der Winter einsetzte und die Wohnung immer noch keine Fensterscheiben aufwies, mußte sie wieder in die besser versorgte Landschaft Oberschwabens gebracht werden. Die Reise mit dem lebhaften Kind war für meine Frau, die im fünften Monat schwanger war, überaus anstrengend – wie alles, was sie tat. Neben der allgemeinen Unterernährung hatte die Gefängnishaft ihre Spuren hinterlassen. Eines Morgens kam ich unvermerkt ins Schlafzimmer und sah, wie Christa mit prüfend zusammengekniffenen Augen ihre ausgestreckte Hand betrachtete. Die Finger schienen sich selbständig gemacht zu haben. Sie zitterten, ohne daß sie es unter Aufbietung aller Willenskraft verhindern konnte. Das war der Anfang eines schmerzhaften Leidens, an dem die Ärzte zwanzig Jahre lang herumrätselten. Es belastete ihr Gemüt besonders, weil die Symptome zunächst auffallend den Erscheinungen der Parkinsonschen Krankheit glichen, an der ihr Vater gestorben war. Das Forsthaus bei Balingen war unter diesen Umständen ein besserer Aufenthaltsort als die ungeheizte Wohnung an der Alster in einer halbverhungerten Großstadt und bei einem Mann, der im Nordwestdeutschen Rundfunk einen Arbeitstag von sechzehn Stunden absolvierte.

So begingen wir also Weihnachten und den Jahreswechsel wiederum getrennt. Das Funkhaus an der Rothenbaumchaussee wurde für mich wie für manchen anderen zum Mittelpunkt der Existenz – und das nicht nur der Wärme wegen. Immer wieder wallte in uns das plötzliche Glücksgefühl auf, überlebt zu haben. Wir kamen uns manchmal vor wie Schiffbrüchige, die es an den Strand geworfen hat. Sie trauen ihren Augen kaum, wenn neben ihnen Planken und Maste und Werkzeuge zum Bau eines neuen Boots angeschwemmt werden. Wir waren davongekommen, und es lag an uns, mit diesem Rundfunk ein besseres Boot zu zimmern und eine neue Existenz.

Ich kann nicht behaupten, daß ich in jedem Augenblick dieser zukunftsträchtigen Zeit mit heiliger Nüchternheit zu Werke gegangen wäre. Nüchternheit war angebracht am Silvesterabend für den obligaten Jahresrückblick – aber kaum war der gesendet und das Grußwort des Senders für seine Hörer in die ersten Takte des Swing übergegangen, da griff bereits das unheilige Besäufnis um sich. Der britische Programmdirektor zog mit einer Feuerspritze in den Großen Sendesaal und brüllte »Alarm!« ins Mikrophon; warum das deutsche Rundfunkpublikum wissen sollte, daß Captain Everitt eben zum Major befördert worden war, blieb sein Geheimnis, aber Eggebrecht und ich übersetzten für halb Deutschland diese Meldung und einiges andere ins Sächsische. Später fanden wir uns in der »Kolibri-Bar«

von St. Pauli wieder. Eine Horde von Schwarzhändlern, Zuhältern und Langfingern empfing uns mit Respekt und vielen Lobeserhebungen. Daraus entwickelte sich eine solenne Keilerei, vermutlich zu unseren Ehren, und dem folgten sechs Männer mit eingeschlagenen Nasen. Das war die Kriminalpolizei. Selten hatte ich so viele lasterhafte Gesichter auf einem Haufen gesehen. Doch nachdem der erste Blutdurst gestillt und gegen drei Uhr morgens nichts mehr zu essen aufzutreiben war, zog die Gesellschaft in eine Mansardenwohnung am Rondell und entwarf bei Leuten, die ich nicht kannte und nie wiedersehen würde, ein Jahresprogramm für einen Rundfunk, den es noch nicht gab; wir waren trunken von unserer Aufgabe, ihn zu erfinden, und sprachen so stolz davon wie der Mann, der gerade das Rad erfunden hatte.

Die »Nordwestdeutschen Hefte«

Wer sich der dürftig gedruckten Blättchen erinnert, die in den ersten Nachkriegsjahren als Zeitungen ausgegeben wurden, versteht, warum sich der Rundfunk im Vergleich zur Tagespresse für etwas Besseres hielt. Er informierte ein Millionenpublikum, während die Zeitungen froh sein konnten, wenn sie Zehntausend erreichten. Es lag nicht nur am Papiermangel, daß mehr gehört als gelesen wurde. Eine enorme Explosion hatte die überkommenen Bindungen zersprengt. Man suchte im nächtlichen Äther aufs Geratewohl nach vertrauten Stimmen und Klängen. Viele suchten nach Trost, den man selten in Leitartikeln findet, aber manchmal in Worten, die nahe am Ohr gesprochen werden. Unstreitig ging die Wirkung des Rundfunks mehr in die Breite als die der Presse, zuweilen reichte sie aber in tiefere Schichten des Gemüts. Gerade dann hätte man das gesprochene Wort gern nachgelesen. Doch war es nun unwiderruflich verschwunden. Unsere Sendungen kamen meistens »live«. Nur wenige Gedächtniskünstler waren imstande, zu behalten, was sie gehört hatten. Es gab noch keine Tonkassetten. Was die Sprecher der ersten Stunden äußerten, war nach der Ausstrahlung nur mehr als Gekritzel auf wenigen Manuskriptseiten vorhanden, und die wurden häufig weggeworfen. Die Rundfunkstationen bewahrten nur ganz wenige Tonkonserven auf. Die Bänder waren zu kostbar, als daß sie nach einmaliger Verwendung ins Tonarchiv wandern durften. Wir beim NWDR wollten aber auch von denen vernommen werden, die außerhalb unseres eingeschränkten Wellenbereichs lebten oder uns wegen Stromsperre nicht hören konnten. Es gab außerdem Redakteure mit dem Ehrgeiz, zur Nachwelt zu sprechen.

So lag es nahe, die wichtigsten Programme des Rundfunks nachzudrucken – etwa in einer Zeitschrift nach Art des »Listener«; darin veröffentlichte die BBC, was sie an bedeutenden Beiträgen ausgestrahlt hatte. Dem »Listener« merkte man an, daß er einer halbstaatlichen Bürokratie zu Willen sein mußte. Er stellte eine ziemlich lieblose Sammlung hochgestochenen Materials dar und kam in puritanischster Ausstattung einher.

Ein überaus eleganter Mann meines Alters namens Axel Springer reizte uns dagegen mit dem Vorschlag, daß eine so bedeutende Institution wie unser NWDR der Nachwelt nicht im Gewande eines Kirchenblattes aus der Provinz unter die Augen treten dürfe. Als Verleger wisse er, wie man das besser machen könne. Wir sollten ihm also die Beiträge liefern, die wir gern gedruckt sähen, und vielleicht könnten ja auch unsere britischen Kontrolleure ein gutes Wort einlegen für eine rasche Zeitschriftenlizenz? Und eine hohe Papierzuteilung?

Selbstverständlich war das Wohlwollen der Broadcasting Control Unit sehr viel wichtiger als das von Eggebrecht und mir, die wir als Herausgeber fungieren sollten. Die Methode jedoch, die Springer dieses Wohlwollen sicherte, war in beiden Fällen die gleiche. Er brachte seinen Charme ins Spiel und machte damit jeden Widerstand unmöglich. Sein Charme aber war eine fein abgewogene Mischung aus Witz, Schmeichelei, Sachverstand und entwaffnender Selbstironie. Bevor er mit den Offizieren der Lizenzbehörde verhandelte, wurde er gefragt, ob er während des Dritten Reichs verfolgt worden sei. »Überhaupt nicht, außer von Frauen«, war seine Antwort, und die empfahl ihn, weil sie sich so sehr von den üblichen Versicherungen still geleisteten Widerstands abhob. Er sprach anfangs kein gutes Englisch, beherrschte aber die englische Kunst des Understatements wie kaum ein anderer. Sein feines Gespür für die Vorlieben des lesenden Publikums sollte sich erst später herausstellen; aber man bemerkte bei ihm schnell die beinahe weiblich reagierende Antenne, mit der er die geheimsten Erwartungen seines Gegenüber auffing.

Mir empfahl er sich während unserer ersten gemeinsamen Fahrt zu Hollander mit seiner Einstellung zu Pferden. Als Kind war ich vom Pferd des Milchkutschers gebissen und bei der Reichswehr vom Huf eines Kommiß-Zossen getroffen worden. Springer hatte die gleiche Abneigung gegen Gäule wie ich. Wir malten uns eine ganz und gar pferdelose Welt aus, sehr zum Entsetzen eines passionierten Rennreiters, der gerade Hollanders Gast war.

Daß Axel Springer einige Jahre danach eine hervorragende Dressurreiterin heiraten und meine Frau, im siebten Monat schwanger, in Virginia von einem unserer Pferde über eine Hecke geworfen werden würde, das hätten wir uns damals noch nicht träumen lassen.

Das erste der »Nordwestdeutschen Hefte« erschien im April 1946 unter der Zulassungsnummer 68 der Militärregierung. Die Ausstattung war ansprechend, der Druck gut, die Mischung der Beiträge so bunt und attraktiv wie die Schutzumschläge. Als Herausgeber konnten Eggebrecht und ich aus dem vollen schöpfen. Damit ist nicht die Kasse gemeint, sondern das Reservoir von Beiträgen. Für jedes Heft trafen wir eine Auswahl aus den Rundfunkprogrammen von mindestens einem Monat. Noch erdrosselte die Musik im Radio nicht das Mitteilungsbedürfnis. Das Wort herrschte fast unumschränkt. Es war kaum zu glauben, wie viele Kommentare, Vorträge, Features, Hörspiele, Interviews, Lyrik und Glossen damals in vier Wochen gesprochen wurden, ohne daß im Äther die geringste Spur verblieb. Natürlich erreichte man nur das Trommelfell derer, die sowieso offene Ohren hatten. Aber viele Zuhörer lechzten danach, daß ihnen jemand ihre Leiden in gedruckter Form erläuterte. Übrigens veröffentlichten wir nach kurzer Zeit auch Beiträge, die nicht vorher im Rundfunk gesendet worden waren. Niemand redete uns drein; die Engländer nicht und noch nicht einmal Axel Springer, solange ihm die Hefte aus den Händen gerissen wurden. Ich gab meinem Lehrer Gerhard Ritter das Wort zu den Verfassungsplänen Goerdelers, an denen er mitgearbeitet hatte. Ich versuchte, Wilhelm M. Busch zum Erzählen zu animieren. Er zeichnete aber und illustrierte lieber für uns. Ich hatte meinen Freund aus PK-Tagen in einer ostholsteinischen Bauernkate aufgestöbert. Es gelang mir nicht, Michael Vermehren auf dem Umweg über die »Hefte« in den Rundfunk zu ziehen. Er wanderte nach Kolumbien aus. Erst ein Dutzend Jahre später konnte ich ihn als Südamerika-Reporter für die »Windrose« rekrutieren.

Wir waren allesamt des Glaubens, die »Nordwestdeutschen Hefte« seien die erste und vornehmste politisch-literarische Zeitschrift in der britischen Besatzungszone. Ein Universitätsblatt in Göttingen belehrte mich aber kürzlich eines Besseren. Wir waren nicht die ersten. So lückenhaft waren damals die Informationen.

Weil man den Inhalt der »Hefte« mit einem Blick überschauen konnte, manifestierten sich darin unsere redaktionellen Grundsätze und Überzeugungen noch deutlicher als in der Programmpolitik des Senders. Wir waren so weitherzig, daß wir jede Stimme zuließen, die etwas zu sagen hatte. Der politische Regenbogen wies von ganz Rot bis Tiefschwarz alle Farben auf – selbst ein wenig Braun schimmerte hier und da durch. Wir schätzten die Eiferer nicht, aber da es sie nun einmal gab, sollte man sie auch erkennen können. So konnte sich der Zuhörer und Leser heraussuchen, was ihm zusagte. Aber so sehr an Kommandos gewöhnt, wie er noch war, wußte er häufig nicht, was ihm zusagen sollte. Kein Zweifel, wir stifteten ein gerüttelt Maß an Konfusion, wenn Herbert Blank und Axel Eggebrecht nebeneinander zu Worte kamen; beide waren sie im KZ gewesen, aber aus recht unterschiedlichen Gründen. Unserem Publikum ging die Kakophonie der Überzeugungen auf die Nerven; es setzte nicht auf die allmähliche Abklärung eines Consensus durch Argument und Diskussion, sondern wollte wissen, wo es langgeht. Eines Tages beherzigten wir das und versuchten, eine Art Konkordanz herzustellen. Axel Eggebrecht, Herbert Blank, der Wirtschaftsredakteur Dr. Heitmüller und ich schrieben unabhängig voneinander auf, was unserer Meinung nach in zehn Hauptfragen des Tages die Linie des Senders sein sollte. Wie sich leicht voraussagen ließ, ergab sich keine einheitliche Auffassung. Wir zogen auch gar keine Konsequenzen daraus, sondern vergaßen im Drang der Geschäfte den Zweck der Übung. Ich zum mindesten hangelte mich weiter von einer intellektuellen Improvisation zur anderen. Aber ich hob die vier politischen Bekenntnisse auf und kann deshalb heute ganz gut nachempfinden, wie mir im Mai 1946, ein Jahr nach Kriegsende, zumute war. 44 Jahre später erregen die gleichen Fragen in etwas anderer Konstellation erneut die Gemüter.

Auf den Nägeln brannte einem jeden damals die in der Ostzone gerade stattfindende Zwangsvereinigung der SPD mit der KPD. Eggebrecht schrieb zu diesem Punkt: »Die sozialistische Einheitspartei wird kommen und muß kommen... Die Reibungen dieses Frühjahrs werden in ziemlich kurzer Zeit nur noch historisches Interesse für den Sozialisten haben.« Dem NWDR riet er: Betonung der Notwendigkeit einer Einheitspartei, völlige Parität in der Berichterstattung, sozusagen Vorwegnahme der Vereinigung in allen grundsätzlichen Fragen.

Herbert Blank rief: »Keine Einheitspartei! KPD zu ungeschickt, zu faschisiert und zu sehr in Rußland verliebt.« Heitmüller beschrieb die sozialistische Einheitspartei als eine praktisch um die SPD vergrößerte KPD, die wiederum eine Ortsgruppe Moskaus ist. »Die rote Einheitspartei läuft auf die Wiederholung des braunen Einparteienstaates hinaus.«

Nordwestdeutsche Hefte

HERAUSGEBER AXEL EGGEBRECHT UND PETER VON ZAHN

HEFT 1

AXEL EGGEBRECHT
Rückblicke ins Dritte Reich

FRANK THIESS
Heimkehr zu Goethe

PETER VON ZAHN
Muß die Jugend abseits stehen?

WALTHER VON HOLLANDER
Wie überwinden wir die Ehekrise?

BEI
HAMMERICH & LESSER
IN HAMBURG

Titelblatt der ersten Nummer der »Nordwestdeutschen Hefte«.

Ich drückte mich etwas höflicher so aus: »Individuelle Übertritte sind einer zwangsweisen Verschmelzung vorzuziehen. Kein Gewissenszwang! In dem besonderen Fall KPD-SPD wird versucht, zwei unvereinbare Organisationsideen unter einen Hut zu bringen. Die SPD ist nach dem Prinzip der parlamentarischen Demokratie aufgebaut, die KPD hingegen eine hierarchisch-zentralistische, unkontrollierte Kampforganisation, die eine Minorität zur Herrschaft bringen will... Eine starke Einheits-Arbeiterpartei bietet grundsätzlich keine Gewähr für antifaschistische Politik. Sie kann ebensogut in ein nationalistisches Fahrwasser einlaufen.«

Punkt 2 unserer Auseinandersetzung betraf den Sozialismus. Ich charakterisierte den Sozialismus als »keine Weltanschauung, sondern eine gefühlsgeladene Gesellschaftstheorie«, die dazu neige, in staatliche Kontrolle auszuarten. Die Kontrolle durch Genossenschaften, Räte, Selbstverwaltungskörper, Berufsstände sei vorzuziehen. Blank vertrat etwas wolkig einen nichtmarxistischen Sozialismus, in dem der einzelne jederzeit das Gefühl haben müsse, auf Grund einer anerkannten Rechtsordnung die Möglichkeit zu eigener Leistung zu haben. »Sozialismus ist ein Recht und kein Geschenk!« Heitmüller sprach davon, daß ein neuer Sozialismus nicht mehr so engstirnig sein dürfe wie der ökonomische Materialismus, der in der Madonna von Raffael oder in Goethes »Faust« den Ausdruck eines bürgerlichen Ausbeutungswillens sah. »Das Hirngespinst vom Klassenkampf ist im heutigen Deutschland durch die Zwangsläufigkeit einer solidarischen Notgemeinschaft verdrängt.« Eggebrecht schließlich: »Deutschland wird sozialistisch sein – oder es wird nicht mehr sein... Alles, was seit 15 Jahren auf der Welt geschah, liefert enormes Material zur Bestätigung dieser Theorie, i. e. des historischen Materialismus.«

Beim Thema Zentralismus oder Föderalismus redeten wir uns – ohne uns abgesprochen zu haben – ziemlich einhellig auf ein föderales Europa heraus, dessen Lebensregeln sich jedoch beim damaligen Zustand unseres Erdteils niemand so recht vorstellen konnte. Heitmüller sprach von einem deutschen »Rückfall in den Föderalismus«, ließ aber die Idee der europäischen Bundesstaaten hochleben. Herbert Blank lehnte den Zentralismus rundweg ab. »Wir waren fast hundert Jahre lang in der Mitte Europas genug verhärtet. Es beginnt das Zeitalter der übernationalen Gruppierungen. Wie sollen wir da als zentralistisch geleitetes Gemeinwesen Anschluß und natürliche

Bindung finden?« Eggebrecht befand, daß der Föderalismus für Deutschland abzulehnen, für Europa jedoch stärkstens zu fordern sei. Weise vermerkte ich: »Anzustreben ist ein europäisches föderatives System. Es ist eine Frage der Zweckmäßigkeit, in welcher Form Deutschland einem solchen System beitritt, beziehungsweise es fördert.« Entsprechend einhellig waren unsere Ansichten zur Internationalisierung des Ruhrgebiets. Ein allgemeines Ja dazu, solange es nicht in die Hände von internationalen Rüstungsindustriellen fällt.

Wie die deutsche Ostgrenze verlaufen würde, war ein reichliches Jahr nach Jalta und ein halbes Jahr nach Potsdam keine ausgemachte Sache. Ich schrieb zu diesem Fragenkreis: »Ostgrenze ist töricht und wird zu einem Stachel nationalistischer Revisionsforderungen. Eine große Aufgabe für international eingestellte Kräfte, den Revisionsforderungen der siebzig halbverhungerten Millionen gegen die dreißig vermutlich untüchtigen Millionen eine Linie zu geben, die den Frieden nicht stört, sondern fördert. Konstruktive Lösung nur möglich bei einer gemeinsamen Dachorganisation, unter der die nationalen und sprachlichen Grenzen hinfällig werden.«

Heitmüller ging scharf mit den Polen ins Gericht: »Was sich jenseits der Oder abspielt, ist eine Wiederholung des SS-Terrors mit polnischem Vorzeichen.« Die Atlantik-Mächte müßten daran interessiert sein, diesen Unruheherd zu beseitigen.

Herbert Blank riet, in diesem Zusammenhang auf der Einheit Deutschlands immer zu bestehen. Eggebrecht prophezeite, daß der Terror jenseits der Oder-Neiße-Linie genauso enthüllt und geahndet werden würde wie der NS-Terror. Eine Paneuropa-Partei brauchten wir für eine Gesamtlösung nicht, sondern europäisches Bewußtsein in allen Parteien. Hierfür könnten wir im NWDR viel tun!

Soll Berlin Hauptstadt sein? Meine Ansicht damals: »Wo die Regierung sitzt, ist gleichgültig, die Hauptsache ist, sie sitzt dem Volke gut. Eine gute Regierung in Berlin ist immer noch besser als eine schlechte in Bebra.« Herbert Blank fand Berlin als Hauptstadt vollkommen widersinnig. Die Wahl liege zwischen Weimar und Nürnberg. Heitmüller war »auf weite Sicht« für Berlin, Eggebrecht unumwunden.

Ein Vergleich der Texte ergibt, daß wir uns über die Frage »Was wird aus den Kriegsgefangenen?« alle einig waren. »Sie sind zu entlassen mit Ausnahme der Nazi-Aktivisten, welche durch Zwangsarbeit ihre Verfehlungen wiedergutmachen sollen.« Dieses Problem würde uns noch zehn Jahre lang beschäftigen. Das der »Entnazifizierung« stellte sich als überhaupt unlösbar heraus. Es gewann 1989 eine gespenstische Aktualität. Wie wird eine friedliche Revolution wie die in der DDR mit dem Staatssicherheitsdienst eines Regimes fertig, dessen Fassade fällt, während das Gerüst stehenbleibt? Die Entnazifizierung wurde 1945 von den Alliierten angeordnet und fand im Frühjahr 1946 laut meines Textes »in einer Form statt, die eher der Arisierung als einem Akt der Gerechtigkeit gleicht«. Ich unterschied zwischen politischem Irrtum und verbrecherischer Absicht, forderte die Bestrafung von Verbrechen, den Ausschluß »hoher Ränge« von öffentlichen Ämtern, im übrigen keine Entziehung der bürgerlichen Ehrenrechte und, soweit keine speziellen Vergehen vorlagen, eine Generalamnestie für alle, die später als 1916 geboren waren.

Blank hielt einen schnellen Schluß mit diesen Verfahren für notwendig. Heitmüller sah darin nur ein Thema von gestern, Eggebrecht dagegen wollte jeden Einzelfall geklärt wissen, und wenn es noch so lange dauert. »Hitler hat uns 12 Jahre warten lassen, also können die Belasteten ruhig 3 oder 4 Jahre warten... Ohne saubere Klärung bleiben die Fäulniskeime überall virulent. Siehe CDU...«

Warum in jenen Monaten 1946 die traditionellen Arbeiterparteien Deutschlands tief in der Krise steckten, war uns klar. Daß sich im gleichen Augenblick Katholiken und Protestanten in der CDU ein gemeinsames politisches Programm gaben – nach einer jahrhundertealten konfessionellen Spaltung Deutschlands die einzige politische Neuerscheinung der Nachkriegszeit! –, das übersahen wir alle, unterschätzten es jedenfalls, als habe man uns mit Scheuklappen ausgerüstet. Unter dem Stichwort »Kirche und Politik« findet sich in unserem Versuch aus meiner Feder nur die lakonische Mitteilung: »Die Kirche erfüllt die Funktion einer Drüse, deren Sekrete *alle* Organe beeinflussen. Sie ist jedoch kein Organ im Staate, dem das Recht zusteht, Parteipolitik zu betreiben.«

Offensichtlich hatte ich nicht darüber nachgedacht, daß die Parteien bereits massive Kirchenpolitik betrieben, indem sie sich die Hilfe und Unterstützung der am wenigsten kompromittierten Gemeinschaften in Deutschland zu sichern trachteten. Wir schätzten überhaupt im heidnischen hohen Norden des Landes die Rolle falsch ein, welche die Kirchen gespielt hatten und spielen würden. Eggebrecht zog sich auf das alte Freidenker-Axiom zurück, wonach alle Religion letztlich Erfindung sei. In ihrer Propagierung sah er eine bedenkliche Verirrung oder glatten Schwindel. »In einer areligiösen Menschheit wäre der ›Glaube‹ an einen Hitler ganz und gar unmöglich. Annahme des Gegenteils ist ein zweckvoller Trugschluß der Kirchen.« Er setzte allerdings wehmütig hinzu: »Das alles können wir am NWDR nicht propagieren«, und lieferte damit ein unfreiwilliges Zeugnis für den Einfluß, der den Kirchen im Rundfunk damals bereits wieder zugefallen war.

Blank sprach der (protestantischen) Kirche die Fähigkeit ab, sich mit dem Sozialismus zu verbinden. Über den »caritativen« Sozialismus sei sie nie hinausgekommen. Heitmüllers Diagnose lautete: »Was wir gegenwärtig erleben, ist eine Flucht aus der Trümmerwirklichkeit. Die Überfüllung der Kirchen ist eher ein Zeichen für die Ratlosigkeit der breiten Masse und für die mangelnde Anziehungskraft der politischen Parteien ... als der Beweis für eine Kirchen-Renaissance mit politischem Einschlag.«

Der zehnte und letzte Punkt unseres Nachsinnens über gemeinsame politische Formulierungen betraf die parlamentarische Demokratie. Wünschten wir sie uns eigentlich? Der NWDR sollte nach Ansicht Eggebrechts »ruhig einmal aussprechen, daß es keine Schande ist, sich für keine Partei zu entscheiden«. Parlamentarismus sei eine spätkapitalistische Restform, viel besser sei ein Rätestaat, gewissermaßen eine vorsozialistische Form. Die parlamentarischen Parteien seien tot und lebten doch als schrecklicher Ballast weiter.

Für Heitmüller waren die Parteien mit dem Verdacht belastet, gegenüber dem autoritären System völlig versagt zu haben. Er ging nicht so weit wie Eggebrecht, sah aber die Ansätze zu einer geistigen Erneuerung nur in einem bewußten Gegensatz zum parteipolitischen Betrieb. Blank schlug in die gleiche Kerbe: »Die Parteien – überdies von der Besatzung kommandiert – haben keinerlei Basis.«

Auch ich entpuppte mich als Kritiker des parlamentarischen Systems. »Parlamentarische Demokratie ist uns vorgeschrieben, obwohl oder weil sie in unserer Situation nicht wirksam wird. Sie gibt die wirtschaftlichen Forderungen der breiten Massen nicht mit genügender Genauigkeit wieder, da sie ihrem Wesen nach eine verschleierte Funktionärsdiktatur ist.« Ein Rätesystem schien mir brauchbar, vorausgesetzt, daß sich nicht eine Partei des Räte-Apparats bemächtigte.

Immerhin billigte ich dem Parlamentarismus das Existenzminimum zu: ein auf dem Wege über die Parteien gebildetes, unmittelbar gewähltes Oberhaus.

Liest man das mit den Erfahrungen, die man sich in 45 weiteren Jahren erworben hat, so kann man von Glück reden, daß unsere »Zehn Gebote für den Rundfunk« nicht veröffentlicht wurden. Sie hätten den Vorwurf des »Rotfunks« bekräftigt, der gegen den NWDR häufig erhoben wurde. Rot waren wir, aber nur verbal. Bei aller schneidenden Radikalität seiner Ausdrucksweise war Eggebrecht kein Hetzer und kein Machtmensch. Blank, der einer war, war zugleich ein Chaot, der immer über die eigenen Beine stolperte. Heitmüller paßte sich den extremen Tönen an, blieb aber als Wirtschaftsjournalist um sachliche, nicht ideologisch bestimmte Aussagen bemüht. Mir schließlich war im Kreis der damaligen Kommentatoren und Redaktionsleiter eine ausgleichende Rolle zugefallen; nicht nur, weil ich die Vielfalt der Stimmen und Farben bewahren wollte, sondern weil ich das Ohr der Engländer besaß und deshalb auf beiden Seiten angehört wurde. Es stört mich heute, daß ich aus dem Wortschatz der sowjetisch beherrschten Linken einige Fachausdrücke verwandte wie »antifaschistisch« oder »Rätesystem«. Scharfe Munition war das aber nicht, allenfalls eine Platzpatrone. Den Begriff »antifaschistisch« muß ich wider besseres Wissen gebraucht haben; ich war mir ja bewußt, daß er einer vergangenen Phase der kommunistischen Agitation entstammte und sich gar nicht mit »anti-nationalsozialistisch« deckte. Aber im Vokabularium der Nachkriegszeit bot sich »faschistisch« nun einmal als allgemeinverständliches Kürzel an, wenn man einem Gegner etwas anhängen wollte.

Wäre Karl-Eduard von Schnitzler damals in Hamburg gewesen, hätte ich ihn vielleicht auch um seine Meinung gebeten. Immerhin war er ja von den Engländern nach seiner Rückkehr aus der Kriegsgefangenschaft in Großbritannien zum Chefredakteur des Senders Köln im Verband des NWDR gemacht worden. Er verdiente die Bezeichnung »rot« und machte Eggebrecht und mir als den Herausgebern der »Nordwestdeutschen Hefte« das Leben schwer. Er sprach Anfang 1946 über Hindenburg einen Kommentar, den wir nicht übel fanden und gern mit seiner Genehmigung nachdruckten. Das war leichtsinnig von ihm, denn einige Wochen nach der Veröffentlichung erreichte uns eine Zuschrift, in der an Hand ausführ-

Redaktionskonferenz im NWDR (1946 oder Anfang 1947). Am Tisch, der Kamera zugewandt, von rechts nach links: Assistent Dr. Krollpfeiffer, Peter von Zahn, Axel Eggebrecht, Eduard Rhein. Die Anwesenheit von Eduard Rhein, Chefredakteur von »HÖRZU«, läßt darauf schließen, daß in dieser Sitzung über die Präsentation von Programmdetails in der neuen Zeitschrift Axel Springers gesprochen wurde.

licher Textvergleiche nachgewiesen wurde, daß Schnitzler seinen Hindenburg-Artikel zum großen Teil wörtlich aus der Ostberliner Zeitschrift »Aufbau« abgeschrieben hatte. Nach unseren Maßstäben wäre das selbst dann schwer verzeihlich gewesen, hätte er es an versteckter Stelle mitgeteilt. Er besaß aber die Dreistigkeit, zu Eingang seines Artikels eine Reihe von Quellen aufzuzählen, die er benutzt habe. Das sah nach was aus; der ausgeschlachtete »Aufbau«-Artikel von Ferdinand Friedensburg befand sich jedoch nicht im Quellenverzeichnis.

Das war peinlich für eine eben vom Startplatz abhebende Zeitschrift. Ferdinand Friedensburg war schließlich ein angesehener Politiker in Berlin. Wir stellten Schnitzler zur Rede. Er redete sich auf sein »eidetisches Gedächtnis« heraus. Ganze Seiten seiner Lektüre hafteten angeblich so wortgetreu in seinem Gedächtnis, daß er manchmal nicht mehr sagen könne, ob der Text auf dem eigenen Mist gewachsen oder Schmuck mit fremden Federn sei.

Er blieb noch ein halbes Jahr lang Chefredakteur. Eines Tages forderte mich Hugh Carleton Greene auf, ihn nach Köln zu begleiten. Wir bestiegen seinen Zwölfzylinder-Maybach, in dem sich die Beine dieses Zweimetermannes gerade noch bequem unterbringen ließen. Ich mußte mir mit einer großen Kiste »Guinness«-Bier den schmalen Rücksitz teilen. Die Kiste war halb ausgetrunken, als wir in Köln ankamen. Greene hatte sich entschlossen, Schnitzler seines Postens zu entheben. Versuche, in Nordrhein-Westfalen ein getarntes Netz kommunistischer Informationszellen zu bilden, gaben wohl den Ausschlag. Mir fiel die Aufgabe zu, einen verläßlichen Nachfolger für den Chefsessel zu finden. Das wurde dann Walter Steigner. Mit ihm war ich in der Backbord-Nock von KFK 03 aus Kurland geflohen.

Man munkelte damals, der NWDR sei die einzige Trinkerheilanstalt der Welt mit eigenem Rundfunksender. Manches bestätigte diesen Eindruck. Während wir den General der Heilsarmee, Carpenter, für ein Interview erwarteten, hatte Major Everitt eine Flasche »Stonsdorfer« auf den Tisch gestellt. Wir konnten sie gerade noch im Papierkorb verschwinden lassen, da stand er schon im Raum, der General der Heilsarmee, mit einem reichgeschmückten Gefolge von Heilsarmee-Untergeneralen, Obersten, Majoren, Sergeanten und Soldaten männlichen und weiblichen Geschlechts. Der General war ein alter Herr, dem Güte und Barmherzigkeit ins Gesicht geschrieben standen. Doch hielten wir es nicht für angebracht, sein Verständnis für die Probleme von Alkoholikern allzusehr auf die Probe zu stellen. Schlimm genug schon, daß wir rauchten. Wann immer einer von uns sich eine Zigarette anzündete, brachen all die geschmückten Adjutanten in Hustenkaskaden aus. Wir interviewten den General und wandten uns, nachdem er sich verabschiedet hatte, erleichtert dem Papierkorb zu, holten das Fläschlein heraus und stießen gerade auf das Wohl der Heilsarmee an, als plötzlich die Tür aufflog und der General mitsamt seinem Gefolge erneut hereindrängte. Man hatte ein Paar Handschuhe vergessen. »Ein General der Heilsarmee ist besser als gar kein General«, kommentierte Peter Bamm.

Ähnliches spielte sich damals in allen Organisationen ab, in denen

Journalisten die Oberhand hatten. Eine Generation Davongekommener schlug über die Stränge. Unser Kunstkritiker wurde wegen Bigamie, der Unterhaltungschef wegen Anmaßung einer amerikanischen Offiziersuniform eingelocht. Wir sorgten uns nicht sehr um ihn, denn Raspotnik betrieb im Schutz der Gefängnismauern einen schwunghaften Handel mit Schwarzware. Nach Abbüßung einer geringfügigen Strafe wurde er Pressechef vom Zirkus Sarrasani und machte im Filmgeschäft Karriere. Bei uns riß der Verlust dieses talentierten Mannes eine empfindliche Lücke ins Unterhaltungsprogramm. Die Hörer ließen uns zwar wissen, daß sie unterhalten sein wollten. Aber jedes zweite Wort gefiel ihnen nicht, lenkte sie nicht von ihren Sorgen ab, sondern erinnerte sie an etwas Unangenehmes. Da ihr Leben fast ausschließlich aus Unannehmlichkeiten bestand, war das kein Wunder. Der Unmut über die Unterhaltung färbte auf unsere Witzbolde ab. Sie wurden unsicher.

In diesem Zusammenhang erinnere ich mich an den Karfreitag 1946, weil ich an diesem Tage zum ersten und einzigen Mal einen Mann verzweifelt sah, der sich sonst mit Sarkasmus und Zynismus über alle Widrigkeiten des Lebens erhob. Es war Gregor von Rezzori. Er hatte es übernommen, für uns die Texte von bunten Abenden und anderen Unterhaltungssendungen zu schreiben. Zwei Zimmer von dem meinen entfernt arbeitete er wie ein Besessener gegen einen kurz bevorstehenden Sendetermin an, und es wollte ihm keine Pointe gelingen. Er hatte sich in den menschenleeren Sender geflüchtet, weil er sich dort ungestört wähnte, doch nun begannen auf dem nahegelegenen alten HSV-Platz 20000 Menschen abwechselnd zu stöhnen und zu brüllen. Sie spornten die einheimische Mannschaft an. Schalke mußte mehrmals »das Leder aus dem Netz holen«. Als Rezzori mit einem nervösen Fluch die Fenster geschlossen hatte, merkte er, daß der Lautsprecher über dem Schreibtisch das Spiel übertrug. Er suchte nach einem Abstellknopf. Er fand keinen. In seine Ohren drang ein Wortgesprudel, wie es vorher nicht und nach ihm nie wieder aus dem Lautsprecher getönt hat. Unser Reporter Ludwig Maibohm war am Werk. Seine Sprache kam wie von einem im doppelten Tempo abgefahrenen Tonband. Sein Bericht eilte dem Ball immer um eine Zehntelsekunde voraus. Es war eine Wort-Collage, welche die vier Phasen bei Abschuß, Auftreffen, Verwandeln und Verfehlen des Balles scheinbar mühelos in eine Sekunde preßte. Den Parforceritt über die Regeln der deutschen Grammatik konnte man ihm verzeihen, aber die Lautstärke!

Es war der Nachmittag, an dem der witzigste Literat deutscher Zunge die Waffen streckte. Er trat in mein Büro und verlangte nicht etwa einen weiteren hohen Vorschuß, sondern von seinem Auftrag entbunden zu werden. Der Sendetermin wäre beinahe geplatzt, obwohl Rezzori so exquisite Satiriker wie Elef Sossidi und Werner-Jörg Lüddecke zur Seite hatte. Ohne Heinz Erhardt wäre wohl unsere Bemühung um einen Ehrenplatz in der Rundfunkunterhaltung fehlgeschlagen. Zu guter Unterhaltung braucht man ein Quentchen Übermut. Der war uns bei 1500 Kalorien täglich abhanden gekommen.

Wir trösteten uns mit den jungen Talenten, die sich in der Reportageabteilung tummelten: Max Rehbein, Werner Buttstedt, Rosemarie Schwerin. Wir hetzten sie, oder vielmehr, sie hetzten sich gegenseitig durch die Höhen und Tiefen der Nachkriegsgesellschaft. Der Waghalsigste hinter dem Mikrophon war Jürgen Roland. Er ließ sich von einem Hochseilakrobaten zwanzig Meter über der Manege ohne Netz hin- und hertragen, während er seine Eindrücke schilderte. Er wurde in unserem Auftrag Straßenbahner und Kellner, stocherte in der Behördenkorruption, interviewte seine ehemalige Schulbank, wenn nichts Besseres zur Hand war, kam als erster am Tatort an und verließ als letzter St. Pauli, wenn dort die Lichter ausgingen. Seine Faszination für die Polizeiarbeit führte auf dem Umweg über Regieassistenz bei Helmut Käutner zu den Krimis der Fernsehfrühzeit. Die Serien »Stahlnetz« und »Davidswache« entwickelten sich folgerichtig aus dem, was er bei unzähligen Rundfunkreportagen beobachtet hatte.

Wir hatten guten Nachwuchs schon bevor wir ihn in einer eigenen Rundfunkschule zu trainieren begannen. Eines Tages schickte mir unser Wirtschaftsredakteur Dr. Heitmüller ein Schulmädchen mit tiefblauen Augen, von dem er behauptete, es habe die Beiträge selbst geschrieben, die mir nun vorgelegt wurden. Als ich das Wort an das kleine, rundliche Wesen richtete, wurde es vor Schüchternheit erst dunkelrot und dann wieder lilienblaß, aber es verteidigte diese Beiträge für den Wirtschaftsfunk mit messerscharfer Logik. Das Schulmädchen hatte bereits promoviert und hieß Julia Nussek. Als die Briten ihre Artikel lasen, waren sie erstaunt über soviel intime Börsenkenntnis aus der Feder einer Frau. Wir bekamen es mit der Angst zu tun und schwindelten, es handele sich um das Hobby einer schrulligen alten Dame, die ihr Lebtag an der Börse spekuliert habe. Erst nach geraumer Zeit lüfteten wir das Geheimnis der alten Dame, die später Chefredakteurin des Westdeutschen Rundfunks und noch später Präsidentin der Landeszentralbank in Hannover und immer noch abwechselnd blaß und rot wurde. Julia Nussek war die dankbarste Zuhörerin, wenn man ihr vorphantasierte, mit welchen akustischen Mitteln die trockene Darstellung eines bizonalen Saatkartoffel-Abkommens einprägsam und unterhaltend gemacht werden könnte. Sie probierte bereitwillig die aberwitzigsten Ideen aus, die ich ihr vorschlug, und nahm es nicht übel, wenn das Ergebnis ihrer gestalterischen Mühen am Ende enttäuschte – jedenfalls, sobald man es an der akustisch bescheidenen, aber stilistisch prägnanten Darstellung maß, welche Julia Nussek am Anfang der Unterhaltung vorgelegt hatte. Die Grausamkeit, mit der Vorgesetzte ihre Mitarbeiter in Sackgassen jagen, war damals so bemerkenswert wie heute.

Doch muß zu unserer Ehre gesagt werden, daß wir weiblichen Mitarbeitern ihre Chance gaben, wo wir konnten. Im Dritten Reich hatten Karrierefrauen unter weltanschaulichen Restriktionen gelitten. Während des Krieges hatten sie bewiesen, daß sie in männlichen Reservaten ihren Mann stehen konnten, in den letzten Monaten des Krieges und den ersten Jahren des Friedens fielen ihnen enorme Lasten, Entbehrungen und Entscheidungen zu, ihnen und nur ihnen allein – und nun begannen die Männer bereits wieder, die besten Positionen für sich zu reklamieren, als sei das ihr gottgegebenes Anrecht. Wir sahen das anders. Hollander tat publizistisch besonders viel für die neue Generation von Frauen. Den Frauen-, Kinder- und Wirtschaftsfunk-Redaktionen gaben wir weibliche Leitung, und wo irgend möglich avancierten bei uns Stenotypistinnen zu Sekretärinnen, Sekretärinnen zu Cutterinnen und diese wiederum zu Reporterinnen – wie schwer das gegen unendliche Widerstände durchzusetzen war, ersieht man aus dem Umstand, daß es noch 1960 im gesamten deutschen Fernsehen nur zwei Reporterinnen gab, von denen auch noch eine nach einem Verkehrsunfall ihren Beruf aufgeben mußte. Im nächsten Jahr gab es dann schon dreimal soviel. Die »Windrose« hatte vier Damen aus dem Hut gezaubert, die sich als Reporterinnen bewährten.

Auf die gleiche Wurzel gingen die gezielten Kränkungen zurück, denen Frauen ausgesetzt waren, die Töchter bekamen statt Söhne.

Meine Frau brachte im Mai 1946 unsere dritte rothaarige Tochter zur Welt. Prompt setzten auf der deutschen Seite die mitleidigen Bemerkungen ein, die bei Glückwünschen zur Geburt einer Tochter üblich waren. Wenn ich mich je darüber aufgeregt habe, daß wir am Ende fünf Töchter besaßen, dann nur, weil ich wußte, daß meine Frau sich mindestens einen Sohn wünschte. Ich wünschte mir keinen, sondern war ganz glücklich zu erfahren, daß Christa und die neue Tochter trotz Schwierigkeiten bei der Geburt wohlauf waren. Welche Schwierigkeiten, das erfuhr ich aus einem Telegramm von Michael Vermehren, der ein paar Stunden nach der Geburt Irenes meine Frau in der Tübinger Klinik besuchte. Das Kind hatte es eilig gehabt und kam bereits im Fahrstuhl des Krankenhauses zur Welt. Meine Frau hatte dabei den Hut auf dem Kopf behalten.

Die Familie bevölkerte nun wieder das Schloß in Wilflingen. Ich reiste häufig hin und her und studierte dabei die Unterschiede zwischen den Besatzungszonen. Während wir uns im Norden hauptsächlich über die Demontagen und Reparationsleistungen in den Industriegebieten aufregten und die Bayern und Hessen am Überfluß Anstoß nahmen, der rings um amerikanische Kantinen und Bars herrschte, befanden sich die Schwaben und Badener in einem erbitterten Kleinkrieg mit der französischen Besatzung, die bis hinab auf die Dorf- und Gutsebene ins tägliche Leben eingriff. Beschlagnahmte das Militär aus heiterem Himmel die Obstfuhren, so ersannen die Bauern eben neue Verstecke für ihre Schwarzbrennereien; fotografierten die Franzosen die Felder aus dem Flugzeug, um den Ertrag abschätzen zu können, so verfütterten die Bauern das Getreide lieber an ihr Vieh, als daß sie es ablieferten. Im Nachbarort wurden bei einer Kontrolle durch die deutschen Behörden an die 60 unangemeldete Schweine gefunden. Man gab den Dörflern den Wink, vor einer Kontrolle durchs Militär die noch unentdeckten Tiere lieber zu schlachten und aufzuessen. Das war leichter gesagt als getan, denn nicht jeder kann schlachten, und die, welche es konnten, waren zum Teil amtlich bestellte Kontrolleure, welche das Verbot des Schwarzschlachtens zu überwachen hatten. Bat sie trotzdem einer im Vertrauen auf den Zusammenhalt gegen die Besatzungsschikanen um Hilfe, dann stellte sich heraus, daß der betreffende Kontrolleur bereits für mehrere Wochen im voraus jede Nacht für ein Schwarzschlachtfest gebucht war. Kein Wunder, daß sich im Nachbarort die Bäche blutrot färbten. Da sie angesichts dieser Massenunterschleife nicht zu Fleisch kamen, beschlagnahmten die französischen Truppen Kartoffeln und verkauften sie zu Schwarzmarktpreisen. Es war eine gute Zeit für Schlauberger und eine schlechte für ehrliche Menschen. Was sollte man sagen, wenn dem alten Gier eines Nachts fünfundzwanzig Hühner gestohlen wurden und genau neun übrigblieben? Als er den Diebstahl anzeigte, kam der Gendarm und stellte fest, daß Gier nun genau so viele Hühner besaß, wie er offiziell angegeben hatte. Wie konnten ihm also welche gestohlen worden sein? Es ist leicht, sich vorzustellen, daß der Gendarm über den Verbleib der 25 Hühner genau Bescheid wußte.

So großzügig unser Dorf über manche Eigentumsdelikte hinwegsah, sofern sie nur im Nachbardorf geschahen, so zäh hielt es an den traditionellen Vorstellungen vom Wert des Besitzes fest. Wir wohnten zwar im Schloß und verfügten über ein Auto, da wir aber keine Kuh besaßen, rangierten unsere Kinder ganz unten in der Hackordnung der Dorfjugend. Eingedenk dessen, was ich in meinen besseren Stunden im Rundfunk predigte, übergab ich dem Pfarrer ein hübsches Sümmchen, das mir aus einem Verlagsvertrag zugeflossen war. Als Verwendungszweck hatte ich an Möbel oder Decken für Flüchtlinge gedacht. Der Pfarrer bedankte sich jedoch nach einiger Zeit für die große Hilfe, die ich dem Dorf bei der Restaurierung der goldenen Zeiger und des Zifferblattes an der Uhr des Kirchturms gewährt hatte. Daran wurde ich nun immer erinnert, wenn ich in meinem Ecktürmchen saß, das ich mir als Arbeitszimmer eingerichtet hatte. Die Kirchturmuhr mir gegenüber ertönte jede Viertelstunde, zu Ostern und an anderen Feiertagen läuteten die Glocken unaufhörlich. Der Wechselgesang zwischen der stimmbegabten Gemeinde und der dürren Darbietung des Seelenhirten klang herüber, und wenn der letztere beim Gottesdienst an der Orgel saß und ein prächtiges Mannsbild von Franziskanerpater predigen ließ, dann zitterten die Fensterscheiben und die Gemüter der Kinder, denn der Predigt war zu entnehmen: »Wenn unser Heiland nicht auferstanden wäre, ja Herrgottsakra, dann hätte die ganze Sache ja gar keinen Zweck gehabt!«

Was England mich lehrte

Im Sommer 1946 ergriff viele unserer englischen Kontrolleure das heulende Elend. Sie hatten genug vom Leben in Uniform. Sie wollten zurück zu ihren Familien, ein Studium beginnen oder in ihrem Zivilberuf Karriere machen. Außerdem lockte sie die Umwälzung, die in Großbritannien vor sich ging, seitdem eine Labour-Regierung das Heft in die Hand genommen hatte.

Man konnte es ihnen nicht verargen. Sollten sie die besten Jahre ihres Lebens mit der Ausmerzung von Nazi-Begriffen aus Landfunksendungen verbringen? Der Nordwestdeutsche Rundfunk war mit einer guten Mannschaft auf das richtige Gleis gebracht worden. Er fuhr mit voller Kraft; allerdings konnte niemand so recht sagen, wohin. Die Zukunft Deutschlands lag mehr denn je im dunkeln. Die deutsche Gegenwart war deprimierend. Im kommenden Winter würde es keine Kohle zum Heizen und kein Brot zum Essen geben. Die Städte waren nach wie vor Trümmerfelder, auf dem Land war jede Scheune vollgestopft mit Flüchtlingen und Vertriebenen.

Die Feinfühligeren unter den Offizieren der Besatzung hatten genug von dem Elend ringsum, genug von den verbitterten Mienen und haßerfüllten Blicken. Sie verzweifelten an der Undankbarkeit der Aufgabe, einer hungrigen Bevölkerung klarzumachen, daß es den siegreichen Briten zu Haus in mancher Hinsicht nicht viel besser ging als den unterlegenen Deutschen. Auch sie deuteten Stalins Politik als den Versuch, Deutschland unregierbar zu machen, um es am Ende ganz und gar einzustecken. Das verhinderte den vernunftgemäßen Wiederaufbau von Wirtschaft und Verwaltung. Man mußte seine Einstellung zur Sowjetunion und zu den Deutschen überprüfen, vielleicht sogar ändern. Doch widerstrebte es gerade denen, die sich die »Umerziehung« der deutschen Nation zur Aufgabe gemacht hatten, mit ihrer gewandelten Erkenntnis bei den Deutschen hausieren zu gehen.

Diese Malaise wirkte sich natürlich auch auf die britische Leitung des NWDR aus. Nicht daß sie demoralisiert gewesen wären, aber in schneller Folge ließen sich unsere Freunde demobilisieren. Walter Everitt ging zum Studium nach Oxford, Ralph Poston übernahm die Leitung der Geschäfte von Chatham House in London. Nachfolger waren nicht immer gleich in Sicht oder brauchten, wenn sie endlich kamen, Zeit zur Einarbeitung. Es gab Monate und Vierteljahre, in denen von Führung durch die Briten wenig zu spüren war. Von Führung konnte überhaupt keine Rede mehr sein, als sie in die Hände eines Mannes gelegt wurde, der bis dahin im Kinderfunk der BBC tätig gewesen war. Ohne daß man uns daraus einen Vorwurf machen konnte, tanzten wir ihm auf der Nase herum.

Angesichts des bevorstehenden Kampfes mit der Misere des Winters fiel nach Ansicht der britischen Militärregierung dem Rundfunk eine besondere Rolle zu. In ihm würde zu Wort kommen, was die Deutschen selbst zur Stabilisierung ihrer Lage beitragen konnten. Es war nicht von ungefähr, daß sich General Bishop an den Generaldirektor der BBC um Hilfe wandte. In diesem Briefwechsel finden sich bereits die Grundsätze, nach denen der Nordwestdeutsche Rundfunk zu einer regierungsunabhängigen deutschen Organisation nach Art der BBC ausgebaut werden sollte. Und es findet sich der Name des Mannes, dem diese Aufgabe übertragen wurde: Hugh Carleton Greene.

Hugh Carleton Greene ist vielfach beschrieben worden: als Berliner Korrespondent des »Daily Telegraph« in den Vorkriegsjahren, als Leiter des Deutschen Dienstes der BBC während des Krieges, als Administrator einer Rundfunkorganisation, die halb Deutschland umfaßte, als verläßlicher Freund einer ganzen Generation deutscher Künstler, Politiker, Diplomaten, Journalisten, als skurriles Erzeugnis des insularen Erziehungssystems, als Generaldirektor der BBC, durch die er in den sechziger Jahren seinen Landsleuten mutige und eigenwillige Impulse gegeben hat, als toleranter Debattierer und subtiler Zügler der Meinungen. Dieses alles und das leichte Zittern seines Kinns, eine Haupteslänge über den Köpfen der Menge, wäre eine Würdigung wert, und dabei käme viel Zeitgeschichte ins Spiel. Hier ist jedoch nicht der Platz dafür.

Ich hebe nur einen Punkt hervor. Mehr als irgendein anderer Mensch, wenn ich von meiner Frau absehe, vermittelte mir Greene eine Anschauung von britischer Staats- und Verwaltungskunst.

Seine Stimme war mir ein halbes Jahrhundert lang vertraut. Ich erlebte ihn jahrelang aus der Nähe. Der Kontakt mit ihm riß nicht ab, nachdem er sich, wie er voraussagte, überflüssig gemacht hatte und den NWDR 1948 sich selbst überließ. In all diesen Jahren der Beobachtung von fern und von nah war er für mich die Inkarnation des weitblickenden Engländers, der sich einen Schnittpunkt von Politik und Kultur aussucht, um seinen Zeitgenossen eine zivilisierte Richtung zu weisen. Das tat er nicht im Prachtsinne der Medici oder mit den Methoden Machiavellis. Dazu neigen gewöhnliche Rundfunk- und Fernsehmoguln. Er tat es als Gärtner, dem es obliegt, aus regellosen Anpflanzungen einen Park zu gestalten. Greene verstand es, mit einem Mindestmaß von Wind die Segel einer großen Organisation zu blähen und dabei Kurs zu halten. Er verfügte über eine tüchtige Sekretärin, einen Fahrer und den bereits erwähnten Zwölfzylinder-Maybach. Mehr brauchte er nicht, ein Medium zu steuern, zu dessen Lenkung und Überwachung sein Nachfolger eine Generaldirektion von mehr als hundert Leuten benötigte. Greenes Technik war es, alle Gängelbänder zu entfernen und den Menschen, die er vorfand, freien Auslauf zu gewähren.

Das berühmte Diktum Lenins: »Vertrauen ist gut, Kontrolle ist besser«, wurde von Greene immer wieder erfolgreich umgedreht. Beim Zusehen allein bekam man einen Begriff von der Freiheit, die Grundlage und Ziel der englischen Verwaltungskunst ist. Dem scheint zu widersprechen, daß Greene wenige Monate nach seinem Eintreffen den kommunistischen Intendanten Burghard und die Schnitzler-Gruppe aus dem Kölner Teil des NWDR entfernte. Der Widerspruch ist deshalb nur scheinbar, weil diese Gruppe die freie Meinungsäußerung anderer auf dem Wege über Personal- und Programmkontrolle empfindlich einengte. Burghard ließ das zu oder unterstützte es sogar. Dieser Eingriff fiel Greene nicht leicht. Er versuchte, die Folgen für die Beteiligten zu mildern, indem er ihnen Posten in Hamburg übertrug. Dort konnten sie in einer bereits festgefügten Organisation weniger Schaden anrichten. Das merkten sie aber bald, zogen die Konsequenzen und gingen zu ihren Gesinnungsfreunden nach Ost-Berlin. Karl-Eduard von Schnitzler konnte nun seine segensreiche Tätigkeit im großen Maßstab und ohne Rücksicht auf Fairneß aufnehmen.

Eine andere Belastung der Greeneschen Prinzipien entstand, als die Amerikaner der britischen Militärregierung die Archive der

NSDAP öffneten. Die Fragebogen unserer Mitarbeiter wurden an Hand der Parteidokumente überprüft, und siehe, da hatten einige doch gewichtige Teile ihrer politischen Vergangenheit unterschlagen. Eines Morgens rief mich Greene zu sich und zeigte mir eine Liste der belasteten Mitarbeiter. Im Grunde waren es alles kleine Fische. Mein Assistent Dr. Krollpfeiffer zum Beispiel war als Student 1934 der Reiter-SS beigetreten und bereits im folgenden Jahr wieder ausgetreten. Aber er hatte diese Angabe bei der Anstellung unterlassen, und das war Fragebogen-Fälschung. Ich mußte Krollpfeiffer zur Konfrontation mit seiner Vergangenheit ins Zimmer des Controllers bitten. Es war sehr peinlich. Greene ersparte mir allerdings, weiterhin zugegen sein zu müssen. Wie in den anderen, nicht sehr viel bedeutenderen Fällen mußte dem Buchstaben nach vorgegangen werden. Die Angeschuldigten wurden fristlos entlassen und zur strafrechtlichen Untersuchung den deutschen Gerichten übergeben. Das hieß damals – selbst wenn auf keine Haftstrafe erkannt wurde – Verlust der etwas besseren Lebensmittelkarte, womöglich Verlust der Wohnung, mitunter Zuweisung von Arbeit auf dem Bau oder bei der Trümmerräumung.

Ein Teil der Presse stellte die Sache genüßlich als einen Riesenskandal dar: der NWDR ein Nazi-Nest. Greene nahm diese Anschuldigungen auf seine Kappe, stellte sich in einem majestätischen Abendkommentar vor seine deutschen Mitarbeiter und weigerte sich, die Namen der zwei Dutzend schwarzen Schafe zu nennen.

Ich empfand im Falle Krollpfeiffer eine Art Mitschuld. Ich hatte ihn aus dem Kriegsgefangenenlager geholt und zum Sender gebracht. Die bürokratische Reinigungsaktion war mir zuwider. Darin unterschied ich mich nicht von Greene. Ich schrieb ihm einen Brief und bat um Entbindung von meinen administrativen Pflichten als Leiter der Abteilung »Wort«. Der Brief zeigt, welche Schwierigkeiten uns erwarteten:

»Der Versuch, die Eitelkeiten der Parteien, Gewerkschaften, Regierungen und Kirchen nicht weiter zu beachten, hat uns viele bitterböse Feinde gemacht, gegen die wir uns auf die Dauer nicht werden wehren können. Mindestens belastet das schlechte Verhältnis zu vielen großen Organisationen unsere Arbeit sehr. Das läßt sich wiederum leicht auf meine eigene Einstellung zur Rundfunkarbeit zurückführen.

Ich habe weder jemals Lust zu diplomatischen Verbeugungen vor irgendwelchen Kreisen außerhalb des Senders gehabt, noch werde ich sie bekommen. Außerdem habe ich einen Hang, jeden fachlich geeigneten Menschen heranzuziehen – was für eine politische Einstellung er auch haben mag, und fast möchte ich sagen, ohne Rücksicht auf die feineren Züge seiner politischen Vergangenheit. Ich meinte, es sollten möglichst viele Leute eine neue Chance bekommen. Es ist mir auch immer wichtiger gewesen, daß gute Sendungen zustande kamen, die den Hörer zur Einsicht rufen konnten, als mich zu fragen: Wer macht diese Sendungen eigentlich? Das hat dem NWDR Reiz und Farbe gegeben. Aber es war offensichtlich falsch. Es hat zu politischer Direktionslosigkeit des Programms und zur Entfremdung zwischen uns und den öffentlichen Organisationen geführt. Außerdem zu den schweren Vorwürfen von außerhalb, welche Sie kennen. Diese Vorwürfe sind – ich empfinde es jedenfalls so – gewollt oder ungewollt an meine Adresse gerichtet.

Ich schließe daraus vorerst einmal eines: Ich bin auf meinem Posten fehl am Platze. Diese Überzeugung verstärkt sich in mir, wenn ich die Meinung einiger klar denkender und korrekter Mitarbeiter in Betracht ziehe – zum Beispiel Eggebrechts. Er ist mit Recht der Meinung, daß an den prominenten Stellen des Rundfunks Leute sitzen müßten, denen niemand unter gar keinen Umständen an den Wagen fahren kann. Ich bin nun trotz Ihrer so sehr freundlichen Versuche, meine Bedenken zu zerstreuen, immer noch der Auffassung, daß ein früherer PK-Mann und Kriegsberichterstatter eine leicht zu treffende Zielscheibe ist. Wenn ich auch sicher bin, daß ich Ihnen gegenüber, überhaupt vor der englischen Seite, jeden Schritt und jede Zeile aus den Umständen ihrer Entstehung rechtfertigen kann, so bleibt doch die Möglichkeit bestehen, daß die Presse der Parteien aus meiner Herkunft oder aus Sätzen, die man aus dem gehörigen Zusammenhang reißt, gegen den Rundfunk Kapital schlägt. Als Privatmann kümmert mich das wenig. Als Vertreter des NWDR müßte ich darauf reagieren. Dazu hätte ich wenig Lust. Jedenfalls besteht bei den jetzigen Gepflogenheiten durchaus die Gefahr, daß durch meine Person der Nordwestdeutsche Rundfunk mindestens bei einem Teil der Hörerschaft an Kredit einbüßt. Das sollte vermieden werden.«

Greene appellierte wie schon bei einer anderen Gelegenheit an meine patriotische Pflicht, die Karre nicht im Dreck stecken zu lassen, aber seine Überredungskünste fruchteten diesmal nichts. Auch sah er andere Möglichkeiten, meine Dienste dem Sender zu erhalten.

Er befand, daß ich von seiner einstmaligen Organisation in London noch allerlei lernen könne, und vermittelte mir ein Gastspiel im Deutschen Dienst der BBC. Die vier Monate England sollten zu einer wichtigen Stufe meiner Entwicklung werden. Sie verschafften mir alle wünschenswerten Einblicke in das stille Räderwerk eines einzigartigen Staatswesens und in die Art, wie es bruchlos und gewaltlos schwierige Krisen bewältigt.

Zwei glückliche Umstände halfen dabei. Ich konnte häufig mit Walter Everitt zusammen sein. Ihm verdanke ich das Verständnis elementarer wirtschaftlicher Fragen, er half mir mit vernünftigen Fingerzeigen aus der sozialistischen Schlagwort-Seligkeit heraus, mit der ich mangels besserer Doktrinen während der ersten Nachkriegszeit hin und wieder liebäugelte. Er machte mich mit dem »Economist« bekannt, dessen Redaktion er zeitweise angehörte. Er verschaffte mir damit eine Grundlage, von der aus ich seitdem wöchentlich einmal meine Überzeugungen überprüfen kann. Ich hoffe, diese politische Frischzellenkur bis zum Ende meiner Tage jeden Samstag im Briefkasten zu finden.

Der andere glückliche Umstand war die Anwesenheit meiner Frau in London. Sie hatte ihre Mutter in die Heimat zurückbegleitet und belagerte die Bürokratie wegen der Wiederherstellung ihrer britischen Staatsangehörigkeit. Sie nahm an meinen Reporterausflügen teil und begleitete meine neuen Einsichten mit Feuerwerken der Ermutigung und mit kalten Duschen der Kritik.

Es war abgemacht, daß ich meine Nase in alles stecken durfte, was in der BBC vor sich ging. Um meinen Tatendrang aber auf nützliche Dinge zu lenken, schickte man mich nach Dorset. Den deutschen Hörern der BBC sollte ein Bild des Lebens in der englischen Provinz vermittelt werden. Für die Dramaturgie zuständig war Heinrich Fischer, der Herausgeber und Erbe des literarischen Werkes von Karl Kraus.

Er erwartete meine Frau und mich in dem Städtchen Bridport. Wenn man zeigen wollte, daß das Leben in der englischen Provinz zwei Jahre nach dem Krieg – abgesehen von den kargen Lebensmittelrationen – nicht viel anders verlief als vor hundert, meinetwegen auch vor zweihundert Jahren, dann war Bridport gut gewählt. Es war ein Städtchen, in dem auf höchst angenehme Weise nichts los war.

Morgens vor dem Frühstück sagte Heinrich Fischer in seinem besten Wiener Englisch: »Feerst sings feerst«, und wandelte, um sich rasieren zu lassen, zu einem Barbier neben dem Gasthof »Zum Roten Ochsen«. Danach klapperten wir in gemächlicher Gangart das Übliche ab: die Elementarschule, die Hühnerfarm und eine winzige Fabrik für vorgefertigte Bauteile; der Inhaber, ein ehemaliger Fallschirmjäger, hätte mit uns am liebsten nur über die Kämpfe bei Arnheim geplaudert. Wir interviewten den Bürgermeister und schlugen spritzige Geräuscheffekte aus einem Damentee, der auf dem wunderbar geschorenen Rasen vor der anglikanischen Kirche zelebriert wurde. Am dritten Tag hatte ich begriffen, was »feerst sings feerst« heißen sollte. Das deutsche Nachkriegstempo durfte ruhig etwas reduziert werden. Als wir eine Woche später nach London zurückkehrten, um das Feature zusammenzuschneiden, war ich zu einem Karl-Kraus-Fan geworden.

Nach Ansicht von Lindlay Fraser, des damaligen Leiters des Deutschen Dienstes, war ich nun auch reif für Höheres und wurde in den Kreis derer aufgenommen, die sich gegen sechs Uhr am Strand bei »Finches« zu einigen Runden Bier versammelten. Dabei fiel mir auf, daß Frasers Hose mit einem Strick über dem Bauch zusammengehalten wurde. Den anderen fiel das längst nicht mehr auf. Ich durfte nun Kommentare über Sitzungen des Parlaments anfertigen und trieb mich häufig auf der Pressegalerie des Unterhauses herum, um Attlee und Eden, Bevin und Bevan zu lauschen. Es war der heiße Sommer der englischen Zahlungsbilanz-Krise und der Verkündigung des Marshallplans.

Wie unlogisch mußte einem Kontinentaleuropäer dieses Volk erscheinen, das sich sechs Jahre lang von Churchill und den Konservativen durch »Blut, Schweiß, Anstrengung und Tränen« hatte führen lassen bis zum Gipfel des Ruhms und des Sieges – und das dann als erstes den Mann abservierte, dem es alles verdankte. Zwei Millionen Stimmen des Mittelstands hatten den Ausschlag gegeben zugunsten einer sozialistischen Partei. Die Labour Party wollte den Kapitalismus abschaffen, aber dabei den Weg der Reform, nicht der Revolution gehen. Man erwartete von der Labour Party eine einzigartige Verbindung hoher Kriegslöhne mit der Kurzarbeit überproduktiver Systeme.

Als Ziel winkte in den Augen der Offiziere und Soldaten in Übersee und der Angestellten in den angeschwollenen Kriegsämtern ein kolossales Wohlfahrtsunternehmen, in dem vollkommene Sicherheit herrschen würde. Sicherheit vor Krankheit, Arbeitslosigkeit, Ausbeutung, Alter, Ungleichheit und außenpolitischen Entscheidungen. Es sollte ein durch und durch geplanter, ein durchkalkulierter Staat werden, einer ohne Überraschungen.

Planung war recht eigentlich ein unenglischer Vorsatz, der mich anfangs verwirrte. Dem Engländer lag es nach meiner Erfahrung näher, sich durchzuwursteln und in der Einsicht zu üben, daß Planung ein Ersatz des Zufalls durch Irrtum ist. Es dauerte eine Weile, bis das Volk zu dieser Grundweisheit zurückfand. Inzwischen aber galt als Ideal ein Staat des kleinen Mannes, jenes Mannes von der Straße, dem die gefahrvolle Krise der dreißiger Jahre noch so in den Knochen steckte wie einem Veteranen ohne Bein der Schmerz in einem Glied, welches nicht mehr existiert.

Ich beobachtete zum ersten Mal in meinem Leben ein Volk, das trotz fühlbarer Einschränkungen des Lebensstandards in seiner überwiegenden Mehrzahl mit seiner Regierung vollkommen zufrieden war. Diese Regierung bestand aus lauter Sozialisten. Das Wort »Sozialist« erregte in den meisten Menschen nach 1945 vage Vorstellungen von Verstaatlichung kapitalistisch betriebener Industrien und von freier Verfügung der Arbeiter über Werkzeuge und Maschinen, deren Produktion und den daraus zu erwartenden Gewinn. Ferner erregte dieses Wort eine Kette von Wünschen nach höherem Komfort und völliger Sicherheit vor den Wechselfällen des Lebens. Und schließlich verband man mit dem Begriff »Sozialist« die Vorstellung von einer vernünftigen Menschengattung, welche ohne Zwang und Ehrgeiz, Faulheit und Habgier nur den Zwecken der großen Gemeinschaft lebt. Ein Sozialist besaß in den Augen des normalen europäischen Zeitungslesers ein ähnliches Ansehen als Experte für das Wohlbefinden der Gesellschaft wie ein Quäker auf moralischem Gebiet.

Sozialismus war gut. Die Regierung Attlee war sozialistisch, also gut. Sie war sicher gut im Sinne von wohlmeinend. Was ihre sachliche Befähigung anbetrifft, so gewann sie bei der Bevölkerung einen Stein im Brett, als sie die Demobilisierung der Streitkräfte und die Umstellung der Industrie auf Friedensfertigung in raschem Tempo und ohne große Reibungen vollzog. Während auf dem Kontinent und jenseits des Atlantiks ausgedehnte Streiks das Gefüge der Staaten erschütterten und allerhand Unrast der arbeitenden Schichten die Wirtschaft behelligte, bewahrte die Labour-Regierung den Arbeitsfrieden.

Außerdem sorgte das Kabinett Attlee mit einer beängstigenden Fülle von Gesetzen dafür, daß jeder gegen jede erdenkliche Not versichert wurde, daß die Arbeiter aller Industrien bezahlten Urlaub, Kinderzulagen, Mütterbeihilfe, Alterspensionen und ihre Kinder Schulspeisungen erhielten. Die Regierung unternahm ein umfangreiches Wohnungsbau-Programm. Sie verstaatlichte die ärztliche Versorgung. Sie führte ein weiteres Schuljahr ein für diejenigen, welche bisher mit sechzehn Jahren die Schule verlassen hatten. Sie hielt die Preise für Brot und Speck niedrig und verteilte auf Grund des Kriegs-Rationierungssystems gerecht, was an Hosen, Blusen, Schuhen und Schokolade vorrätig war. Sie steuerte hohe Gewinne der Unternehmer weg. Sie machte ihr Versprechen wahr und überführte die Bank von England in gemeinsames Eigentum aller Engländer, ebenso die Kohlenfräsmaschinen und Grubenpferde, die Eisenbahnen und Flugzeuglinien.

Ja, das tat sie, und es ging ohne Brachialgewalt vor sich. Die Aktienbesitzer der »Great Western Railway« wurden abgefunden. Wer reich war, konnte es bleiben oder bleibenlassen. Wer ein Auto besaß, durfte es fahren. Damals war es ja in Europa noch durchaus nicht entschieden, ob das Auto ein Instrument menschlichen Vergnügens oder ob es nicht doch ein staatswichtiges Werkzeug sei, über das der Besitzer nicht frei verfügen durfte. Die Engländer, reisehungrig nach so vielen Fahrten in Uniform, konnten mit 75 Pfund in der Brieftasche nach Davos oder Nizza reisen. Der Adel schoß schottische Rebhühner und ritt englische Fuchsjagden, soweit er es sich nach den mörderischen Kriegssteuern noch leisten konnte.

Und was vielleicht das bemerkenswerteste war: All diese tiefgreifenden Reformen wurden unter den Augen der Öffentlichkeit nach gültigem Parlamentsbeschluß durchgeführt. Die Opposition durfte dagegen wettern, soviel sie wollte. Niemand krümmte den Kritikern ein Haar. Keine regierungsfeindliche Zeitung wurde verboten. Im Hyde Park durfte, wer da wollte, die ganze Zeit über und ganz öffentlich auf Attlee schimpfen. Die Gefängnisse füllten sich nicht wie im östlichen Mitteleuropa mit »Staatsfeinden«. Die Gerichtssäle hörten keine Geständnisse von Komplotten mit dem kapitalistischen

Ausland. Es gab weder Schutzhaft noch Sturmtruppen der Arbeiterpartei. Noch nicht einmal meterhohe Plakate an den Hauswänden gab es, die Attlees einzigartige Fähigkeiten priesen. Plakate gab es wohl, aber sie wiesen eher schüchtern darauf hin, daß es ganz ohne Arbeit selbst unter einer Arbeiterregierung nicht ginge.

»Work or want«, hieß es auf diesen Plakaten. »Arbeiten oder darben.« Ein konservativer Parlamentsabgeordneter erklärte mir mit kühlem Spott, das sei falsch gesehen. Es werde nicht genug gearbeitet, weil zuwenig gedarbt werde. Den Arbeitern in Zeiten der Vollbeschäftigung fehle nichts als der Anreiz und der Zwang, mehr zu arbeiten. Ein deutscher Kriegsgefangener – die gab es noch – erzählte mir, daß er und seine Mitgefangenen nur mit 65 Prozent ihrer Kraft arbeiteten, um die englischen Kollegen nicht auszustechen. Meine Sekretärin im Bush House war ein gutes Beispiel für die englische Arbeitsauffassung. Sie war, wie beinahe alle anderen, eine Sklavin ihrer Mahlzeiten und benutzte sie als Richtpunkte, zwischen denen sie sich unter keinen Umständen am Schreibtisch finden ließ.

Die Insel produzierte ganz offensichtlich zuwenig und verbrauchte zuviel. Sie konnte für ihre Einfuhren nicht aufkommen. Trotzdem machte jeder einzelne ihrer Bewohner im Sommer 1947 für sein Essen und Trinken, für Windhundrennen und Kino eine Menge Geld locker. Die reicheren Schichten speisten um einiges mäßiger, die ärmeren sehr viel besser als vor dem Krieg. Man trank nicht zu knapp Whisky und führte im großen und ganzen ein behagliches Leben, obwohl das Land finanziell ruiniert war. Wirklich? Brutal gesagt, lebte England nach außen auf Pump, im Inneren durch die Notenpresse. Eine Dollarinjektion hatte zwar die Produktion angekurbelt; sie wirkte aber als Rauschgift. Da nicht jede Tonne Kohle und nicht jede Arbeitsstunde auf die Bezahlung von Lebensmitteln verwandt werden mußte – noch nicht! –, hatte die Regierung die Kräfte des Landes auf ein aufgeblähtes Wohlfahrtsprogramm gelenkt und einen verschwommenen Geldnebel über Tätigkeiten gebreitet, die sich für ein armes Land nicht bezahlt machten. Der Schleier mußte zerreißen, sobald das Rauschgift der amerikanischen Waren auf Kredit ausblieb.

Um ein Haar hätte sich die Regierung auch noch an die Nationalisierung der Stahl- und Eisenindustrie herangewagt. Davor zuckte sie jedoch vorerst zurück, denn angesichts dieser alten und vielverzweigten Industrie stellte sich heraus, daß niemand in den Ministerien ganz genau wußte, wo man mit der Nationalisierung anfangen, wo enden und von woher man Fachleute bekommen sollte, die den Fluß des Stahls in Gang halten konnten.

Sozialismus hin – Sozialismus her, diese Schlüsselindustrie war in einem kläglichen Zustand. Man konnte es sehen, mit Händen greifen und mit der Nase wittern. Ich habe nie soviel Dreck in der Luft und nie so großartige Dunstfarben gesehen wie im Sheffield von damals. Von den baumlosen Hügeln, die nur mit schwarzen Reihenhäusern und Kaminen bewachsen waren, konnte man immer ein gutes Hundert Schornsteine mit wehenden Rauchfahnen zählen. Die Augen tränten unentwegt, und die Stimme wurde heiser. Es roch schweflig und angebrannt, wohin man kam. Die Hauswände waren wie mit schwarzem Moos bewachsen. Oberhausen oder Herne waren Kurorte dagegen. Hinter jeder Fensterreihe klopfte und pochte und summte es. Remscheid und Essen in einem Topf.

Wir strolchten erst zwischen den uralten, winzigen Werkstätten der alten Stadt umher, wo mit antiquierten Instrumenten in Bruchbuden tausenderlei Werkzeuge angefertigt wurden. Die Fabriken beschäftigten häufig nicht mehr als vier Arbeiter. In der Unterstadt, wo sich eine Fabrik an die andere reihte, waren die Hallen schon auf tausend Meter nicht mehr erkennbar – so dicht war der Qualm, unter dem sie begraben lagen. Wir besuchten eine Eisengießerei. Ich begriff erst hier, wie modern das Ruhrrevier selbst in seinem damaligen, schwer lädierten Zustand war! Kein Vergleich mit diesen winzigen Konvertern und unorganisch gewachsenen Hallen! Weder kannten sie die Versorgung durch eigene Gas- und Kraftwerke, noch fiel den Arbeitern darin auf, daß sie die Hälfte der gewonnenen Hitze und zehn Prozent ihres Metalls für nichts und wieder nichts in die Luft jagten.

Trotzdem, sie produzierten sicher keine schlechten Schienenkreuzungen und Lokomotivräder und Turbinengehäuse. Sheffield glich einer verwinkelten Apotheke, während die Werke an der Ruhr den Lagerhallen für chemische Standardartikel ähnelten. Man mußte die Manager und Ingenieure bewundern, die auf hundert Jahre alten Anlagen Stahlprodukte fertigten, welche vielleicht weitere hundert Jahre benutzt werden würden. Allerdings, der Managertyp des 19. Jahrhunderts war im Aussterben. Der Nachwuchs drängte in Positionen ohne Risiko. Lehrer oder Beamter zu sein, war wünschenswert.

Dann gingen wir eine Stunde lang zu Fuß durch die trostlosesten Proletarierviertel zurück, die man sich nur vorstellen kann. Es war Lunchzeit. An den Mauern der Pubs lehnten Dutzende von spukkenden Gestalten mit ausgemergelten Gesichtern. Hände in den Taschen, Sportmütze im Gesicht, Zigarette im Mundwinkel. Meist trugen sie einen weißen Schal um den Hals. Die Läden stanken meilenweit nach schlechtem Fisch. Sie steckten voller Krimskrams, den die untersten Schichten lieben. Ehe unser Zug ging, standen wir noch eine Weile vor einer Schule und guckten zu, wie die Kinder turnten und Atemübungen machten und jeden Augenblick ein halbes Brikett einatmeten. In der Pause prügelten sie sich ohne Unterlaß. Alle waren sehr schmutzig und ebenso lustig.

Zu Überheblichkeit oder Schadenfreude hatten Deutsche keinen Grund. England hatte mit Industriestrukturen des 19. zwei mörderische Kriege des 20. Jahrhunderts gewonnen. Es hatte sich dabei verausgabt. Ich wurde Zeuge, wie sich der Sieger bei sich zu Haus mit dem Schicksal abfand, Reichtum, Einfluß und Bedeutung verloren zu haben.

Was Großbritannien während des Krieges physisch aufrechterhalten hatte, war die atlantische Lebenslinie, die gefährdete Kette der Geleitzüge aus den USA. Dank des Leih- und Pachtsystems war das Inselvolk satt geworden und hatte sechs Jahre lang einen erfolgreichen Krieg führen können. Doch als Japan kapitulierte, setzte der amerikanische Kongreß hinter das Leih- und Pachtsystem einen plötzlichen Schlußpunkt. In den niederen Gefilden der Finanzen schlug die Stunde der Wahrheit. England war verschuldet und verarmt, erschöpft und überbürdet mit militärischen und kolonialen Verpflichtungen rings um den Globus – eine Großmacht auf zu schwachem Fundament. Lord Keynes verhandelte in Washington eine Vier-Milliarden-Dollar-Anleihe. Als ihm vorgeworfen wurde, England durch diese Anleihe als den neunundvierzigsten Staat an die USA ausgeliefert zu haben, sagte er: »Soviel Glück haben wir nicht gehabt.« Und dieser Satz kennzeichnete mehr als manche Statistik die nüchterne Einsicht in die künftig reduzierte Rolle Großbritanniens.

Vor allem mußte es lernen, mit dem auszukommen, was es mit seinen Exporten verdiente, und das war nicht genug. Die riesigen Wohlfahrtsprogramme der Labour-Regierung konnten nicht aus den Reserven vergangenen Wohlstands finanziert werden – die waren bereits weg –, aber auch nicht aus den laufenden Einkünften. Zwischen dem, was Englands Exporte erlösten, und dem, was es für seine Importe benötigte, klaffte eine gewaltige Lücke von einer halben Milliarde Pfund. Sie konnte nur zeitweise durch die geliehenen Dollars gestopft werden. Was aber sollte man tun, als in den USA die Preise nach Wegfall des staatlichen Preisstopps in einem Jahr um 20 Prozent in die Höhe schossen? Der Anleihe-Dollar war für die Engländer mit einem Male nur noch achtzig Cents wert, und da hieß es: entweder für die gleichen Einfuhren mehr bezahlen, mithin die Anleihe früher erschöpfen, oder ein Fünftel weniger kaufen. Damit nicht genug, im gleichen Augenblick sank die englische Exportleistung um 20 Prozent. Das war die Auswirkung des harten Winters 1946 auf 1947. Also: ein Fünftel geringere Exporterlöse aus Übersee, um damit Fleisch aus Argentinien zu bezahlen und Eier aus Dänemark, Butter aus Australien und Holz aus Kanada – und ein Fünftel höhere Preise für diese Einfuhren außerdem. Mit einemmal fingen die Dollars an zu rennen. Sie rannten von der englischen Seite des Anleihe-Hauptbuches dahin, wo sie hergekommen waren: auf die amerikanische Seite.

In den Jahren nach dem Zweiten Weltkrieg stand nur hinter dem amerikanischen Dollar eine Wirtschaft, die jeden Geldschein und jeden Scheck mit allen wünschbaren Waren jederzeit honorieren konnte. Englands Lagerhäuser dagegen waren leer, seine Regale füllten sich nur sehr langsam. Dabei drängten die Amerikaner darauf, daß die Währungen der Welt wieder wie im 19. Jahrhundert untereinander vertauschbar sein sollten wie frische Eier. Doch der Krieg hatte alle Legehennen außer der in Amerika empfindlich gerupft. Die Eier waren von unterschiedlicher Größe. Verglichen mit dem Straußenei des Dollars war das englische Pfund vom Gewicht eines Hühnereies. Der Franc und verschiedene andere Geldsorten hätten von einer Zaunkönigin gelegt sein können. Die deutsche Mark glich einem kaum sichtbaren Fliegenei. Was war die Folge? Alle waren am Erwerb von Dollars interessiert, für die man alles kaufen konnte, aber niemand wollte Pfunde, mit denen höchstens alte Schlösser zu haben waren.

Da bekam es England schlecht, daß es sich wieder stark genug für die Rolle des Weltbankiers gefühlt und versprochen hatte, jedes englische Pfund in den Taschen seiner Lieferanten gegen Dollars zu tauschen. Das ließen sich Inder und Kanadier, Australier und Argentinier nicht zweimal sagen. Und damit war die Krise komplett.

Über England zog eine Hitzewelle herauf. Die Ferienreisen waren in vollem Gange. Man war damit beschäftigt, die Kleider der Thronfolgerin und das schnittige Gesicht des Leutnants Mountbatten zu bewundern. Die beiden hatten sich verlobt.

Eine Seuche spinaler Kinderlähmung ängstigte die Mütter. Man beachtete es nicht weiter, daß die Löhne der Landarbeiter um zehn Prozent heraufgesetzt wurden und die Kohleproduktion seit Einführung der Fünftagewoche um 100000 Tonnen wöchentlich gefallen war. Die Sonntagsreden der Minister, welche seit Monaten für mehr Exporte, also größeres Arbeitstempo plädierten, den Absentismus brandmarkten und in milden Worten gegen inoffizielle Streiks sprachen, während gerade die Londoner Autobusschaffner von der Arbeit fernblieben – diese Reden waren zur Gewohnheit geworden und wurden weder jetzt noch später besonders beachtet.

Mittlerweile war der 15. Juli gekommen. Das war der Tag, an dem im Unterhaus das Gesetz verabschiedet wurde, das Indien die Unabhängigkeit gewährte. Am gleichen Tag trat die Konvertibilität des Sterling in Kraft. Von jetzt an mußten Sterlingbeträge im Besitz anderer Länder auf Verlangen in Dollars umgetauscht werden. Also wurde jedes Pfund, das ein Land ergattern konnte, auf dem Umweg über London in Dollars verwandelt und damit von der kostbaren Dollaranleihe abgebucht. Wie lange würde Großbritannien die Würde und Bürde eines Weltbankiers tragen können, wenn andere Länder sich auf diese Weise der Anleihe-Dollars bemächtigten?

In der englischen Zahlungsbilanz klaffte ein Loch von einer halben Milliarde Pfund. Der Versuch, Pfunde in Dollars einwechselbar zu machen, scheiterte bereits nach knapp dreißig Tagen. Der Schatzkanzler sagte: »Ein Murmelspiel wird zwecklos, wenn ein Kind alle Murmeln hat und die anderen Kinder gar keine.«

Ich notierte Ende Juli 1947: »Lange, geduldige Schlangen auf dem Markt North End Road. Die Wochenration erreichte inklusive Tee und Marmelade, einem Ei und Würstchen, Fett, Margarine, Butter und Bacon sechseinhalb Schilling. Daran gemessen sind die Preise für Gemüse hoch, für Obst sehr hoch. Reichlich ist diese Zuteilung nur, wenn einer Geld genug hat, auswärts zu essen. Das kostet keine Lebensmittelmarken. Müßte er dafür plötzlich Marken hergeben, würde er sehen, wie gering die Zuteilungen sind. Der Kaufmann bot uns übrigens an, die rationierten Lebensmittel der nächsten Wochen in einem Paket nach Schottland zu schicken.«

Der ursprüngliche Sinn des Geldes als Universaltauschmittel drohte also auch in England verlorenzugehen. Bisweilen ergreift ja den Menschen des 20. Jahrhunderts ein Widerwille gegen das Geld. Der einzelne freut sich zwar immer, wenn er es hat. Sowie er aber über die Geldbörsen anderer zu bestimmen hat, bemüht er sich, diese hervorragende Erfindung aus dem gesellschaftlichen Leben auszumerzen. Er ersinnt tausend Arten von Ersatzgeld. Er zwingt seine Mitmenschen zum Verbrauch von unendlich viel Zeit, Mühe und Nervenkraft, indem er das Geld durch komplizierte Systeme von Stempeln, Wartelisten, Fragebogen, Berechtigungsnachweise und Bezugsscheine ersetzt. Dann wieder druckt er Geld in hektischer Verzweiflung und schleudert es unter die Menge, erstaunt darüber, daß es sehr bald nicht mehr tut, was der Mensch will und erwartet hatte.

In dieser Haltung vereinigen sich zwei historische Strömungen: jene urchristlich-chiliastische Anschauung, nach der die Geldwirtschaft eine Erfindung des Teufels ist, und eine rationalistische Überzeugung, welche nicht nur voraussetzt, sondern auch erzwingen möchte, daß die Menschen alle gleich sind und Gleiches haben. Das letztere zumal bewirkt den unstillbaren Drang, die Bedürfnisse zu kommandieren und zu egalisieren.

Solchen Absichten ist das Geld natürlich feind. Genauer gesagt, es ist das Gesetz von Angebot und Nachfrage, welches sich zur Wehr setzt. In Gestalt von Diebstahl, Tauschhandel, Bestechlichkeit, Arbeitsunlust und schwarzer Märkte. Die beiden Anti-Geldtheorien vereinigen sich auf seltsame Weise im Sozialismus. Ihn erfüllt die Urfeindschaft gegen das Geld. Seine kostspieligen, kraftverschleißenden Proteste gegen das Geld sind etwa ebenso berechtigt, wie es Proteste gegen die Stenographie als Erleichterung des schnellen Schreibens wären. Seinem ursprünglichen Zweck nach ist das Geld eine handliche Abkürzung. Es ist gewissermaßen Arbeitskonserve, gemünzte Leistung, Speisekammer in der Westentasche. Es ist ganz gewiß Voraussetzung für die Bewegungsfreiheit des Menschen, der nicht wie ein Haustier an seiner Weide oder Raufe angepflockt sein will. Freilich muß man den Geldhebel der Wirtschaft zu handhaben wissen. Dagegen glaubten die überzeugten Planer in der englischen Labour-Partei, der Arbeiter brauche nur gebeten zu werden, um wie ein Büffel zu arbeiten; der amerikanische Farmer brauche nur die Weltlage genau zu kennen, und er werde seinen Weizen unter den Gestehungskosten verkaufen.

Es war mittlerweile Ende Juli geworden. Der Marshallplan – eine Skizze, an welche sich die Labour-Regierung sofort hoffnungsvoll geklammert hatte – war in Paris in ein Stadium getreten, das deutlich voraussehen ließ, es werde noch einige Zeit dauern, bis von dieser Seite Hilfe erfolgen könne. Ein in Aussicht genommener Handelsvertrag mit der Sowjetunion, der vielleicht die Getreidenot hätte mildern können, war nach langen Verhandlungen nicht zustande gekommen. Der Kurs der englischen Staatspapiere sank in den Keller. Auf was wartete die Regierung? Auf ein Wunder?

Der linke Flügel der Labour-Partei sah die Stunde des schärferen Kurses gekommen. Nur durch Lenkung und Kontrolle aller Güter und Tätigkeiten vermittels einer umfassenden Wirtschaftsbürokratie waren Vollbeschäftigung und niederes Preisniveau zu halten. Nur damit konnten das Land, der Sozialismus und die Programme der Arbeiterpartei gerettet werden. Zwang mußte her. Arbeitslosigkeit durfte nicht eintreten. Auch nicht für wenige. Auch nicht um den Preis der Freiheit aller.

Die klassische Schule englischen Wirtschaftsdenkens riet dagegen der Regierung: Streiche deine Wohlfahrtsprogramme zusammen. Kürze deine Investitionsprogramme, soweit sie nicht Dollars einbringen, und zwar sofort. Baue nur die notwendigsten Häuser, unterlaß die Errichtung von Brücken, Schulen und Regierungsgebäuden. Gib nicht mehr 400 Millionen Pfund im Jahr aus, um die Preise für Lebensmittel niedrig zu halten. Laß die Preise schießen. Die erhöhten Lebenshaltungskosten werden die überschüssige Kaufkraft aufzehren und zu härterer Arbeit zwingen. Die Arbeitskräfte, die durch Kürzung der staatlichen Bauprogramme frei werden, üben Druck auf den Arbeitsmarkt aus, verbilligen die Arbeit, machen den Arbeitsplatz wertvoller, den Drang nach Arbeit größer. Nur durch ein heilsames Maß von Arbeitslosigkeit heute kann die Massenarbeitslosigkeit morgen verhindert werden. Vor allem aber kann nur die drastische Senkung der Staatsausgaben das inflationäre, muskelerschlaffende Gift aus dem Körper der Nation entfernen.

Die Regierung konnte zwischen zwei Aktionsfeldern wählen oder eine Kombination aus beiden auftischen. Auf was wartete die Regierung also? Das fragte am 27. Juli die gesamte Sonntagspresse. Das Land wollte Rechenschaft. Es wollte reinen Wein über seine Situation eingeschenkt bekommen. Eine umfassende Unterhausdebatte über die Wirtschaftskrise schien dringend notwendig. Die Zeitungen aller politischen Lager griffen plötzlich Attlee wegen seiner Verzögerungstaktik und Entschlußlosigkeit mit Ausdrücken an, die wie ein Gemisch aus Verachtung und Empörung klangen.

Ein einziger solcher Ausbruch der Presse in England genügte damals, um die Regierung dem Willen des Volkes gefügig zu machen – obwohl »das Volk« sich gerade in den Ferien befand. Es bedurfte keiner Demonstration, keiner schwarzen oder roten Fahnen, keines Geschreis und keiner Massenversammlung. Die Opposition im Unterhaus und die Presse erledigten das Notwendige mit einem kurzen, heftigen Pochen an die Regierungstür.

In der Nacht zum 6. August warteten lange Schlangen vor dem Parlament, um sich einen Platz auf der Besuchergalerie zu sichern. Selbst aus dem fernen Schottland kamen sie. Es war immer noch glühend heiß. Trotzdem war das Unterhaus bis auf den letzten Platz besetzt. Nach der Fragezeit erhob sich der Premierminister, ein schmächtiger, freundlicher Mann, dem zwei Haarbüschel wie dunkle Merkurflügel rechts und links des kahlen Kopfes standen. Er sprach mit ruhiger Stimme in nüchternen, kahlen Sätzen, eintönig und ohne den geringsten Anhauch von Beredsamkeit. Er sprach vor einem schweigenden Haus in der Nachmittagshitze. Er sprach eine dreiviertel Stunde. Als er geendet hatte, glaubte ich zu wissen: Die Stunde war verpaßt.

Was Attlee dem Lande auftischte, waren fromme Sprüche, Pläne, Hoffnungen, Absichten, unverpflichtende Zeichen und Zahlen, Luftgespinste statt harter Entschlüsse. Das Volk, alarmiert wie es war, hätte drastische Einsparungen auf sich genommen. Es hätte sich mit dem »passiven Heroismus«, der ihm nachgesagt wird, den Gürtel enger geschnallt. Daß die Zuteilung von Benzin an die Autofahrer um ein Drittel gekürzt und die Einnahmen aus Hollywood-Filmen in britischen Kinos nicht mehr zur Gänze in Dollars nach Amerika transferiert werden sollten, war nicht die mitreißende Geste, welche ein Churchill als Antwort auf die Krise gefunden hätte. Kein Abstrich an den gigantischen Wohlfahrtsausgaben des Staates wurde verkündet. Nichts, was die Inflation bändigte, den Arbeitswillen hob. Einige der ausgeleierten Schrauben der bisherigen Politik würden ein bißchen fester angezogen werden, weiter nichts. Es war zuwenig und vielleicht zu spät und erregte überdies den Verdacht: Wenn so wenig geändert wird, dann kann die Situation so schlimm nicht sein.

Ich war damals der Ansicht, daß der Niedergang des europäischen Sozialismus von jenem Nachmittag des 6. August 1947 datiert werden müsse. Der Führer der stärksten sozialistischen Bewegung in Europa konnte sich nicht zur Entscheidung für die herrischen, öden Ordnungen einer totalen Staatswirtschaft entschließen. Das hätte nach Bolschewismus geschmeckt. Er vermochte aber auch nicht anzuerkennen, daß die Krise in jedem einzelnen Haushalt und Geldbeutel gespürt und bekämpft werden mußte, sollte sie überwunden werden. Er entschied sich weder für Kontrolle durch und durch noch für das Steuerungsmittel »Geld«. Er sah den bevorstehenden Schiffbruch der Politik des Wohlfahrtssozialismus, entschloß sich aber nicht, das Steuer zu wenden oder die Masten zu kappen. Er warf nur ein wenig Ballast über Bord – in der Hoffnung, das Schifflein werde so über das Riff hinweggleiten.

Ungerecht wäre es gewesen, Attlee des Verrats am Sozialismus zu bezichtigen. Davon keine Spur. Er wies nur nach, ohne das eigentlich zu wollen, daß der Sozialismus des allgemeinen Wohlstandes, der geringen Arbeit und der vielen Vergnügungen, der hohen Einkommen und niedrigen Leistungen versagt hatte und am Ende war. Attlees Art, das nachzuweisen, war viel überzeugender, als es eine flammende Anklage gegen den Sozialismus hätte sein können. Seine Rede erweckte in den Zuhörern jene unsäglich gelangweilte Abneigung, welche man einem fleißigen, aber minderbegabten Mitschüler entgegenbringt, der immer wieder durch falsche Antworten den Schluß der Unterrichtsstunde hinauszögert. Der Schüler schaut sich um, weil alles zischt, man hat Mitleid mit seiner Gutmütigkeit, aber man zischt weiter.

Für mich waren die Krise und ihre Bewältigung ein großartiger Anschauungsunterricht. Denn wenn es vielleicht auch zuwenig war, was geändert wurde, so war es doch nicht zu spät. Etwas sehr Wichtiges war geschehen. Die Labour-Regierung war aus ihrer dogmatischen Selbstsicherheit aufgerüttelt worden. Vielleicht zu spät für sie selbst. Sicher nicht zu spät für das Land. Presse und Opposition hatten eine Bresche geschlagen in die Festung des sozialistischen »Wir haben immer recht«. Die Regierung war halbwegs auf den Boden der Tatsachen heruntergezerrt worden. Ohne Krawalle, nur mit Argumenten. Damit war der erste, kleine, aber entscheidende Schritt zur Behebung der Krise getan. Allem Spott zum Trotz funktionierte die englische Demokratie gut und geschmeidig. Daß die

Regierung ihren Kurs nicht aus freien Stücken änderte, sondern sich widerstrebend entlangziehen ließ, kam die Arbeiterpartei teuer zu stehen. Ein Monat Zögern und ein halber Entschluß kosteten diese Partei einen so großen Verlust an Ansehen, daß bereits die Gemeindewahlen im Spätherbst zugunsten der Konservativen ausgingen.

Aber schon vorher änderten die Dinge ihren Lauf. Der 6. August war eine Wasserscheide. Von Stund an segelte das Arbeiterkabinett mit den meisten seiner praktischen Entschlüsse im Schlepptau der Konservativen. Der Kapitän, eine Zeitlang abgesetzt, nahm dem braven, aber seiner Aufgabe nicht ganz gewachsenen Steuermann unmerklich und allmählich die Navigation aus der Hand. Die Konservativen sagten: Die Einschränkungen für den Konsumenten gehen nicht weit genug. Und es wurde mehr eingeschränkt. Sie sagten, daß der Bau so vieler Häuser eingestellt werden müsse. Und er wurde eingestellt. Sie sagten, die riesigen Kapitalinvestitionen der Regierung seien von Übel. Sie wurden gestrichen. Sie sagten: Das Abflußrohr für Dollars müsse gestopft, die Konvertibilität des Pfundes schleunigst aufgehoben werden. Auch das wurde getan – »mit Bedauern« –, und zwar am 35. Tage nach Inkrafttreten der Klausel. Es fanden sich dann nur noch Dollars im Werte von 100 Millionen Pfund im Beutel, der eigentlich noch Milliarden Dollars enthalten sollte. Aber auf dem Papier sah es Ende September 1947 so aus, als könne Mitte 1948 die Zahlungsbilanz ausgeglichen werden, wenn auch nicht mit den originalen Mitteln der Labour-Doktrin.

Bei alledem war die Regierung bockbeinig. Sie zeigte sich widerborstig wie ein Kind, welches nur unter Zeichen des Protestes seiner Einsicht zu folgen vermag. Sie versuchte, rechts und links auszubrechen. Sie strich die Benzinzuteilung an Autofahrer völlig, um sie einige Wochen später teilweise wieder einzuführen. Sie gab Devisen für Auslandsreisen nicht mehr frei. Sie kürzte die rationierten Lebensmittel für Einzelverbraucher, Hotels und Restaurants. Sie führte nun tatsächlich eine Lenkung und Kontrolle der Arbeitskräfte ein, in reichlich abgeschwächter Form zwar, aber immerhin – und schoß damit sogar über die Ziele ihrer schärfsten Kritiker hinaus. Im großen und ganzen wurden Vorschläge in die Tat umgesetzt, die nicht in der Suppenküche der Sozialisten gekocht waren. Dieselben Entschlüsse, achtzehn Monate früher gefaßt, hätten die Krise verhindert. Wären sie allesamt am 6. August verkündet worden, hätte die Regierung wenigstens noch den Ruhm davon gehabt. Da jedoch die bittere Medizin löffelweise und ohne rechte Überzeugung verabfolgt wurde, buchten die Konservativen die Erfolge regelmäßig für sich. Der Praktiker im Briten hatte den Ideologen entthront.

Der Vorgang war lehrreich. Es war das erste Stück einer zusammenhängenden Auslandsberichterstattung, das mir da zugefallen war. Bezahlter Unterricht in Wirtschaftstheorie war dieser Sommer auch. Bei der Schilderung der englischen Krise reiften außerdem Pläne, die mich ein Jahr später ins Ruhrgebiet führen würden. Ein Anstoß dazu wurde mir in Edinburgh gegeben, als ich beim Dinner im Hotel mit einem Holländer ins Gespräch kam.

Er hatte im Krieg während der letzten drei Monate Besetzung durch die Deutschen so ziemlich alles, jedenfalls Haus, Hof und fünfunddreißig Kilo an Gewicht verloren und gelernt, wie Hunde und Katzen schmecken. Vor diesem Hintergrund entwickelte er mir seine Vorstellungen. Nötig sei, daß Deutschland wieder zu Kräften komme. Holland könne nur leben, wenn es zwischen einem gesunden Deutschland und einem gesunden Großbritannien liege. Deshalb seien die Grenzberichtigungen im Westen Deutschlands psychologisch töricht und von keinerlei Wert für die Niederlande. Im Gegenteil, was Holland braucht, sei mehr deutsche Produktion.

Seine Firma habe bisher versucht, Aufträge für Schiffsbleche nach England zu vergeben. Acht Monate Lieferfrist seien das mindeste, aber gemeiniglich bekomme man die Ware erst nach zwei Jahren. Einfach aus Neugierde habe seine Firma einen solchen Auftrag in Duisburg plaziert. Ergebnis: Nach fünf Wochen rollten die bestellten dreihundert Tonnen fix und fertig auf dem Bahnhof an. Die Reaktion des schottischen Geschäftspartners auf diese Mitteilung lautete: »Na ja, schließlich kontrollieren wir ja die Ruhrindustrie – was schadet es also Großbritannien, wenn so ein Auftrag mal an die Deutschen fällt? Das Geld kommt doch zu uns.« Dem Holländer war klar, daß sein schottischer Partner im Irrtum war und daß das Geld nicht nach Großbritannien kam. Er machte deutlich, warum Holland wieder zu den traditionellen deutschen Lieferanten zurückkehrte. Kurz gesagt, weil sie zuverlässiger und schneller seien als die langsame britische Stahlindustrie. Die laufe überdies noch Gefahr, durch die Nationalisierung ihre kaufmännische Schlagkraft vollständig einzubüßen. England sei zu langsam, sagte der Holländer und gab ein weiteres Beispiel: Da kommt man mit Ware in England an und will ein Muster an Land nehmen. Schon steht einer an der Ladeluke und sagt: »Tun Sie das mal wieder zurück!« Man erhebt Einwände: »Erstens gehört es mir, und zweitens will ich ja nur ein Muster meinem Geschäftsfreund mitnehmen.« Darauf heißt es in drohendem Ton: »Tun Sie das zurück, und zwar gleich, oder wir machen Ihnen Beine. Jack, Tom, Bill, kommt mal her und tragt die Kiste in den Wagen des Gentleman.«

Das kostet zehn Schilling extra und heißt soviel wie: Beim Entladen sind wir Dockarbeiter die Herren. Normaler Verlauf: Vier Männer sehen zu, wie zwei Mann dänischen Schinken verladen. Nach einer halben Stunde wechseln sie sich im Zusehen und Verladen ab. Dann gehen die Männer mit 20 Pfund nach Haus. Aber wenn es regnet, kommen sie nicht, und sobald einer Schwierigkeiten mit dem Manager hat, streiken sie.

Nach Ansicht des Holländers nützten die Docker die Stärke ihrer Gewerkschaften auf Kosten der englischen Wirtschaft erbarmungslos aus. Nicht anders die Bergleute. Und bald würden es die jetzt außergewöhnlich schnell arbeitenden Stahlarbeiter ebenso halten – wenn sie nämlich erst einmal nationalisiert seien.

Diese Problematik würde mir im Ruhrgebiet in ganz anderer Gestalt wiederbegegnen. Vorerst aber machte ich mich zum Dank für das Entgegenkommen meiner Kollegen in Bush House an ein Hörpanorama für die BBC: »London – Anatomie einer Weltstadt.« Ich durchstreifte die Stadt nach allen Richtungen, ließ mich auf Bilder ihrer ehrwürdigen Bräuche, Brücken und Brände ein, befragte die Stimme des Volkes in der U-Bahn und die Hausfrauen in den Läden und lieferte schließlich ein Manuskript ab, das allen Grundsätzen des Deutschen Dienstes der BBC widersprach. Es verstieß gegen die Regeln nüchterner Unterrichtung. Es behauptete, ohne zu beweisen. Es informierte nicht, sondern tat inspiriert. Es war nicht matter of fact, sondern hymnisch. Es war eine Huldigung, und das auch noch in Versen, für eine Stadt, die es nur in meiner Phantasie gab.

Die Redaktion faßte das Feature mit der Vorsicht eines Mannes an, der in seinem Hühnerstall Schlangeneier entdeckt hat, aber um keinen Preis Überraschung oder gar Entsetzen zeigen möchte.

Der Text schreibt eine Frauenstimme vor, die wie einen Refrain mehrere Male wiederholt, daß ihr Liebster »als Sergeant in Burma« stehe. Die dafür eingeteilte Sprecherin gab höheren Orts zu Protokoll, daß es sich bei einer so auffälligen Wiederholung nur um eine verschlüsselte Information handeln könne, die ich dem Feind über

Die »Stimme der ersten Stunde« in der englischen Cordroy-Hose (1947).

den Äther zuspielen wolle. Sehr zu meinem Erstaunen nahm das niemand zum Vorwand, das Stück abzusetzen. Vielleicht, weil 1947 nicht mehr oder noch nicht wieder entschieden war, wer wessen Feind sei. Oder weil man beim Deutschen Dienst der BBC nach Heinrich Fischers Wahlspruch handelte: »Feerst sings feerst.« Zu den ersten Dingen rechnete eine wortgetreue Produktion. Die Entlarvung von Spionen war allenfalls ein Problem zweiter Güte, selbst wenn sich mehrere englische Mitglieder des Stabes nachweislich die Zeit mit dem Schreiben von Kriminalromanen vertrieben.

Wie dem auch sei – gesendet wurde das London-Feature, weil die Gastgeber wußten, wie gut ich die 25 Guineas gebrauchen konnte, die es dafür gab. Unter anderem finanzierte ich damit eine Reise nach Schottland und erstand eine der in Deutschland noch ungewöhnlichen Cordroy-Hosen.

Damit ging es auf die Heimreise. Im Bahnhof von Osnabrück traf uns nach vier Monaten Freundlichkeit der erste Schock. Hungrige Menschen mit leeren Tragetaschen bevölkerten den Bahnsteig. Haßerfüllte Blicke. »Nimm's nicht!« sagte eine Frau zur anderen, als ihr von einem Soldaten ein Sandwich angeboten wurde. Dann wurde ausgerufen, daß der Zug für deutsche Zivilreisende gesperrt sei. »Wir wollen ja gar nicht mit«, ließ sich eine andere Frau vernehmen. Als wir in Hamburg ankamen, war unser Gepäck nicht zu finden, und als wir es schließlich fanden, fehlte die Hälfte und ward nie wieder gesehen.

Im Ruhrgebiet

»Ich führe Sie nun in finstere und selten betretene Bereiche. Ich führe Sie in Gebiete, über die jeder ein Urteil hat und wenige Genaues wissen. Zunächst aber führe ich Sie in Ihren Keller. Es ist dunkel in Ihrem Keller, und wir lassen es dunkel. Wir leuchten nur mit der Taschenlaterne, wenn wir jetzt den ausrangierten, wackligen Küchentisch, der da aufs Verheiztwerden wartet, an die Wand rükken. Das eine Bein scheint abzubrechen, das macht aber nichts; um so besser. Eine widerliche, stickige Luft herrscht in Ihrem Keller. Aber auch das macht nichts – im Gegenteil. So, nun kriechen Sie mal unter den Tisch, aber stoßen Sie sich nicht in der Finsternis. Schon geschehen? Na, auch nicht schlimm. Etwas unbequem da unten, neben der feuchten Wand, und wo Ihnen doch immerzu der Tisch auf den Kopf fallen kann, wenn das Bein vollends abbricht. Keine Angst! Hier ist die Taschenlampe. Und hier ist Ihr Staubsauger. Ein ganz gewöhnlicher Staubsauger. Mit dem saugen Sie nun mal die Wand ab. Pressen Sie ihn am besten gegen Ihre Schulter. Das geht nicht so leicht im Kauern? Natürlich geht das. Knien Sie doch hin, die Hose wird schon wieder sauber. Aber geben Sie acht, daß Sie nicht an das wacklige Bein stoßen. Gewiß, so ein harmloser Staubsauger ist ziemlich schwer, wenn man ihn kauernd bedienen muß...

Und nun nehme ich den Besen und begebe mich zu den Resten Ihres Kohlevorrats – es ist eigentlich nur noch Staub – und wirble den Staub kräftig hoch. Sehen Sie, wie die Staubteilchen im Lichtkegel Ihrer Lampe umherfliegen? Husten Sie ruhig unter Ihrem Küchentisch. Sollte Ihnen in Ihrer komischen Position der Schweiß ausbrechen, dann wischen Sie ihn mit dem Handrücken aus den Augen. Und nun bleiben Sie sieben Stunden so wie Sie sind, dann lassen Sie sich 11 Mark 59 auszahlen, und dann wissen Sie ungefähr, wie einem Bergmann zumute ist...«

»Keine Ahnung haben Sie davon«, protestieren im Dunkel zwei Stimmen. »Bei uns unter Tage ist es viel heißer als in Ihrem Keller.

24, 26, 28 Grad. Unser Preßlufthammer ist viel schwerer als Ihr Staubsauger. Es gehört etwas mehr Kraft dazu als zum Staubsaugen, wenn Sie ein, zwei Tonnen Kohle losmachen und wegschaufeln sollen. Ihnen kann höchstens ein Küchentisch auf den Kopf fallen, uns aber 800 Meter Gebirge. In Ihrem Keller gibt's weder Schlagwetter noch Kohlenstaubexplosionen. Sie werden nicht gleich Furunkel kriegen. Und Magengeschichten. Und Staublunge. Sie werden sich auch kaum die Hand oder den Fuß quetschen können am Förderband. Außerdem liegt Ihr Keller nicht schräg wie ein steiler Abhang in der Nacht. Und der ewige Krach! Wenn hinter uns ein Schleuderversatz gemacht wird und das Fördermittel rasselt und zwanzig Preßlufthämmer losgehen..., da gibt's mehr Staub als von Ihrem Besen...«

»... Krach, Staub, Gefahr und Schweißgeruch von schwerer Arbeit. Das ist die unterirdische Basis des Kohlenlaboratoriums an Ruhr und Rhein. Krach, Staub, Gefahr und Schweißgeruch – das ist das tägliche Brot von vier mal hunderttausend Bergleuten zwischen Mörs und Unna, Marl und Steele. Von diesem unterirdischen Lärm, von diesen träge durch das Dunkel ziehenden Staubschwaden, von den pressenden Berggefahren und den hellen Streifen, die der Schweiß über vier mal hunderttausend angestrengt verzerrte Gesichter zieht – davon hängt Ihr Wohlbefinden ab: Ihres und das Ihres Nachbarn zur Rechten und zur Linken. Denn die Kohle ist nicht nur das A und O des Reviers – sie ist das Alpha und Omega unseres mechanisierten, künstlich gewärmten, von Dampf, Gas und Strom getriebenen Lebens. Deshalb ist es so wichtig, über die Plätze und Straßen des Kohlenpotts zu gehen, als sei die Erde durchsichtig und aus Glas. Als könne man hinunterschauen in die dämmernde Tiefe unter Kinderspielplätzen und Wäschebleichen, unter Fabrikhöfen und Gemüsegärtchen. Blicken wir also hinunter in die Basis des Kohlenlaboratoriums, als lägen seine Eingeweide bloß...«

Mit diesen Worten eröffnete ich mir ein neues Tätigkeitsfeld. Es war die Anfangspassage der ersten von vier einstündigen Hör-Features über die Probleme des Industriegebiets im Sommer 1948. Die wenigsten wußten, wie es unter Tage im Bergbau aussieht, aber jedermann redete über den Mangel an Kohle. Schrott lag in Deutschland überall in großen Massen herum, und wie er zustande kam, hatten alle erlebt, aber über die Vorgänge in einem Stahlwerk waren nur wenige orientiert. Alle Augen waren auf die Ruhr gerichtet, aber keine zwei Meinungen stimmten darin überein, was sich in den nächsten Jahren am Schicksalsfluß der deutschen Zukunft entscheiden sollte.

Schicksalsfluß? Wem wäre dieses Wort eingefallen angesichts des Gewässers, das so lieblich und harmlos im Süden der Stadt Essen dahinzieht, als wäre es die Saale in Thüringen oder der Neckar bei Heidelberg? Aber die Franzosen und Russen beanspruchten Kontrolle und Recht auf Mitsprache im Ruhrgebiet, das immer noch so hieß, obwohl die Schwerindustrie der Kohle nachgezogen war gen Norden, in die Emscherniederung und in Richtung auf die Lippe. Den meisten Deutschen war das noch gar nicht bewußt geworden, aber sie ahnten, daß die Abtrennung dieses Gebiets mit seinen vier Millionen Bewohnern vom Rumpf Deutschlands so schwerwiegende Folgen haben würde oder noch schlimmere, wie der Graben zwischen der russischen und den westlichen Besatzungszonen. Durch die Währungsreform in den Westzonen hatte sich dieser Graben gerade in jenen Sommerwochen 1948 wie mit einem Schlage vertieft. Die Abtrennung des Ruhrgebiets wurde auf Konferenzen diskutiert, über die nur Ungenaues nach Deutschland drang, jedenfalls nichts Beruhigendes.

Was das Jahr 1948 im Ruhrgebiet von allen anderen Jahren zuvor und danach unterschied, war die heillose Verwirrung der Gemüter. Die ärgsten Trümmer des Bombenkriegs waren beiseite geräumt, die Schlote rauchten wieder, keine Frage, die Oberleitungen der Straßenbahnen hingen nicht mehr schlapp und tot herab, es wurde wie besessen gearbeitet, der eine trug bereits einen neuen Anzug, die andere hatte ein neues Kleid, denn die Läden waren ja plötzlich voll, man konnte sich so ziemlich alles ohne Marken kaufen, wenn man Geld hatte, aber das Geld war knapp, sehr knapp. Ein Kumpel, und das war der höchstbezahlte Arbeiter damals, brachte 320 Mark im Monat nach Hause. Ein Pfund Äpfel kostete eine Mark dreißig, Rotkohl vierzig Pfennige, eine Arbeitshose 26 Mark, eine Monatsmiete für das Häuschen um die dreißig Mark; also, es langte zum Sattwerden, man würde sich nicht wieder zu Tode frieren, und manch einer dachte bereits an den Kauf eines Fahrrads, aber man bezahlte für all diesen Luxus nicht nur mit Geld, sondern auch mit vielen Überstunden und zähneknirschender Anstrengung.

Bei Licht besehen war nach den Nackenschlägen, die jeden einzelnen hin- und hergeworfen hatten, wieder etwas Stetigkeit eingetreten. Man konnte sich ausrechnen, was morgen sein würde. Aber welches Übermorgen einen erwartete – das lag in völligem Dunkel. Daher die große Konfusion. Um ein Beispiel zu nennen: Die Lohntüte in der Henrichshütte zu Hattingen am Ufer der Ruhr würde – Dank sei der Währungsreform! – morgen noch gefüllt sein mit sieben frisch gedruckten Zehnmarkscheinen. Aber übermorgen konnten bereits die ersten Demontagetrupps eintreffen und die Siemens-Martin-Öfen abbauen, das Herz der Anlage. Versammelte man sich gegen diesen Unsinn zu einem Protest, so waren da britische Soldaten auf Panzerwagen, die durch ihr Erscheinen klarmachten, wer das Sagen hatte im Ruhrgebiet und überhaupt in Deutschland.

Die Öfen und Walzstraßen der Henrichshütte sollten als Wiedergutmachung nach Jugoslawien gehen oder sonstwohin, wo die Truppen Hitlers bis in die letzten Tage des Krieges Trümmer und Verwüstung hinterlassen hatten. Aber warum all diese Entschädigungen vier Jahre danach? Und warum die Hütte vorher erst wieder in Gang setzen, dann plötzlich abmontieren und den Schrott, denn Schrott würde das ja bleiben, irgendwohin transportieren, um ihn verrosten zu lassen? Das war schwer zu verstehen. War es Rache oder gerechte Vergeltung oder vielleicht purer Konkurrenzneid? In einem Gebiet südlich der Ruhr, wo es keine andere Industrie gab, würden 4000 Arbeiter brotlos werden.

Walzwerke wurden mühevoll instand gesetzt, aber um die Ecke wurden sie abgebaut. Die Kohlegruben wurden mit aller Kraft zu höchster Leistung angespornt, das kriegszerstörte Europa brauchte ja vor allem Kohle, Energie, Treibstoff – aber die deutschen Anlagen, die Benzin aus Kohle gewannen, die mußten als potentielle Kriegsindustrie zerstört werden. Das sollte mal einer verstehen! Unter Tage und in den Zechengebäuden und Kokereien arbeiteten schon wieder mehr Männer als vor dem Krieg – und damals lief die Rüstung auf vollen Touren –, aber ein paar Tonnen Stahl für Schienen und Stempel und neue Förderbänder konnten die Zechen für Geld und gute Worte nicht bekommen, weil die Stahlwerke abgebaut oder ihre Kapazitäten künstlich beschränkt wurden.

Ich dachte mir damals zur Verdeutlichung der Vorgänge einen Dr. Eisenbarth aus, welcher die zwischen 1914 und 1945 entstandenen Röntgenaufnahmen des Patienten »Deutsche Stahlindustrie« prüft, vergleicht und kommentiert. Das hörte sich so an:

»Schwester, geben Sie mir mal die Röntgenaufnahme aus der Zeit der ersten Amputation. Danke. Der Patient war, wenn ich mich recht erinnere, prallgesund, reichlich übermütig, von robustem Tatendrang befallen und in seinen Mitteln nicht wählerisch. Haben ihm damals Lothringen abnehmen müssen. Hat die Operation prächtig überstanden – na, prächtig ist vielleicht zuviel gesagt, also gut überstanden hat er sie, kam wieder zu Kräften, auch ohne Minette, auch ohne lothringisches Erz, auch ohne die dortigen Hütten... So, nun mal bitte das Röntgenbild vor der zweiten Amputation, sagen wir mal, von 1936. Danke schön. Sehen Sie die auffällige Konzentration an dieser Vene, am Rhein, und wo die beiden Äderchen einmünden, Emscher und Ruhr? Die tiefdunklen Flecke auf dem Kohlengewebe, das sind die Hütten, die Hochofenwerke; Friedrich-Alfred-Hütte in Rheinhausen, August-Thyssen-Hütte in Duisburg-Hamborn, dann der Komplex Duisburg-Meiderich, Huckingen, aderaufwärts ins Innere die Gutehoffnungshütte, hui, da die dicke Verwachsung, das ist Krupp – ein ganz seltsames Phänomen, das sich irgendwie auch in den Hirnen der behandelnden Ärzte festgesetzt hat als sogenannter Krupp-Komplex –, na, und da nebenan der Bochumer Verein und die Dortmunder Union mit Hörde. Die beiden kleineren schwarzen Flecke mehr nach Süden sind Hagen-Haspe und Hattingen. Sie liegen außerhalb des Kohlengewebes. Nun diese etwas heller gefärbten Flecke: Da wird das verhüttete Eisen verarbeitet. Die ganz schweren Brocken liegen in unmittelbarer Nähe der Hütten – die schweren Walzwerke, Pressen, Schmieden, Gießereien, man will schließlich nicht hohe Gewichte, mit denen man umgehen muß, unnötig weit transportieren. Wenn die Lasten leichter werden, kann man schon weiter fort sein von der Hütte. Uhrenfedern lassen sich ebensogut im Schwarzwald anfertigen.

Hier nun die helleren Flecke: Um Düsseldorf Schiess de Vries und Mannesmann und Klöckner und hier nach Süden und Osten löst sich das Ganze auf in ein Gesprengsel kleinerer Flecke: Velbert mit seinen Schlössern, Burscheid mit Kolbenringen, Remscheid mit Werkzeugen, Bohrern, Feilen und so weiter, Iserlohn mit Beschlägen und wie das Gesprengsel so heißt. Na, jedenfalls, das zeigt einen Patienten, der nach der ersten Amputation wieder ganz obenauf ist. Hier und da Zeichen von Hypertrophie, auffälliges Wachstum von Geweben, die gefährlich aussehen, sogenannter Rüstungskrebs. Aber wenn Sie es mit Röntgenaufnahmen von anderen Landesteilen vergleichen, Mitteldeutschland etwa, dann sehen Sie dort viel mehr solcher bösartigen und gefährlichen Stellen. So, nun bitte mal die Aufnahme, die wir nach dem zweiten Anfall und während der zweiten Amputation gemacht haben.«

Die Schwester sagt, als ob sie etwas Furchtbares sähe: »Oh, das sieht ja... das sieht ja...«

»Jawohl«, meint Dr. Eisenbarth, »das sieht nicht gut aus. Da vergeht einem das Lachen. Und der Appetit auf Rüstungsaufträge. Lauter zerfetztes Gewebe. Ein Viertel der Flecke hat schwer heilbare Schäden erlitten, wenn man mal von der Krupp-Verwachsung absieht, da ist wohl überhaupt nichts mehr zu machen. Da fehlt ja ein ganzes Hüttenwerk, da hat man offenbar eine Transplantation vorgenommen, eine Verpflanzung nach Rußland, einfach weg von der Röntgenaufnahme, wie ausradiert. Und da und dort sind andere leere Stellen, in Düsseldorf häufen sie sich, die Werkzeugmaschinenfabrik Schiess de Vries ist weg und das Stahlwerk von Klöckner – wird lange dauern, ehe so was wieder wächst. Hier und da hat man die brandigen Stellen herausgeschnitten, die krebsartigen Rüstungswucherungen. Das war höchste Zeit. Aber wirklich bedenklich ist, daß sich überall die Verbindung mit dem nährenden Kohlengewebe gelöst hat. Und hier, sehen Sie, verhalten sich ja einige Komplexe ganz merkwürdig. Wie Zellen unter örtlicher Betäubung. Sind noch vorhanden, aber ganz grau und abgestorben wie bei Starrkrampf. Zum Beispiel die Deutschen Edelstahlwerke in Krefeld oder die August-Thyssen-Hütte in Hamborn. Und dort sind solche abgestorbenen Stellen mitten im arbeitenden Gewebe: die Fünf-Meter-Grobblechstraße in Hörde oder die Zehntausend-Tonnen-Presse in Dortmund – man könnte befürchten, daß sie die gesamte Umgebung anstecken. Das sind sehr interessante Stellen für den Diagnostiker...«

Ich spielte damit auf Demontagen, Reparationen, Stillegungen und Kapazitätsbeschränkungen an, die festgesetzt wurden auf Grund von Verträgen, welche die Sieger untereinander in London, in Moskau und in Paris abgeschlossen hatten – undurchsichtige Papiere, die kein Kumpel verstand. Die Rede war von der Herstellung einer »wohlausgewogenen Industrie« und von einem sogenannten Ruhrstatut, dem zufolge die Kohle- und Stahlproduktion des Reviers unter Aufsicht einer internationalen Behörde zu verteilen sei. Es war nicht klar, wem der Erlös zugute kommen sollte. Die Eigentümer der Hütten- und Zechenkonzerne waren verjagt, zum Teil auch eingesperrt worden. Ihr Besitz wurde, wenn nicht demontiert, so doch »entflochten«. Kohle und Stahl, deren enge technische und wirtschaftliche Verbindung die Stärke des Ruhrgebiets ausmachte, wurden in kleinere Einheiten zerlegt, damit ihre wirtschaftliche und politische Macht nicht mehr Übermacht sei. Aber wem gehörten denn von nun an die Werke, die eine so gefährliche Machtballung darstellen sollten? Doch noch den ehemaligen Eigentümern, den »Konzernherren«? Oder den Briten? Den Alliierten insgesamt, die sich gerade am Rand gewaltsamer Auseinandersetzungen um das blockierte Berlin befanden? Der Ruhrbehörde oder dem deutschen Volk, vertreten durch eine Regierung, die es noch nicht gab? Vielleicht dem Lande Nordrhein-Westfalen, einer künstlichen Schöpfung der Besatzer? Oder den Arbeitern, vertreten durch ihre neu gegründeten Gewerkschaften?

Dieses geplante Ruhrstatut sah wirklich wie das Vorspiel aus zu einer gewaltsamen Enteignung der wichtigsten Besitztümer einer immer noch großen und schon wieder an Bedeutung zunehmenden Industrienation. Die Konfusion war erheblich, die Aufregung gewaltig. Sie verschärfte die Debatte über die Sozialisierung, besser gesagt, die Verstaatlichung der Schwerindustrie und das Drängen der Gewerkschaften nach Mitbestimmung in den Konzernen des Reviers – keine ganz unbillige Forderung angesichts der drei Jahre Wiederaufbau durch eine ausgehungerte Arbeiterschaft.

Der Morgen war also freundlicher geworden, aber das Übermorgen lag in dichtem Nebel. Dem vielgepriesenen Marshallplan begegnete man zunächst mit großer Skepsis. Den Deutschen hatten sich seit 1945 eher die griffigen Formulierungen des Morgenthau-Planes eingeprägt. Er wollte Deutschland in eine von Hirten durchwanderte Einöde verwandeln. Seine Konstruktion zeichnete sich vor allem durch ihre Einfachheit aus. Sie legte den Hauptwert darauf, daß nirgendwo Ecken und Winkel vorhanden sein sollten, in denen sich irgendwelche Rüstungsproduktionen einnisten konnten. Der geniale Grundgedanke lautete: Alles ist potentielle Rüstung. Jedes Stück Blech kann zur Herstellung einer Konservendose verwandt werden, in welche man Rindfleisch füllt – beste Soldatennahrung! Jede Nähnadel ist ein Produkt der Rüstung. Erstens ist sie spitz und sticht, und zweitens kann sich damit der Soldat den abgerissenen Knopf an die Hose nähen, die andernfalls herunterrutscht und dadurch beim Angriff hinderlich ist. Weil alles potentielle Rüstung ist, Deutschland aber nie wieder eine Rüstung haben sollte, legte der Plan Wert auf die nahezu totale Beseitigung der deutschen Industrie. Die Werke an Rhein und Ruhr sollten abgewrackt und die Menschen zu einem einfachen ländlichen Dasein umerzogen werden.

Der Morgenthau-Plan in seiner ursprünglichen, radikalen Fassung ist nie zum amerikanischen Regierungsprogramm erhoben worden. Aber er vergiftete die Politik der siegreichen Demokratien während der ersten drei Jahre nach dem Krieg in vielerlei Hinsicht. Sie unterschrieben in dem sogenannten Potsdamer Industrieplan eine abgeschwächte Version der Gedanken Morgenthaus. Nun hatte sich aber das Blättchen jenseits des Ozeans bereits seit einem Jahr gewendet. Man sah dort in dem lebendigen Stalin eine größere Gefahr für Europa als in dem toten Hitler. Der ehemalige Präsident Herbert Hoover, dem meine Schulkameraden und ich nach dem Ersten Weltkrieg Milchsuppe in der Frühstückspause verdankten, kam von einer Informationsreise durch Deutschland mit den Worten zurück:

»Die Demontage erinnert mich an den Versuch, aus einem brennenden Haus den statistisch ermittelten Überschuß an Feuerlöschern zu entfernen.«

Noch waren jedoch die restriktiven Industriepläne für Deutschland in Kraft, und es wurde davongeschafft, was die Planer des alliierten Kontrollrats und ihre Nachfolger für überschüssig oder was die Russen für brauchbar hielten. Deren Demontagepolitik wurde von den Besiegten besser verstanden. Sie vermied den Anschein der Heuchelei und bestand ganz einfach auf Strafe, Entschädigung und Tribut.

Die Gleichzeitigkeit von Abbau, Aufbau und Umbau der deutschen Schwerindustrie, das Durcheinander der internationalen Interessen und der deutschen Reaktion darauf – in meinen Augen war das ein großes Thema. Es berührte die Gefühle, den Lebensstandard, die Zukunft von uns allen. Es mußte jeden Journalisten reizen. Viele hätten das Zeug dazu gehabt, es zu beschreiben. Kaum einer tat es, entweder weil damals die Luftbrücke ins blokkierte Berlin die Reporter mehr faszinierte, oder weil eine umfassende Ruhr-Berichterstattung in den immer noch recht kümmerlichen Zeitungen und Zeitschriften nicht möglich war. Ich hatte das Glück, über die Mittel des NWDR zu verfügen. Ich konnte in der

Programmsitzung sagen: »Wir machen mal eine Serie von großen Features über das Ruhrgebiet.« Und wenn dann gefragt wurde, ob ich schon einen Autor ins Auge gefaßt hätte, konnte ich sagen: »Ja, mich.«

Da atmeten alle ganz erleichtert auf, denn ich war mancherorts im Wege. Die administrative Hierarchie des Senders hatte ich verlassen, und als Programmdirektor hatte Hugh Carleton Greene aus dem Deutschen Dienst der BBC Eberhard Schütz nach Hamburg geholt. Doch hatte der es anfangs nicht leicht. Es konnte vorkommen, daß die Engländer aus alter Gewohnheit mich befragten und nicht ihn. Meine Funktion war unklar. Ich produzierte und moderierte zwar eine abendfüllende Talkshow – ein Novum für die damalige Zeit – und versuchte in dieser »Abendgesellschaft« journalistische Information mit Unterhaltung zu kombinieren. Aber das war den Verfechtern reinlich getrennter Programmkästchen ein Dorn im Auge. Außerdem, ein Lebensinhalt war es nicht, der blutjungen Anneliese Rothenberger zu einem Auftritt zu verhelfen oder den Dokumentarfilmer Victor Graf Plessen über mysteriöse Ereignisse beim Drehen indonesischer Tempelumzüge erzählen zu lassen; Kalanag, der manchmal vor Hitler gezaubert, oder der Astrologe Wolff, der Himmler die Sterne gedeutet hatte, konnten mich nicht reizen, meine Partner öffentlich zu diffamieren und zu demolieren, was doch nach heutiger Ansicht die Hauptaufgabe eines Talkmasters ist. Kurzum, ich langweilte mich dabei und brach deshalb manchmal in andere Programmsparten ein – nicht immer zum Vergnügen der jeweiligen Redaktionsleiter. Ich teilte meine Zeit zwischen dem Büro mit der Klappe in Hamburg und der Schloßbibliothek von Wilflingen. Es verschaffte mir die Gelegenheit, bei der Geburt unserer vierten Tochter zugegen zu sein.

Die Russen versuchten seit Anfang 1948, die Währungsreform und die Staatwerdung der Westzonen zu verhindern; während sie durch die SED ein plötzliches »Deutsche an einen Tisch!« propagierten, verließen sie die oberste Behörde für Deutschland, den Kontrollrat, und verstärkten die Abschnürung Berlins. Unsere russisch kontrollierten Kollegen in Ost-Berlin hatten bis dahin gemeinsame Programme und Diskussionen immer abgelehnt; nun waren sie plötzlich dazu bereit. Wenige Tage vor der Währungsreform wurde im russisch kontrollierten Funkhaus in der Berliner Masurenallee eine öffentliche Redeschlacht unter Vorsitz Axel Eggebrechts veranstaltet. Sie wurde in der sowjetischen Besatzungszone und durch den NWDR ausgestrahlt. Jede Seite brachte vier Kommentatoren in Stellung wie eine Batterie von Kanonen. In der Artillerie des Ostens befanden sich Schnitzler und Harich, denen der spätere Stasi-General Markus Wolf aus dem Hintergrund Anweisungen zu Ziel und Ladungsstärke gab. Auf unserer Seite fungierten neben mir Eberhard Schütz, nachmaliger Intendant von RIAS Berlin, der spätere Hamburger Intendant Tröster und mein Freund aus Transozean-Tagen Erwin Haberfeld. Er leitete damals die NWDR-Zweigstelle am Heidelberger Platz in Wilmersdorf. Unsere Gegner waren besser in den demagogischen Künsten, wir waren frecher mit Zwischenrufen. Am Ende ging die Sache aus wie die Kanonade von Valmy: Niemand siegte richtig, die Dinge in Deutschland nahmen ihren vorgezeichneten Lauf, aber wir konnten von uns sagen: »Wir sind dabeigewesen« – nämlich bei der ersten und bis 1989 letzten solchen gemeinsamen Veranstaltung. Und natürlich bei dem hinterher stattfindenden Trinkgelage.

Es begann in einem amerikanischen Kasino und endete bei einem russischen Rundfunkoffizier. Erinnerlich ist mir besonders, daß bei den ausgebrachten Trinksprüchen die Deutschen aus Ost-Berlin ihre Überlegungspausen nach russischer Art mit »nu da« und »nitschewo« würzten, während bei uns das angelsächsische Stottern und ein nachdenkliches »äh« vorherrschten. Wir taumelten mit schweren Köpfen davon und bekamen an einem der nächsten Tage die »Kopfquote« von vierzig Mark in neuem Geld. Plötzlich waren alle Läden wohlgefüllt und die Zugangswege nach Berlin blockiert.

Es war ein tiefer Einschnitt in unserem Leben. Er legte es nahe, etwas Neues zu beginnen. Ich begann die Liebschaft mit dem Ruhrgebiet. Für den Sachsen in mir war das eine Rückkehr zu Kindheitseindrücken. Ich war aufgewachsen in einem alten Bergbaugebiet und immer nahe an rauchigen Fabrikvierteln. Allerdings hatte ich mehr Ahnung von den Predigten Thomas Müntzers vor Zwickauer Bergknappen und von den barocken Trinksitten an der Freiberger Bergakademie als von den Techniken der Erzschmelzer und Kohlehauer des 20. Jahrhunderts. Dieses Defizit schreckte mich aber keine Sekunde lang ab. Ich war überzeugt, für meine vier Hör-Features binnen kurzem alles Nötige lernen zu können. Mein Glück war es, daß ich von exzellenten Lehrmeistern adoptiert wurde. Es waren Wirtschaftspolitiker wie Dr. Deist, Wissenschaftler der Gewerkschaften wie Erich Potthoff, Juristen in der Spitzenorganisation der Eisenindustrie wie Ernst-Wolf Mommsen oder Freibeuter des Stahlhandels wie Willy Schlieker. Sie bildeten zu meiner Unterrichtung eine Art von »Brain-Trust« und identifizierten für mich die Kernprobleme des komplizierten Gebildes, das man mit »Revier« bezeichnet. Sie brachten mich zu den besten Praktikern, Werksleitern, Bergassessoren und Arbeitsdirektoren. Solange ich nur trinkfest genug war, konnte ich mir soviel Informationen holen, wie mein Herz begehrte: unter Tage, zwischen Hochöfen und Koksbatterien, am Tresen der Kneipe und vor Schreibtischen, über denen gewöhnlich das Ölgemälde des Firmengründers oder eines Abstichs am Hochofen prangte, beide imposant und ein Drama in Farbe. Meine Lehrmeister spielten später samt und sonders eine gewichtige Rolle im Wirtschaftsleben der Bundesrepublik. Sie arbeiteten wie die Besessenen von früh um sieben bis Mitternacht und hatten nach herkömmlicher Ansicht Wichtigeres zu tun, als einem zwar geschätzten, aber fachlich wenig informierten Rundfunkmann die Grundbegriffe der Ruhrkunde beizubringen. Warum sie mir dennoch ihre Kenntnisse, ihre Zeit und ihren Rat freigebig zur Verfügung stellten, erklärt sich aus der Faszination mit dem Wiederaufbau des Ruhrreviers. Sie waren brennend daran interessiert, daß in der ersten umfassenden Darstellung des Ruhrproblems nach dem Kriege kein Unsinn geredet wurde.

Ich erwähnte Willy Schlieker als Freibeuter des Stahlhandels. Lebte er noch, so würde ihn der Ausdruck gewiß nicht kränken. Er sah sich selbst gern als eine Art Hecht im stagnierenden Karpfenteich der Traditionsgesellschaft an der Ruhr. Er war ein wohlbeleibter Mann, der mit knarrender Stimme sprach und etwas schielte. Sein Augenfehler gab seinem Lächeln einen verschmitzten Charme. Sein Vater war Kesselschmied auf einer Hamburger Schiffswerft gewesen und hatte seinem Sohn einen sozialdemokratisch begründeten Argwohn gegen die Leiter großer Konzerne eingeflößt. Willy Schlieker jr. hielt das nicht davon ab, als blutjunger Mann für die Vereinigten Stahlwerke nach Haiti zu gehen. Eine seiner besten Geschichten endete mit dem Sprung von der tropischen Veranda, als sich die gesamte Großfamilie einer ebenholzfarbenen Schönen auf ihn zu stürzen drohte – aber da brach dann schon der Zweite Weltkrieg aus, er gelangte nach Deutschland zurück, und irgendwie fiel das Auge der Mächtigen auf ihn. Warum er das Parteiabzeichen erwarb, ist mir nie klargeworden, vielleicht brauchte er es, um im Auftrag des Reichswirtschaftsministeriums und Speers Rüstungsministerium die eisenschaffende Industrie Deutschlands und der besetzten Gebiete Europas zu koordinieren. Zahlen und Daten aller Art lagen in seinem Kopf abrufbereit. Als sich die Alliierten nach dem Kriege an die Verkleinerung und Umorganisation der deutschen Stahlindustrie machten, kam ihnen Schlieker als Auskunftsquelle gerade recht. Sie versicherten sich seiner, indem sie ihn wegen seiner Parteizugehörigkeit oder Kriegstätigkeit im Wechsel ins Kittchen setzten und dort Memoranden schreiben ließen. Kaum hatten ihn die Briten freigelassen, lochten ihn die Franzosen oder die Amerikaner ein.

Die Russen dagegen machten Geschäfte mit ihm. Er verschaffte ihnen Walzwerkserzeugnisse von der Ruhr, sie bezahlten waggonweise mit Zucker aus der Magdeburger Börde. So sei – wie Schlieker zu sagen beliebte – die deutsche Wirtschaft wieder in Gang gekommen. Er hat der Stahlindustrie an der Ruhr noch mehrmals in kritischen Situationen Aufträge verschafft. Daß er sich dann aber mit den Einkünften aus dem Handel in den Besitz eines Stahlwerks brachte, betrachtete die Konkurrenz mißbilligend. Vollends unverzeihlich war in den Augen der alteingesessenen Konzerne die Übernahme einer Werft in Hamburg, in der Schlieker die ersten Flüssiggastanker baute. In einem Augenblick angespannter Liquidität gegen Ende der fünfziger Jahre wurde er in den Konkurs getrieben; alle Gläubiger wurden voll befriedigt, aber Schlieker zog sich grollend in die Berge zurück und kam erst wieder als Schlichter und Berater in Arbeitskämpfen zum Vorschein, als er sich mit dem Bau von Skiliften ein neues Vermögen erworben hatte. Seine lustige und hübsche Frau blieb durch dick und dünn an seiner Seite.

Das ist nun den Dingen weit vorgegriffen. Ich wollte eigentlich nur berichten, daß es Schlieker war, der durch seine Schilderungen bereits 1946 mein Interesse an den Vorgängen im Ruhrgebiet weckte. Bezeichnend für ihn war sein Sinn für die Vorteile, die der Ruhrindustrie durch gute publizistische Darstellungen erwachsen konnten. Dieser Spürsinn hatte den Industriemagnaten im rheinisch-westfälischen Industriegebiet vor dem Kriege gefehlt. Hugenberg und Krupp sind kein Gegenbeweis; sie wollten die öffentliche Meinung immer nur kontrollieren, statt sie zu gewinnen. Letzteres aber lag meinen Lehrmeistern im Sommer 1948 am Herzen. Sie suchten Verständnis statt blöder Zustimmung.

Das gilt auch für Assessor Mommsen, der als Jurist in der Dachorganisation der Eisen- und Stahlindustrie arbeitete, Gott und die Welt kannte und nach wenigen Jahren in eine Spitzenposition des Thyssen-Konzerns aufstieg. Später wurde er Berater von Verteidigungsminister Helmut Schmidt in Rüstungsfragen. Für eine Mark Jahresgehalt. Mommsen, Enkel des Historikers der römischen Geschichte, war von großer Eloquenz. Seine Detailkenntnis der höchst komplizierten Eisenindustrie und ihrer Neuordnung durch die Alliierten war für mich Gold wert. Er konnte in der Zeit der tausend Zwänge und Vorschriften gangbare Auswege skizzieren in eine freiere, weniger reglementierte Wirtschaft. Er verkörperte den an der Ruhr gar nicht so seltenen Manager, der seine besten Instinkte nicht an die Ellbogen verriet, sondern neben und in der Führung eines großen Konzerns eine Art von künstlerischer Verpflichtung übernahm.

An konstruktivem, juristischen Verstand kam er gleich nach Gerhard Schröder, dem späteren Innen- und Außenminister, der damals bei den Stahltreuhändern an den Fragen der Neuordnung der Montanindustrie arbeitete. Während meines ersten Gesprächs mit ihm polemisierte er gegen die Unternehmer alten Typs als bloße Erben und Legitimisten, mokierte sich aber auch über die mangelhaften Vorschläge des Düsseldorfer Wirtschaftsministeriums und der SPD zur Sozialisierung des Kohlebergbaus. Wie dieses Problem gelöst werden sollte und worauf es dabei ankäme, wußte er aber auch nicht zu präzisieren. Ich befragte ihn in der Folgezeit häufig – wobei es ihm weniger auf die Beantwortung meiner Fragen als auf die Publizierung seiner Ansichten ankam. Diese Ansichten mochten nicht den meinen entsprechen, sie waren aber immer wert, der Öffentlichkeit unentstellt zur Kenntnis gebracht zu werden. Das ist die Aufgabe des Journalisten.

Ich nahm für meine Arbeit als Assistentin Irmengard Klewitz aus Hamburg mit. Sie war während des Krieges Dramaturgin in der »Tobis Filmgesellschaft« gewesen und verstand ebenso wie ich nur sehr wenig von Kohle und Stahl, im Unterschied zu mir dagegen sehr viel von Literatur. Sie besaß aber den gleichen Enthusiasmus wie ich für die Beackerung von Neuland. Das Ohr des normalen Rundfunkhörers für technische und wirtschaftspolitische Vorgänge zu gewinnen, das war doch eine Eroberung neuen Geländes!

Kleewittchen, wie meine Frau und ich sie nannten, war groß, kurzsichtig und vollkommen furchtlos; ihr Auftreten flößte harten Managern wie Meistern im Walzwerk instinktiv Respekt ein. Das ist deshalb erwähnenswert, weil die Frau im Revier traditionell kein besonderes Ansehen genoß. Es gab genug davon – 1948 entfielen infolge der Kriegsverluste und langdauernden Gefangenschaft auf 100 heiratsfähige Männer im Ruhrgebiet 170 Frauen, die einen Mann brauchten. Der Frauenanteil am Erwerbsleben lag hingegen immer unter dem Reichsdurchschnitt. Frauen im Geschäftsleben waren selten, in der Großindustrie wandelten sich die Gewohnheiten nur sehr allmählich. Immerhin waren in einem großen Hüttenwerk nach der Währungsreform 328 Frauen beschäftigt, während am gleichen Platz 1930 nur eine einzige gearbeitet hatte. Die Frau beschränkte sich außer in den obersten Schichten auf Küche, Kirche und Kinder. Im Bergbau war sie unter Tage überhaupt nicht zugelassen. Doch auch da hatte der Krieg die guten Sitten verdorben. Meine Frau und Kleewittchen ließen es sich nicht nehmen, achthundert Meter unterhalb der Zeche Hannibal in Bochum einen kaum passierbaren Streb hinunterzurutschen und den Hauern, die halb oder ganz nackt hinter ihren Preßlufthämmern kauerten, Fragen nach der Gesundheit zu stellen.

Unser Hauptquartier war das Hotel »Kaiserhof« in Essen. Es existiert heute nicht mehr; damals hatte es die vom Bombenkrieg geschlagenen Wunden notdürftig geflickt. Prunk und Pracht der Zeit um die Jahrhundertwende waren noch erkennbar. Das Personal lief zumeist in Wehrmachtshosen herum, machte aber seinen Mangel an Berufskleidung durch große Freundlichkeit wett.

Von hier aus besuchten wir jeden Tag die rauchumwölkten Zechen und Hochofenabstiche, Kokereien und Walzwerke zwischen Duisburg und Dortmund. Wir sprachen mit Arbeitern, die den Abtransport demontierter Maschinen mit Gefühlen beobachteten, als werde ihnen ein Kind geraubt. Wir durchstreiften leere und totenstille Hallen und welche, die vom fauchenden Krach schwerer Pressen und dem Farbspiel glühenden Metalls erfüllt waren. Kleewittchen protokollierte die Unterhaltungen mit Managern, Verwaltungsbeamten und Gewerkschaftsführern. Ministerpräsident Arnold beeinträchtigte die Wirkung seines ausdrucksvollen Gesichts dadurch, daß er in den geplanten Sendungen mindestens zwanzig Minuten lang zu Wort kommen wollte. Ich umging dieses Problem, indem ich auf Interviews und Statements im Originalton ganz verzichtete.

Wir beobachteten Adenauer im Landtag, wie er als Fraktionsführer der CDU in der Frage der Kohle-Sozialisierung das Plenum bei einer Abstimmung in allgemeines Gelächter ausbrechen ließ. Ich füllte ein Notizbuch nach dem anderen mit Eindrücken aus der Trümmerlandschaft ringsum. Wir sahen erschöpfte Frauen an den Haltestellen der Straßenbahn und müde Männer, wenn sie von der Schicht heimkehrten. Wir standen an den Kiosken des Reviers und belauschten Gespräche zwischen Arbeitsinvaliden und Kriegsversehrten. Die Straßen waren voller Krüppel. Wo es bewachte Parkplätze gab, da hatte der Wächter einen Arm zuwenig oder ein steifes Bein. Welcher Art die Menschen waren, erlebte man am besten in der Kneipe am Samstagabend.

Ein Tanzlokal ist mir besonders in Erinnerung. Es lag nicht sehr weit von den hohen erleuchteten Fensterschlitzen und den wie ein Wasserfall rauschenden Kühltürmen des Kraftwerks in Essen-Karnap, befand sich aber wohl schon auf dem Gebiet von Bottrop. Draußen hatte es nach Kokereigas gerochen, drinnen roch es nach verschüttetem Bier, Zigarettenrauch und Menschen, die heftig getanzt hatten. Die vier Musiker trugen abgeschabte braune Anzüge mit aufgenähten blauen Aufschlägen aus billigem Baumwollstoff. Sie spielten nichts Schräges, und es wurde beinahe gemessen getanzt. Die jungen Männer widmeten sich ihrer Aufgabe mit ernster, angestrengter Miene. Ihre schwarz umränderten Bergmannsaugen blickten unverwandt über das Haar ihrer Partnerin hinweg. Die Mädchen, deren Händen man die Hausarbeit ansah, kreischten nicht und brachen nicht in grundloses Gelächter aus, sondern tanzten mit gewollt teilnahmslosem Antlitz. Nur hin und wieder glitt über ihre breiten Backenknochen ein kurzes, höfliches Lächeln. Eine Ausnahme machten ein paar dunkelhaarige Italiener mit schmalen Bartstreifen auf der Oberlippe. Sie amüsierten sich ungeniert. Eine ihrer Freundinnen trug ein halblanges Kleid, fast alle anderen Kleider waren aus der Mode. Getrunken wurde Bier, und zwar wenig. Zigaretten wurden nicht in Zehnerpackungen, sondern einzeln gekauft. Der Wirt zählte gegen elf Uhr, was an der Theke eingekommen war. Es belief sich auf 150 Mark. Ebensoviel mochten die beiden ältlichen Kellnerinnen eingenommen haben. Sie kannten jeden der etwa 80 Gäste bei Namen und ließen mit Umsicht keinen aus den Augen, der sich zur Tür wandte.

Wir arbeiteten, wie man sieht, Tag und Nacht. Nach sechs Wochen intensiver Recherchen und Rückfragen bei meinen Gewährsmännern stand der Plan für die vier Hör-Features fest. Bei der Titelfindung opferte ich die Grammatik dem Klang und fragte: »Was wird an Rhein und Ruhr?« Die zweite Sendung beschäftigte sich mit dem »Kohlenlaboratorium«, die dritte mit der »Vivisektion der Eisenindustrie«, und die vierte hieß »Der Prüfstand des Friedens«. Es sollte ein explosives Streitgespräch, ein scharfes, ein bitteres Konzentrat aus den vielen Dutzenden von Interviews werden, die ich geführt hatte. Ich verzichtete auf Reportagen vor Ort mit Mikrophon und Tonband. Auch Musik und Originalgeräusche hatten in meinem Konzept keinen Platz. Der Zusammenschnitt von Originalinterviews bietet sich im ersten Moment zwar als authentischer an. Er ist aber bei Licht besehen keine geringere Verkürzung, ja Vergewaltigung der Wirklichkeit als ein Text, der im Kopf eines Autors entsteht. In den aneinandergereihten Interviews mag es Zufallstreffer geben, im allgemeinen sind sie jedoch nicht prägnant, nicht gedrängt genug, um in einem gegebenen Zeitrahmen alle relevanten Ansichten zu Wort kommen zu lassen. Einige Jahre des Experimentierens mit Originalinterviews hatten mich das gelehrt. Wenn sie zu verschiedenen Zeiten und an unterschiedlichen Orten aufgenommen sind, lassen sich Tempi, Tonlagen und Stimmungen der Beteiligten nicht unter einen Hut bringen; das Nebeneinander der Stimmen, die nichts voneinander wissen und nicht aufeinander eingehen, wirkt unnatürlich. Es ruft gewöhnlich den Eindruck hervor, als seien ganz anders gemeinte Äußerungen auf ein Prokrustesbett geschnallt und amputiert worden. Dieser Eindruck drängt sich auch auf, wenn die Originalaufnahmen durch Erläuterungen eines Erzählers eingefaßt werden. Dann wirken die Originalstimmen wie nachträglich herbeigeholte Beweise für die Richtigkeit eines Gedankengangs. Jedenfalls liegt diese Gefahr nahe. Warum also nicht gleich einen Disput mehrerer Kontrahenten am runden Tisch? Hierfür ist eine wichtige Voraussetzung: gleiche Waffen für alle. 1989, nach dem Fall der Berliner Mauer, war ein solches Streitgespräch möglich und wurde auch bis zum Überdruß geführt zwischen Pastoren, Professoren und Publizisten. Sie verfügten über die gleichen Waffen, nämlich die gleiche Sprache und Übung, sie zu gebrauchen. Angesichts der gewaltigen Kontroverse, die 1948 im Ruhrgebiet und wegen des Ruhrgebiets im Gange war, mußte aber eine Diskussion geführt werden zwischen Menschen verschiedener Sprachen und Sprachebenen; der französische Diplomat, die Hausfrau aus Gelsenkirchen, der Schrotthändler, ein wortkarger Kumpel und der Syndikus eines Stahlkonzerns waren mit ihren kontroversen Ansichten zur Sprache und zum Sprechen zu bringen. Das wäre dem umsichtigsten Moderator nicht gelungen. Jedenfalls hätte der Zuhörer eines runden Tisches an der Ruhr nicht mehr als ein paar Bröckchen Information über die zugrundeliegenden Spannungen aus dem Wortgeröll klauben können.

Noch immer ist in solchen Fällen das imaginäre Gespräch dem wirklich geführten weit überlegen. Wenn es gut konzipiert und geschrieben ist, wird es jedes Argument auf seine kräftigste Form bringen. Es wird die Ausschläge der Emotion suggerieren, die der Realität entsprechen. Es wird manchmal die Beobachtungen des Erzählers rauh unterbrechen, dann wieder gelinde einbeziehen und variieren, wie in einer musikalischen Fuge. Die Wortwahl und der Rhythmus können in erdachten Disputen sorgfältig geplant werden. Sie sind von besonderer Wichtigkeit, wenn es sich um die Darstellung technischer und ökonomischer Vorgänge handelt; die Demontage eines Grobblech-Walzwerks kann eindringlich bis zum Erschrecken geschildert werden. Hier kommt es viel auf den Regisseur der Sendung an. Er soll ein Stimmgemälde herstellen; die Polyphonie der Sprachebenen wird über die bloße Information hinausführen in eine Bewegung der Gefühle. All diese Möglichkeiten des Features wollte ich mobilisieren.

Ich schrieb an jeder Folge drei Nächte. Kleewittchen überwachte dann die Abschriften und recherchierte korrekturbedürftige Passagen gründlicher. Der Regisseur Wilhelm Semmelroth folgte mit der Produktion der vier Programme immer nach Fertigstellung einer Folge. Da ich mir den Part des Erzählers auf den Leib oder vielmehr auf die Stimme geschrieben hatte, mußte ich tagsüber häufig im Studio sein. Es befand sich in den provisorischen Räumen des NWDR Köln am Eigelstein in der ehemaligen Musikhochschule und war nach heutigen Begriffen lächerlich primitiv. Semmelroth entlockte ihm und den Tonmeistern dennoch ein Klangbild, das sich hören ließ. Wann ich damals geschlafen habe, weiß ich nicht mehr genau – das Bett in einem Hotel am Kölner Hauptbahnhof kann jedenfalls nicht oft benutzt worden sein. Kleewittchen behauptete später, meine Nahrung habe wochenlang ausschließlich aus Pflaumenkuchen bestanden.

Der »Brain-Trust« sah der Ausstrahlung mit Fassung entgegen und war wohl im großen und ganzen mit der Leistung des Zöglings zufrieden. Die Lauschposten der Stahlindustrie wußten nicht recht, ob sie alarmiert sein oder Freude empfinden sollten über die neue Stimme in der publizistischen Manege an der Ruhr. Die Briten kamen nicht ungeschoren weg, was Hugh Carleton Greene veranlaßte, diese Sendungen gut zu finden. Wie die Hörer reagierten, wurde damals durch Umfragen noch nicht festgestellt. Ich hoffe, ich habe ihre Phantasie nicht allzusehr auf die Probe gestellt.

Die Sendungen waren noch nicht ganz fertiggestellt, als mein Vater in der Ostzone starb. Er hatte sich am Abend zuvor matt gefühlt und versuchte am Morgen vergeblich, aufzustehen. Am 24. August 1948 gegen elf Uhr vormittags ging er im Beisein meiner Mutter hinüber. Es geschah ohne die geringsten Schmerzen, auch war er bis fast zum Ende bei vollem Bewußtsein. Ein friedliches Erlöschen. Ich hatte es vorausgeahnt, als ich seinen letzten Brief erhielt, zittrig, voller Wiederholungen und Durchstreichungen, in stark nach abwärts geneigter Schrift. Er war schon anderthalb Jahre vorher, als ich ihn zum letzten Mal sah, sehr still geworden, äußerlich fast unverändert, nur blinder und tauber, langsamer und milder. Die Kurve dieses verpaßten Lebens war sichtlich an ihrem Endpunkt angelangt. Ich schrieb damals in mein Tagebuch:

»Er wurde achtundsiebzig Jahre alt und hatte drei sehr heftige und gefährliche Kriege miterlebt – immer am Rande. Er war von Beruf Offizier, von Neigung Wissenschaftler, aber von rasch verfliegendem Ehrgeiz und im Innersten mutlos. Er wagte nichts Neues zu ergreifen; die letzten 35 Jahre nicht mehr, weil er jeden Tag sein Augenlicht zu verlieren glaubte. Ein Menschenalter vor seinem Tode lernte er Blindenschrift, konnte aber bis zuletzt sehen, trotz starker Kurzsichtigkeit, Erblindung des einen Auges und einer störenden Netzhautablösung auf dem anderen. Sein Gefühl trieb ihn zum gleichmäßig-sicheren Dasein des Beamten mit Pensionsberechtigung. Aber er war nicht energisch genug, sich in diesem Hafen rechtzeitig zu verankern. Er war aufbrausend und voller Widersprüche, liebte die Gerechtigkeit gegen alle, nur nicht gegen sich selbst. Er verzieh allen und haderte stets mit sich selbst. Daraus erklärt sich seine seltsame, spannungsgeladene Ehe, in welcher sich Streit und Versöhnung unablässig auf dem Fuß folgten...

Im August 1948 starb der Vater; die Mutter überlebte ihn um dreizehn Jahre.

Auf die Dauer konnte er sich gegenüber einem so widerstandsfähigen Charakter und Temperament wie dem meiner Mutter nicht durchsetzen. Da ich dieses Temperament geerbt habe, und nur weniges von seiner Unsicherheit und seinen Skrupeln, konnte er mir kein Vorbild sein. Ich fürchtete ihn als Kind, als Jüngling mißachtete ich ihn. Eine kurze Zeit lang, Anfang der dreißiger Jahre, gefiel ich mir darin, ihn gern zu haben. Dann vergaß ich ihn mehr und mehr, wurde irritiert, wenn ich ihn sah und die Äußerungen seines allmählich auf die nächste Umgebung beschränkten Interesses vernahm, ließ mich selten genug von seiner zärtlichen Seele rühren, war sein Stolz und Renommierkind in seinen letzten Lebensjahren, kümmerte mich aber wenig um sein Schicksal in der Ostzone, sondern überließ es meiner Schwester, für ihn zu sorgen.

Er hatte also keinen guten Sohn in mir und viel Anlaß, sich zu beklagen. Er versagte sich alles, um mir das Studium zu ermöglichen, und mußte sich oft beherrschen, wenn ich ihm über den Mund fuhr. Daß er kein sehr geschickter Vater war, steht nicht zur Debatte. Er bemühte sich, ein guter und nachsichtiger Vater zu sein, und darauf kommt es an. Ich sehe noch seine kurzsichtigen, großen braunen Augen prüfend und vorwurfsvoll auf mich gerichtet, als ihm hinterbracht wurde, daß ich vor Spielkameraden lästerliche Wünsche geäußert hatte, die sich auf das Sexualleben bezogen. Von da an mißtraute er meiner Naivität. Dann unterschlug ich das Schulgeld, mußte aufschreiben, ›warum ich immer lüge‹, entwand mich mit Leichtigkeit seiner Aufsicht und führte ein nächtliches Lasterleben. So entglitt ich ihm allmählich, trieb mich fern von Dresden herum, schenkte ihm bisweilen eine Kurzgeschichte und begann, ihn aus meinem Gedächtnis zu verlieren.

Zuletzt habe ich ihn 1947 in Klein-Machnow im Altersheim gesehen. Seine Beine waren wacklig, er war müde und konnte Gesprächen nur mehr mit Mühe folgen. Meine Mutter dagegen, ein kleines, gebeugtes, langsam am Stock einherkriechendes Knochenbündel mit verkrümmten Fingern und übergroßen Augen, war erstaunlich lebendig, lebhaft, laut und geschäftig. Schon um ihr eine Freude zu machen, wäre ich gern bei meines Vaters Begräbnis zugegen gewesen. Aber es ging nicht.

In unserem Zeitalter ist man, wenn man kein überwältigend liebenswürdiger Mensch ist, geehrt im Alter nur, solange man als reich und mächtig gilt. Mein Vater war weder das eine noch das andere. Vielmehr war er vom Leben in die Ecke gedrückt, trotz fester Prinzipien unsicher, oppositionell, ohne konstruktiv zu sein, unglücklich, ohne genau zu wissen, warum – ein Mann, der nicht viel Spuren hinterläßt im Leben, ein unauffälliges Glied in der Kette der Geschlechter, aber jemand, dem das Jüngste Gericht nichts zuleide tun wird. An ihm ließ sich lernen, wie man es nicht anfangen sollte. Doch war er ein Mensch von exemplarischer Güte, ein Vorbild für alle die, welche mit einem uneinheitlichen Charakter geboren werden und mit Strenge gegen sich selbst aus mäßigen Anlagen etwas Leidliches machen. Vielleicht konnte aus diesem Leben im äußerlichen Sinne nichts Glänzendes werden, weil es um das innere Gute so kämpfen und alle Kraft darauf verwenden mußte.«

Ein neues Sprungbrett

Axel Springer hatte sich als Verleger der »Nordwestdeutschen Hefte« einen Namen gemacht. Das große Geld brachte ihm »HÖRZU«. Die erste Nummer war im Dezember 1946 erschienen. Daß Springer von den Engländern die Lizenz für eine weitere Zeitschrift erhielt, die sich die Programme des Rundfunks zunutze machen konnte, war sicher in erster Linie seiner eigenen Geschicklichkeit zu verdanken. Ein klein wenig trugen aber auch die Herausgeber der »Hefte« dazu bei. Ich jedenfalls plädierte mehrmals und mit guten Gründen bei den Briten dafür, daß ein bewährter Verleger die Lizenz für eine richtige Programmzeitschrift bekommen möge. Eduard Rhein, der agile Chefredakteur von »HÖRZU«, setzte deshalb mein Porträt auf die erste Seite der ersten Nummer vor das Redaktionsprogramm. Die Unterschrift lautete:

»Zwei Monate nach dem Zusammenbruch hörte man in Deutschland zum erstenmal diese Stimme. Seitdem gehört sie zum eisernen Bestand des NWDR. Was sie sagte, war nicht immer neu, aber sie sagte es auf neue Art: zivil, persönlich, von Mensch zu Mensch, mit Herz. Manche finden diese Stimme zu weich, anderen spricht Peter von Zahn zu langsam. Dafür versteht ihn jeder. Die Wortsendungen des NWDR haben alle etwas von der Eigenart des heute 33jährigen an sich: einfach, aber nicht primitiv, maßvoll, ohne aber leidenschaftslos zu sein.«

»HÖRZU« füllte eine große Lücke und wurde ein voller Erfolg. Die intellektuell anspruchsvolleren »Nordwestdeutschen Hefte« dagegen, das ließ sich voraussehen, verloren nach der Währungsreform schlagartig ihre hohe Auflage und wurden mit einer anderen Zeitschrift fusioniert. Inzwischen plante Springer jedoch den Start des »Hamburger Abendblattes« und bot mir die Chefredaktion an. Was ihm redaktionell vorschwebte, gefiel mir, ich lehnte aber die Leitung ab. Wir waren gute Freunde, und ich sagte ihm unumwunden, daß er viel zuviel Einfluß auf die Führung der Redaktion nehmen werde.

Peter von Zahn als »Pin-up-Girl« auf der ersten Seite der ersten Nummer von »HÖRZU«.

»Überhaupt keinen, ich schwöre es dir, oder höchstens fünf Prozent«, erwiderte er. Meine Antwort lautete: »Das sind genau fünf Prozent zuviel.«

Ich glaube nicht, daß ich das damals aus voller Überzeugung sagte. Der Verleger trägt das finanzielle Risiko und muß deshalb seinen Einfluß geltend machen können. Ich fürchtete vielmehr insgeheim, daß sich zwischen Springers ausgeprägtem Geschäftssinn und meiner Lust an Kapriolen sehr bald unüberbrückbare Differenzen entwickeln würden. Ich ahnte, daß die Führung einer Zeitung, die ihre Existenz jeden Morgen am Kiosk und bei den Abonnenten neu verdienen muß, viel mehr Können und wohl auch mehr Entsagung verlangt als die Leitung einer Rundfunk-Programmdirektion, die von Steuergeldern lebt. Mit der Zeit habe ich viele von Sorgen gezeichnete Chefredakteure kennengelernt, samt und sonders in Zeitungen, aber noch keinen überbürdeten Programmdirektor im halbstaatlichen Rundfunksystem. Ich scheute ein Übermaß an Arbeit nicht, aber ich wollte es unter eigener Kontrolle leisten. Dank meiner eigentümlichen Zwitterstellung im NWDR bot sich das in diesem Augenblick gerade an. Die Aussicht auf eine fast souveräne Position lockte mehr als das großzügige Gehalt, das ich bei Axel Springer verdient hätte.

Der Intendant des Kölner NWDR-Senders, Hanns Hartmann, war mit meinen Ruhrsendungen mehr als einverstanden. Er bot mir während eines rotweingesättigten Abendessens im Restaurant des Essener Hauptbahnhofs an, von Hamburg nach Köln überzuwechseln. Ich hatte ihm zugeredet, daß es am Sitz der nordrhein-westfälischen Landesregierung in Düsseldorf auch ein Landesstudio geben müsse. Das werde die Ambitionen des Ministerpräsidenten Arnold vorderhand befriedigen; es zeichnete sich ja bereits 1948 ab, daß das volkreichste Land der noch nicht gegründeten Bundesrepublik eines Tages einen eigenen Sender haben wollte, wenn es auch bis 1955 dauerte, ehe das zustande kam. Ich schlug vor, in Düsseldorf ein Studio unter meiner Leitung einzurichten. Natürlich müsse das Studio auch eine eigene Funktion bekommen und deshalb im Gesamtprogramm des NWDR jede Woche zu guter Abendzeit mit einer Spezialviertelstunde bedacht werden, und die würde mit meinen Berichten von der Entwicklung an Rhein und Ruhr gefüllt sein.

Hartmann stimmte dem sofort zu. Er war ein weitsichtig planender Mann, der den heutigen WDR zu einer finanziell und programmatisch dominierenden Anstalt gemacht hat. Er war Theaterdirektor in Hagen und Chemnitz gewesen; die Nazis hatten ihn abserviert. Er verstand viel vom Geldausgeben und noch mehr von der Sparsamkeit. Die Macht, welche ihm die Rundfunkgebühren des reichsten deutschen Bundeslandes garantierten, wußte er umsichtig und maßvoll zu nutzen. Ich sollte ein Juwel in seiner Krone werden oder mindestens ein Stein auf seinem Brett. Den Vorteil hatten wir beide davon: ich mit einer neuen Aufgabe unter denkbar günstigen Umständen, er durch die Befriedigung der Gelüste seines Landesherrn. Der Gesamt-NWDR erlitt dadurch keinen Nachteil. Ich blieb der Generaldirektion in Hamburg unterstellt, pfuschte aber in Hamburg niemandem ins Handwerk. Alle waren glücklich, und am glücklichsten war ich darüber, daß meine Trennung von der bisherigen Wirkungsstätte ohne eine Spur von Bitterkeit vor sich ging.

Selbstverständlich war das nicht. Die Karten wurden im Rundfunk gerade neu gemischt, und ein Schwall von neuen Ansprüchen drängte in gutdotierte Verwaltungsstellen. Der Nordwestdeutsche

Rundfunk war Anfang 1948 nach den Plänen Greenes in eine deutsche Anstalt des öffentlichen Rechts umgewandelt worden. Er besaß ein sorgfältig ausgearbeitetes Statut, einen Hauptausschuß, besetzt mit Politikern und Honoratioren der ganzen britischen Besatzungszone, einen Verwaltungsrat mit starken Befugnissen und einen Generaldirektor. Für eine Übergangszeit hatte sich Greene selbst zum Generaldirektor machen lassen und unterstand nun den deutschen Gremien, die er gerade erst geschaffen hatte. Das war eine heitere Notlösung. Sie empfahl sich, weil nun, da sich die Briten zum Verlassen ihrer Positionen anschickten, die Führung der größten Rundfunkanstalt in Deutschland als schönster Leckerbissen der deutschen Publizistik galt. Jeder wollte seinen Teil daran und womöglich das Ganze: Die Ministerpräsidenten der neu gebildeten Länder, die Spitzenfunktionäre der Parteien, Gewerkschaften und Wirtschaftsverbände, die Vertriebenen aus Osteuropa, die Verfolgten des Naziregimes, die Männer im Talar, mit Beffchen, Krummstab und Posthorn, sogar die Frauen forderten Einfluß. Ohne Greenes genialen Schachzug wäre das Gerangel sofort ausgebrochen, bevor noch die Gremien des NWDR sich an ihre Aufgaben herangearbeitet hatten. Dank Greenes fortdauernder Präsenz blieb ein dreiviertel Jahr Zeit für die Installierung des ersten deutschen Generaldirektors. Genau wie er es sich vorgestellt hatte, wurde der damalige Kultusminister des Landes Niedersachsen, Adolf Grimme, gewählt.

Das war auf den ersten Blick keine schlechte Wahl. Grimme war bereits vor der Machtergreifung Hitlers für kurze Zeit preußischer Kultusminister gewesen. Er hatte im Kriege wegen seiner Verbindung zur Widerstandsgruppe »Rote Kapelle« im Zuchthaus gesessen und war prominentes Mitglied der SPD, was die Labour-Regierung für ihn einnahm. Er sah meinem Bruder ähnlich, der im Kaukasus gefallen war. Das gefiel mir an ihm seit jenen Tagen im August 1945, als er zum ersten Mal einen Kommentar für den Sender mit mir besprach und mir Glück wünschte zu der hohen Verantwortung, die ich seiner Ansicht nach in meiner Position trug. Er war ein Mann guter Wünsche und Absichten. Das stellte ich immer wieder fest, wenn ich in der Folgezeit mit ihm zusammentraf. Doch fehlte ihm die herrscherliche Energie Hanns Hartmanns oder die Schläue, seine Absichten im Labyrinth des NWDR durchzusetzen.

Er wollte einen Rundfunk ohne Ecken und Kanten, ohne unbequeme Fragen oder anstößige Antworten. Brauchten wir den? Die

Realität in einem neu sich formierenden Lande verlangte nach der Austragung tiefgehender Kontroversen. Das war dem christlichen Sozialisten ein Greuel. Sein Ideal war wie von Ludwig Richter gemalt: die Familie im trauten Kreise um den Volksempfänger anstelle der Petroleumlampe versammelt. Doch Hunderttausende vegetierten in Schweineställen oder Kellern ohne elektrisches Licht. Nicht daß er die übersehen hätte; sie erwarteten jedoch eine andere Sprache als die eines Kulturbeamten, der es jedem recht machen wollte.

In die Gebäude an der Hamburger Rothenbaumchaussee hielt mit Grimmes Gefolge eine wuchernde Bürokratie ihren Einzug. So jedenfalls kam es den »Männern der ersten Stunde« damals vor. Der Charme des NWDR hatte während der ersten Jahre unter anderem auch in der majestätischen Gleichgültigkeit bestanden gegenüber den eingefahrenen Gleisen und Richtlinien der Verwaltung. Wahrscheinlich mußten aber die Zuständigkeiten in einer Großorganisation irgendwann einmal festgelegt werden. Uns kam das sehr bald so vor, als mische sich die Verwaltung in unsere kostbaren schöpferischen Prozesse ein. Man hätte das als Wachstumsschmerzen bezeichnen können, wenn sich nicht mit der Zeit herausgestellt hätte, daß sich die Verwaltung keineswegs als Dienerin, sondern als Arbeitgeberin des Programms fühlte. Sie rechtfertigte ihre Existenz nach dem Motto: Wer das Geld verwaltet, hat das Sagen. Diese Entwicklung beschleunigte sich in den fünfziger Jahren und hat dazu beigetragen, daß ich den Anstalten eines Tages ade sagte.

Ernster zu nehmen war die Abneigung der Stamm-Mannschaft gegen die Besetzung leitender Positionen mit Leuten, die sich während der nationalsozialistischen Herrschaft einen nicht ganz einwandfreien Ruf zugelegt hatten. Dagegen erhoben sich besonders von seiten Eggebrechts heftige Proteste. Ich schloß mich dem nicht an. Erstens kannte ich infolge meiner langen Abwesenheit von Hamburg die Vorgänge und Umstände nicht. Zweitens wollte ich niemandem die Möglichkeit der Rehabilitation verweigern, der als Mitläufer im Dritten Reich publizistisch tätig gewesen war und drei Jahre hatte schweigen müssen. Ich wußte aus eigenster Erfahrung, wie schwer es in einem totalitären Regime ist, im Stande der Unschuld zu bleiben. Der anstößigste Fall war der des Dr. Pleister. Ich kann mich seiner Sünden aus der Zeit vor 1945 nicht recht erinnern. Es genügte mir damals, daß Grimme seine Hand für ihn ins Feuer legte und sogar einen ernsten Konflikt mit Eggebrecht in Kauf nahm. Pleister wurde später der erste Fernsehdirektor des NWDR und hat als solcher seine Meriten gehabt.

Der Aufruhr, der von verschiedenen Seiten geschürt wurde, entbehrte nicht ganz der Komik. Ich hatte Hamburg bereits verlassen, da setzte Grimme in einer seiner ersten bedeutenden Amtshandlungen Herbert Blank als Intendant des NWDR Hamburg ein. Blank war ein ganz alter Nazi. Er hatte im Gefolge Gregor Strassers Ende der zwanziger Jahre gegen Hitler rebelliert. Strasser wurde ermordet. Blank kam ins Zuchthaus und verbrachte dann zehn Jahre als persönlicher Gefangener Himmlers im KZ. Das änderte seine Anschauungen nicht. Nur daß er sich eben kein hitlerisch-autoritäres Deutschland erträumte, sondern nationalbolschewistisch orientiert war. Seine autoritären und nationalistischen Ideen vertrat er ungeniert auch im NWDR, wo ihm die Briten seiner KZ-Vergangenheit wegen publizistischen Auslauf gaben. Wir protestierten nicht, sondern arbeiteten vielfach mit ihm zusammen. Er gehörte in das breite politische Spektrum, das wir uns wünschten. Er diskutierte am runden Tisch mit uns, schrieb originelle geschichtliche Sendungen und war Salz und Pfeffer im ruhigen Gang der Geschäfte. Kaum Intendant geworden, kündigte er von einem Tag zum anderen einer ganzen Reihe von Mitarbeitern, darunter auch Eggebrecht und Schnabel. Nachdem er ein paar Monate wie ein Elefant im Porzellanladen gewütet hatte, wurde er durch einen zahmeren Intendanten ersetzt. Aber diese Fehlbesetzung ließ ernste Zweifel an der Menschenkenntnis Grimmes aufkommen.

Wir waren bis dahin nicht genötigt gewesen, in unseren Programmen Rücksicht auf bestimmte Parteien zu nehmen. Wir konnten uns immer hinter dem breiten Rücken der Engländer verstecken, wenn Parteifunktionäre unbillige Forderungen stellten. Das passierte manchmal, besonders häufig vor einem Wahlgang. Den Parteien wurden im Verhältnis ihrer Stärke Sendezeiten für Wahlprogramme zugewiesen. Äußerst verblüfft war ich vor den Landtagswahlen 1947 gewesen, als während einer Beratung mit den Parteifunktionären über ihre jeweilige Quote der Sprecher der SPD, Heine, ebensoviel Sendezeit für seine Partei beanspruchte, wie alle anderen Parteien zusammen haben sollten. Er argumentierte so: Die SPD ist die einzige Arbeiterpartei. Die Kommunisten kann man vernachlässigen. Der SPD stehen mehrere bürgerliche Parteien gegenüber. Sie haben alle das gleiche Programm, treten aber unter verschiedenen Namen auf. Dadurch sichern sie sich mehr Wahlspots. Aus Gründen der politischen Gerechtigkeit stehe den Sozialdemokraten also ebensoviel Sendezeit zu wie den Bürgerlichen insgesamt.

Selten sah ich einen englischen Offizier so fassungslos wie den Nachfolger Everitts, als ihm diese Rechnung präsentiert wurde. Natürlich lehnte er die Forderung ab. Bemerkenswert war aber die Dreistigkeit, mit der die SPD – nicht nur in diesem Fall – auf die Unterstützung durch die Besatzungsmacht spekulierte. Mit einer solchen Haltung kündigte sich schon lange vor dem Rückzug der Engländer aus den Rundfunkgeschäften an, was ihnen folgte: der Versuch, einen Parteienrundfunk zu etablieren. Greene hatte die Struktur, die er dem NWDR gab, nach dem Vorbild der BBC modelliert. Dort fragte niemand nach der Parteizugehörigkeit der Abteilungsleiter. Es soll nicht behauptet werden, daß die britische Regierung nicht gern ihren Einfluß auf die Tagesgeschäfte der BBC ausgedehnt hätte; sie wußte jedoch, daß sie nicht ewig an der Macht bleiben und daß die Gegenpartei eine Usurpation der BBC heimzahlen würde – weshalb es denn wohl besser sei, beide Parteien, Regierung und Opposition, hielten sich an das Prinzip der parteipolitischen Neutralität der BBC.

Im Unterschied zu dieser gelassenen und weltweisen Haltung der Engländer griffen die deutschen Parteien nach jedem Zipfelchen Macht, das irgendwo sichtbar wurde. Unverständlich war das aus ihrer Perspektive nicht. Sie hatten zu ihrem Schaden gelernt, was es bedeutet, wenn eine Partei sich das Rundfunkmonopol erkämpft, wie das die NSDAP 1933 vorexerziert hatte. Außer der Besatzungsmacht gab es 1948 noch keine staatliche Instanz, welche solchen Mißbrauch verhindern konnte. Die Befugnisse einer künftigen Zentralregierung der Westzonen wurden ja gerade erst beraten. Die Regierungen der vier Länder, welche der NWDR versorgte, besaßen zwar den Zonenbeirat, aber keine personalpolitische Koordination, außer durch die Parteihäuser. Sowieso waren im Nachkriegsdeutschland die Parteien da, bevor es staatliche Autorität gab. Sie waren es, die über die Ländergrenzen hinweg Machtstrukturen koordinierten. Kein Wunder, daß sie die Kontrolle über den Vier-Länder-Rundfunk als eine ihrer wichtigsten Aufgaben betrachteten. Im anhebenden Wettlauf um die besten Kontrollposten wollten und durften sie nicht die letzten sein. Zu frisch war die Erinnerung an

Goebbels' Sprachregelungen. Zu lange hatten die von den Briten eingesetzten Maharadschas den Rundfunk nach eigenem Gutdünken regiert. Das sollte nun ein Ende haben.

Die Magna Charta des NWDR begrenzte den Einfluß staatlicher Stellen auf die Programme und Personalien durch ein Puffersystem unabhängiger Gremien, welche die Exekutive, das heißt, den Generaldirektor wählten. Das Hauptziel Greenes war: keine Handhabe für ein Propagandaministerium. Daß sich die Parteien als bestimmende Mächte in den Gremien festsetzen würden, war unerwartet. Es war weder vorgesehen noch zu verhindern. Solange der Rundfunk eine Anstalt des öffentlichen Rechts ist, werden die Parteien als die Rechtswahrer der Öffentlichkeit auftreten und mindestens in der Personalpolitik auf Mitsprache dringen. Jedes System hat seine Nachteile. Dieses mußte zur Herrschaft des Parteienproporzes führen. Das klassische Beispiel ist die Verfassung des Westdeutschen Rundfunks, als er sich aus der Verbindung des NWDR löste.

Wie würden wir mit den neuen Machthabern auskommen? Die letzten Spuren der britischen Zensur fielen nun fort, ein jeder, der Kommentare sprach, Sendungen produzierte und Redaktionen leitete, mußte sich auf »volle Verantwortung« umstellen und hatte Einsprüche zu erwarten, die er nicht an englischen Kontrolloffizieren abprallen lassen konnte. Bislang hatten wir wie in der BBC keinen Wert darauf gelegt, zu wissen, wessen Parteibuch einer hatte. Eher legten wir Wert darauf, keines zu haben. Natürlich hatten wir Sympathien und Vorurteile. Bei den Mitarbeitern in Hamburg genoß die SPD wahrscheinlich das größte Ansehen. Sie stellte mit Kaisen in Bremen, Brauer in Hamburg und Reuter in Berlin eine Reihe großartiger Bürgermeister. Reuters zündende Parolen im Kampf um seine von den Russen blockierte Stadt verbanden die Sozialdemokratische Partei der Westzonen ganz unmittelbar mit den nationalen Schicksalen und machten sie mindestens in Berlin zum Bundesgenossen der Briten und Amerikaner. Das sagte mir zu. Mit mehr Reserve stand ich Kurt Schumacher gegenüber. Seine Märtyrer-Erscheinung flößte ebenso Respekt ein wie die Entschiedenheit, mit der er die Zwangsvereinigung von KPD und SPD in der Ostzone bekämpft hatte. Sein Ziel war offenbar, die SPD in keiner Weise als Werkzeug irgendwelcher Besatzungsmächte erkennen zu lassen. Doch dabei gefiel er sich in ebenso heftigen Ausfällen gegen den kapitalistischen Westen wie gegen den totalitären Osten. Dahinter stand der leidenschaftliche Drang nach deutscher Unabhängigkeit – natürlich unter seiner Führung.

Am Abend eines großen Wahlsieges der SPD im Oktober 1946 in Berlin befand ich mich im Wahlhauptquartier Schumachers und beobachtete, wie ihn die aus den Bezirken eingehenden Meldungen in Hochstimmung versetzten. Gegen Mitternacht hatte sich die SPD als führende Kraft in West-Berlin etabliert. Ich fragte ihn, wie es so Journalistenart ist, nach den Konsequenzen für die Stadt. Er umklammerte mit seinem einen Arm meine Schulter und murmelte ein über das andere Mal: »Jetzt müssen sie zu mir kommen, die Russen, jetzt führt kein Weg mehr an mir vorbei.« Luise Schröder sah, daß er nicht mehr ganz Herr seiner Äußerungen war, und führte ihn mit einer mütterlichen Bewegung in ein Nebenzimmer. Mir gab die kühne Identifizierung mit einem Schiedsrichter zwischen den Großmächten sehr zu denken.

Unter allen Führern der SPD schätzte ich Carlo Schmid schon damals und durch alle Folgezeiten am meisten. Bei meiner ersten Begegnung mit ihm, 1946, war er noch Ministerpräsident der französischen Staatsschöpfung Württemberg-Hohenzollern und diskutierte in irgendeinem Schloß zwischen Sigmaringen und Ulm die künftige Verfassung Deutschlands mit einer Reihe regionaler Honoratioren. Was er sagte, war durchdacht und schien mir eine glückliche Fortentwicklung der Weimarer Reichsverfassung zu sein. Man merkte, hier sprach ein Mann, der das Handwerk des Staats- und Völkerrechts beherrschte, und mehr als das, er beherrschte die deutsche Sprache. Ein halbes Jahr später lud ich ihn aufs Schloß in Wilflingen ein, um ihn mit Schnabel, Eggebrecht und einer Reihe englischer und amerikanischer Offiziere bekannt zu machen. Er zierte sich überhaupt nicht, bestand auf keinem Protokoll, trank guten Tee aus einer Tasse ohne Henkel und bezauberte die Gesellschaft mit seiner Kunst der Konversation. Gelegentlich zitierte er ein provenzalisches Gedicht, dessen Klang wir schön fanden, ohne es zu verstehen. Er stellte hohe Ansprüche an Bildung, Wohlklang, Heiterkeit und an die Qualität des Weins. Als Folge war er, wie man weiß, recht wohlbeleibt. Während eines Wahlkampfes sollte er in einer Mädchenschule nach dem Ende des Unterrichts eine Versammlung abhalten. Er kam ein wenig zu früh und ging vor dem Eingang des Schulhofes auf und ab. Eingedenk der Meldungen über sexuelle Belästigungen von Schülerinnen durch unbekannte Wüstlinge, kam die Oberstudiendirektorin heraus und fragte Carlo Schmid in strengem Ton: »Erwarten Sie ein Kind?« Er darauf: »Nein, gnädige Frau, ich bin immer so dick.«

Die Arbeit am Grundgesetz im Parlamentarischen Rat fesselte ihn mehr und mehr an Bonn. Nach meiner Übersiedlung nach Düsseldorf verbrachten wir dort zusammen mit Kai und Lore Lorentz vom Kabarett »Kom(m)ödchen« einige Karnevalsabende miteinander. Zur selben Zeit hatte Carlo Schmid bei einem abendlichen Zusammensein des Parlamentarischen Rates seine Kollegen in einer »Parlamentarischen Elegie« als homerische Helden verulkt. Ich bekam Wind davon, formte die Elegie in ein Interview um und nahm Carlo Schmids volltönende Stimme für eine Sendung des NWDR auf. Ein Ausschnitt:

Carlo Schmid:
»Siehe, sie zogen zum Rheine, um dort um den Ölzweig zu ringen,
den Athene seit je rankt um die Stirn des Manns, der seinem Volke die Burg baut
und heiligen Tafeln die Satzung einschreibt,
die ihm das Glück vieler Geschlechter verbürgt,
wenn er sie treulich bewahrt und wehrt allen Lockungen des Bösen,
die im Gewande des Lamms bergen
den wölfischen Zahn.

Peter von Zahn:
Hoffentlich meinst Du nicht mich,
sondern sprichst allegorisch.
Doch sag, wer ist der würdige Greis,
der auf dem Sessel dort sitzt?

Carlo Schmid:
Hoch über allen thront Konrad, dem sinnenden Gotte vergleichbar,
und wie es Fürsten geziemt, mischt er sich selten dem Volke.
Fast ins Gewölke entrückt, spinnt kunstreicher Hand er die Weisheit,
die er zu köstlichem Hort sich gestapelt,
als er lenkte Coloniens Geschick...«

Und so weiter eine halbe Stunde lang, bis jeder der Räte sein Fett abbekommen hatte. Doch herrschten damals noch Rücksichtnahme und Höflichkeit. Carlo Schmid bestand darauf, daß sich der Präsident des Parlamentarischen Rates mit der Ausstrahlung einverstanden erkläre. Ich ließ mich also bei Adenauer melden, las ihm ein paar Zeilen vor und bekam benebst einigen freundlichen Worten über den talentierten Verseschmied sein Plazet für die Sendung.

Ein vorheriger Besuch bei Adenauer verlief nicht so einfach. Ich hatte ihn brieflich und telegrafisch zur Mitwirkung an einer Sendung gebeten, die im April 1947 am Vorabend der Landtagswahlen in der britischen Zone ausgestrahlt werden sollte. Schumacher war zu einer Diskussion mit Adenauer bereit, Adenauer aber weigerte sich. Schließlich bat ich um eine Unterredung und wurde nach Rhöndorf zu einer Tasse Tee gebeten. Noch etwas außer Atem von den vielen Stufen hinauf zu seinem Haus wurde ich von einem Mädchen in das kleine Biedermeierzimmer rechts von der Eingangstür geführt, hatte nur wenige Sekunden zu warten und sah mich dann dem verschlossenen Gesicht und den prüfenden Augen des alten Herrn gegenüber.

Ich brachte alle nur denkbaren Gründe vor, warum die beiden wichtigsten Parteiführer der britischen Zone die Bedeutung der Wahl und die Grundlinien ihres Programms für einen letzten Vergleich vor der Stimmabgabe erläutern sollten. Wir im Rundfunk versprachen uns davon nicht nur die Erhöhung der Wahlbeteiligung. Wir hofften auch, den Wählern damit die Übereinstimmung der großen demokratischen Gruppierungen in den Grundfragen des deutschen Schicksals vorführen zu können.

So weit kam ich, als Adenauer einhakte. Er benutzte dieses letztere Argument sofort, um den gemeinsamen Auftritt mit Schumacher als unzumutbar zu bezeichnen. Es bestehe nämlich überhaupt keine Übereinstimmung in den Grundfragen zwischen den großen Parteien. Im Gegenteil. Er sehe grundsätzliche und kaum überbrückbare Differenzen zwischen der CDU und dem Sozialisten Kurt Schumacher. Zu einem bloßen Schaukampf wolle er sich aber nicht hergeben. Wenn die Wähler am Vorabend des Urnengangs ihren Entschluß noch nicht gefaßt hätten, so könnten sie durch eine vorgetäuschte Übereinstimmung der Kontrahenten in den Grundfragen nur verwirrt werden. Diese Wahl sei eine viel zu ernste Angelegenheit, als daß man sie zu einer Art von Übungsaufgabe für angehende Demokraten machen dürfe, bei der es letzten Endes gleichgültig ist, ob der eine oder der andere gewinnt. Es sei eine Schicksalsentscheidung gefordert, die durch keine Betonung angeblicher Gemeinsamkeiten verwischt werden dürfe. Nach der Wahl werde er sich vielleicht mit Dr. Schumacher an einen Tisch setzen und die Ergebnisse diskutieren. Vorher sei das nicht möglich.

Ich gab eine halbe Stunde lang mein Bestes, fand aber keine Bresche in Adenauers Abwehr und verabschiedete mich am Ende unverrichteter Dinge. Er wollte eben nicht. Bemerkenswert blieb für mich seine Methode, die Auseinandersetzung auf ein Feld zu reduzieren, in dem er nicht widerlegt werden konnte. In den Grundfragen besteht keine Übereinstimmung, entschied er, und damit basta. So brachte er die Gegensätze auf die einfachste Formel. Ich nahm den Eindruck mit, daß er den Kampf gegen seinen innenpolitischen Hauptwidersacher mit nicht weniger harten Bandagen führen werde, als Schumacher es tat. Dazu gehörte aber keine besondere Prophetengabe.

Wenn ich die Qualitäten der beiden Männer 1948 gegeneinander abwog, so gab ich Adenauer bereits den Vorzug. Seine gelassene Überlegenheit stach ins Auge. Obwohl ich viele Freunde in der SPD hatte, konnte ich der von Schumacher vorgeschriebenen außenpolitischen Linie nicht folgen. Ich wünschte mir bei unseren Parteien die klarste Westbindung. Die CDU erregte in dieser Hinsicht die wenigsten Zweifel. Sie stellte außerdem ein neues Prinzip in der deutschen Politik dar. Die Union von Katholiken, Protestanten und Juden überwand jahrhundertealte konfessionelle Gegensätze, während die SPD unter Schumacher ihre alte Klassenkampf-Ideologie wieder auspackte oder Vollbeschäftigungs- und Wohlfahrtstheorien vertrat, die von der verwandten Labour-Regierung mit dem mäßigsten Erfolg praktiziert wurden.

Ich mußte mich nicht zwischen SPD und CDU entscheiden, sondern konnte und wollte in Düsseldorf meine Kommentare frei von Parteibindungen sprechen. Ein Versuch Herbert Blankenhorns, des außenpolitischen Beraters Adenauers, mich für die CDU zu gewinnen, fand bei mir keine Gegenliebe.

Nachdem Hugh Carleton Greene die Arbeit in Grimmes Hände gelegt und seinen Abschied genommen hatte, war für mich in Hamburg nur noch eines zu tun: von den Ärzten eine geeignete Kur für die Leiden meiner Frau zu erfahren. Die Diagnose schwankte zwischen Parkinson und »pluriglandulärer Insuffizienz« und führte zur Einpflanzung einer Kalbshypophyse. Das hätte der Patientin beinahe das Leben gekostet, sie war aber zäher als die Kalbsdrüse und konnte zu Weihnachten mit mir nach Wilflingen reisen. Unterwegs wurde uns meine Mutter aus der Ostzone gebracht. Wir wollten sie nach den kargen Jahren in der DDR aufpäppeln und hätten sie am liebsten ganz in Wilflingen behalten. Sie fühlte sich jedoch in der ihr fremden Umgebung nicht sehr wohl – das zeigte sich bereits am Weihnachtsabend, als ich trotz eingehender Suche in der Schloßbibliothek keine Lutherbibel für sie auftreiben konnte, sondern »nur eine katholische«. Auch die Buchhandlungen der Umgebung hatten keine Lutherbibel, und damit war der Stab über diese Gegend gebrochen.

Am 1. Januar 1949 begann ich meine neue Arbeit in Düsseldorf. Unterschlupf fand ich in einem der angemieteten Büroräume im Shell-Haus. Das Arrangement »Bett am Schreibtisch« oder »Im Büro wohnen« hat nur einen Nachteil: Man muß aus den Federn sein, wenn die Sekretärin ihren Dienst antritt. Alle anderen Einwände dagegen sind nicht viel wert, verglichen mit der Arbeitsleistung, die man spielend erledigt, wenn man nachts um drei vom Bett an den Schreibtisch schnellen und einen Vortrag zu Ende schreiben kann, dessen Schluß sich am Abend zuvor nicht einstellen wollte. Ich hatte mir ein großes Pensum vorgenommen: ein Doppelfeature über Krupp, die Umarbeitung der Ruhr Sendungen für ein Buch, das unter dem Titel »Die schwarze Sphinx« bei Rowohlt erscheinen sollte, und schließlich die allwöchentlichen Kommentare zu den Entwicklungen im Industriegebiet – eine Sendereihe, die ihre Hörer erst finden mußte.

Ich machte verschiedene Pläne dafür, verwarf sie aber alle und einigte mich mit mir selbst auf das Rezept eines bekannten Physikprofessors, der herausgefunden hatte, wie ein guter Rundfunkvortrag zusammengesetzt sein sollte. Man nehme, so hatte er gesagt, jeweils ein Drittel Bekanntes, ein Drittel Unbekanntes und ein Drittel Unverständliches, rühre gut um, und fertig ist die fesselnde Sendung. Er begründete das so: Ein Drittel Bekanntes ist notwendig, da sich der Hörer geschmeichelt und in seinem Wissen bestärkt fühlt, wenn er etwas über Dinge vernimmt, die er schon kennt. Ein Teil Unbekanntes befriedigt den natürlichen Drang jedes Menschen nach Information und Erweiterung seines Wissens. Etwas Unverständliches schließlich regt nach Ansicht des berühmten Professors, der es ja wissen muß, das Nachdenken an und die Phantasie.

Für Bekanntes, durch das sich der Hörer in seinem Wissen bestärkt fühlen konnte, sorgten Anfang 1949 die täglichen Meldungen aus dem blockierten Berlin: frierende und im Dunkeln sitzende Menschen, versorgt mit Transporten von Ruhrkohle über die alliierte Luftbrücke. Bislang Unbekanntes stillte den natürlichen Drang nach Information: Das Ergebnis von sieben Monaten Verhandlung hinter verschlossenen Türen wurde publiziert. Es waren der Abschluß eines Verteidigungspaktes der westlichen Demokratien und die Gründung der NATO. An Unverständlichem schließlich herrschte im Industriegebiet kein Mangel, denn die alliierte Politik der Demontagen wurde fortgesetzt und belastete das Verhältnis zwischen Bevölkerung und Besatzungsmacht mehr und mehr. Die Demontage wurde zum beherrschenden Thema meiner Arbeit. Die Sendungen über das Schicksal der Firma und Familie Krupp waren ein historischer Streifzug mit Ausblicken auf dieses Thema; ins Zentrum, auch der öffentlichen Aufmerksamkeit, rückte es, als sich Demontagepolitik und Marshallhilfe gegenseitig in die Quere kamen. Ich schrieb damals:

»Nicht die Verfassung, nicht die Wahlen, nicht die Grundrechte, nicht die konfessionelle Erziehung, auch nicht die Grenzveränderungen im Westen – nichts von alledem steht oben auf der Liste des Interesses der Deutschen. Das alles wird klein geschrieben. Aber groß geschrieben wird das Schicksal einiger Hallen, Stahlgerüste, Blechbehälter und Kontaktöfen im Ruhrgebiet. Die Praxis der Demontagen ist in ein ganz gefährliches Fahrwasser geraten. Einfach deshalb, weil sich die Kräfte der Wut, des Zorns und der Enttäuschung selbständig zu machen drohen und nach Opfern suchen. Oder sich zum Amoklauf anschicken – was ungefähr dasselbe ist. Bezeichnend dafür die Vorkommnisse in Dortmund...«

Dort hatte wie aus heiterem Himmel die Demontage der Paraffin AG des Hoesch-Konzerns begonnen. Die Fischer-Tropsch-Anlage zur Herstellung von Benzin aus Kohle hatte seit je auf der Demontageliste gestanden, nun aber sollte nicht nur sie, sondern das gesamte Werk abgebaut werden. Einige der Stammarbeiter verprügelten den Chef der Firma, welche die Demontagearbeiten durchführte. Sie wurden um Mitternacht von der Polizei aus den Betten geholt und eingelocht. Man nahm ihnen die Hosenträger ab, damit sie sich nicht erhängten. Am nächsten Tag wurden von einem Militärgericht alle außer dreien freigelassen.

Am gleichen Nachmittag sagte der englische Außenminister Bevin im Unterhaus, das Demontageprogramm sei fair und auf Sicherheitserwägungen gegründet. Ihm antwortete der Führer der Opposition, Winston Churchill, folgendermaßen:

»Ich persönlich war instinktiv enttäuscht und abgestoßen, als ich die Demontagepolitik ins Auge faßte. Man hat sie vier Jahre lang hingezerrt und hergezogen, und das ist die Ursache für die Erregung so heftiger deutscher Gefühle. In andere Richtung gelenkt hätten sie von großem Wert in der Zukunft sein können. Ich kann nicht umhin, das alles für sehr töricht zu halten.

Natürlich mußten diese Dinge in einigen Fällen getan werden. Nur hätte das zwei Jahre früher getan werden können und müssen. Dann wäre es richtig gewesen. Aber jetzt, vier Jahre nachher, gerade in dem Augenblick, da Europa in Schwierigkeiten und unter Druck steht und hofft, darüber hinwegzukommen – da fährt man fort, diese Werke niederzureißen, feierlich, methodisch, routinemäßig, auf der Basis eines Abkommens, das jetzt keinerlei wirkliche Gültigkeit mehr hat und keinerlei Beziehung zu den tatsächlichen Vorgängen – das alles, glaube ich, war ein Irrtum. Kein ungeheuerlicher, verbrecherischer Irrtum, aber Mangel an Fingerspitzengefühl. Ich hatte gehofft, es wäre möglich gewesen, innezuhalten.

Ich bin sicher, daß alles Kriegsgerät, das von den zur Demontage vorgesehenen Werken produziert werden könnte, daß all dieses Kriegsgerät der Sache des Friedens oder einem zukünftigen alliierten Siege über Aggressionen nicht halb soviel Schaden zufügen kann wie der psychologische Rückschlag und die unverhältnismäßige Entmutigung, die Deutschlands Hinneigung zur westlichen Zivilisation durch die Demontage erleidet…«

Ich zitierte diese Passagen aus der Churchill-Rede und schloß meinen Kommentar mit folgender Betrachtung:

»Als ich heute früh vor dem Tor der Dortmunder Werke stand und die dünnen Hammerschläge der Demontagearbeiter über das rostende Gelände klangen – da mußte ich unwillkürlich an einen griechischen Geschichtsschreiber denken, der mitteilt, daß im Peloponnesischen Kriege – einige vierhundert Jahre vor unserer Zeitrechnung – die Griechen in ihrer Wut gegeneinander plötzlich mit etwas begannen, was sie bisher nie getan hatten. Es galt als gottlos, weil es die nächste Generation des Feindes schädigt, eine offenbar schuldlose Generation. Die Griechen begannen nämlich mit einem Male, sich gegenseitig die Olivenhaine umzuhacken. Die brauchen viele Jahre, ehe sie wieder wachsen. Daran fühlte ich mich erinnert –

vor dem Tore der Dortmunder Paraffin AG: an die Selbstzerfleischung der griechischen Welt. Und es war mir ein geringer Trost, daß Synthesewerke schneller wachsen als Olivenhaine, und schon gar kein Trost, daß wir selbst diese Barbarisierung Europas eingeleitet haben.«

Die Militärregierung hatte an jedem Sender einen Offizier hinterlassen, der die Rundfunkbelange der Besatzungsbehörde im Auge behielt. Zensur konnte er nicht ausüben, höchstens Einspruch erheben. Das tat unser »Hausbrite« Edward Rothe nicht, aber er machte mir freundschaftliche Vorhaltungen und bezeichnete den Vergleich der Fischer-Tropsch-Anlage mit dem Olivenhain als unfair und demagogisch. Ich war nicht dieser Meinung. Wir trennten uns, ohne einander überzeugen zu können, und wurden später die besten Freunde. Rothe arbeitete nach seinem Ausscheiden aus dem Dienst der Militärregierung als freier Regisseur in der Bundesrepublik und hat einige meiner Sendungen zu ihrem Besten inszeniert.

Noch eine klassische Reminiszenz zur Illustration unseres Verhältnisses zu den Besatzungsbehörden: Eines Tages moderierte ich vertretungsweise die Sendung »Zwischen Rhein und Weser«. Es war während der Errichtung der WDR-Zentrale unweit des Doms in der Kölner Altstadt. Eine riesige Baugrube war ausgehoben. Ich verlas die Meldung, daß man in ihr am Nachmittag die Überreste eines Besatzungssoldaten mitsamt seiner Waffe gefunden habe. Eine Viertelstunde danach stand ein Offizier der britischen Abwehr in meinem Büro und wollte Näheres wissen. Ihm sei von dem Verschwinden eines britischen Soldaten nichts bekannt. Er hatte in seiner Eile den zweiten Teil der Meldung nicht mehr zur Kenntnis genommen. Ich hatte nach einer Spannungspause ergänzend mitgeteilt, daß es sich um einen römischen Legionär handelte, der unter dem Schutt von zwei Jahrtausenden geschlummert hatte.

Es hing nicht mit diesen Ereignissen, sondern mit der Huld einer Dame in der britischen Militärregierung zusammen, daß ich zu einer Informationsreise durch England, Schottland, Irland und Wales eingeladen wurde. Ich reiste zusammen mit dem Zeichner G. T. Schultz – wir beabsichtigten, ein Buch aus unseren Beobachtungen zu machen. Es kam aber nicht dazu. Kaum wieder in Deutschland, wurde ich beauftragt, den Hörern des NWDR die Grundrechte zu erläutern, die das eben verabschiedete Grundgesetz den Bürgern der entstehenden Bundesrepublik garantierte. Es sollten keine langweiligen

Vorlesungen sein, vermutete ich, und schrieb sechs Halbstundensendungen, die das bei uns in Vergessenheit geratene Prinzip der Grundrechte an Hand einfacher Vorgänge aus dem täglichen Leben dramatisierten. Meiner Frau teilte ich während der Arbeit mit:

»Jede dieser Verfassungssendungen ist ein dicker Nagel zu meinem Sarg. Und so dicke Nägel mit der Hand herzustellen, ohne Werkzeug, das bringt schlaflose Nächte. Wenn ich abends gearbeitet habe, und sei es auch bis drei oder vier Uhr morgens, kann ich nie einschlafen, weil ich mich so ärgere. Entweder über meine Unfähigkeit oder über meine Schulden. Oder weil ich nicht einschlafen kann. Seitdem ich das gemerkt habe, arbeite ich tagsüber – natürlich mit geringerer Konzentration. Alle zehn Minuten brandet eine bellende, leckende, wedelnde Welle schwarzer Pudelwolle in die Tür und fängt Pantoffeln oder Strümpfe oder beißt Radioapparate tot. Sonst werde ich aber in Ruhe gelassen. Der Anstreicher schaltet in Küche und Bad und wird unwirsch in seine Schranken gewiesen, wenn er sich mit Fragen nach geschätzten Mustern oder Farben in die Tür wagt.«

Wie man sieht, war ich nebenher bei der Einrichtung eines Hauses in Düsseldorf für eine Familie, die nach zehn Jahren Trennung endlich zusammenleben wollte. Als die Verfassungssendungen über den Sender gelaufen waren, wurden sie von den zuständigen Stellen sehr gelobt. Leider sind die Tonbänder und Manuskripte verschollen. Ich hätte gern einmal nachgelesen, was mich eigentlich so plötzlich um die Gesundheit gebracht hat – außer zuviel Zigaretten und zuwenig frischer Luft, zuviel Cognac und zuwenig Essen, zuviel Kaffee und zuwenig Schlaf.

Während eines Besuchs in Wilflingen bekam ich eines Nachts Herzbeklemmungen. Mein Pulsschlag verlangsamte sich, und ich rang nach Luft. Ich versuchte zu lesen, schlief einige Augenblicke, erwachte schweißgebadet, bekam erneut Beklemmungen und wurde neben dem Bett meiner Frau kalkweiß und halb ohnmächtig gefunden. Sie flößte mir in ihrer Angst etwas »Sympatol« ein. Darauf stellten sich in der Magengegend und in den Händen Gefühle ein, als sei ich an eine elektrische Leitung angeschlossen, die unter schwachem Strom steht. Dieses elektrische Zittern kehrte in immer kürzeren Intervallen wieder und ergriff den ganzen Körper. Es war begleitet von schnellen, flachen Atemstößen. Genügend Sauerstoff für den Bedarf des Körpers heranzuschaffen, erforderte eine fast übermenschliche Anstrengung. Der Gedanke, daß ich diese Nacht nicht überleben würde, tauchte auf und verschwand wieder. Ich hatte keine Übung im Kranksein, aber auch keine Angst vor dem Sterben, fühlte mich nur unbehaglich und erbärmlich. Ich lauschte ungeduldig auf jeden Laut von der Dorfstraße, der das Kommen des Arztes ankündigte.

Er kam gegen drei Uhr morgens. Obwohl ich mich anfangs zum Sprechen zu schwach fühlte, konnte ich plötzlich das ungehemmte Zittern »albern« nennen. Der Arzt korrigierte mich mit schwäbischer Gründlichkeit und stellte fest, daß ich mit dem Wort »albern« wohl meine Hilflosigkeit bezeichnen wolle.

Er klopfte und hörte mich ab und gab mir eine Spritze. Sie versenkte mich in einen tiefen Schlaf, aus dem ich erst mittags erwachte. Danach führte ich das Leben eines liebenswürdig und umsichtig gepflegten Paschas, der keine Schmerzen hat und nur matt, müde, zerstreut und faul ist. Beim Besuch eines Spezialisten in der Tübinger Universitätsklinik sagte der Professor mit der Nachsicht, die man damals einem starken Raucher und unverbesserlichen Säufer entgegenbrachte:

»Ein organischer Fehler liegt nicht vor. Sie haben ein schlaffes, etwas zu großes Sportherz. Denken Sie an einen Autofahrer, der merkt, daß der Motor den langsam fahrenden Wagen im Spargang nicht ziehen kann. Sie müssen dem vasomotorischen Nervensystem Ruhe geben und es zugleich anfeuern.«

Also umschalten. Ich nahm kleine, weiße Pillen und öfter eine Tasse Bohnenkaffee. Als ich es mit einer kalten Dusche versuchte, wurde mir wieder schwindlig und dösig im Gehirn. Der Puls ging schneckenhaft langsam. In der Herzgrube nisteten Gefühle, als herrsche dort Hunger und Gedränge. Alles, was ich sah, war blau gerändert. Schreiben strengte mich an, als müßte ich Berge besteigen.

Nach einer Woche war ich jedoch über den Berg. Ein Erholungsaufenthalt bei Freunden im Schweizer Bergell tat mir gut. Ich gewöhnte mir das Rauchen ab und konnte nach einiger Zeit ein »Selbstporträt in mittleren Jahren« veröffentlichen, das so lautete:

»Darf ich Ihnen kurz berichten
(diesmal nicht ›von Rhein und Ruhr‹ –),
daß sich meine Haare lichten
mit der beßren Konjunktur,

daß ich noch die Treppen springe,
(bis die Cognacpumpe bricht),
daß ich in der Wanne singe
und gewinne an Gewicht.

Dieses letztre ist ein Zeichen,
daß die Zeit der Reife naht.
Ja, die Jugend ist im Weichen,
die so manchen Fehltritt tat.

Würdig werd' ich resignieren.
Übrig bleibt: durchs Mikrophon
alte Damen zu verführen
mit dem Zahnschen Nasenton.«

Guten Morgen, Europa!

Deutschland war 1949 ein ganzes Stück vorangekommen, während ich mich im Ausland herumgetrieben oder das Bett gehütet hatte. Die Berliner Blockade war aufgehoben, das Grundgesetz verkündet, die Militärregierung hatte sich zur Hohen Kommission der drei Westmächte gemausert, die Bürger Trizoniens hielten die ersten Wahlen zu ihrem Bundestag ab. Aus dem war nun das Kabinett des ersten Bundeskanzlers Konrad Adenauer hervorgegangen. Die SPD unter Schumacher richtete sich in der Opposition ein. Die Gründung der DDR unter Staatspräsident Pieck und Ministerpräsident Grotewohl folgte auf dem Fuß. Mitteleuropa hatte in atemberaubender Schnelligkeit die Gestalt angenommen, die es bis 1990 beibehalten sollte.

Ich lutschte Bonbons, vermied die schärferen Getränke und war begierig, mich wieder ins Getümmel zu stürzen. Wir verließen Wilflingen und die Stauffenbergs, die uns so großzügig mehr als nur Unterkunft, beinahe Heimat, jedenfalls ihre Freundschaft gegeben hatten. Ein kleines, weißgestrichenes Haus um die Ecke vom »Golzheimer Krug« in Düsseldorf war das neue Domizil. Es bevölkerte sich im Nu mit Hunden, Katzen, Meerschweinchen und Wellensittichen – jedes der vier Kinder außer der noch sehr kleinen Camilla hätte am liebsten einen zoologischen Garten angelegt. Diese Neigung der Kinder ist auch an den Eltern nicht spurlos vorübergegangen: Sie haben seitdem immer in Symbiose mit einer wechselnden Fauna vierbeiniger Gefährten gelebt.

Ich nahm meine Sendungen »Von Rhein und Ruhr« wieder auf. Das Tempo des Wiederaufbaus im Industrierevier hatte sichtbar zugenommen. Neue Entscheidungen standen an. Vom Ruhrgebiet wurde als von einem internationalen Krisenherd gesprochen. So sahen es jedenfalls die einflußreichsten sowjetrussischen Politiker. Das Ruhrproblem sei das wichtigste aller internationalen Probleme, hatte der Genosse Schdanow bei Gründung der Kominform behauptet. Im Ruhrgebiet versuche der amerikanische Monopolkapitalismus Eingang und Einfluß zu gewinnen, um dort den Westen gegen Sowjetrußland aufzurüsten. Der Marshallplan sei nichts anderes als ein Versuch, für diese Absichten, finstere Absichten also, die Unterstützung der deutschen Schwerindustriellen zu gewinnen – und somit müsse man dieser Ruhrziele halber den Marshallplan bekämpfen.

Die Bemühungen der Staatsmänner kreisten immer wieder um eine Formel für die Kontrolle des Ruhrgebiets. Offensichtlich hatte man es hier mit einem Unsicherheitsfaktor ganz besonderer Art zu tun. Daher die vertrackte Viermächte-Diskussion über die Begrenzung der deutschen Industriekapazität – eine Begrenzung, die sich natürlich in erster Linie als Erwürgung der industriellen Aktivität an der Ruhr und am Niederrhein auswirken mußte. Nachdem der Potsdamer Industrieplan als erste und letzte gemeinsame Leistung der vier Besatzungsmächte die Ungereimtheit des Morgenthau-Planes wenigstens auf dem Papier durchexerziert hatte, gab es eine kleine Pause der Besinnung. Man fand heraus, daß die Deutschen ohne Montanindustrie zum Tode verurteilt waren und daß tote Deutsche keine Kohle an die anderen Europäer liefern konnten. Die Viermächtepolitik löste sich zwar nicht in Wohlgefallen, aber in ihre Bestandteile auf. Ein französischer Vorschlag, das Ruhrgebiet von Deutschland zu trennen und durch die Siegermächte auch industriell verwalten zu lassen, fand in Moskau im Frühjahr 1947 nicht die Gnade aller Beteiligten. Man konnte sich auch nicht über Demontagen und Reparationen einigen; nur für die Ruhrkohle-Exporte ließ sich eine befriedigende Formel finden.

Die vier Mächte strebten auseinander. Großbritannien und die Vereinigten Staaten bildeten das Vereinigte Wirtschaftsgebiet, die anderen Mächte isolierten ihre Zonen. Die Amerikaner ernährten die Städte an der Ruhr und bedingten sich dafür ein weniges von der bis dahin rein britischen Kontrolle der Schwerindustrie aus. Es entstand der revidierte Industrieplan, der die Verdoppelung der Stahlproduktion möglich machte; es kam der Marshallplan, der erhöhte deutsche Leistungen und Lieferungen voraussetzte, wenn er zu einem europäischen Erfolg werden sollte; es kam nach dem Prager Staatsstreich das ängstliche Aneinanderrücken der westeuropäischen Staaten hinter dem schmalen, schlecht ernährten deutschen Gürtel, der sie von Rußlands Machtsphäre trennte. Es kam die Neuorganisation dieses deutschen Streifens. Die aktive Teilnahme an einer Reorganisation ließ sich Frankreich durch Sicherheitsgarantien in Gestalt einer Internationalen Ruhrbehörde vergüten. Es kam schließlich der überraschende deutsche Wirtschaftsaufschwung nach der Währungsreform. Er basierte auf ansteigender Kohleförderung und einem anschwellenden Strom flüssigen Stahls.

Was auch immer geschah, das Ruhrgebiet spielte in den Erwägungen aller Beteiligten eine Hauptrolle. Wer über das Ruhrgebiet verfügte, der hielt Überschüsse in seinen Händen: Kohle, die innerhalb Deutschlands zu normalen Zeiten nicht verheizt, Stahl, der in normalen Jahren innerhalb Deutschlands nicht verbraucht werden konnte. Diese Überschüsse konnten exportiert werden. Exportierte man sie nicht, so waren die Nachbarn hart dran, die auf Kohlelieferungen angewiesen waren. Der Schrei nach Ruhrkohle klingt uns heute noch in den Ohren. Exportierte man zuviel oder zu billig, so waren die anderen Kohlenexporteure in Europa geschädigt. Exportierte man zu teuer, so wurde man nichts los und die deutschen Lebensmitteleinfuhren konnten nicht bezahlt werden. Wenn uns die Kohle aus der Hand gerissen wurde, litt die Energieversorgung der deutschen Industrie. Blieb sie liegen oder war der Stahl nicht absetzbar, so geriet die gesamte deutsche Wirtschaft auf die abschüssige Bahn. Mit ihr diejenigen, die im Revier keine Arbeit fanden. Es war das Problem des potentiellen Überschusses, der das Ruhrgebiet zu einem Faktor der Unsicherheit machte.

Der Überschuß von Stahl und Kohle über den eigenen Verbrauch war notwendig zur Sicherung unserer Ernährung. Aber, man hatte es ja erlebt, er konnte auch in Gestalt von Panzerschiffen und Sturmgeschützen auf die Welt losgelassen werden, wenn die Herren über das Ruhrgebiet dem Glauben verfielen, daß sie sich vermittels Panzerschiff und Sturmgeschütz leichter ernähren konnten als mit kaufmännischem Export. Diese Methode hatte Hitler angewandt. Ihm gleich an räuberischer Energie, unterschoben Machttechniker wie Stalin und Schdanow ihren amerikanischen Rettern ähnliche Gelüste. So lag also damals das Problem. Man mußte es sich immer wieder vergegenwärtigen, wenn man über das Ruhrgebiet schrieb und davon erzählte. Die Formel vom Überschußgebiet als Faktor der Unsicherheit vereinfachte die Sache vielleicht zu sehr, war aber ganz hilfreich. Sie erklärte jedenfalls, warum das Ruhrgebiet unausgewogen war: in seiner sozialen Schichtung gefährdet, von seiner Umgebung argwöhnisch betrachtet, aus Sparsamkeitsgründen zu industriellen Mammutgebilden höchster Rationalisierung gezwungen, ohne Erzbasis, unfähig, sich selbst zu finanzieren, jeder Schwankung der Weltmärkte ausgesetzt – ein Riesenkind auf schwachen Beinchen. Diese Formel erklärte damals, warum die Russen auf einen Kinderstuhl im Kreise der Ruhrbeherrscher größeren Wert legten als auf den einsamen Thronsessel in Berlin. Die Formel erklärte aber auch die beklommenen Gesichter unserer westlichen Nachbarn, die das Ruhrgebiet nicht niederhalten konnten, ohne uns, und nicht groß machen konnten, ohne sich zu gefährden. Es sei denn...

In Westeuropa fuhr damals nur jeder 24. Bürger ein Auto, in Nordamerika aber jeder vierte. Die Sache mit den destabilisierenden Überschüssen war also eine Fiktion. Wenn man sich vergegenwärtigte, daß in den USA für 140 Millionen Einwohner jährlich 90 Millionen Tonnen Stahl produziert wurden, während Westeuropa für die doppelte Anzahl von Einwohnern knapp halb soviel Stahl verbrauchte, dann fühlte man sich versucht zu glauben, daß im europäischen Binnenmarkt noch Platz sein müsse für zwei weitere Jahresproduktionen des Ruhrgebiets. Offenbar entstanden die ominösen Überschüsse nur, weil es nicht genug kapitalkräftige Abnch mer gab. Und es gab nicht genug kapitalkräftige Abnehmer, weil sie sich einer wie der andere im Netz der europäischen Kleinstaaterei zwischen zuviel Grenzen und Schutzzöllen und Devisenkontrollen erwürgten.

Das dämmerte allmählich als eine Binsenwahrheit selbst sehr hartgesottenen Nationalisten. Das Ruhrgebiet war ein Unsicherheitsfaktor nur, solange es eingegrenzt, isoliert und unter rüstungspolitischen Gesichtspunkten entwickelt wurde; es konnte aber ein Element der Sicherheit und politischen Stabilität werden, sobald seine Produktion sich ihren Weg zu der ganzen Breite einer europäischen Kundschaft suchen durfte.

Ebendas zu verhindern, war nach gängiger Meinung in Deutschland damals der Grund für ein besonderes Ruhrstatut und die Einsetzung einer Internationalen Ruhrbehörde. Sie wurde als Werkzeug des Konkurrenzneides unserer westlichen und besonders des französischen Nachbarn angesehen. Es hatte Stürme der Entrüstung gegeben. Aber wenn bei der Gründung der Behörde solche Gesichtspunkte und die der Überwachung und Kontrolle vielleicht noch eine Rolle gespielt haben mögen, bereits die ersten Schritte ihres Generalsekretärs bewiesen, daß er ihre Aufgabe ganz anders sah. Er verhielt sich nämlich mucksmäuschenstill.

»Wir fangen klein an. Wir wollen gar nicht schnell wachsen«, hatte George Kaeckenbeek gesagt, als ich ihn nach seinem Amtsantritt besuchte. »Wenn wir Besatzungsorganisationen übernehmen müssen, dann möglichst wenige und zunächst noch gar keine. Eine gute Politik dringt langsam und allmählich in die Wirklichkeit ein, um sie dann zum Guten zu beeinflussen.«

Man mochte es diesem belgischen Professor des Völkerrechts mit den drei tiefen Furchen in der Stirn gern glauben – er war zwischen den Kriegen fünfzehn Jahre lang Präsident eines Schiedsgerichtes an besonders heikler Stelle gewesen. Er hatte die Streitigkeiten zu schlichten, die aus der Teilung des oberschlesischen Industriereviers zwischen Deutschland und Polen nach 1918 entstanden waren. Man sagte ihm nach, daß seine Schiedssprüche gerecht, billig und unparteiisch waren und versuchten, den Streitfragen die politischen Giftzähne herauszubrechen.

»Als ist damals in dieses oberschlesische Knäuel hineinblickte, dachte ich: ›Hier wird wohl der nächste Krieg losbrechen.‹ Als ich 1937 meinen Posten räumte, gab es eigentlich keine oberschlesische Frage mehr. Der Krieg brach aus ganz anderem Grunde und an anderer Stelle aus.«

»Wissen Sie«, sagte er zu mir, »das Ruhrstatut ist doch kein Instrument einseitiger Ausbeutung. Wenn es das wäre, hätte ich diesen kniffligen Posten nicht übernommen. Ich habe mich nicht danach gedrängt, hier Generalsekretär zu werden. Minister Spaak hat mich vorgeschlagen, und ich habe angenommen, nachdem ich mich davon überzeugt hatte, daß mir das Ruhrstatut eine nützliche Aufbauarbeit erlaubt. Die Lage ändert sich zudem dauernd. Vor einem Jahr dachte man, das Problem der Verteilung von Kohle und Stahl werde das schwierigste sein. Nun stellt sich heraus, daß ebendieses am leichtesten zu lösen sein wird. Denn es handelt sich ja gar nicht mehr darum, der deutschen Volkswirtschaft etwas wegzunehmen, was sie selbst braucht, sondern darum, etwas unter die Leute zu bringen, was die Deutschen liebend gern exportieren möchten. Schwierig wird vielleicht sein, die anderen Länder dazu zu bewegen, diese Güter abzunehmen. Die Bedeutung der Ruhrbehörde liegt gar nicht bei der Verteilung, sondern in der Heranbildung von Methoden europäischer Zusammenarbeit in der Zukunft. Ich habe keine vorgefaßten Ideen außer der einen: eine gesunde wirtschaftliche und politische Aufbauarbeit zu leisten.«

Dieses Interview und eine längere Analyse des Ruhrstatuts wurden im Rundfunk gesendet, kurz bevor im Petersberger Abkommen der Beitritt der Bundesrepublik als Vollmitglied zur Ruhrbehörde erklärt und dafür die Demontage von Industriewerken beendet wurde. Alles wies darauf hin, daß die Ruhrbehörde zu einer Keimzelle der europäischen Verbundwirtschaft werden würde, zu einem Faktor der Gesundung, als welcher sie dann auch bald in dem größeren Komplex der Montanunion aufging.

Das sahen nicht alle so. In ihren Empfindlichkeiten waren viele Manager der Stahlindustrie durch die früheren Eingriffe der Alliierten noch zu aufgerauht, als daß sie Adenauers ersten außenpolitischen Erfolg – das Petersberger Abkommen – in seinem Wert hätten würdigen können. Sie betrachteten es eher als ein Verlustgeschäft. Der Demontagestopp war ihnen nicht genug, jedenfalls war er mit dem Beitritt zur Ruhrbehörde zu teuer bezahlt. Sie empfanden es als Rückschlag, daß nicht gleichzeitig auch die Beschränkungen der deutschen Stahlkapazität aufgehoben wurden.

Es gab besonnene Stimmen, wie die des Vorsitzenden der Stahltreuhänder, Dinkelbach, der in der Neuordnung der Schwerindustrie eine historische Chance sah und zur Mäßigung riet – und es gab andere, besonders im Lager der ehemaligen Vereinigten Stahlwerke, die auf eine schärfere Gangart in der Verfolgung dessen drangen, was sie als deutsche Interessen betrachteten. Ich umschrieb in meinen Kommentaren das deutsche Interesse anders als sie. Es bestehe darin, daß wir uns bei unseren Verhandlungspartnern nicht in Mißkredit bringen, indem wir Abkommen schließen nur zu dem Zweck, eine Basis für neue und größere Forderungen zu gewinnen. Die Zeit arbeite sowieso für uns. Man dürfe im Westen von uns nicht sagen können: Wir haben ihnen erst den kleinen Finger, dann die ganze Hand gegeben, und nun versuchen die Deutschen, uns den Arm auszureißen.

Manchmal gleicht der Publizist bei der Behandlung großer Konflikte dem Steuermann eines Ruderboots, der ein Schlachtschiff zur Kursänderung zwingen will. In meinem Falle schoß das Schlachtschiff zurück, nämlich mit einem Brief des Bundeskanzlers, der mir nahelegte, mich einmal mit Dr. Lehr auszusprechen. Lehr, ehemaliger Oberbürgermeister von Düsseldorf, künftiger Bundesinnenminister, jetzt Mitglied des Aufsichtsrats der Vereinigten Stahlwerke, lud mich in sein Landhaus irgendwo tief im Bergischen zu einer Aussprache ein. Ich unterschätzte die Entfernung hügelauf, hügelab durch tausend Kurven und Dörfer und kam mit unziemlicher Verspätung an. Blumen für Frau Dr. Lehr hatte ich auch nicht mitgebracht. Meine Gastgeber, denen sich auch das Vorstandsmitglied der Vereinigten Stahlwerke, Günther Sohl, beigesellt hatte, ließen sich nicht im mindesten anmerken, daß sie von mir nicht begeistert waren. Sie behandelten mein Sündenregister als Kommentator mit der größten Höflichkeit. Aber faustdicke Unterschiede in der Beurteilung von Zahlen und Fakten wurden doch sichtbar. Das betraf besonders die uns auferlegte Begrenzung der deutschen Stahlproduktion. Die Obergrenze war von einem Industrieplan zum anderen angehoben worden und durch die tatsächliche Produktion noch längst nicht erreicht – die Begrenzung würde nach meiner Beurteilung der internationalen Situation in absehbarer Zukunft ganz fallen oder durch andere Regelungen hinfällig werden. Diese Ansicht gefiel weder Lehr noch Sohl. Da war ich wohl, so wurde mir bedeutet, ganz falschen Informationen aufgesessen – überhaupt, wer mochte mich wohl zu so ketzerischen Ansichten inspirieren?

Mein angefochtener Kommentar hatte als Quelle vornehmlich den Mann genannt, der damit betraut war, die Eigentumsverhältnisse der Stahlkonzerne an der Ruhr neu zu ordnen. Dinkelbach war bei den Vereinigten Stahlwerken groß geworden, galt aber nun in gewisser Weise als abtrünnig. Nicht ausdrücklich genannt, aber dem Eingeweihten erkennbar war der britische Gouverneur von Nordrhein-Westfalen, der mir seine Sorgen über das unzeitige Vorpreschen der deutschen Stahlindustrie ausführlich begründet hatte.

So war ich wohl nichts anderes als ein Sprachrohr der britischen Interessen? Dieser Verdacht muß sich damals in Dr. Lehrs Gemüt festgesetzt haben. Er ging später bis zu dem Vorwurf des Landesverrats – eine groteske Unterstellung, wenn man bedenkt, daß ich ganz im Gegenteil den deutschen Rundfunkhörern verriet, was die britische Seite dachte.

Aber bis zu diesem Grade war die Auseinandersetzung noch längst nicht gediehen. Es gab ein von Frau Lehr bereitetes Mittagsmahl, das auch deshalb als exzellent gelten mußte, weil dabei gute Geschichten erzählt wurden. Sohl berichtete, wie er sich als einer der von den Briten verhafteten Industriellen im Internierungslager die Zeit mit Komponieren von Sonaten vertrieben habe, und Lehr erörterte, was man tut, wenn ein Einbrecher im Haus ist, man weiß aber nicht, wo. Seine Kenntnisse stützten sich auf seine ehemalige Tätigkeit als Polizeipräsident. Zum Abschied wurde ich gebeten, der Eisenindustrie (»uns«) in Zukunft publizistisch zu helfen. Soweit sich das mit meinem publizistischen Gewissen vereinbaren lasse, stehe dem nichts im Wege. So lautete damals meine Antwort.

Ich begriff, daß es sich bei dieser Unterhaltung in einem gepflegten Landhaus mit zwei jovialen Vertretern der Stahlindustrie um einen Schuß vor den Bug des kleinen Ruderboots handelte. Meine Ansichten waren offenbar beunruhigend. Natürlich waren der Verbrauch von Stahl in der deutschen Wirtschaft und das Tempo der Auflockerung alliierter Auflagen ein ernstes Thema. Daß die unorthodoxe Behandlung dieses Themas im Rundfunk gleich zum Eingreifen Adenauers geführt hatte, war doch ein wenig überraschend. Es zeigte, daß ich einen neuralgischen Punkt nicht nur im Revier, sondern in den Plänen der Bundesregierung berührt hatte. Ich ergriff von nun an jede Gelegenheit, das Gespräch mit den wiedererstandenen Konzernen, mit den Gewerkschaften und Regierungsvertretern fortzuspinnen. Neben Mommsen, Schlieker und Pothoff konsultierte ich häufig die Herren vom Klöckner-Konzern, die mir bei den Begegnungen als aufgeschlossen und freimütig auffielen. Besonders Dr. Kuhnke hatte es mir angetan – und das nicht nur wegen seiner riesigen Zinnfiguren-Sammlung, oder weil sein Sohn ein erstklassiger Tennisspieler zu werden versprach, sondern weil seine Darlegungen immer sehr schnell zum Kern eines wirtschaftspolitischen Problems vordrangen. Sein scharfer Verstand führte ihn zwanzig Jahre später in die Leitung des schwierigsten Großunternehmens im Revier, der Ruhrkohle AG. Auch die Unterhaltungen mit dem Chef des Hauses Klöckner, Dr. Henle, waren fruchtbar. Der Konzern hatte seit je weitgespannte Handelsinteressen. Das zwang Henle, die europäischen Dimensionen des Ruhrproblems zu beachten. Als ehemaliger Diplomat hatte er die Gabe, Streitigkeiten, zum Beispiel zwischen Unternehmern und Gewerkschaften, mit Konzilianz zu entschärfen. Er tat das nicht hinter den Kulissen, sondern warf sich als Bundestagsabgeordneter der CDU selbst ins Gefecht. Er und Kuhnke empfanden es nicht als ungehörig, daß ich in der Frage der Mitbestimmung der Arbeitnehmer eine publizistische Haltung einnahm, die in anderen Konzernen der Montanindustrie als Aufruf zum Umsturz gebrandmarkt wurde.

Mitbestimmung, dachte ich, werde die Industriearbeiterschaft an die Werte einer freien Gesellschaft binden. Mitbestimmung werde sie gegen die trügerischen Verlockungen der totalitären Befehlswirtschaft des Ostens imprägnieren. Durch Mitbestimmung in Stahl- und Kohlekonzernen in Gestalt paritätisch besetzter Aufsichtsräte, dem »elften Mann« und dem Arbeitsdirektor, werde auch den Unternehmern, die es noch nicht wußten oder nicht wissen wollten, zu der Einsicht verholfen, daß zwischen Kapital und Arbeit neuartige, fruchtbare Beziehungen herrschen könnten; andere Beziehungen, als die des lauten Befehlens und strikten Gehorchens, wie sie vor hundert Jahren geübt wurden und in manchen Betrieben der jungen Bundesrepublik noch immer gang und gäbe waren. Nicht wenig Dank schuldeten wir ja auch den Arbeitern, die in der Hungerzeit nach dem Kriege und während der erzwungenen Abwesenheit der Eigentümer die Förderbänder in den Gruben und die Walzwerke in den Hütten wieder zum Laufen gebracht hatten. Kaum jemand bezweifelte, daß die Gewerkschaften dabei ihre Rolle verantwortungsvoll gespielt hatten. Sie wollten dieses Verdienst nun, nach Klärung der Besitzverhältnisse und teilweiser Rückkehr der alten Eigentümer, nicht sang- und klanglos vergessen sehen.

Die Kontroverse um die Mitbestimmung in der Montanindustrie trieb über das Jahr 1950 einem Höhepunkt und einer Krise entgegen. Sie verflocht sich auf merkwürdige Weise mit den Absichten der Bundesregierung, über Inhalt und Autorschaft der Rundfunkprogramme mitzubestimmen. Die Rolle des Versuchskarnickels war mir zugedacht. An mir sollte ausprobiert werden, wieweit Regierungsdruck den in der Theorie unabhängigen und staatsfernen Rundfunk zu einem gefügigen Instrument machen könne. Und ob sich nicht besonders der eigenwillige, kritische und sperrige NWDR in ein regierungsfrommes Sprachrohr der großindustriellen Interessen verwandeln lasse – etwa nach Art der Reichsrundfunkgesellschaft in Weimarer Zeit. Meine wöchentlichen Kommentare »Von Rhein und Ruhr« waren erfreulich gewesen, solange sie den hinhaltenden deutschen Widerstand gegen die alliierte Demontagepolitik rechtfertigten. Unerfreulich und nicht zu billigen waren meine Kommentare, wenn sie sich für ein Spiel mit offenen Karten gegenüber der Ruhrbehörde einsetzten oder die unzeitige Forderung der Ruhrindustrie nach Fortfall jeglicher Begrenzung der Stahlproduktion kritisierten. Quasi-bolschewistisch schließlich erschienen meine Sendungen einem Teil der Regierungskoalition und ihrem Anhang in Industrie und Verwaltung, wenn diese Sendungen Verständnis zeigten für den Kampf der Gewerkschaften um ein gesichertes Mitspracherecht in der Montanindustrie.

An diesem Punkt setzte der inzwischen zum Bundesinnenminister berufene Dr. Lehr seinen Hebel an. Im Oktober 1950 waren die Verhandlungen zwischen den Spitzenverbänden der Arbeitgeber und den Gewerkschaften über ein Mitbestimmungsgesetz an einem toten Punkt angelangt. Auf einer Tagung des Bundesverbands der Deutschen Industrie in Köln Anfang November erklärten die Unternehmer, mit den Gewerkschaften nicht weiter über eine Gesetzesvorlage zur Mitbestimmung verhandeln zu wollen. Ich kannte die Mißstimmung in den Betrieben und die zunehmende Befürchtung der Gewerkschaften, es könne eine Situation eintreten, in der sie entweder auf die Linie der kommunistischen Radikalisierung einschwenken oder in einen Zustand dauernder Kapitulation einwilligen müßten. Ich hörte, welche Sorge sich einsichtige Direktoren großer Werke im Ruhrgebiet machten.

Der NWDR übertrug Auszüge aus der Kölner Rede des Augsburger Handelskammer-Präsidenten Vogel. Sie erregten maßvollen Protest bei den Gewerkschaften. Meine Kommentierung dieser Rede dagegen entfachte einen Sturm der Entrüstung in der unternehmerfreundlichen Presse. Der Bundesinnenminister forderte in einem Brief an Grimme durch die Blume meine Entlassung, der Vorsitzende des Nordrhein-Westfälischen Arbeitgeberverbands tat es öffentlich und unverblümt. Dagegen veranstalteten die Gewerkschaften einen Feldzug, der sich in Körben voller Zustimmungsbriefe zu meinen Sendungen ausdrückte. Das war mir peinlich. Organisierte Zustimmung ist immer dubios. Aber ich mußte lernen, daß es jetzt um mehr als meine Haut und meinen Kopf ging: Die Freiheit der Berichterstattung im Rundfunk – ein Grundrecht gemäß der noch frischen Verfassung – stand auf dem Spiel.

Was darf der Publizist, was nicht, was muß er in einer Phase zunehmender innenpolitischer Spannung sagen? Ein Mitglied des NWDR-Verwaltungsrates, Professor von der Gablentz, hielt im Dezember 1950 darüber einen Rundfunkvortrag. Er war Mitglied der CDU und gehörte in sozialpolitischen Fragen zum linken Flügel dieser Partei. Er argumentierte folgendermaßen:

»Auf der vielbesprochenen Kundgebung des Bundesverbandes der deutschen Industriellen am 8. November in Köln hat Herr Vogel über Industrie und Kultur gesprochen. Es mag ihm hingehen, daß er den Personenwert der Freiheit und den Vermögenswert des Eigentums in einem Atem gepriesen hat. Es mag auch noch hingehen, daß er die Forderung nach dem Mitbestimmungsrecht, die immerhin für die Massen der Arbeitnehmer eine sittliche Forderung ist, als ›klägliches Zeitgeschehen‹ bezeichnet hat. Aber nicht hingehen durfte das Wort vom Funktionär, der nichts anderes täte, ›als unproduktiv hin und her zu laufen, um überall Neid, Mißgunst und Unzufriedenheit zu säen und sein Schäfchen ins trockne zu bringen‹, und die auftrumpfende Fortsetzung: ›Ich spreche von den Gewerkschaften.‹ Nicht hingehen durften der Vergleich der Gewerkschaften mit Adolf Hitler und Robert Ley und der Satz: Das Vergangene – also das Nazisystem – sei nur eine Vorstufe dieser viel größeren Machtentfaltung. Nicht hingehen durfte die Behauptung: ›Wenn wir Ausbeuter wären, wären wir alle so reich wie sehr viele Leute aus der Gewerkschaft‹ – und das alles noch unter ständiger Anrufung des Namens Gottes. Ich weiß, daß besonnenen Unternehmern diese Rede außerordentlich peinlich gewesen ist. Ich habe aber nichts davon gehört, daß die Führung der deutschen Industrie von diesen Äußerungen des Herrn Vogel und von denen, die ihm Beifall geklatscht haben, abgerückt wäre.

Wenn eine Gruppe im Volk die nötige Selbstkritik nicht aufbringt, dann sind die Wissenschaft und die Presse verpflichtet, öffentlich Rüge zu üben... Nachdem der NWDR die Vogelsche Rede gebracht hatte, hat sich Peter von Zahn in seiner Sendung ›Von Rhein und Ruhr‹ am 13. November dieser Aufgabe unterzogen. Er hat Herrn Vogel den Vergleich mit Ley zurückgegeben. Das war hart. Aber man darf nicht vergessen, daß Vogel die ganze Schicht der Gewerkschaftsführung mit Hitler und Ley verglichen hat. Zahn hat davon gesprochen, daß die Unternehmer mit ihren politischen Forderungen, zum Beispiel nach der Verteidigung der deutschen Grenzen, so unglaubwürdig werden könnten, wie sie in der Zeit zwischen 1870 und 1914 gewesen sind, wenn sie die Macht des Staates gegen die Gewerkschaften anriefen. Er hat aber auch den Gewerkschaften gesagt, daß wir Sorge haben, wenn die maßvolle Führerschicht der Alten jetzt abtritt und die jungen, ehrgeizigen Leute von den Bundesschulen kommen. Er hat davor gewarnt, die

Kreise auseinanderzureden, die zur gemeinsamen Arbeit bestimmt und verpflichtet und in der Lage sind. Und nun beschwert sich der Vorsitzende des Rheinisch-Westfälischen Arbeitgeberverbandes über die gehässigen und einseitigen Angriffe dieser Rede, über die Aufhetzung, die aus ihr spräche. Er kann die Rede nicht gehört haben; er kann nur einzelne, herausgerissene Sätze gelesen haben. Wer die Rede von Zahn gehört hat, wie sie sich beschwörend nach beiden Seiten wendet, wie jedes Wort schwingt von dem Ton der besorgten Verantwortung, der wird mir beipflichten: Wer es ernst meint mit der Versöhnung und Partnerschaft in der deutschen Industrie, der wird Peter von Zahn danken, daß er sich der Pflicht des Publizisten mit solchem Ernst unterzogen hat...«

Was Vogel in seiner Kölner Rede, was Gablentz und was ich in Kommentaren gesagt hatten, wurde in den ersten Januartagen 1951 bei einer Tagung von Hochschullehrern in unserer Rundfunkschule zur Diskussion gestellt. Die Mitglieder des Bundestagsausschusses für Presse, Funk und Film waren zugegen. Der Vorsitzende dieses Ausschusses protestierte zwar gegen das Abspielen meines Kommentars; da es sich aber um eine Diskussion über die Freiheit des Rundfunks handelte, konnte er damit in diesem Kreise nicht durchdringen. Ein gut gefüllter Saal im alten Sendegebäude an der Rothenbaumchaussee hörte zu. Die Debatte war sachlich, die Anwesenden stimmten mit großer Mehrheit meinem Kommentar und seiner Würdigung durch Professor von der Gablentz zu. Solche Auseinandersetzungen wurden damals manchmal auch mit Humor geführt – zum Zeugnis dessen seien ein paar Schüttelreime zitiert, in die Professor Weischedel das Sitzungsprotokoll faßte:

»Man hörte vom Band, wohin Herrn Vogels Rede führte,
der laut die Trommel der Gewerkschaftsfehde rührte.
Ihn tat der Zahn des Herrn von Zahn zernagen schlicht,
und faul war Herr von Gablentz im Zerschlagen nicht.
Es setzen den Disput zwei Meinungswächter fort.
Dem Kommentator gilt ihr kluges Fechterwort.
Wie mit Erfolg der Öffentlichkeit Clan er zügelt,
ward von den Herren Mischke und von Zahn erklügelt.
Wie faßt er unter unsres Staates Mächten Fuß?
Wer tut ihm kund, wie er politisch fechten muß?
Ist die Verantwortung am Mikrophon zu teilen?

Wie ist wohl am politischen Röhrenton zu feilen?
Der Hörer zwar bei falschem Zungenschlage zuckt,
doch auch nicht gern das Wort, das allzu zage, schluckt.
Ist's richtig, spricht zum Rundfunkvolk ironisch man?
Ist's besser, wenn vom Mund das Wort dämonisch rann?«

Solch heitere Stimmung herrschte nicht überall. Die Gewerkschaften rüsteten zum Streik für den Fall, daß ihre Forderungen zur Mitbestimmung nicht beachtet würden. Ich schilderte in einem weiteren Kommentar, wie es wohl in der Bundesrepublik aussehen würde, wenn dieser Streik einige Tage lang währte:

»Die Feuer unter den Kesseln werden ausgehen, und das nicht nur im Ruhrgebiet, sondern in der ganzen Bundesrepublik – also auch bei Ihnen. Sei es, daß am 2. Februar das Gas nicht mehr brennt oder am 5. der elektrische Strom ausfällt, sei es, daß am 7. die Eisenbahnen nicht mehr fahren und am 8. die Straßenbahn ihren Betrieb einstellt. Überall werden Betriebe schließen und Arbeiter entlassen werden müssen. Spätestens nach dem ersten Wochenende, also am 5. Februar, wird in Deutschland ein Zustand herrschen, der dem Generalstreik verzweifelt ähnlich sieht.«

Das war starker Tobak. Vielleicht hatte mir die unerwartete Zustimmung auf der Tagung in Hamburg Mut gemacht, der Regierung Angst einzujagen, denn ich sagte an anderer Stelle dieses Kommentars: »Nicht der Bundestag wird unter Druck gesetzt, sondern der Teil des Bundestages, welcher seit beinahe einem Jahr das fällige Gesetz über die Mitbestimmung schleppend behandelt. Das ist die Regierung.« Ich schloß mit der Warnung: »Führt auch das zu nichts, so wird wohl auch gutes Zureden von anderer Seite nichts fruchten, und es wird sich zeigen, daß zu langes Zögern angesichts brennend notwendiger Reformen nicht gut ausschlägt für die Zauderer.«

Blätter, die der CDU nahestanden, bezeichneten meine Worte als Aufforderung zum Staatsstreich, Kollegen in Bonn diskutierten die Frage, ob man mich dafür einsperren werde. Eine Fülle von Organisationen, beginnend bei der CDU und der Jungen Union, endend mit den Verbänden der Wirtschaft und der Deutschen Partei, verlangten – nicht etwa meinen Rücktritt, sondern meine Entlassung.

Dr. Lehr und sein Innenministerium schrieben nun fieberhaft Briefe. Als erster bekam der Generaldirektor des NWDR, Adolf

Grimme, seinen Rüffel. Ihm konnte ich entnehmen, daß Besprechungen über meine Zukunft längst eingesetzt hatten.

»Sehr geehrter Herr Generaldirektor«, schrieb Dr. Lehr, »nach Ihrem Besuch bei mir Ende des vergangenen Jahres durfte ich annehmen, daß Sie meine Bedenken gegen die Vorträge des Herrn Peter von Zahn unter dem Motto ›Rhein und Ruhr‹ weitgehend teilten und daß Sie es begrüßten, wenn diese Vorträge eingestellt würden und zunächst einmal Herr von Zahn eine Weile ins Ausland gesandt würde. Ich habe das als Anfang einer Kaltstellung betrachtet.

Herr von Zahn ist nicht nur nach ganz kurzer Zeit zurückgekehrt, sondern hat nur unter einem neuen Titel ›Von nah und fern‹ seine einseitig politisch orientierte und zersetzende Tätigkeit aufgenommen. Sein neuer Artikel ›Von nah und fern‹ vom 9. Januar 1951 gießt Öl ins Feuer und übt eine völlig unberechtigte, zersetzende Kritik an der Bundesregierung in dem Augenblick, in welchem sie sich bemüht, ein denkbar großes Unheil zu verhüten und die Partner an den Verhandlungstisch zu bringen.

Ich kann nicht umhin, Ihnen vom Standpunkt der öffentlichen Sicherheit, Ruhe und Ordnung und des inneren Friedens meine schweren Bedenken zum Ausdruck zu bringen, und bitte Sie, angesichts der Zersetzungsarbeit, die sich unter Ihren Augen vollzieht, zu prüfen, als wessen Strohmann eigentlich Herr von Zahn fungiert. Mit vorzüglicher Hochachtung! Dr. Lehr.«

Lehr war kein Nazi. Er benutzte nur den Begriff »Zersetzung« im gleichen Sinne, wie das Dritte Reich ihn als Rechtfertigung für Schutzhaft verwandt hatte. Als Jurist wußte er natürlich, daß die Zersetzung nicht zu den strafbaren Tatbeständen gehört, besonders, wenn nicht klar ist, wer da zersetzt werden soll. In einem Brief an den Vorsitzenden des Deutschen Gewerkschaftsbundes, Hans Böckler, verwandte er in seiner Eigenschaft als der zum Schutz der Verfassung berufene Bundesminister statt »Zersetzung« das Wort Wühlarbeit:

»Der Kommentar vom 9. Januar 1951 zum Streikbeschluß setzt allem die Krone auf, was an einem deutschen Rundfunk unter Mißbrauch der Redefreiheit der Verfassung den deutschen Hörern geboten werden kann. Höhnisches, boshaftes, verantwortungsloses Literatengeschwätz. Eine Bundesregierung, die solcher öffentlichen Wühlarbeit gegen die Staatsgewalt und den Staat nicht Einhalt gebietet, verliert das Vertrauen und die Achtung der Staatsangehörigen. Lesen Sie bitte, verehrter Herr Böckler, die Meinung des ›Rheinischen Merkurs‹ vom 20. Januar 1951: ›Hetzfreiheit im Rundfunk? – Zur Staatsstreich-Aufforderung des Herrn von Zahn.‹ So ist in weiten Kreisen gerade in diesen verantwortungsschweren Tagen in der deutschen Wirtschaft am Rhein und an der Ruhr der Kommentar des Herrn von Zahn aufgefaßt worden.«

Ein Lieblingsausdruck des Dritten Reichs findet sich in einem anderen Lehrbrief – an Professor von der Gablentz ließ sich der Bundesminister des Innern mit den Worten vernehmen:

»In unverantwortlicher Weise wird die Bundesregierung angegriffen und Öl ins Feuer gegossen in einem Augenblick, in dem die Parteien durch das Bemühen der Bundesregierung an den Verhandlungstisch gebracht werden. Die Verantwortung trifft auch Sie, der Sie als ein Angehöriger der CDU sogar sich schützend vor solche einseitig politisch orientierte Brunnenvergiftung stellen.«

Der Bundesinnen-, Polizei- und Grenzschutzminister war tatsächlich aufgebracht und fast außer sich. Es war ein gutes Zeichen für die Gesundung des politischen Lebens in der Bundesrepublik, daß sich weder Böckler noch Grimme, noch Gablentz einschüchtern ließen. Bei Böckler war das sowieso ein Versuch am untauglichen Objekt. Er war zwar krank und starb, bevor er den Brief Dr. Lehrs beantworten konnte. Er ließ mich jedoch noch in seinen letzten Tagen wissen, daß er und seine Kollegen meine Ansichten aus voller Überzeugung verteidigen würden. Der Antwortbrief an Lehr, der in Böcklers Namen vom stellvertretenden Vorsitzenden des DGB, Georg Reuter, unterzeichnet wurde, wies alle Verdächtigungen meiner Motive zurück und kam auf das eigentliche Ziel des Innenministers zu sprechen: »Der DGB wird sich mit aller Kraft allen Versuchen widersetzen, die Freiheit von Presse und Rundfunk zu untergraben. Er wird sich auch dann diesen Versuchen widersetzen, wenn sie etwa von Regierungsseite unternommen werden sollten.«

Gablentz machte den Minister kühl darauf aufmerksam, daß er sich in seiner satzungsgemäß unabhängigen Stellung als Mitglied des Verwaltungsrats des NWDR nicht als Vertreter der CDU fühle, und erinnerte daran, daß in der Sache des Mitbestimmungsrechtes die Meinungen in der CDU durchaus geteilt seien.

Grimme schließlich wies in einem langen Brief an Lehr alle Anschuldigungen gegen mich als haltlos zurück, wehrte sich gegen die

Unterstellung, dem Minister meine Kaltstellung versprochen zu haben, und verteidigte die Freiheit der Rundfunkkommentatoren, ihre Meinung zu sagen:

»Wir kommen doch nicht um die Tatsache herum, daß ein Autor entweder einen Standpunkt hat oder nicht. Wenn nicht, dann wüßte ich nicht, wozu man ihn überhaupt sprechen ließe. Eine Schallplatte wäre da wertvoller – und billiger als solch ein Sprecher ohne jeglichen Persönlichkeitscharakter. Wenn aber Persönlichkeiten sprechen, haben sie einen Standpunkt und sollen den dann auch vertreten können. Es kann lediglich das die Aufgabe des Rundfunks sein, Sorge dafür zu tragen, daß nicht ein bestimmter Standpunkt Monopol wird.«

Alles in allem war es gut zu wissen, was ich aus den Briefwechseln erfuhr, die mir zugänglich gemacht wurden. Der Nordwestdeutsche Rundfunk stellte sich vor seine Mitarbeiter und verteidigte seine personalpolitische Unabhängigkeit. Darauf kam es an. Allerdings führten Grimmes Konzilianz und Abneigung gegen Kontroversen zur Preisgabe gewisser Außenbastionen; es wurde nun jahrelang mit Vorsprüchen und Nachworten experimentiert, welche den NWDR von den »persönlichen« Meinungen seiner Kommentatoren distanzieren sollten. Die »innere« Zensur der Sender durch Abteilungsleiter, Chefredakteure und Intendanten sorgte mit der Zeit für eine gewisse Uniformierung der Meinungen. Im großen und ganzen aber wurde dem Angriff Lehrs mannhaft widerstanden. Dieser Angriff war ernst zu nehmen – er konnte sich leicht mit dem Appetit des Finanzministers auf die hundert NWDR-Millionen verbinden oder mit der Freude der Post über einen größeren Prozentsatz Hörergebühren. Die Versuche des katholischen Teils der CDU, Einfluß auf die Personalpolitik des größten deutschen Medienorgans zu gewinnen, die Kämpfe Nordrhein-Westfalens um einen eigenen Sender – »all das vermischt sich auf kaum durchschaubare Weise. Ich kann es nur ahnen, was da geschieht«, schrieb ich an einen Freund in München und war mir selbst nicht sicher, ob ich noch lange auf dem heißen Pflaster des Ruhrgebiets werde tanzen können.

Gablentz, der sich so wacker für mich in die Bresche geworfen hatte, äußerte in einem Privatbrief Vorbehalte zu der Art meiner Kommentare:

»Wenn es darum ging, den Hörern und den politisch Verantwortlichen klarzumachen, was alles auf dem Spiel steht, dann mußten

Sie damit anfangen: ›Noch ist nichts entschieden. Noch sind Möglichkeiten der Verständigung. Aber wir müssen den Gefahren sehr ernsthaft ins Auge schauen.‹ Das ist der Stil des verantwortlichen Politikers. Dieser Stil geht vielleicht auf Kosten des wirkungsvollen Feuilletons, aber Sie müssen sich jetzt entscheiden, was Sie sein wollen. In Ihrem objektiven Tun sind Sie über den Feuilletonisten bereits hinausgewachsen. Wenn Sie dessen Narrenfreiheit weiter beanspruchen wollen, dann dürfen Sie nicht mehr über solche Themen und an solcher Stelle sprechen. Wenn Sie den Weg weitergehen wollen, auf den Sie – ich glaube doch auch zu Ihrer eigenen Befriedigung – gekommen sind, dann müssen Sie auf manchen Effekt verzichten.«

Ich war keineswegs schockiert über den Vorwurf der Effekthascherei. Gablentz sah deutlicher als andere, was mit mir los war. In meinem Antwortbrief verteidigte ich mich mit einem Hinweis auf unseren Hamburger Chefredakteur Dr. Worliczek. Er war ein Mann von böhmischem Charme und balkanischem Scharfsinn. Allerdings waren seine Kommentare sprachlich ebenso trocken wie kompliziert. Für zehntausend Eingeweihte höchstens waren sie von Interesse. Ich fuhr fort:

»Die anderen zwei Millionen Hörer, welche zufällig am Lautsprecher sitzen, werden allerdings unberührt weiterdrehen, da sich diese esoterischen Kommentare weder an die Sinne noch an die Gefühle, sondern nur an die Ratio wenden... Der Weg des Feuilletonisten verläuft in anderer Richtung. Er bedient sich – vielleicht mit erschreckender Konsequenz – der Ausdrucksmittel, welche dem Rundfunk gemäß sind. Er wendet sich an Sinne und Gefühle, um über die hinweg die Ratio zu beeinflussen. Er verfährt dabei ähnlich wie der Filmregisseur, dessen Vision sich auf dem wirksamsten aller Umwege an Wille und Entscheidung wendet: auf dem Umweg über das Bild und das Auge, den Klang und das Ohr. Mit diesen Mitteln kann es gelingen, statt der Zehntausend mehrere Millionen zu Entscheidungen zu bringen... Ich würde mich sofort gegen die Rundfunkvorträge und für das Seminar entscheiden, wüßte ich nicht, daß meine oder Ihre, jedenfalls diese Entscheidung am Gang der Dinge nichts ändern könnte. So versuche ich denn, mit beklommenen Gefühlen, dem Massenmittel die beste Seite abzugewinnen. Die beste Seite dieses Instruments Rundfunk scheint mir zu sein, daß man vermittels seiner ein Interesse an den öffentlichen Angelegen-

Die Mitbestimmung wurde 1951 gesetzlich verankert. Hans Böckler war kurz vorher gestorben. Mit seiner Witwe und dem Pressesprecher des DGB, dem späteren Programmdirektor des ZDF, Viehöver, traf Peter von Zahn während der Eröffnung der Ruhrfestspiele in Recklinghausen zusammen.

heiten erregen kann, welches gerade in Deutschland zu lange geschlummert hat... Allerdings, ohne die feuilletonistischen Mittel, welche dem Rundfunk angemessen sind, gehts dabei nicht. Ich verschließe mich den Warnungen nicht, die vor dem Gebrauch solcher Mittel am Platze sind. Aber ich kann mich nicht auf den Weg der Worliczeks begeben, obwohl ich diesen Weg hoch achte, weil ich dann fürchten muß, das Feld Leuten zu überlassen, welche die Worliczeks verachten. Man muß diese Zweifel in sich selbst austragen, und wenn jemand daherkommt, der wie Sie die Zweifel zu erhöhen vermag, so muß man ihm sehr dankbar sein.«

Reduziert man meine damaligen Ansichten auf eine kurze Formel, so war ich wohl bereit, hin und wieder um der bestechenden Form willen die Sachlichkeit zu vernachlässigen. Ich will nicht leugnen, daß Ehrgeiz und Eitelkeit meine beruflichen Entscheidungen stark beeinflußten. Ich wollte von vielen gehört werden, um auf die wenigen einzuwirken, auf die es ankam. Für diesmal rechtfertigte der Verlauf der Ereignisse mein Verhalten. Zufall oder nicht – die Mitbestimmung in der Montanindustrie wurde eilends gesetzlich verankert. Das verschaffte den Konzernen an der Ruhr und, genaugenommen, der gesamten Wirtschaft zwanzig Jahre ohne nennenswerten Streik und in bemerkenswerter Einigkeit zwischen Management und Arbeitnehmern.

Die Generaldirektion des NWDR gestand es sich nicht ein, aber sie hatte das Bedürfnis, sich zu entlasten und mich auf anständige Art aus dem Zentrum der Aufregung zu entfernen. Das kam meinem Wunsch entgegen, für meine Talente in diesem Augenblick eine wichtige, aber weniger angreifbare Plattform zu finden. Die Verständigung darüber erfolgte in dem Sinne, daß ich von nun an einen unsichtbaren Freibrief besaß. Ich behielt meine eigene Viertelstunde in der Woche und konnte über alles und aus allen Blickwinkeln berichten, solange es nicht so knifflige Gegenstände wie die Mitbestimmung in der Montanindustrie oder die Stahlkapazität waren.

Ich sah allerdings die Mitbestimmung nicht nur als sozialpolitisch notwendige und wünschenswerte Neuerung an, sondern auch als ein Mittel, Europa die Angst vor den Ruhrkonzernen zu nehmen. Im Sicherheitssystem Europa stellte Westdeutschland das große Fragezeichen dar. Der verläßlichste Gradmesser unserer politischen Reife war die Organisation einer Schwerindustrie, mit der wir zwar kauen, aber nicht beißen konnten. Zusammenschlüsse der Grundindustrien zu Großunternehmen hielt ich für wirtschaftlich vernünftig. Das Rad der Wirtschaftsgeschichte ließ sich, wie man am Morgenthau-Plan gesehen hatte, nicht zurückdrehen. Wenn sie unter der Flagge der staatlichen Machtfülle oder eines privaten Monopols vor sich gingen, waren diese Zusammenschlüsse den Amerikanern wie den Franzosen gleichermaßen ein Greuel, wenn auch aus unterschiedlichen Gründen. Die Herstellung einer genauen Kopie der ehemaligen deutschen Konzernlandschaft hieß soviel wie Sprengstoff in Eimern zu verteilen. Durch obligatorische Mitwirkung der Gewerkschaften in den Kontrollorganen der Konzerne würde die unternehmerische Aggressivität der Schwerindustrie gedämpft werden. Auch außenpolitisch. Es galt, Europa Sicherheit vor deutschen Eskapaden zu geben. Wenn diese Sicherheit abhing von der vorbehaltlosen Eingliederung Westdeutschlands in ein übergreifendes, europäisches System, dann um so besser. Wenn dem die Neuordnung der deutschen Schwerindustrie vorausgehen mußte und diese Neuordnung in große, wettbewerbsfähige Einheiten nicht gut ohne oder gar gegen die Gewerkschaften denkbar war – dann ergab sich eine enge kausale Verbindung zwischen der Mitbestimmung deutscher Arbeitnehmer in ihren Betrieben und dem Problem der Sicherheit in Europa.

Der französische Außenminister hatte im Frühjahr 1950 als erster den Sprung über die Hürden der Vergangenheit gewagt. Er war nicht der einzige, der fürchtete, daß die alliierte Kontroll- und Verbotspolitik auf die Dauer die Deutschen in die russischen Arme treiben würde. Er brachte den Franzosen bei, daß es an ihnen sei, die bisherigen Kontrollen über Westdeutschland fallenzulassen, um es gleichzeitig an Europa zu fesseln. Das Kunststück hieß »Schuman-Plan« oder »Montanunion« und war von Jean Monnet erdacht. Es war ein meisterlicher Einfall. Er erweiterte den Grundriß der Ruhrbehörde ins Europäische. Ein gemeinsames Lenkungsorgan für die Kohle- und Stahlindustrien Frankreichs, der Bundesrepublik und der Beneluxstaaten! Das würde es den Deutschen unmöglich machen, sich erneut eine separate Rüstung zuzulegen. Diese Aussicht beruhigte die Franzosen dermaßen, daß sie einen Verzicht auf totale Souveränität Frankreichs in Kauf nahmen. Dieser Verzicht war notwendig als Vorstufe zu einem gemeinsamen Markt, einer europäischen Zoll- und Wirtschaftsunion und, wer weiß, einer Verteidigungsgemeinschaft, mit all den Vorteilen für den wirtschaftlichen und moralischen Aufschwung der Alten Welt – wie wir ihn in den letzten vierzig Jahren erlebt haben.

Als ich im Juli 1950 mit Jean Monnet und dem deutschen Unterhändler Professor Hallstein in Paris Interviews vorbereitete, hatte die Idee des Schuman-Planes einen gewaltigen Anschub erhalten. Der Koreakrieg war ausgebrochen. Die Stimmung in der Bundesrepublik kam zunächst einer Panik gleich. Man sah die Eroberung der Halbinsel durch die Truppen Nordkoreas als Vorbote eines Feuersaums, den Stalin und Mao gegen den geschwächten Westen vorschieben würden. Westeuropa hatte beobachtet, wie eine ruckartige Abrüstung bei den Amerikanern aussieht. Man zweifelte an ihrem Willen, sich für das geteilte Korea und das geteilte Deutschland stark zu machen. Um so größer war das Erstaunen über die Energie, mit der Präsident Truman die Wiederherstellung von Südkorea als eine Sache grundsätzlicher Bedeutung in Angriff nahm. Das ließ auf eine ähnliche Bereitschaft der USA in Europa schließen. Die NATO wurde plötzlich ernst genommen. Als die deutsche Industrie sah, wie die neue Situation ihre Auftragsbücher füllte, entwickelte sich mit dem »Korea-Boom« auch die politische Phantasie. Bis dahin waren viele einflußreiche Deutsche der zynischen Überzeugung, daß unser Erdteil leider nicht durch die Angst vor den Russen, sondern nur durch die Russen selbst geeinigt werden würde – und zwar auf höchst unerwünschte Art. Nun wurde klar, daß Europa weder schutzlos noch ohne Aussicht auf die Wiedergewinnung seines alten Glanzes war. Eine Montanunion konnte ein erster Schritt sein. Und die Amerikaner störte das nicht im mindesten – im Gegenteil.

Ich unternahm damals eine längere Recherchenreise durch die fünf westeuropäischen Länder, die den Monnet-Plan von allem Anfang an unterstützten. Dann schrieb ich einen Kurzfilm mit dem Titel »Der erste Schritt«. Der Bruder von Ernst Schnabel inszenierte ihn. Ich beschrieb in der Schlüsselszene die Vision eines Schrebergarten-Geländes:

»Lauter winzige Parzellen mit hohen Hecken, Drahtzäunen und Lattenwänden als Umfriedung. Über den kleinbürgerlich verzierten und verschnörkelten Toren liest man Inschriften wie ›Mon repos‹ – ›Zum fliegenden Holländer‹ – ›My home is my castle‹ – ›Villa Alpenglühen‹ – ›Isola bella‹ – ›Michels Ruh‹ – ›Pension Wiking‹. In den Schrebergärten, welche die Kamera langsam besichtigt, stehen Gartenzwerge, die nach Art der europäischen Folklore charakterisiert sind – Marianne, John Bull, Bersaglieri, Torero, Tiroler, holländisches Fischermädchen usw. Man sieht Märchentiere und Glaskugeln zwischen kiesbestreuten Wegen, die von Tonscherben gesäumt sind. Und natürlich Sitzbänke aus Birkenholz oder Gußeisen. Während zwei Nachbarn über einen Zaun hinweg sichtlich in Streit geraten sind und daneben ungerührt ein Gärtner auf einem Fleck Erde umgräbt, auf dem er sich kaum umdrehen kann, während eine Parzelle fast völlig von einem Esel ausgefüllt ist und die andere von einem zur Wohnlaube umgebauten Autowrack – hebt die Kamera ihr Auge: Beängstigend nahe hinter dieser Landschaft des alten Europa ragen die winterlichen Mauern des Kreml auf. Im Rhythmus einer erst entfernten, dann immer aufdringlicher sich nähernden Marschmusik ziehen in Sechzehnerreihen Kolonnen von Rotarmisten vorbei, das Gewehr schräg eingelegt. Panzer rumpeln, Riesenkanonen werden von Traktoren vorbeigezogen. Es schneit und ist neblig und recht zum Fürchten. Die marschierenden Stiefel der Rotarmisten scheinen die Gartenzwerge niederzutrampeln.«

»Der erste Schritt« wurde zu einem Schlager bei Wahlversammlungen der CDU und Veranstaltungen der Europaunion. Die CDU hatte vergessen, daß der Autor ein Strohmann war.

In der »Times« hatte ich gelesen, daß am 16. August 1950 ein deutscher Staatsangehöriger namens Dr. Sesterz in einem Hotelzimmer im Londoner Westend Selbstmord begangen hatte – aus Angst vor dem nächsten Krieg. Die Notiz regte mich an, dem ersten von drei Hörfeatures, die auf der Recherchenreise basierten, den Titel zu geben: »Ein Wrack, genannt Europa.« Das Feature begann mit der Stimme eines etwa 50jährigen Mannes:

»Jawohl, ich habe mich erschossen. Weil ich Angst hatte. Angst vor dem Krieg, in den wir gerade hineintreiben, wir Leute von Europa, wir Bewohner dieser kleinen, ausgefransten Halbinsel, die allmählich von den Russen aufgefressen wird. Etwa nicht? Ein Blick auf die Karte genügt. Nur noch ein schmaler Saum dieses Erdteils gehört nicht zu Rußland. Auf dem schmalen Saum dieses Erdteils leben allerdings dreihundert Millionen Menschen. Genug Leute also, um sich zu verteidigen. Genug Leute, um dreihundert Divisionen aufzustellen. Aber wir haben weder Lust noch Kraft, uns zu verteidigen. Wir haben nichts so satt, als in dreihundert Divisionen strammzustehen und uns herumkommandieren zu lassen.

Was wollen wir denn in Europa? Wenn Sie mich fragen, dann wollen wir abends ein bißchen Wein trinken in einem hübschen Garten am Fluß. Briefmarken wollen wir sammeln. Am Sonntagmorgen in die Kirche gehen und am Sonntagnachmittag auf den Fußballplatz. Unsere jungen Leute wollen nicht Held genannt werden. Weder Held von Narvik oder Malta noch Held der Arbeit oder Held der Sowjetunion. Sie wollen sich in unseren winzigen, alten Fabriken mit dem Meister herumstreiten. Und abends wollen sie des Meisters Tochter ins Kino führen, aber nicht eine Kompanie Rekruten.

Glauben Sie mir, wo Sie auch in Europa hinkommen, überall, auf Schritt und Tritt werden Sie daran erinnert, daß es Ehrensache ist, auf Ihren Nachbarn einzuschlagen. Überall kommen Sie auf dem Wege ins Kino am Kriegerdenkmal vorbei. Zwischen Schottland und Sizilien gibt es kaum einen Marktplatz ohne diese symmetrisch geordneten Granaten und Kugeln, ohne Helme, Degen und römische Jahreszahlen, ohne Adler, die ihre Schwingen spannen, und Frauenfiguren, die über den Erschlagenen ihr Haupt verhüllen. Wenn Sie ein Symbol für diesen Erdteil haben wollen, dann schauen Sie in Lothringen aus dem Fenster. Im wehenden Mantel und mit gefälltem Bajonett stürmt der Poilu nach Osten. Gehen Sie ein paar Schritte weiter – da schleudert der deutsche Pionier die Handgranate nach Westen. Seit Jahrhunderten marschieren wir auf Säulen, Triumphbögen und Marmorsockeln hinter Kanonen her, hinter Fahnen, Adlern und Sternen, hinter Kreuzen aller Art, vom Andreaskreuz übers Eiserne bis zum Hakenkreuz.

Immer hübsch im Gleichschritt folgen wir den Feldherren und Admiralen, dem Dreispitz, der Allongeperücke, dem steinernen Verband über der Kopfwunde, dem geschwungenen Degen, dem Lorbeerkranz und dem Krätzchen. Und was ist dabei herausgekommen?

Der Erdteil ist übersät mit Ruinen und von Trophäen-Gerümpel. Die Kirchen hängen voll zerschlissener Fahnen. Die Friedhöfe werden von Kriegerfiguren behütet. Die Geschichtsbücher verträufeln Haß, die Fremdenführer leiern Dummheiten herunter. Ich hatte einen schnellen Wagen, als ich noch lebte. Ich konnte in manchen Winkeln Europas zwanzig Schlachtfelder besuchen an einem Wochenende. Mit dem Flugzeug können Sie an einem Nachmittag Hunderte von Kriegerdenkmälern überfliegen: zwischen Düppel und Solferino und zwischen Caen und den Trümmern der Berliner Reichskanzlei. Ich habe vor diesen Monumenten häufig Schulklassen beobachtet. Es sind tausend Wackersteine auf dem Gemüt der Schulbuben, diese zehntausend Tonnen Erinnerungsbürde aus Marmor, Granit, Bronze und Messing.

Buntmetalle sind übrigens knapp und kriegswichtig. Die Russen transportieren Güterzüge voll Denkmalsschrott aus Europa ab. Bei sich zu Hause haben sie längst die Monumente des Großen Vaterländischen Krieges auf Zement umgestellt. Zum Fürchten, was?

Deswegen habe ich mich erschossen. Ich liebe es nicht, unter einem steinernen Stahlhelm zu liegen und einer römischen Jahreszahl. Aber ich habe Angst davor, als Kapitalist erschossen, als

Widerstandskämpfer erhängt, als Geisel verscharrt zu werden. Manche haben es noch nicht begriffen, aber wir sind ins Zeitalter der Weltbürgerkriege eingetreten. Vom zweiten dieser Bürgerkriege kann sich Europa nicht mehr rechtzeitig erholen, um den dritten zu überstehen.«

Die Sendung fuhr fort mit den Beweisen für diese Theorie. Dr. Sesterz zählte sie haargenau und umständlich auf. Das Feature endete mit den Worten des Autors: »Als ich von Dr. Sesterzens Selbstmord in der Zeitung las, mußte ich an ein Erlebnis während des letzten Krieges denken. Ein großer Truppentransporter lief in der Ostsee auf eine Mine. Kaum war die Detonation verhallt, da rief ein lettischer Offizier: ›Wir sinken, wir sinken!‹, schoß sich eine Kugel durch den Kopf und war tot. Das Schiff wurde in einen Hafen geschleppt. Sämtliche Insassen wurden gerettet.

Vergessen wir auch nicht, daß die alte Europa – ich meine das Schiff des Norddeutschen Lloyd – zweimal ausbrannte und dazwischen als Truppentransporter diente. Seit einigen Tagen tut das gute Schiff wieder Dienst. Zwischen Cherbourg und New York. Unter dem Namen LIBERTÉ.

Wer nun lieber will, daß die FREIHEIT auf dem Grunde des Ozeans läge, als daß sie hin- und herfährt, unter französischer Flagge ein deutsches Schiff, zwischen den kriegszerzausten Küsten dieses kleinen Erdteils und den himmelhohen Häusern von New York, der hebe die Hand. Und zwar am besten gegen sich selbst.«

Ich kannte damals viele Leute vom Schlage des Dr. Sesterz. Man mußte sie widerlegen. Dem sollte diese Sendung dienen. Man mußte Mut machen. Das versuchte ich in den Fortsetzungen der Trilogie. Der »Spiegel« druckte sie ab, in der Rundfunkschule wurden sie als Lehrmittel vorgeführt. Mut machen war in den Jahren nach dem Krieg die erste, die vornehmste, die überragende Aufgabe des Journalisten. Ohne Mut konnte man den Deutschen nicht beibringen, sich selbst zu verstehen und die Illusionen zu durchschauen, mit denen sie ein halbes Jahrhundert lang getäuscht worden waren.

Eine zweite journalistische Phase begann mit der Währungsreform. Die Deutschen in der Bundesrepublik wurden sich ihrer Kräfte wieder bewußt. Nun kam es darauf an, ihren Kräften Ziele zu zeigen, die erreichbar waren. Das Ruhrgebiet als Kraftzentrale Europas! Versöhnung mit den Nachbarn, die sich versöhnen durften! Eine große Aufgabe für den Journalisten.

Als nächstes schrieben die Ereignisse dem Journalisten vor, seinen Landsleuten angesichts des russischen Expansionsdrangs das atlantische Bündnis nahezubringen. Die Russen halfen dabei. Aber es widersprach allen Instinkten der Deutschen, sich mit einer Demokratie zu verbünden, die Weltmeere beherrschte. Unsere historische Erfahrung war landgebunden und autoritär. Dazu das Naserümpfen über die kulturlosen Kinder der Neuen Welt! Konnte es sich nicht in Erstaunen umwandeln lassen über die Erfolge der ausgewanderten Europäer?

Ich bildete mir ein, daß ohne Kenntnis der Neuen Welt die europäische Zukunft nicht hinreichend beschrieben werden könne. Während einer Rundreise durch die Vereinigten Staaten auf Einladung des Pentagon dämmerte mir im Sommer 1951, daß mein Platz nicht in Hamburg, Düsseldorf oder Paris sein sollte, sondern jenseits des Ozeans. Die großen Entscheidungen würden in Washington fallen. Es lag mir viel daran, sie zu interpretieren.

Der Generaldirektor des Nordwestdeutschen Rundfunks war erleichtert, daß er das schwarze Schaf nicht eigenhändig über den Atlantik abschieben mußte, sondern daß es von allein gehen wollte. Die Übernahme der Intendanz in Hamburg durch meinen Freund Ernst Schnabel gab mir dort einen sicheren Rückhalt. Der Kölner Intendant Hartmann war weniger begeistert. Er ließ nicht gern jemanden gehen, dem er das nicht befohlen hatte. Andererseits war ich aus einem Stein auf seinem Brett ein Stein in seinem Schuh geworden. So legte er denn meinem Weggang auch keine Hindernisse in den Weg.

Meine Frau fand die Idee, durchweg englisch sprechen zu können, ganz vorzüglich, die Kinder waren für jedes Abenteuer zu haben, das nicht in der Schule endete. Wir verkauften den Wagen, packten die Möbel, gaben den Hund zu guten Leuten und bestiegen Ende November 1951 in Rotterdam das Schiff nach New York.

Manche meiner Freunde bedauerten mich als den ersten Deutschen, den die neue Bundesrepublik ins Exil schickte. Mir war ganz anders zumute. Ich hätte in die Luft springen können vor Freude. Ich fühlte mich nicht vertrieben. Das war keine Flucht zu ungewissen Horizonten, wie sechs Jahre zuvor aus Kurland über die Ostsee. Ich hatte die schönste Aufgabe, die sich ein Journalist vorstellen kann. Ich würde eine neue Welt beschreiben, als habe es Kolumbus, Alexander von Humboldt und Alexis de Tocqueville nie gegeben.